제6판

유아교육개론

심성경 · 이정숙 · 이춘자 · 이선경 · 이효숙

창지사

머리말

『유아교육개론』은 이제 막 출발 선상에 있는 예비유아교사에게 유아교육에 대한 올바른 이해를 제공하여 이후의 학문적 발전의 토대를 갖추어 주기 위한 것이다. 강의를 하면서 남겨졌던 아쉬움들에 대한 공감으로 1998년 『유아교육개론』 초판을 집필하였다. 이후 4차에 걸친 개정 작업이 이루어졌지만 보다 발전된 새로운 학문적 이론들과 급변하는 시대적 흐름과 요구에 부합하고자 하는 바람으로 다시 제6판을 준비하게 되었다. 어느덧 제6판을 내게 되면서 다시 한 번 그동안 많은 분들이 기울여 주신 깊은 관심에 대해 기쁘고 감사한 마음을 가진다.

지금도 처음 책을 쓸 때의 동기나 기본 입장이 달라진 바 없다. 한 학기 동안에 충분히 가르치고 배울 수 있는 교재로서 수준이 너무 높다거나 내용의 범위가 필요 이상 확대되지 않아야 한다고 보았으며, 이에 아주 소박한 관점에서 학생들의 수준에 맞으며 1학기(16주) 강의라는 현실적 조건에 맞는 책을 쓰고자 하였다. 또한 광범위한 지식의 전달보다는 유아교육에 대한 본질적 이해와 전공에 대한 확고한 애정의 고취에 관심을 두었다.

내용 역시 초판의 구성을 그대로 유지하여 10개의 장(chapter)으로 구성되었으며, 각 장에 따라 부분적으로 내용의 첨삭이 이루어졌다. 또한 최근 논의되고 있는 유보통합에 대한 언급을 추가 하였다.

제1장과 제7장은 심성경, 제2장, 제5장과 제6장은 이춘자, 제8장은 이정숙, 제4장과 제9장은 이선경 그리고 제3장과 제10장은 이효숙이 각각 집필하였다. 이번 6판부터 5장과 6장의 옥고를 넘겨주신 조순옥 교수님께 깊은 감사를 드린다.

물론 각 장의 배열은 강의 순서를 의미하지는 않으며 상황에 따라 융통성 있게 운영될 수 있을 것이다. 세부적 내용 역시 선택적으로 강조되거나 제외될 수 있을 것이다. 부디 본서가 흥미롭고 효과적인 강의를 위한 실용적 교재로 활용될 수 있기를 소망한다.

언제나 그랬던 것처럼, 여전히 아쉬움과 부족함이 있지만 적어도 성실하고 겸손한 자세로 작업하였다는 점에서 위안을 갖고자 한다. 제6판이 나오기까지 애써주신 창지사의 김기섭 사장님 그리고 편집부 여러분께 감사드리고 싶다. 또한 우리들 내면의 학문적 소양을 키워주신 존경하는 스승님들과 사랑하는 제자들, 소중한 가족들, 사진 촬영에 협조해주신 원광대학교 부속유치원과 침례신학대학교 부속 유치원 선생님들께 진심으로 감사의 마음을 전한다. 끝으로 오랜 시간 서로 격려하며 함께 작업해 온 우리들 자신에게도 감사와 애정의 마음을 전하고 싶다.

2024년 2월

저자 일동

차 례

CHAPTER 8 우리나라 유아교육의 역사 _ 279

CHAPTER 9 유아교육의 사회적 요구 _ 329

참고

- 누리과정 www.moe.go.kr(교육부)→정책→교원→누리과정→3~5세 누리과정 해설서
- 표준보육과정 central.childcare.go.kr(중앙육아종합지원센터)→보육정보→어린이집 표준보육과정

CHAPTER 01

유아교육의 개념 및 중요성

1. 유아교육의 개념
2. 유아교육의 필요성 및 중요성
3. 유아교육기관의 유형

1. 유아교육의 개념

유아교육의 개념을 이해하기 위해서는 우선 교육의 개념에 대한 이해가 선행되어야 한다. 왜냐하면 유아교육은 초·중등 교육이나 고등교육 등 모든 다른 단계의 교육과 마찬가지로 교육의 한 분야이기 때문이다. 따라서 일반적이고 상식적 정의를 포함해서 교육의 개념에 대한 정의를 살펴봄으로써 그를 기초로 유아교육의 개념에 대한 이해를 도모하고자 한다.

1) 교육의 개념

교육에 대한 정의는 시대에 따라 그리고 학자에 따라 다양하다. 하지만 일반적으로 볼 때 교육이란 '인간을 인간답게 만드는 일' 또는 '인간 행동을 바람직하게 변화시키는 일'이라고 이해된다. 이러한 관점은 Averyron의 야생아(enfant sauvage d'Averyron)* 나 늑대어린이(wolf children)**와 같이 극단적인 예가 아니더라도 교육을 덜 받은 어린 유아일수록 인간생활에 필요한 행동의 수행에 있어 미숙하고 부적절하다는 사실에 비추어 볼 때 상식적으로 납득이 간다. 그렇다면 유아교육은 유아를 인간답게, 그 행동을 바람직하게 변화시키는 일이라고 이해할 수 있을 것이다.

이제 교육에 대한 보다 체계적이고 전문적인 정의를 살펴보면, 교육은 '인간의 정신적, 신체적 성장과 발달을 어떤 이상(理想)이나 목적, 혹은 가치 기준에 의하여 통제하거나 조력(助力)하는 일련의 인위적 과정'이라고 정의된다(서울대학교교육연구소, 2011). 또한 이연섭 등(2000)은 교육을 '인간 행동의 계획적이며 긍정적인 변화'로 정의하면서 인간 행동, 변화성, 계획성과 방향성을 포함한 개념으로 정의하고 있다. 이러한 정의에 의할 때 의도성과 가치 지향적 성격이 명백해지며 자연적 성장이나 우연적 학습은 엄격한 의미에서 교육에서 제외된다. 그렇다면 유아교육은 '유

* 프랑스의 의사 J. M. G. Itard(1774~1838)는 1977년 Averyron 숲에서 11 내지 12세 소년인 '빅터'를 발견했다. 발견 당시 빅터는 직립 보행과 발성, 언어 사용이 불가능하고 나체로 기어 다니고 생식을 하는 등 인간이 아닌 동물의 행동을 나타냈다. Itard에 의해 5년간의 교육을 받은 후에 인간의 기본적인 생활습관만이 가능할 수 있었다.

** 1920년 10월 17일 인도의 한 늑대굴에서 Singh 부부에 의해 2명의 소녀가 발견되었다. '아말라'라는 2세 여아는 1년 후 죽었고 '카말라'라는 8세 여아는 9년 후에 죽었는데, 6년이 지날 때까지 늑대와 똑같은 소리를 내고 행동하다가 그후에야 비로소 인간의 말과 행동을 나타냈다.

아의 정신적, 신체적 성장 발달을 바람직한 방향으로 이끄는 계획적 시도'라고 이해할 수 있을 것이다. 단, 이때 '계획적 시도'를 말 그대로 받아들여 그에 초점을 맞추게 되면 의도하거나 계획하지 않았지만 엄연히 유아의 성장, 발달에 영향을 미치는 우연적 학습의 작용을 무시하는 결과가 된다. 이에 '형식적 교육'과 '비형식적 교육'의 개념에 대한 이해가 필요하다.

2) 형식적 교육과 비형식적 교육

현대사회에서의 교육은 학교라는 제도 하에서 단계적으로 이루어지는 계획적이고 체계적인 '형식적 교육(formal education)'과 일정한 계통이나 체계 없이 학교제도 밖의 사회에서 다양하게 이루어지는 '비형식적 교육(informal education)'으로 구별된다.

흔히 전자를 '학교교육(schooling, school education)'이라고도 한다. 후자를 '사회교육(social education)' 또는 '학교 외 교육(out of school education)'이라고 칭하는데, 이는 교육이 이루어지는 장소가 학교 밖의 사회임을 강조하는 것이며 학교를 마친 성인을 주 대상으로 한다는 점에서 성인교육(adult education)이라고도 한다.

'비형식적 교육'이란 용어는 '형식적 교육'이 제도의 틀 속에서 엄격하게 형식성을 유지하는 데 비해 가정이나 사회생활 속에서 자연스럽게 간접적으로 이루어지는 덜 형식적인 교육임을 나타낸다. 즉, 학교의 정규교육 외에 모든 생활환경을 통해 인간 행동의 변화에 영향을 미치는 작용이 비형식적 교육인데, 예를 들어 학교 안팎의 물리적 조건이나 사회적 분위기, 문화 풍토 등은 의도하지 않더라도 은연중에 반복적이고 지속적인 경험을 제공하게 된다. 비형식적 교육의 이러한 반복적이고 지속적인 경험의 영향은 형식적 교육의 효과를 능가할 수도 있으며 긍정적 영향뿐 아니라 부정적인 영향 역시 항구적일 수 있다. 때문에 비형식적 교육의 중요성이 강조되며 교육의 수행에 있어 비형식적 교육의 효과에 대한 고려가 중요시되고 있다.

Dewey는 전통적인 학교교육이 학생의 생활 경험과 유리되고 지나치게 형식적임을 비판하고 아동의 일상적 경험과 흥미에 기초한 교육의 실천을 주장하였다. '학교'를 '사회'로 '교육'을 '생활'로 보는 그의 진보주의 교육 이론이 대두되면서 형식적 교육과 비형식적 교육의 조화가 강조되기 시작하였다고 볼 수 있다. 또한 비형식적 교육의 긍정적 효과를 창출하기 위한 관심이 강조되면서 60년대 중반부터는 '잠재적 교육과정(hidden curriculum)' 또는 '내현적 교육과정(unofficial curriculum)'의 개념이 나타나게 되었다.

한편 형식적 교육과 비형식적 교육의 조화는 현재 강조되는 평생교육의 개념에 의해서도 그 중요성이 인정되는데, 특히 '평생교육의 수평적 통합원리(horizontal integration in life-long education)'에 의해 확고히 지지되고 있다. 즉, 개인의 전 생애에 걸쳐 모든 기관과 장소에서의 교육이 통합적으로 이루어져야 한다는 원리에 따라 학교와 가정, 학교와 사회, 학교 내에서의 연계성을 강조하는 교육이 모색되고 있다.

유아교육의 경우, 태교에서부터 영아를 위한 가정방문 프로그램, 유아의 집이나 탁아모의 집에서 이루어지는 탁아 프로그램 그리고 초등학교 저학년 방과후 프로그램까지도 모두 포함된다. 따라서 비형식적 교육의 비중이 더 크다고 볼 수 있다. 즉, 학교제도 속의 유치원 교육 외에 가정과 지역사회 여러 장소에서 다양한 비형식적 교육 경험들이 제공되고 있다.

유아교육 프로그램의 효과연구를 통해서도 이미 부모교육과 참여가 프로그램의 효율성을 높이는 중요 요인임이 밝혀짐으로써 유아교육기관과 가정의 상호 보완적 관계가 강조되어왔다. 예를 들어, White(1975)는 인간 환경이 유아에게 미치는 영향을 분석한 결과로 가족이 유아에게 제공하는 비형식적 교육이 형식적 교육체제보다 유아의 전반적인 교육적 발달에 더 많은 영향을 미친다고 결론지었다. 그에 의하면 가족이 제 역할을 할 때에만 전문가가 효과적 교육을 제공할 수 있으며 그러한 냉혹한 평가는 수많은 유아교육 프로그램에 대한 효율성 연구로부터 얻은 직접적 결론이다.

따라서 유아교육은 유아교육기관에서의 형식적 교육뿐 아니라 가정을 중심으로 한 비형식적 교육이 조화롭게 연계되는 형태, 즉 형식적 교육과 비형식적 교육의 통합을 기본 입장으로 한다.

3) 유아교육의 대상 연령

유아교육의 개념을 이해하기 위해서는 먼저 그 대상 연령을 명확히 할 필요가 있다. 먼저 교육의 대상 연령에 대해 살펴보면, 교육은 태아기부터 노년기까지의 전

생애에 걸친 인간을 대상으로 한다. 2차 대전 후 대부분의 국가가 평생교육(life-long education)의 이념하에 교육체제를 재정비해 왔는데, 특히 평생교육의 '수직적 통합의 원리(vertical integration in life-long education)'에 의해 태교에서부터 유아기, 아동기, 청소년기, 성인기, 노년기까지 전 생애에 걸쳐 연장된 교육, 각 발달 단계에 맞는 교육을 유기적으로 연계하는 통합적 교육이 시도되고 있다.

유아교육에 대한 관심 증대에도 불구하고 유아교육의 학문적 정의에서 규정하고 있는 대상 연령에 대한 이해는 아직도 부족하다. 왜냐하면 유아교육은 오랫동안 주로 preschool이나 유치원 등 3~6세의 취학전 유아를 대상으로 한 교육으로 보아온 것이 사실이며, 아직도 보편화되어 있는 관점이기 때문이다. 즉, 전통적으로 preschool과 유치원의 경험은 그 형식과 내용 모두에 있어서 초등교육과 분리된 별개의 것으로 엄격히 구분지어 취급되어왔으나 점차 유아교육이란 용어의 의미가 변화되었다.

Morrison(1980, 2018)에 의해 유아교육은 '0~8세 유아를 위한 교육'으로 정의되면서 출생에서 8세까지 유아를 위한 모든 교육적 경험을 포함하는 것으로 그 의미가 확대되었다. 미국의 전미유아교육협회(NAEYC)에서도 유아교육의 시기를 '0~8세'로 규정하였으며(Bredekamp, 1987) 이에 Feinburg와 Mindess(1994)에 의하면 0~8세의 전 연령에 걸쳐 연속성을 제공하고 초등학교 입학을 기점으로 첨예하게 존재해 온 구분의 제거를 위해 거대한 노력이 이루어지고 있다(Webster, 1984; Bredekamp, 1987; NASBE, 1988; Hymes, 1991; Bredekamp & Rosegrant, 1992; Kostelnik, Soderman, & Whiren, 1993).

우리나라의 경우, 유치원과 같이 3~5세 대상의 유아교육기관이 보편화되어 있는 상황에서는 다소 거리감이 있었던 것이 사실이나, 점차 영아학급 운영의 증가 등으로 이제 유아교육의 대상 연령을 0세에서 8세(우리나라의 경우 초등학교 3학년)까지로 보는 것이 타당한 관점이라고 볼 수 있을 것이다.

실제 미국의 경우 헤드스타트(Head Start Project)*의 효과를 지속시키기 위해 시도: 한 팔로우스루(Follow-Through Project)에서는 유치원에서부터 초등학교 3학년까지 연장된(Gk-G3) 프로그램을 시행한 바 있으며, 우리나라에서도 이미 어린이집 영아반이나 초등학교의 돌봄교실 같은 저학년 대상의 방과후 프로그램이 확대되고 있다.

* 1965년 존슨(L.B. Johnson) 정부가 가난의 극복(War on Poverty) 차원에서 시행한 유아교육 운동으로, 8장 참고.

한편 0세부터의 의미를 수태 순간부터로 볼 것인지 아니면 출생 순간부터로 볼 것인지에는 논의의 여지가 있다. 물론 수태 순간부터 교육적인 시도가 이루어질 가능성은 적다. 그러나 일반적인 의식의 변화와 의학적 발달에 의해 계획적 출산이 증가되고 있으며 보다 과학적인 태교의 실천이 증가되는 등 태내기(胎內期)부터의 교육적 시도가 일반화되는 경향을 고려한다면 유아교육 대상의 연령을 수태부터 출생 후 8년까지로 보는 것이 미래 지향적 차원에서 더 적절한 관점일 수도 있다.

또한 유아교육은 점차 유아 자신의 발달뿐 아니라 부모는 물론 형제, 자매를 포함해 유아의 모든 가족의 성장과 발달을 위한 포괄적 프로그램의 제공을 시도해오고있다. 가령 Head Start의 경우 교사진의 전문적 발달을 돕는 서비스도 제공하고 있기 때문에 넓은 관점으로 본다면 유아교육은 0～8세의 유아를 주 대상으로 하되, 부차적으로는 부모를 포함해 보다 광범위한 연령의 인간을 대상으로 하는 교육으로 이해될 수도 있을 것이다.

4) 유아교육의 개념 정의

유아교육(early childhood education)은 일반적으로 만 6세 이전의 유아에게 주는 교육으로 인식되어 왔고 취학전 교육, 학령전 교육, 조기교육, 보육 등의 용어와 함께 그동안 여러 가지 이름으로 혼란되게 사용되어 왔다(이기숙, 2013). 또한 '유아교육'이란 용어가 통일적으로 사용된 이후에도 기관의 유형과 교육과정, 교육대상이 확실히 인식되는 초·중등 교육과는 달리 유아교육에 대해 확실한 개념을 갖는 것은 쉬운 일이 아니다.

흔히 학령전 또는 취학전 교육이란 용어가 유아교육과 동의어로 쓰여져 온 것이 사실이다. 그런데 preschool이란 용어 자체가 3～4세 유아를 위한 학교교육(schooling)은 '진짜(real)' 학교교육이 아니고 학교교육에 대한 준비임을 나타낸다. 사실 많은 사람들은 preschool을 선택적 경험일 뿐이지 모든 유아에게 의무적인 경험이라고 간주하지 않았다(Feinburg & Mindess, 1994). 유치원 교육 역시 취원이 보편화되기 시작한 후에도 preschool과 마찬가지로 선택적 사항으로만 여겨졌으며 초등교육과는 별개의 것으로 취급되었었다.

그러나 현대에 와서 여러 국가에서 유아교육의 공교육화가 이루어지면서 유치원이 학교제도 속에 포함되기 시작했기 때문에 취학전/학령전(preschool) 교육이란 용어를 유아교육과 같은 의미로 사용하는 것은 부적절하게 되었다. 그리고 preschool은 유치원 이전의 3~4세 유아를 대상으로 한 유아원(nursery)을 지칭하는 경우가 많으므로(Decker & Decker, 1984), 유아교육은 취학전/학령전 교육을 포함하는 더 넓은 의미의 개념으로 이해하는 것이 타당하다.

우리나라의 경우도 80년대 이후 정부의 유아교육 발전정책에 따라 병설유치원이 설립되면서 이미 유치원이 학교제도 속에 포함되어 운영되고 있다. 즉, 유아교육의 발전에 대한 정부의 노력과 일반인들의 관심 증대에 따라 우리나라에서도 그 이전의 혼용된 용어 사용에서 벗어나 유아교육이란 용어의 통일적 사용이 일반화되었다.

그러나 앞서 기술하였듯이 역사적으로 볼 때 유아교육은 학교교육과는 별도의 것으로, 즉 비형식적 교육으로 간주되어 왔음이 사실이다. 또한 초·중등교육과는 달리 다양한 형태로 발달되어 왔기 때문에 유아교육의 개념에 대한 이해 역시 매우 다양하며 잘못된 관점들이 존재해 왔다. 이렇게 다소 왜곡되거나 편협한 시각에서 규정되어 온 유아교육에 대한 관점들을 살펴봄으로써 유아교육의 본질에 대한 정확한 이해와 개념 정의를 모색하고자 한다.

첫째, 유아교육을 '육아(child rearing practice)' 또는 '탁아(day care)'와 같은 개념으로 규정하는 전통적 관점이 있다. 양육(nurturing)이란 어린이를 성인이 될 때까지 길러서 키우는 것으로 육아란 유유아기(乳幼兒期)까지의 양육을 뜻하며 탁아란 가정에서 보호해 주지 못하는 시간 동안 아동을 맡아서 대신 보호, 교육하는 것을 의미한다(한국유아교육학회, 1996). 이 관점에 의하면, 유아교육은 어머니나 대리모의 역할을 대신해 주로 건강과 영양, 기본생활습관의 지도, 정서적 안정의 유지 등 신체적·정서적인 보호에 초점을 둔 것이다. 이는 유아교육이 교육학의 한 분야로 명백히 인정되지 못했던 1970년대까지의 지배적인 생각이다. 유아교육을 비형식적 교육으로 간주하는 대표적 견해(이은화·양옥승, 1988)로 우리나라의 경우 일제강점기에 최초의 유치원이 설립되면서 '교육' 대신에 '보육', '교사' 대신 '보모'라는 용어를 사용했었기 때문에 1980년대 이전까지도 지배적인 개념이었다. 유아교육은 어린 유아를 대상으로 하기 때문에 식사나 수면, 배설과 착의 문제를 해결해 주어야 하는 등 신체적 보호가 기본적으로 전제되어야 하나 기본적인 보호에 치중하는 육아나 탁아와 같이 소극적 개념으로 볼 수 없다. 사실 과거에는 저소득층의 취업모 자녀를 위한 탁아기관과 중류층 유아를 위한 교육기관(유아원, 유치원 등)이 확실히 구별되어 운영되었으나 유아교육이 보편화되고 기혼여성의 취업이 저소득층에 국한된 요구가 아니라 모든 계층 여성의 자아실현을 위한 일반적인 선택이 되면서 '발달적 탁아(developmental day care)' 또는 '질적 탁아(quality day care)'가 요구되고 있다. 이는 취업모의 필요에 따른 신체적 보호중심의 탁아가 아니라 최대한의 발달을 지원받아야 하는 유아 자신의 필요에 초점을 두고 유아와 그 가족 모두를 위해 포괄적인 프로그램이 시도되고 있음을 의미한다. 즉, 교육, 사회적 서비스, 영양, 건강 서비스 등을 제공하는 종합적 프로그램으로서 '보호(care)' 기능과 '교육(education)' 기능을 '교육·보호(educare)'로 통합하게 되었다(이기숙, 2013).

따라서 유아교육은 탁아를 포함하는 통합적 개념으로 그리고 보다 적극적인 개념으로 이해되어야 한다. 즉, 보다 목적적이고 계획적으로 유아의 발달을 조력하는 적극적 노력이며 탁아에 대한 욕구 충족뿐 아니라 다학문적인 접근(interdisciplinary approach)에 의해 종합적인 서비스를 제공하는 포괄적 성격의 활동으로 보아야 할 것이다.

둘째, 유아교육을 초등교육 준비교육으로 보는 관점이다. 오랫동안 유아교육은 주로 취학전의 유아를 위해 궁극적으로 초등학교 1학년에서 시작되는 형식적 교육으로의 도입을 준비시키기 위해 예비적 경험을 제공하는 것이라고 간주되었다. 즉, 대표적인 유아교육기관인 유치원에 초점을 두어 유아교육을 초등학교를 위한 준비교육으로 규정하는 관점이 있다. 결국 기본적인 학과학습인 3Rs(읽기, 쓰기, 셈하기)를 가르치고 집단생활에 필요한 사회적 기능(예를 들면, 지시에 따르기, 손 들고 말하기)을 훈련시켜서 초등학교에 입학해서의 적응력을 키워주는 것이 유아교육이라고 보는 것이다.

이는 우리나라의 경우 아직도 지배적인 관점이며 실제로 미국의 경우, 공립유치원에 의해 유치원이 초등학교 최저급 학년처럼 인식되면서 유아교육이 초등교육화되는 경향이 나타나기도 하였다. 공립학교에서는 유아가 1학년에 입학할 때 학급에서 필요한 효율적인 사회적 행동뿐 아니라 전수학(premath), 전읽기(prereading), 그 밖의 '준비도(readiness)' 기술의 완전한 습득을 기대했다(Seefeldt, 1987).

각급 학교의 교육이 상급학교의 준비교육으로서의 기능을 갖는 것은 당연한 결과이지만 초등교육이 중학교의 준비교육, 중등교육이 고등교육의 준비교육의 의미로 한정될 수 없듯이 유아교육이 초등교육의 준비교육 자체라고 규정되어서는 안 될 것이다. 인간 발달의 어느 시기도 후기 발달의 준비 단계로 규정지을 수 없다(이은화·양옥승, 1988). 각 단계는 자체로서의 독특한 의미와 가치를 갖기 때문이다. 물론 유아교육의 부분적 효과로서 초등교육의 준비를 돕는 결과를 가져올 수는 있다. 그러나 유아기의 발달적 특성과 독특한 욕구에 부응하는 다양한 경험의 제공이 더 본질적인 유아교육의 성격임을 주지해야 할 것이다.

셋째, 유아교육을 가정에서의 교육적 결손을 조기에 보충시켜 주는 것, 즉 '문화 실조(cultural deprivation)'에 의한 문화적 자극의 결핍을 보상해 주는 교육으로 보는 관점이 있다. 유아교육을 보상교육(compensatory education)으로 개념화하는 것은 1965년 미국의 Head Start 운동에 의해 대두되었다. 왜냐하면 Head Start는 흑인과 그 밖의 소수민족을 중심으로 한 저소득층 가정의 유아를 위해, 즉 문화적으로 혜택받지 못한(disadvantaged) 유아에게 취학전에 교육 기회를 제공함으로써 결손을 보상해 주어 빈곤의 악순환을 막자는 시도였기 때문이다. 우리나라의 경우 1980년 유아교육진흥법에 의해 추진된 유아교육 발전운동은 이와 유사한 취지에서 저소득층 유아를 위해 새마을유아원을 운영했던 바 있다. 그러나 보상교육이 곧 유아교육이라는 개념 정의는 결손현상을 인정하더라도 저소득층의 결손된 유아를 대상으로 할 때만 해당되므로 그 편협성이 지적될 수밖에 없다. 물론 실조된 유아의 경우 유아교육이 보상교육이 될 수 있으나 그렇다 하더라도 단기간의 훈련을 통한 보상 효과의 추구를 유아교육의 본질적 성격이라고 볼 수는 없다.

1970년대 이후 Head Start에 의해 제공된 유아교육 프로그램들의 인지적 발달 증진 효과들이 초등학교 3학년 이후 사라진다는 일관적인 연구 결과에 따라 유아교육이 단기간의 지적 훈련을 중심으로 하는 보상교육이 아니라 더 장기적이고 통합적인 전인교육으로서 수행되어야 한다는 인식이 고조되었다. 또한 문화 실조를 중류계급의 문화를 척도로 하기 때문에 생기는 차이라고 보는 '문화 차이(cultural difference)'의 개념이 대두되었다.

따라서 유아교육을 실조를 보상해 주는 보상교육으로 보는 것은 이제 타당한 관점일 수 없으며 모든 사회·경제 계층의 유아들을 위해 그들의 장기적이고 전인적인 성장 발달을 돕는 노력으로 보아야 할 것이다.

그 밖에도 유아교육을 음악, 미술, 무용, 운동 등의 특별한 기예를 가르쳐 재능을 계발시키는 조기 재능교육 또는 장애를 가진 유아를 위한 조기 특수교육이라고 보는 관점이 있다. 우리나라의 경우 영어학원 등 각종 학원의 유치부가 산재해 있고 일반인들에 의해 유치원과 동등시되는 경우가 있는 것은 이러한 관점에 따른 것이다. 물론 유아교육의 부분적 결과로서 특별한 재능을 가진 유아에게 그 분야의 적성, 흥미, 능력의 계발과 신장을 가져올 수 있지만 그렇다고 해서 유아교육이 곧 조기의 특기, 재능 교육이라고 보는 것은 부적절한 관점이다. 1970년 이후 미국을 중심으로 장애아를 정규 학급의 교수과정에 포함시키는 '주류화(mainstreaming)' 운동이 이루어지면서 우리나라에서도 1990년대에 들어 장애아와 비장애아의 통합교육에 대한 관심과 노력이 이루어지기 시작했으며 영재아의 진단과 교육도 점차 시도되고 있다. 따라서 유아교육에 있어서 특수아에 대한 이해와 특수교육자와의 협조가 필수적인 일이 되고 있는 것이 사실이다. 그러나 유아교육이 바로 조기 특수교육이라고 개념화하는 것은 역시 편협한 관점일 것이다.

한편 유아에게 특수한 이념이나 태도의 조기 습득을 유아교육이라고 보는 관점이 있다. 예를 들어, 이스라엘 Kibbutz의 유아교육은 유태민족주의(Zionism)라는 특정 이념을 교육하기 위한 것이며 북한의 경우, 기숙사 형태의 유치원 운영 등 유아교육은 주체사상의 주입을 위한 것이다. 이 관점의 유아교육 실행은 극히 제한적일 뿐이며 현재 대부분의 민주주의 국가에서는 특정한 이념의 주입은 용납될 수 없으므로 이 관점 역시 타당하다고 볼 수 없다.

이상의 논의를 통해 살펴 본 유아교육에 대한 이해를 기초로 유아교육의 개념을 결론적으로 정리해 보면 다음과 같다.

유아교육은 평생교육의 첫 단계로 0~8세의 모든 유아를 위한 전인교육이다. 즉, 유아교육은 특정한 계층이나 능력의 유아를 대상으로 한 교육이 아니며 특정 영역의 발달을 위한 조기교육이 아니고 0~8세 모든 유아의 전인적, 통합적 발달을 돕는 적기교육이라고 보아야 한다. 따라서 유아교육의 본질은 유아의 전인적 발달을 통합적이고 조화롭게 이루기 위해 유아기가 아니고서는 발달시킬 수 없는 독특한 교육적 경험을 제공하는 것이다(한국유아교육학회, 1996).

또한 유아교육은 유치원이나 어린이집 등 기관중심 교육뿐 아니라 가정과 사회 등 다양한 맥락에서 이루어지는 것으로 그 성격상 형식적 교육과 비형식적 교육, 보호와 교육이 통합된 것이다.

한편 Head Start 이후 유아교육은 교육적 서비스뿐 아니라 부모와 형제 등 유아의 가족과 교사진까지를 포함해 모두의 발달을 지원하는 포괄적 서비스를 제공하는 노력을 제공하고 있다. 따라서 심리학, 특수교육, 사회사업, 상담, 의료, 영양 등 여러 관련 분야와 연계된 다학문적인 접근(interdisciplinary approach)에 의한 포괄적인 활동으로 보아야 할 것이다. 또한 유아교육은 학교교육 뿐 아니라 성인교육, 부모교육, 일반 사회교육 등 모든 교육의 인프라가 되며 이들 교육들과의 유기적 연계(박찬옥 등, 2023)를 필요로 한다는 점에서 다른 시기의 교육과 차별화된 개념을 갖는다고 볼 수 있다.

2. 유아교육의 필요성 및 중요성

1) 근대적 아동관에 따른 유아교육의 필요성 및 중요성

수세기 동안 사람들은 아기들이 이미 만들어진 성인의 축소판(ready-made miniature adult)으로 이 세상에 나타난다는 전성설(preformationism)에 지배되었기 때문에 아동은 신체 크기로만 성인과 구별되는 존재였다(Crain, 1980·1983).

사실, 아동기를 후의 성인기를 위한 준비기로 보고 아동을 무능하고 무가치하며 엄격한 훈육이 필수적인 존재로 보았던 중세까지 유아교육의 실질적 발달은 물론이고 그 필요성에 대한 인식도 가능치 않았다. 이에 Weisner(1991)는 중세에는 아동이 물론 존재했음에도 불구하고 아동기에 대한 생각(the idea of childhood)이 완전히 사라졌었다고 표현한 바 있다. Dopyera와 Dopyera(1993)도 서양문명의 역사에는 아동에 대한 언급이 없으며 최근의 몇 세기에 걸쳐 비로소 특별한 욕구와 특성을 가진 사람으로서 아동에 대한 관심이 증대되어 왔다고 지적하였다. 그들에 의하면 16세기 종교 개혁과 르네상스 시대의 위대한 사상가들로부터 아동의 본성과 교육,

양육에 대한 현대적 개념이 새롭게 나타나기 시작했다. 즉, Luter, Erasmus, Comenius, Locke 그리고 Rousseau 등의 저서 속에서 특별히 생각하고 보호해 줄 필요가 있는 인생의 독특한 시기로서 아동기의 새로운 아이디어가 출현했다는 것이다(Dopyera & Dopyera, 1993).

전성설로부터의 급진적 탈피는 Lock의 백지설(Tabula Rasa)과 Rousseau의 단계적 발달론에 의해 이루어졌다고 할 수 있다. 특히 유아를 성인의 소유물이나 축소판이 아닌 독특한 인격체로 보는 Rousseau의 근대적 아동관은 아동중심 사상의 기본 골격으로 유지, 발전되어 현재 대부분의 국가에서 아동을 보는 신념이나 가치 체계로 작용하고 있다.

따라서 Rousseau의 『에밀』(1762)에 의해 성립된 근대적 아동관은 유아교육의 발달을 가져온 가장 근본적 요인으로 유아교육의 필요성에 대한 철학적 근거를 제공한다. 즉, 아동중심적인 근대적 아동관에 근거할 때 유아의 독특한 특성이나 욕구에 기초한 유아교육의 필요성은 명백해질 수밖에 없다.

그런데 근래에 와서 아동기의 개념이 다시 한번 급격히 변화되었음을 볼 수 있다. 즉, 부모를 비롯한 일부 사람들이 걸음마 시기의 유아에게까지 읽고 쓰기의 학과학습을 기대하며 그러한 천재아 선호증상(super baby syndrome)에 따라 온실 이론(hothousing) 접근에 의한 상업 지향적 유아산업이 급속도로 팽창된 것이 사실이다.

유아기의 중요성을 조기의 학업적 성취와 지적 훈련에 두는 이러한 현상에 의해 Postman(1982)이 경고하듯이 '아동기의 상실(disappearance of childhood)'이 염려되고 있다. 그에 의하면 아동의 의복, 오락, 문학, 생활방식 등이 점차 성인과 같아지면서 아동을 성인 세계의 부분으로 간주하는 증거가 명백히 나타나고 있다.

이러한 경향에 대해 Edward Zigler 등 유아교육 전문가와 아동 발달 전문가들은 심각한 염려를 보이면서 아동이 그 자신의 아동기를 즐길 수 있게 해 주어야 한다고 주장한 바 있다(Dopyera & Dopyera, 1993).

또한 유아교육 프로그램의 효과에 대한 많은 연구에서 단기간의 지적 훈련 효과가 지속되지 않음이 밝혀짐으로써 유아기의 독자적 가치에 근거한 장기적 차원의 전인적 유아교육의 중요성은 더욱 명백해졌다.

2) 교육의 기회균등원칙에 따른 필요성 및 중요성

현대의 대부분의 민주주의 국가는 교육의 기회균등원칙을 준수하고 있다. 교육의 기회균등(equality of educational opportunity)은 사회계층, 성별, 주거지역, 종파, 신분 등 신변상의 차이에 관계없이 교육을 받을 수 있는 기회의 획득은 누구에게나 보장되어 있다는 것으로 평생교육의 맥락에서 모든 국민이 자신에게 주어진 능력과 필요에 따라 교육을 받아야 한다는 의미이다(서울대학교교육연구소, 2011).

따라서 교육의 기회균등원칙에 근거할 때 장애아를 포함해 모든 사회·경제적 계층의 유아를 위한 유아교육의 필요성이 명백해지며 유아교육의 무상교육화, 의무교육화 그리고 공교육화 작업의 당위성이 지적된다.

우리나라는 현재 장애가 있는 영유아의 경우 부모의 소득이나 재산에 관계없이 무상교육대상이며 2010년부터는 의무교육이 실시되었다. 즉, 복지 카드를 소지한 취학전 5세 이하 유아와 의사의 장애진단서가 있는 만 0~2세 영아의 경우, 무상으로 의무교육을 받고 있다. 유치원과 어린이집에서는 3~5세 유아의 경우, 누리과정이 도입됨에 따라 소득에 상관없이 5세는 2012년, 3~4세는 2013년부터 전면무상교육을 시행하고 있다. 그러나 사립 유치원의 경우 누리과정 지원금을 초과하는 교육비를 부모가 부담하고 있는 것이 현실이다. 또한 0~2세 영유아에 대해서는 보건복지부에서 양육수당과 어린이집 보육료 지원으로 구분하여 지급하고 있다.

3) 심리학적 연구 결과에 따른 유아교육의 필요성 및 중요성

(1) 인간 발달의 원리에 따른 필요성 및 중요성

근대적 아동관이 성립된 이후에도 철학에만 의존하던 아동 이해는 유아기의 교육적 가능성을 구체적으로 밝혀주지는 못했다. 그러나 1880년대 후반 미국 최초의 심리학자 G. S. Hall에 의해 시작된 '아동연구운동(child study movement)'은 객관적이고 체계적인 접근에 의해 아동에 대한 과학적 이해를 가능케 하였다.

발달에 대한 심리학적 연구 결과는 유아기의 발달 가능성에 대해 가치를 밝혀주었으며 많은 실증적 연구에 의해 아동 발달의 원리가 규명됨으로써 과학적인 아동 이해를 가져왔다.

다음에 기술한 발달의 두 가지 원리, 즉 기초성과 적기성의 원리는 특히 유아교육의 필요성과 중요성을 명백히 시사해 준다.

① 발달의 기초성 : 인간 특성의 기초가 유아기에 형성된다.

'세 살 버릇이 여든까지 간다' 는 말이 있다. 이것은 어린 시기에 인성의 기초가 형성된다는 의미로 유아기의 경험이 중요함을 나타낸다.

발달 이론에 의하면 유아기에 인성의 여러 측면에 걸쳐 그 기초가 형성되어 후의 발달의 방향을 결정짓는다. 예를 들어, Freud에 의하면 만 6세까지 성격의 틀(framework)이 형성된다. 또한 Spitz는 인생의 최초의 1년간을 '닫혀진 체계(closed system)'라 할 수 있는데, 이 체계를 기초로 해서 유아들의 성격이 형성되는 것이라고 한다(김재은, 1997).

영아기와 유아기의 학습에 대한 연구가 시도되는 것은 그 시기 학습에 의의를 두기 때문인데, 그 근거는 발달 초기의 학습이 이후의 학습의 기초가 된다는 생각이다. 즉, 후기 학습은 초기 학습 위에 쌓아지는 것이라고 보아 서로 바꿔치기가 안 된다고 보며 발달도상에 있어서의 학습이 성장된 후의 개인의 행동 특징의 기초가 된다고 보는 것이다.

지능 발달에 있어서도 생의 초기에 그 기초가 형성된다. Piaget에 의하면 생후 2세 까지의 감각운동적 지능(sensory-motor intelligence)이 후의 표상적 사고(representative thinking)의 기초가 된다. 즉, 영아기에 감각적, 운동적 경험이 충분히 이루어져야만 그에 기초해서 상징을 이용한 추상적 사고가 제대로 발달될 수 있다는 것이다. 이는 아동과 성인의 사고가 질적으로 다르며 인지 발달이 단계적으로 이루어지는데, 영아기의 구체적인 인지적 경험이 이후 단계의 인지적 발달에 기초가 됨을 뜻한다.

이처럼 기초성의 원리에 따라 개인의 인성과 지능, 학습에 걸쳐 초기의 발달이 후의 발달의 기초로서 장기적 영향을 미침이 확실하다고 볼 때 인생의 초기 경험을 제공하는 유아교육의 중요성은 아무리 강조해도 지나치지 않을 것이다.

② 발달의 적기성 : 특정한 발달과업의 성취에 가장 적절한 시기가 있다.

발달의 적기성이란 발달의 각 측면마다 어떤 특정한 발달과업의 성취를 위한 최적의 시기, 즉 결정적 시기(critical period)가 있음을 뜻한다. Havighurst에 의하면 발달과업(developmental tasks)이란 개인이 행복하고 유능하다고 느끼기 위해 일생에 걸쳐 어떤 일정한 시기마다 수행해야만 하는 과업으로, 예를 들어 영유아기의 주요 발달과업은 보행, 말하기, 배변학습, 타인과의 관계 맺기 등이다(서봉연·이순형, 1998).

결정적 시기를 극적으로 설명하는 것은 '각인(imprinting)'이라고 하는 심리학적 현상이다. 오스트리아의 동물행동학자인 Lorenz(1957)는 오리를 인공적으로 부화시킨 후 일정 기간 가짜 어미를 붙여주었는데, 그 결과 후일 진짜 어미를 보고도 오리는 가짜 어미만을 따라다니는 추종 행동(following behavior)을 나타냈다. 그는 다른 새이건 사람이건 관계없이 심지어는 움직이는 모든 대상에 대해 출생 후 일정 기간 내에 강력한 애착을 형성하는 것을 발견하고 그러한 심리적 현상에 대해 각인이라는 용어를 사용하였다.

또한 Harlow 등은 원숭이를 대상으로 유사한 연구 결과를 발표하였는데, 원숭이를 6개월간 영양만 공급하고 고립시킨 결과, 그 후에 다른 원숭이들과 함께 키운 후에도 접근을 피했으며 성장 후 교미 행동도 하지 못하였다(Harlow, et al., 1963).

이후 여러 학자들이 영·유아기의 모자관계에 있어서도 각인이 일어난다고 주장하였다.

가령, 모성 실조(maternal deprivation)에 대한 연구의 대표자인 Bowlby(1951, 1969)에 의하면 어머니의 부재나 심리적 거부가 2세나 3세 이전에 일어났을 때 아동의 성격 발달에 확실히 나쁜 영향을 미친다고 한다.

또한 정의적 행동이나 사회적인 행동뿐 아니라 공격적 행동, 성교(sex)대상의 선택, 어머니에 대한 이미지 확립, 음악이나 춤에 대한 기호, 다른 사람에 대한 애착 행동, 동성애, 탐색 행동과 같은 극히 광범위한 행동의 학습에서도 각인현상이 나타난다는 것이 지적된 바 있다(김재은, 1997).

그런데 아동 발달의 양상을 보면 신체, 인지, 정서 등 발달의 측면에 따라 발달 속도가 빠른 시기가 각각 다름을 알 수 있다. 즉, 각 영역에 따라 결정적 시기가 다르다는 것을 시사한다. 예를 들어, 언어 발달의 결정적 시기를 Lenneberg (1964)는 2세~사춘기라고 보았고 Chomsky도 생래적인 언어획득기제(Language Acquisition Device:LAD)로 언어 발달을 설명하지만 일생 동안 계속 작동하는 것은 아니며 결정적 시기가 있다고 하였다.

결국 연령 규정은 학자마다 다소 차이가 있으나 2세에서 6세까지의 시기가 언어 발달의 최적기라고 밝힘으로써 이 시기의 환경적 조건이 성인이 되어서의 언어 능력이나 언어생활에 가장 큰 영향을 끼친다는 것이다.

또한 Erikson(1950)에 의하면 0~18개월이 신뢰감, 18개월~3세가 자율성, 3~6세가 주도성의 형성에 있어 결정적 시기로 결국 유아기의 경험이 일생 동안 지속되는 개인의 사회적, 정서적 태도의 발달에 있어 가장 중요하다는 것을 알 수 있다.

유아기가 발달상으로 기본적 과정(processes)과 능력(capacities)의 발달에 있어 최적의 시기임을 보여주는 증거들이 점점 증가하고 있다(Hendrick, 1992; Katz & Chard, 1989). 즉, 운동기술의 숙련은 물론이고 유아기가 그 발달의 최적기인 사항들을 정리해 보면 다음과 같다(Kostelnik, Soderman, & Whiren, 1993).

- 친사회적 태도와 행동(prosocial attitudes and behaviors)
- 의사소통 능력(communicative competence)
- 친교기술(affiliation skills)
- 자아존중(self-esteem)
- 일반적인 문제 해결 전략(general problem-solving strategies)
- 논리-수학적 사고과정(logical-mathematical thought process)
- 대처 전략(coping strategies)
- 초기 문식성(emergent literacy)
- 심미적 인식(aesthetic awareness)
- 권위와 규칙에 대한 태도(attitudes toward authority and rules)
- 일에 대한 태도(attitudes toward work)
- 학습자로서의 자신에 대한 태도(attitudes toward oneself as a learner)

이 목록은 절대적이거나 완전한 것은 아니나 유아기의 중요성을 나타내 주며 유아기가 고립된 학문적 기술(academics) 발달의 최적기는 아니라는 점을 명확히 해준다.

결정적 시기는 임계기(臨界期)라고도 하는데, 지금까지 살펴본 것처럼 그 의미는 필요한 경험이나 자극의 결핍으로 결정적 시기에 해당되는 발달과업의 성취가 제대로 이루어지지 않는다면 그 손상이 누적되며 후일 그 손상을 치유하기 위한 교육적 시도가 주어진다 하더라도 그 회복이 어렵거나 불가능하다는 것이다. 즉, 결정적 시기를 놓치면 그 결손이 누적되며 회복이 어렵다는 점에서 발달의 적기성은 발달의 누적성과 불가역성으로 연결된다.

결국 심리학적 연구는 전인적 교육, 적기교육으로서의 유아교육의 중요성을 명시해 준다.

(2) 인지주의 연구 결과에 따른 필요성 및 중요성

1960년대 이후 대두된 인지주의는 그 이전까지 무시되었던 유아기의 지능 발달 가능성과 환경의 영향을 밝힘으로써 지적 발달을 위한 유아교육의 중요성을 제시하였다. 특히 초기 경험의 중요성에 대한 결론은 정신적 발달을 자극함에 있어서 환경의(유전과 대조한) 역할에 관한 실증적 증거에 대한 Hunt(1961)와 Bloom(1964)의 광범위한 분석에 의한 것이다(Goffin & Wilson, 2001). 즉, 다음의 두 저서는 지적 발달을 위한 유아교육의 가능성에 대해 가장 결정적인 시사를 던진 것으로 60년대를 기점으로 이전의 '적응(adaptation)'중심 유아교육으로부터 '성취(achievement)' 중심 유아교육으로 일대 변환을 가져오는 데 기여하였다.

① Bloom의 「인간 성격의 안정성과 변화」 (Stability and Change in Human Characteristics, 1964)

Bloom은 지능은 발달적 기능이며 측정된 지능의 안정성은 연령과 함께 증가한다고 결론짓고 연구 결과들을 종합해서 [그림 1-1]과 같은 지능의 양적 발달 곡선을 그렸다.

[그림 1-1]에 의하면 개인의 17세 때의 지능을 100%라고 볼 때 수태에서 4세까지 약 50%가 발달하며 4~8세에 약 30% 그리고 8~17세에 나머지 20%의 지능이 발달되는 셈이다. 만일 지능이 Bloom이 진술한 속도와 비율로 발달한다면 아동이 생의 초기에 학습한 개념, 태도, 세계를 보는 방식이 일생 동안 기본적으로 유지될 것이다(Morrison, 1980).

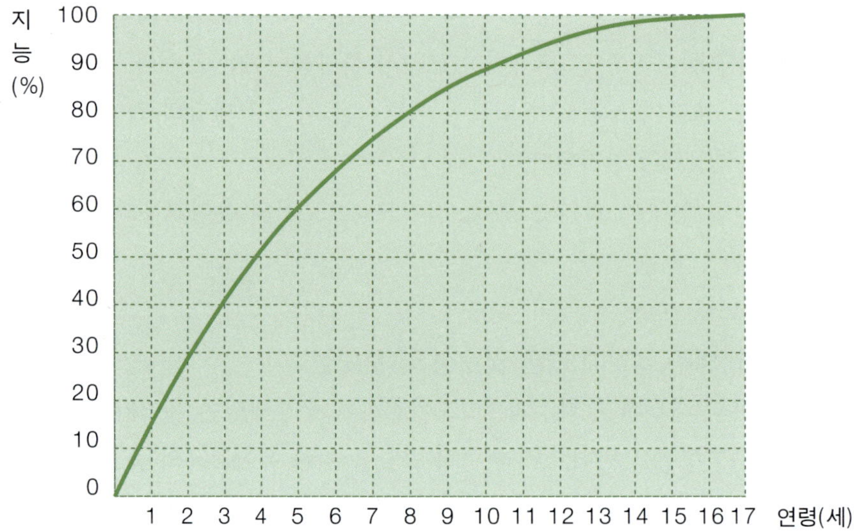

[그림 1-1] 지능의 양적 발달 곡선(Bloom, 1964)

② Hunt의 「지능과 경험」(Intelligence and Experience, 1961)

Hunt에 의하면 지능은 대뇌의 내재적 부분 내의 위계적인 중추적 과정(central process)에 근거한 지적 능력이며 이 중추적 과정은 정보처리과정의 전략과 컴퓨터의 프로그래밍 활동과 매우 유사하다. 따라서 이러한 지능의 개념에 의하면 지능이 고정되어 있고 유전자에 의해 발달이 예정된다는 가설은 더 이상 지지될 수 없다.

이에 1930년대에 그리고 40년대의 대부분 동안 아동양육 전문가들이 제안해 온 방법, 즉 아동이 성장하도록 놔두고 과다한 자극을 피하라는 조언은 극히 잘못된 것으로 간주된다. 아동의 좀 더 빠른 지능 발달과 성인이 되어서의 더 높은 지능 성취를 위해 특히 발달의 초기 동안 아동의 환경을 조절해 줄 수 있다는 생각이 타당해진 것이다.

Hunt는 그의 연구로부터 다음과 같은 네 가지의 시사점을 제시하였다.

첫째, 지적 성장의 가장 빠른 시기는 8세 이전에 나타난다. 아동의 지적 수준은 학교교육을 받기 오래 전에 결정된다. 이러한 지능 형성의 과정은 학습에 도움을 주는 가정환경이 유익하며 좀 더 초기에 학교에서와 같은 경험이 필요하다는 것을 말해준다.

둘째, 아동이 고정된 지능을 갖고 태어난다고 할 수 없음이 60년대 이후 명백해졌다. 이러한 시대에 뒤떨어진 개념은 학습과 변화에 대한 인간의 거대한 능력을 정당화할 수 없으며, 많은 연구결과들이 지능이 고정된 것이 아니라 발달한다는 것을, 즉 발달적 지능(developmental intelligence)을 지지한다. 개인의 지능 발달수준은 경험, 아동양육법, 경제적 요인, 영양 그리고 출생 전·후의 환경의 질과 같은 많은 변인에 따라 달라진다. 아동이 물려받은 유전적 특성은 지능이 발달할 광범위한 뼈대(framework)를 설정한다. 즉, 유전이 한계를 설정하고 그 한계 내에서 성취할 수준을 환경이 결정하는 것이다. 예를 들어, 대부분의 아동은 유전적으로 언어 발달 능력을 타고나지만 성인과의 대화 기회가 결여된 환경에서 양육된 경우, 그런 기회를 가져온 아동에 비해 언어적으로 유능해질 수 없는 것이다.

셋째, 지적으로 자극적이지 않은 가정에서 양육된 아동은 혜택 받은 환경에서 양육된 아동에 비해 지적으로 뒤떨어질 수 있다. 가정환경에 관한 Hunt의 시사점은 명확하다. 학교에서의 성취가 실생활에서의 성취와 성공을 얼마나 잘 예언해 주는가에 대해서는 의문이 있는 반면, 학습 기회를 촉진하는 환경이 결여된 아동이 일생동안 장애를 갖게 된다는 것은 경험을 통해 알 수 있다. 반면에 지적 자극을 제공하는 가정의 아동은 학교에서 높은 성취를 보이게 될 경향이 있다.

넷째, 만일 아동의 지적 발달의 80%가 8세까지 이루어진다면 환경의 영향도 이 8년간에 가장 클 것이다. 그 예로 영양과 사회·경제적 배경의 영향을 들 수 있다.

영양은 두뇌 발달에 매우 중요하다. 특히 출생 전과 생후 첫 2년간은 두뇌의 성장이 최대로 이루어지는 결정적 시기이다. 이 시기에 영양적으로 실조된 아동은 영구적인 뇌 손상을 입기 쉽다. 반면에 영양실조가 2세 이후에 일어난다면 영구적인 뇌 손상의 가능성은 줄어든다. 표준화된 성취도 검사에서 사회·경제적 배경이 낮은 아동이 높은 사회·경제적 배경의 아동만큼 성취하지 못한다는 것이 일반적으로 인식되어 있다. 높은 사회·경제적 환경의 요소들이 아동의 높은 성취도 점수에 기여하며 생후 8년 동안 가장 큰 영향을 미친다. 따라서 아동에게 풍부한(enriched) 환경을 경험케 하려면 이 중요한 발달 시기 동안 이루어져야 한다. 즉, 아동의 생활환경의 심화(enrichment)는 전통적인 취학 연령인 6세 이전에 이루어져야 한다.

가족배경이 아동에게 미치는 영향에 대한 이후 연구들도 Hunt와 Bloom의 초기 연구를 지지하는 경향이 있다(Morrison, 1980). 예를 들어, Jencks와 동료들의 연구

(1973)에 의하면 가족배경이 IQ 유전자보다 개인의 교육적 성취에 더 많은 영향을 미치는 것으로 나타났다. 그 밖에도 여러 연구에서 가족배경이 개인의 성취에 미치는 심오한 영향이 밝혀졌는데, 가족의 사회·경제적 안녕(well-being)뿐 아니라 가족 구성원이 교육에 대해 갖는 가치를 통해서 그리고 그 가치를 작용시키는 활동에 자녀와 함께 참여함으로써 아동의 성취에 영향을 미친다는 것이다.

이처럼 인지주의 심리학의 연구 결과는 지능이 생의 초기에 급격히 발달되며 환경의 영향도 이 시기에 가장 크다는 것을 밝혀줌으로써, 특히 지적 능력의 발달을 위한 유아교육의 중요성을 극명하게 나타내 주고 있다. 한편, 최첨단 영상기술에 의한 뇌과학의 발달 역시 유아교육의 필요성을 강력하게 시사하고 있다. 즉, 유아기가 한 개인의 지적 능력을 결정하는 민감한 시기로 뇌발달 특성을 고려한 적절한 교육적 경험의 제공이 중요하다는 것이다.

4) 현대사회의 특징에 따른 유아교육의 필요성 및 중요성

역사적으로 볼 때 유아교육은 사회적 변화와 그에 따른 요구에 부응하여 발달되어 왔다. 이에 대해서는 제9장 '유아교육의 사회적 요구'에서 기술하고 있는 바, 유아교육은 전쟁, 빈곤, 산업화, 도시화, 여성의 취업률 증가 등에 따른 사회적 문제의 해결책으로 그리고 국가 경쟁력 증대를 위한 인재 양성의 방안으로 시도되어 왔다.

따라서 궁극적으로 볼 때 유아교육은 복지사회의 건설을 위한 대안으로서 그 필요성과 중요성이 인식되어 왔음을 알 수 있다. 본 단락에서는 특히 현대사회의 특징에 따른 유아교육의 필요성과 중요성을 살펴보고자 한다.

첫째, 현대사회는 여성해방운동과 그에 따른 취업모의 증가, 핵가족화와 형제수의 감소(독자의 증가) 등에 따라 가정의 교육적 기능이 약화됨으로써 그를 보충하고 지원하는 유아교육의 필요성과 중요성이 더욱 커지고 있다.

맞벌이부모의 탁아 요구를 해소시켜 주는 것은 기본이며 일반적인 가정의 교육적 기능까지도 유아교육이 떠맡게 된 것이다. 사실 인사하기, 질서 지키기, 바른 자세로 식사하기 등 이전에는 가정의 책임이었던 일상생활습관의 지도가 지금은 유아교육의 중요한 역할로 인식되고 있다. 특히 형제가 없거나 적은 핵가족 내의 유아는 가정에서 다른 사람과의 접촉 기회가 극히 제한되기 쉬우며 부모로부터의 애정 결핍에 노출되거나 또는 부모의 보상심리에 의해 애정과잉에 노출되기가 쉽다. 따라서 특히 원만한 대인관계와 건전한 자아개념의 형성 등 사회, 정서적 발달을 돕는 유아교육 프로그램의 제공이 요구된다.

둘째, 현대의 부모는 과거의 부모들이 본능적, 직관적으로 할 수 있다고 생각했던 부모 역할의 수행에 있어 보다 전문적인 도움을 적극적으로 요구한다. 때문에 부모 역할의 수행을 전문적으로 지원하는 부모교육의 담당 주체로서도 유아교육의 필요성과 중요성은 명백하다.

셋째, 현대사회는 잦은 이사, 생활방식의 다양화와 급진적 변화, 특히 물질만능주의에 의한 가치관의 부재나 혼돈 등 불안정을 그 특징으로 하고 있다. 때문에 기본적인 도덕성과 가치관의 정립, 정서적 안정의 유지와 도모, 건전한 인성의 발달을 돕기 위해서도 유아교육이 필수적이다.

넷째, 현대의 대부분의 자본주의 사회에서는 '교육도 투자'라는 관점하에 개인뿐 아니라 국가적으로도 특히 창의성과 기술을 갖춘 미래의 인재 양성을 위한 유아교육을 요구한다. 국가의 우수인력양성을 위한 투자비용 대비 수익률을 교육시기별로 분석한 결과들에 의하면 유아기의 투자 효과가 가장 효과적이다. 즉, 유아교육에의 투자가 초등이후의 학교교육, 학교교육 이후의 직업교육 등에 비해 투자 효과가 가장 큼을 나타낸다는 것으로(정미라, 2007), 유아교육의 중요성을 강력히 시사한다. 한편, 빈곤의 문제뿐 아니라 소득의 증가 역시 유아교육의 필요성과 중요성을 고조시킨다.

특히 고소득 가정의 고학력 부모는 자녀교육에 기꺼이 투자하고자 하며 이에 특수한 프로그램을 운영하는 사립 유아교육기관에 대한 요구도 증대되고 있다.

다섯째, 60년대 중·후반에 나타나 최근 활발해진 소비자인식운동(consumer awareness movement) 역시 유아교육의 중요성을 시사한다. 왜냐 하면 소비자운동의 초점이 유아에게 노출된 유해 요인에 대한 것에 모아지고 있기 때문이다.

소비자운동은 약물, 공해, 의복과 식품, 장난감 등 일상용품의 유해 요인뿐 아니라 TV, 음반, 비디오 같은 대중 매체 등 모든 유해 요인으로부터 유아를 보호할 것을 강력하게 요구, 주장하고 있다. 유아의 경우 약물에 대한 중독이 더욱 치명적이어서, 예를 들어 단지 1회의 본드 흡입으로도 뇌 손상을 가져오는 수가 있다. 따라서 유해 환경으로부터 몸과 마음을 보호하는 차원에서 특히 잠재적 교육과정을 강조하는 유아교육의 중요성이 인정된다.

덧붙여, 특히 우리나라의 경우 심각한 저출산 문제의 중요한 해결책으로서 유아교육의 필요성 및 중요성이 심화되고 있다. 즉, 자녀 양육의 책임과 부담을 국가가 함께 나누는 차원에서 유아교육의 실질적인 전면 무상화와 의무교육화, 질적 수준 제고의 필요성이 시급하다.

3. 유아교육기관의 유형

1) 유아교육기관의 유형 분류

유아교육기관의 유형 분류는 국가에 따라 또는 학자에 따라 다르며 분류의 기준도 다양하다. 예를 들어, Dopyera와 Dopyera(1993)는 후원체를 기준으로 비영리사립기관, 영리사립기관, 연구와 봉사를 위한 사립기관 그리고 국가 수준/주 수준/지방 수준의 세 가지 공립기관으로 구분하였다. 또한 Decker와 Decker(1984)는 재정을 기준으로 공립기관, 사립기관, 정부보조기관(Head Start, 부모·유아 센터 등), 전국적 사립단체지원기관(몬테소리 학교 등) 그리고 대학부속기관으로 구분하였다.

한편 국가에 따라 유아교육기관의 관리체제가 다르다. 유아교육체제는 보육과 교육이 일원화된 체제와 양자가 분리된 이원화 체제로 나누어진다. 우리나라의 경우, 보건복지부의 보육시설(어린이집)과 교육부의 유치원으로 양분되어 교육과 보육이 이원화된 체제를 취하고 있다. 그러나 2012년 5세 대상으로, 2013년부터는 3, 4세까지 유치원과 어린이집에서 누리과정을 공통적으로 적용하게 됨으로써 교육과정의 통합이 일단 이루어졌다. 또한 박근혜 정부에서 우선적으로 관할부처의 통합 등 일원화 방안이 논의된 바 있었으나 그 실현은 미지수이다. 우리나라와 유사한 이원화 체제를 가진 국가로 일본이 있다. 즉, 문부성이 관장하는 유치원과 후생성이 관장하는 보육소로 양분되어 있으며(Melhuish & Moss, 1991·1995), 일본 역시 교육과정 통합과 실험적 통합 운영 등의 방법으로 일원화를 위한 노력을 해 오고 있다.

그런데 이원화 체제의 국가라 하더라도 차이가 있어서 프랑스, 중국 등은 우리나라나 일본과는 다른 이원화 체제를 취하고 있다. 즉, 유아의 연령을 기준으로 3세 미만은 보건복지부, 3세에서 취학전까지의 유아는 교육부가 그 보호와 교육을 관할하고 있다.

한편 유아의 보호와 교육을 하나의 행정체제에 의해 관리하는 일원화 체제의 국가들도 많은데, 영국, 스웨덴, 서독, 구소련과 북한 등이 이에 속한다.

국가마다의 유아교육체제의 차이와 기관 명칭의 다양성에도 불구하고 유아교육기관의 유형은 우선적으로 교육을 주 기능으로 하는 교육기관과 보호를 주 기능으로 하는 탁아기관으로 크게 구분될 수 있을 것이다.

2) 보편적인 유아교육기관의 특징

국가마다 유아교육기관의 유형에 차이가 있다. 보편적이고 대표적인 기관인 유치원과 유아원 그리고 우리나라의 대표적 탁아기관인 어린이집을 중심으로 그 특징을 살펴보면 다음과 같다.

(1) 유치원(Kindergarten)

초등학교 직전의 학교로서 취학전의 5세 유아를 주 대상으로 하는 기관이다. 그러나 최초의 유치원은 3~7세를 대상으로 하였으며, 점차 4~6세 또는 3~6세 유아를 위한 교육기관으로 그 대상 연령이 확장되는 경향이 있다. 우리나라의 경우, 현재 유치원은 3~5세 유아를 교육대상으로 한다.

원래 유치원이란 '어린이 동산'이란 뜻의 용어로 전통적인 학교의 개념과 차별화된 성격의 기관임을 나타냈으나 현재 각국은 유치원을 공교육제도에 포함시키고 초등교육과의 연계적 교육을 강조하고 있다. 유치원의 경우, 초기에는 대개 반일제(3시간 정도) 프로그램의 제공이 주를 이루었으나 종일제(7~9시간) 프로그램이 거의 일반화되었다. 현재 우리나라의 경우 기본과정(4~5시간)과 그 이후의 방과후 과정으로 운영된다.

재정 형태에 따라 유치원은 국·공립과 사립으로 구분될 수 있다. 국·공립은 병설유치원이 주를 이루며 단설유치원은 상대적으로 소수이나 점차 증가되고 있다. 2020년 현재 국내의 국립유치원은 3개소로 한국교원대학교, 강릉 원주대학교, 공주

대학교 사범대학에 부설되어 있다. 사립의 경우 개인, 법인, 종교단체 등 설립 주체에 따라 더 다양한 유형으로 나누어질 수 있다.

유치원 이전 4세 유아를 위한 프로그램을 뜻하는 것으로 'prekindergarten'이란 용어도 사용되며 연결유치원(transitional kindergarten)은 초등학교 취학 연령은 되었으나 취학할 준비가 덜 된 유아를 위해 1년간의 교육 프로그램을 제공하는 유형이다(Morrison,1980).

(2) 유아원(Nursery School)

유치원 이전의 학교로서 주로 3~4세 유아를 주 대상으로 하는 기관이다. 전통적으로는 반일제(2~3시간)가 일반적이나 종일제(8~12시간) 운영이 일반화되었다.

재정 형태에 따라 공립유아원과 개인이나 영리단체의 사립유아원으로 구분될 수 있다. 또한 대학교의 연구센터 역할의 유아원과 사설유아원, 교회나 아동복지기관 또는 주택단지 등에서 주민과 협력하여 운영하는 협력유아원(cooperative nursery school)의 세 가지 형태로 구분되기도 한다(한국유아교육학회, 1996).

미국의 경우, 공립학교에서 5세아 프로그램과 4세아 프로그램이 운영될 때 전자를 유치원, 후자를 유아원이라고 구분해서 지칭했으나(Morrison, 1980), 최근에는 유아원보다는 prekindergarten이나 preschool이란 용어를 주로 사용한다. 일반적으로는 preschool은 초등학교 1학년 입학 전의 유아를 위한 모든 프로그램을 뜻하는 용어로 사용되며 때때로 preprimary란 용어도 1학년 입학 전의 유아를 위한 프로그램을 칭하는 것으로 사용된다. 또한 부모협동유아원(parent cooperative nursery school)은 학부모들이 협동해서 운영하는 유아원이다.

(3) 탁아(Day care center)

우리나라의 경우, 탁아기관의 대표적 유형은 어린이집이다. 어린이집은 영아에서부터 초등학교 저학년까지의 취업모의 자녀를 주 대상으로 하여 보호와 교육을 담당하는 기관이다. 종일제 운영이 원칙이며 취업모의 요구에 따라 낮 시간뿐 아니라 밤 시간 동안 그리고 24시간 동안 프로그램을 운영하는 경우도 있다. 즉, 오전 7시 30분부터 오후 7시 30분까지 하루 12시간 동안 운영되는 기준제 보육이 일반적이며 지역사회 및 부모의 특성과 요구에 따라 시간연장보육, 휴일보육, 시간제보육,

방과 전·후 보육, 24시간 보육 등 다양한 형태로 운영된다.

우리나라의 어린이집은 현재 설치 주체에 따라 국공립어린이집, 사회복지법인어린이집, 직장어린이집, 가정어린이집, 부모협동어린이집, 민간어린이집으로 구분되어 있다.

탁아는 크게 기관중심(center-based) 탁아와 가정중심 탁아로 구별되나 다양한 형태의 탁아 유형이 있을 수 있다. 일반적으로 재정 형태에 따라 공립과 사립으로 구분될 수 있다. 그 밖에 탁아의 유형으로는 취업모의 자녀를 대상으로 초등학교 저학년 유아를 위한 탁아, 등교 전인 오전 8시 이전이나 방과후에 프로그램을 제공하는 학교수업 전·후 탁아와 부모가 중심이 되어 비영리로 운영하는 부모협동탁아, 부모의 직장에 연결되어 운영되는 직장탁아 등이 있다(이기숙, 2013).

한편 유아학교(Infant School)는 영국의 5~7세 대상 교육기관인데, 초등학교의 일부분으로 의무교육의 첫 단계이다. 즉, 7~11세 대상인 하급학교(junior school)의 전 단계이며, 2~4세 유아를 위한 유아원(nursery center)에 이어 교육을 담당하는 기관이다. 우리나라에서도 유아교육 발전방안의 하나로 유치원과 어린이집을 유아학교로 통합하려는 시도가 이루어진바 있었으나 실현되지 못하였다. 즉, 0~6세의 취학전 모든 연령의 유아를 위한 통합적인 교육기관으로 영아를 위한 교육, 유아원과 유치원 시기 유아를 위한 교육을 전체적으로 담당하는 기관으로 유아학교(이은화·양옥승, 1988)의 설립을 주장한 바 있다. 2023년 유보통합을 위한 부처통합이 가시화되면서 유치원과 어린이집을 통합한 새로운 기관을 운영하는 방안의 모색이 이루어지고 있다.

그 밖에 primary란 보통초등학교 1, 2, 3학년을 뜻하는 용어이며 주로 초등학교 저학년에서 볼 수 있는 유형으로서 1, 2학년 또는 2, 3학년을 한 반에 편성하는 복식학급(split class)도 있다. 또한 조기 개입 프로그램(Early Intervention Program)은 가난이나 부모의 방임 또는 학대 등의 이유로 발달상에 문제가 있을 위험성이 있거나 장애나 다른 특별한 요구를 가진 유아를 위한 프로그램으로 출생에서 3세까지 주로 가정중심(home-based) 서비스를 제공한다(Brewer, 2001). 또한 특수아를 위한 유아교육기관도 있는데, 주로 3세 미만의 장애아를 대상으로 정규 유아교육 프로그램과 함께 특수교사에 의한 진단과 치료를 제공한다.

참고문헌

김재은 (1997). **개정 유아의 발달심리**. 서울: 창지사.

박찬옥·김지영·권덕수·우민정·안지영·이예숙 (2023). **유아교육개론**. 서울: 정민사.

서봉연·이순형 (1998). **발달심리학**. 서울:중앙적성출판사.

서울대학교교육연구소 편저(2011). **교육학용어사전(전정판)**. 서울: 도서출판 하우.

이기숙 (2013). **제5판 유아교육과정**. 서울: 교문사.

이연섭·방인옥·조희숙·조정숙·이광자·박찬옥·지성애·마송희·유왕효·김정규·정갑순·이윤옥·엄기영·노영희·나정(2000). **유아교육개론**. 서울: 정민사.

이영자 (1993). **유아교육체제의 실상과 과제. 21세기를 대비한 한국 유아교육의 발전 방향**. 서울: 한국유아교육학회.

이은화·양옥승 (1988). **유아교육론**. 서울: 교문사.

정미라(2007). **생애초기 기본학습능력 보장 방안연구**. 충북: 한국교육개발원.

한국유아교육학회 (1996). **유아교육사전(용어편)**. 서울: 한국사전연구사.

Bloom, B. S. (1964). *Stability and change in human characteristics*. New York: John Wiley and Sons.

Bowlby, J. (1951). *Maternal care and mental health*. Geneva: World Health Organization.

Bowlby, J. (1969). *Attachment and loss: Attachment*, Vol. 1. London: Hogarth Press.

Bredekamp, S. (Eds.). (1987). *Developmentally appropriate practice in early childhood programs serving children from birth through age 8*. Washington, DC: NAEYC.

Bredekamp, S. & Rosegrant, T. (Eds.). (1992). *Reaching potentials: Appropriate curriculum and assessment for young children*, Vol. 1. Washington, DC.: NAEYC.

Brewer, J. A. (2001). *Instruction to Early Childhood Education:Preschool Through Primary Grades*. (4th ed.). Boston : Allyn and Bacon.

Crain, W. C. (1983). **발달의 이론** (서봉연 역). 서울: 중앙적성출판부. (원본 발행 1980).

Decker, C. A. & Decker, J. R. (1984). *Planning and administering early childhood programs* (3rd ed.). New York: Charles E. Merrill Publishing Co.

Dopyera, M. L. & Dopyera, J. (1993). *Becoming a teacher of young children* (5th Ed.). New York: Mcgraw-Hill, Inc.

Erikson, E. H. (1950). *Childhood and society*. New York: Norton Prince.

Feinburg, S. G. & Mindess, M. (1994). *Eliciting children's full potential*. Pacific Grove, California: Brooks/Cole Publishing Company.

Goffin, S. G. & Wilson, C. (2001). *Curriculum Models and Early Childhood Education: Appraising the Relationship* (2nd ed.). Columbus, Ohio: Upper Saddle River, New Jersey.

Harlow, H., Harlow, M., & Hansen, E. (1963). The maternal affectional system of rhesus monkeys. In H. Rheingold (Eds.), *Maternal behavior in mammals*. New York: Wiley.

Hendrick, J. (1992). *The whole child: Developmental education for the early years*. New York: Macmillan.

Hunt, J. McV. (1961). *Intelligence and experience*. New York: The Ronald Press.

Hymes, J. L., Jr. (1991). *Twenty years in review: A look at 1971~1991*. Washington, DC: NAEYC.

Jencks, C., Smith, M., Acland, H., Bane, M. J., Cohen, D., & Barbara, H. G. (1981). *Inequality: A reassessment of the effect of family and schooling in America*. New York: Harper Colophon Books.

Katz, L. G. & Chard, S. C. (1989). *Engaging children's minds: The project approach*. Norwood. N.J.: Abblex.

Kostelnik, M., Soderman, A. K., & Whiren, A. P. (1993). *Developmentally appropriate programs in early childhood education*. New York: Merrill/Macmillan.

Lenneberg, E. H. (1964). A biological perspective of language. In E. H. Lenneberg(Eds.), *New directions in the study of language*. Cambridge, Mass.: M.I.T. Press.

Lorenz, K. (1957). Companionship in bird life, fellow members of the species as releasers of social behavior. In C. H. Schiller (Eds.), *Instinctive behavior*. New York: International University Press.

Melhuish, E. C. & Moss, T. (1995). **세계의 영·유아보육**. (이영 외 역). 서울: 이대출판부. (원본 발행 1991).

Morrison, G. S. (1980). *Early childhood education today* (2nd ed.). Columbus, Ohio: Merrill Publishing Company.

______________(2018). *Early childhood educationtoday* (14nd ed.). N.Y.: Pearson.

National Association of State Boards of Education (1988). *Right from the start: The report of the*

NASBE task force on early childhood education. Alexandria, V.A.: NASBE.

Postman, N. (1982). *The disappearance of childhood*. New York: Delacorte.

Seefeldt, C. (Eds.). (1987). *The early childhood curriculum*. New York: Columbia University, Teacher's College Press.

Webster, E. (1984). *Ideas influencing early childhood education, A theoretical analysis*. New York: Columbia University, Teacher's College Press.

Weisner, M. G. (1991). *Infant/toddler care and education*. New York: Merrill.

White, B. L. (1975). *The first three years of life*. Englwood Cliffs, NJ: Prentice-Hall.

CHAPTER 02

유아교육의 사상적 고찰

1. 서양의 유아교육
2. 한국의 유아교육

우리가 가르치는 유아들이 앞으로 어떤 인간상으로 자라기를 바라는가?라는 물음에는 철학적 기초에서 그 해답을 찾을 수 있다. 여기에서 유아교육의 학문적 기초를 다지기 위한 사상적 배경에 대한 이해가 필요하다고 본다.

1. 서양의 유아교육

유아교육의 역사를 시대별로 나눌 수 있는 명확한 기준은 없다. 그러나 시대적 흐름과 유아교육사상의 변화를 기준으로 고대사회부터 크게 세 시기－16세기까지, 근대에 들어서서 17세기부터 19세기, 현대사회－로 나누어 각 시대의 아동관, 교육내용 및 방법, 대표적인 학자를 통해서 유아교육을 고찰하려고 한다.

1) 고대사회~16세기 유아교육

원시 시대에는 종족의 보존과 안전을 최우선으로 하는 사회였다. 따라서 유아가 독립된 인격체로 대우를 받기보다는 종족 보존을 위한 수단으로 여겨졌다. 교육의 내용도 의식주를 해결하기 위한 것들, 즉 낚시질하는 법, 활 쏘는 법, 도구 만드는 방법, 씨 뿌리고 거두는 방법 등이었다. 어머니나 아버지가 주 교사였으며 늙은 현인이나 무의들도 집단의 지혜와 선악의 기준을 가르쳤다.

고대 그리스 시대에는 Platon과 Aristoteles가 유아교육의 중요성을 강조하였다. Platon은 초기 교육에서 놀이의 중요성에 대해 『국가론』(Republic)에서 언급하였다(Barrow, 1976·1987).

> 어릴 때 교과목을 제시할 때 그 형식이 결코 강제적인 강의방식이어서는 안 되며 강제적인 상태에서 배운 것은 마음에 아무것도 남지 않는 법이네. 따라서 아동들을 강제적으로 공부시킬 것이 아니라 놀이를 통해서 해야 할 것이네. 이렇게 하는 것이 아동 각각의 타고난 능력을 구별하는 데 더욱 좋을 것이네.

Platon은 유아교육자는 아니지만 일찍부터 유아교육의 방법론을 제시하고 있다.

그의 제자인 Aristoteles에 의하면, 유아들은 7세가 될 때까지 가정에서 어머니나 유모의 양육을 받아야 하고 가정교사가 유아에게 들려주는 동화나 놀이를 감시해야 함을 강조하였다. Platon과 Aristoteles는 모두 국가의 목적을 위해 유아교육을 강조하였고 유아 자체를 독립된 인격체로 보아 조기교육을 강조한 것은 아니지만, 유아교육의 중요성을 일찍부터 주장한 것에 의의가 있다.

로마 시대 유아교육의 가장 중요한 장소는 가정이었으며 가정교육의 중심은 어머니였다. 자녀에게 건전한 도덕적, 종교적인 기본 태도를 키우고 옳은 인생관과 생활 태도의 바탕을 마련해 주는 것이 어머니의 역할이었다. 또한 자녀교육에서 아버지의 의무를 강조하였고 교육 내용은 12동판법과 기본적인 읽기, 쓰기, 셈하기와 종교의식이었다. 로마 시대 가장 뛰어난 학자인 Quintilian은 성선설을 주장하여 태어날 때 선한 자가 후에 악해지는 이유를 교육이 잘못된 데 있다고 하였고 타고난 선을 계속 유지하려면 올바른 교육이 필요하다(팽영일, 2004).

기독교사상이 모든 면에 영향을 주었던 중세 시대에는 아기들이 이미 만들어진 성인의 축소판으로 이 세상에 태어난다고 믿어왔다. 이러한 전성설(Preformation)은 수태할 때 조그맣고 완전하게 만들어진 인간, 즉 축소 인간이 정자나 난자에 이식되며(그림 2-1), 인간이 창조되는 순간에 '前成'되고 출생 후 단지 크기와 부피만이 성장한다고 생각했다.

당시 유아들은 단지 그들의 신체 크기만으로 성인과 구별되었다. 사회적으로도 역시 유아들은 성인과 똑같이 취급되었다. 유아는 걷고 말할 수 있게 되자마자 곧 성인사회에 참가하여 성인과 똑같은 놀이를 하고 일을 하며 옷을 입었다. 따라서 일을 잘못하면 가혹한 체벌을 가했고 학교가 무서운 곳이라는 이미지를 주게 되었다. 교육 내용은 성경이 주를 이루었고 그에 따른 교수방법은 반복이었다.

르네상스기에는 기독교교육이 아닌 그리스·로마 중심의 교육이 행해졌다. 학교는 무서운 곳이 아니라 즐거운 곳이라는 인식의 전환이 이루어졌다. 종교 개혁 시대에는 Luther가 '모든 자녀를 학교에 보내라'라는 법 제정을 주장하여 공교육과 취학의무론에 관심을 일으키는 계기가 되었다(안인희 편, 2000a). 르네상스 시기와 종교 개혁기에 유아교육에서는 유아를 특별히 생각하고 보호해 줄 필요가 있는 인생의 독특한 시기로서 유아기의 새로운 아이디어가 출현했다고 볼 수 있다.

[그림 2-1] 완전히 형성된 채로 정자 속에 들어 있는 인간에 대한 가상적인 그림

2) 17세기~19세기의 유아교육

유아를 성인의 축소판으로 여겼던 중세 시대와는 달리 17세기에는 과학의 발달로 현미경이 발명되면서 전성설이 무너지고 유아를 인격을 가진 한 독립된 존재로 인식하게 되었다. 그 대표적인 학자는 Comenius, Rousseau이다. 이들의 아동 존중 사상은 Pestalozzi에 이어 유치원의 창시자인 Froebel로 계승되었다.

다음에서 Comenius, Rousseau, Pestalozzi, Froebel의 생애 및 교육사상에 대해서 살펴보고 Rousseau에게 영향을 주었고 백지설을 주장한 Locke와 유아교육의 창시자 Owen과 유아원의 창시자 McMillan자매의 생애 및 교육사상에 대해서도 살펴보려고 한다.

(1) Comenius(Johann Amos Comenius, 1592–1670)

① 생애와 저서

Comenius는 지금의 체코슬로바키아 모라비아 주 동부에 있는 작은 마을에서 태어났다. 독실한 모라비아 동포 교단의 신자였던 아버지의 영향으로 대학에서 신학을 전공하며 과학과 교육 개혁에 관심을 갖게 되었다. 목사와 교사로 일하면서 1632년 『대교수학』(Didactica Magna)이라는 유명한 저서를 발표하였다.

『대교수학』은 '모든 사람에게 가르쳐야 할 기술'이라는 부제가 있으며 '세계 최초의 교육 학서'로 불린다. 이 책에서 그는 보편교육을 시도하여 교육사적으로도 의의가 높다.

② 교육사상

감각적 실학주의자로 알려진 Comenius의 사상은 '감각적 실학주의' 혹은 '과학적 실학주의'라고 하는데, 지식이란 본래 감각을 통해 얻게 된다는 것을 강조한다. 직접 볼 수 있는 실물이나 표본, 사진, 모형 등의 구체적 사물을 제시하여 감각을 통해 사물을 인식하는 것이다.

먼저 그의 교수방침은 '자연의 질서에 따른' 객관적 자연주의 혹은 합자연(合自然)의 원리에 의한 교수법으로 그의 교수 이론을 요약하면 다음과 같다(안인희 편, 2000a: 131).

- 직관의 훈련을 통해 쉬운 것으로부터 어려운 것으로 나아갈 것
- 언어 이전에 사물이나 모형을 먼저 제시하고 사물에 대한 언어의 적용은 나중에 할 것
- 자연은 비약하지도 중단하지도 않는다. 이와 마찬가지로 교수도 기초 학습이 다음 학습 단계로 옮겨져, 끊이지 않고 점진적으로 이루어지게 할 것
- 학습은 직관에서 출발하여 감각에 호소하도록 할 것
- 자연은 불필요한 것은 하지 않음과 같이 학습도 생활에 유용하고 가치 있는 것을 선택할 것
- 학습은 유아의 흥미와 의욕을 환기시켜 유쾌한 생활로 진행되어야 하며 또한 교재 선택과 취급도 자연법칙에 따를 것

이상과 같은 교육방법은 물론 과학적 조사에 의한 것이 아니고 유추이기 때문에 추상적이라는 비판을 받기도 하였다. 『대교수학』 제4편 '학교계통론'은 교육 목적을 달성키 위해 계획된 학교제도론이다. 즉, 인간이 배우는 기간을 출생에서부터 24세까지로 잡고 이 기간을 네 단계로 나누어 각 시기에 알맞은 교육론을 제시하였으며 자세한 내용은 다음과 같다(Comenius, 영문번역판, 1995).

제1기는 유아기 교육에 해당된다. 그는 이 시기를 '어머니 학교(School Materna)'라고 불렀다. 1세~6세까지의 유아를 가정에서 부모가 교육을 하되 주로 일상생활이나 사물에 관한 기초 지식, 도덕적인 습관, 신앙에 관한 기초 지식을 일깨워주는 것이다. 제2기는 아동기 교육으로 '모국어 학교(School Vernacular)'라고 지칭했다.

7세~12세까지의 어린이에게 독일어의 읽기, 쓰기, 셈하기와 일반적 기초 지식을 배우며 6년 동안 쉬운 지식부터 어려운 지식을 가르친다. 제3기는 '라틴어 학교(School Latina)'이다. 13세~18세까지의 소년기 학생을 대상으로 네 가지 언어, 즉 모국어·라틴어·그리스어·히브리어와 7자유과 그리고 자연, 과학, 지리, 역사, 윤리, 종교 등의 과목을 가르치는 시기이다.

제4기는 '대학(Academia)과 여행기'이다. 19세~24세까지의 청년에게 신학·의학·철학·법학 그리고 고전을 가르치고 난 후 마지막 시기에 여행을 통해 교양을 쌓도록 제시하였다.

Comenius의 교육사상은 또한 『세계도회』(Orbis Sensualium Pictus)에도 잘 나타나 있다. 그 서문에서 '감각에 의하지 않고 지성에 따르는 것은 하나도 없다'는 원리에서 감각적 직관을 강조했다. 이 책은 사물과 언어 그리고 문자를 통합하여 짧은 시간에 흥미 있고 정확한 지식을 감각에 의해 얻으려는 것이 목적이다(Comenius, 1657·1998). 이는 세계 최초로 그림을 이용한 교과서이며 이 책은 시청각 교육의 효시로 여겨지고 있다. 다음은 세계도회의 한 부분이다.

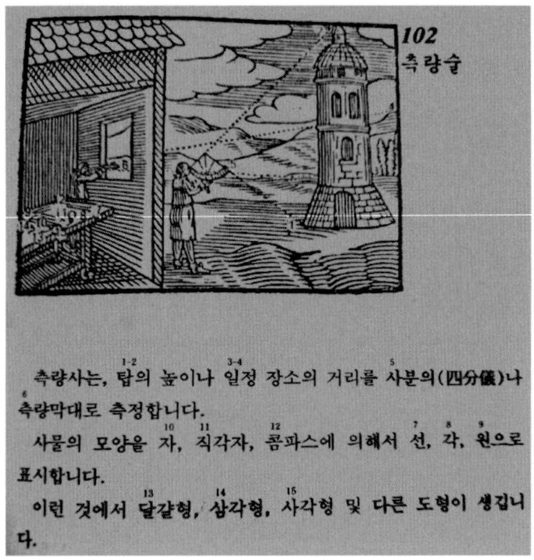

출처: 세계도회. 김은권, 이경영편역(1998). 119쪽.

[그림 2-2] 세계도회 한 부분

그는 학교교육에서 덕행(德行)교육과 훈육의 중요성을 강조하고 여전히 신비적이고 종교적인 색채가 짙지만 보편교육, 감각교육, 모국어교육을 강조하고 자연의 원리에 따른 합자연의 교육은 아동중심 교육사상의 기초가 되어 Rousseau, Pestalozzi, Froebel에 영향을 주었다.

(2) Locke(John Locke, 1632–1704)

① 생애와 저서

철학자이며 명예혁명을 이끈 정치가이고 교육사상가인 Locke는 영국 린튼에서 태어났다. 부친은 아들의 교육에 대해 매우 엄격했고 교육적 태도는 Locke의 교육사상에 많은 영향을 주었다. 그가 다녔던 웨스트민스터 학교의 엄격한 고전교육은 영국 공립학교의 모범이 되었으나 지나친 형식주의에 반감을 느껴 그의 교육론에서 비판되고 있다. Locke는 의사로서 당시의 유명한 정치가인 애슐리경을 치료했고 그와 정치가로서 이론가로서 각광을 받았으며 두 번의 망명생활을 하기도 하였다. Locke는 독신으로 70세에 생애를 마쳤다.

Locke의 최초의 저서인 『관용론』에서는 국가와 교회의 관계를 논하였는데, 국가는 개인의 신앙의 자유를 인정하고 시민들의 신앙의 차이에 개의치 말아야 하며 교회에 간섭하지 않아야 한다고 주장하였다. 그의 정치론을 편 『정부론』(1690)에서는 정부가 시민의 권리를 옹호하는 형태의 근대적 자유주의를 주장하였다. 대표적 철학 주저인 『인간 오성론』(1673-1675)에서는 각자가 신으로부터 부여받은 오성(悟性)을 사용해서 어떻게 행위해야 할 것인가를 스스로 탐구해야 함을 강조하였다. 인간 오성론 첫머리에서 Platon , Schola 철학자, Decartes를 논박하고 어떤 원리에나 생득적 관념(innate ideas)이 없고 모든 관념이 인간의 경험에서 유래한다고 보았다. 『교육에 관한 고찰』(1693)은 대표적인 교육적 저서이다.

2 교육사상

> 마음은 말하자면 글자가 전혀 쓰여 있지 않은 백지로서 관념은 조금도 없다고 상정하자(인간오성론, 2권 1장 2절, 안인희 편, 2000a: 184, 재인용).

위에서 알 수 있듯이 Locke의 교육에서 가장 중요한 사상은 백지설(tabula rasa)이다. 즉, 인간의 마음은 마치 백지와 같고 깨끗하게 닦여진 칠판과 같다. 이 백지 위에 새겨져 가는 유아의 경험 하나하나는 그의 인간 형성의 중요한 요소이다. 여러 학자들이 제시한 로크의 교육사상을 정리하면 다음과 같다(고후순 외, 1997; 이은화외, 2001; 안인희 편, 2000a).

성인은 유아를 이성적인 존재로 보고 자연적인 자유를 침해하지 않아야 한다. 유아의 자유와 자연을 존중하고 체벌은 유아의 흥미를 꺾고 노예적 기질을 만들며 악행과 불규칙적인 생활을 유발하기 때문에 금하고 체벌이나 질책보다는 칭찬을 권해야 한다. 즉, 유아는 미숙한 존재이지만 언어를 습득함과 동시에 이성적 존재로 성장하기 때문에 그들을 이성적 존재로 대우해야 한다. 또한 유아의 바람직한 성격 형성을 위해 올바른 양육과 좋은 습관 형성과 학식이 중요한데, 특히 습관의 형성이 필요함을 강조하였다.

심신의 조화로운 발달을 중요시하는 Locke는 올바른 정신의 형성은 교육으로 이루어지는 것이며 유아기의 습관 형성에 기인하는 면이 크다고 보았다. 특히 건강교육이 중요한데, 신체 단련을 위해 차고 느슨하게 옷을 입고 냉수욕을 하거나 소식을 하며 숙면을 취하고 규칙적인 배변이 중요함을 강조하면서 스포츠를 통한 신체훈련이 필요하다고 주장하였다.

위와 같은 건강의 기초가 확립되면 그 위에 지적 교육을 하는데, 기초적으로 읽기와 쓰기를 가르치되 유아의 흥미를 끌 수 있는 내용과 방법을 사용하여 글자가 적힌 주사위나 놀잇감을 가지고 읽기를 배우게 하였다. 또한 유아기에 적합한 책으로 이솝우화를 추천하였는데, 이 책이 유아를 기쁘게 하고 반성의 기회를 갖게 하기 때문이다.

지식의 내용으로는 읽기, 쓰기, 성서의 순서로 시작하여 외국어, 고전어(라틴어, 희랍어), 수학, 지리, 역사, 기하, 수사학, 논리학, 자연 철학, 물리학 등의 학과를 배우되 주입식 방법보다 지식에 대한 사랑과 흥미와 존경을 가르쳐서 스스로 지식을 탐구할 수 있는 능력을 길러주는 방식으로 주어져야 한다. 지식 이외에 여러 가지 기술도 필요하며 교육의 마지막 단계로서 세계 여행을 제안하였다

위와 같은 지, 덕, 체에 대한 내용 외에 예의범절과 지혜를 중요하게 생각하였다. 예의가 바르다고 하는 것은 자신의 일과 다른 사람의 일을 다 같이 존중하는 태도를 말하며 지혜는 어떤 일을 유능하게 통찰에 의해 처리해 가는 것으로 지식의 산물이며 밖으로부터 주어지는 것이 아니라 내적인 필연에 의해서 자율적으로 성장해 가는 것이다.

Locke는 학습에서 소질보다는 경험 또는 후천적인 교육의 역할을 중시한 점에서 오늘날 학습 이론의 시조로 일컬어진다. 그렇지만 체육을 중시하여 심신의 조화로운 발달을 목적으로 하고 훈육을 중시하면서도 유아의 자주성을 존중하며 지덕체의 조화를 강조하고 유아의 흥미를 유발하기 위해 학습에서 놀이를 인정하고 놀잇감 사용을 제안하는 등 유아교육에 시사하는 바가 크다. 특히 Locke의 교육론은 Rousseau가 쓴 『에밀』의 여러 부분에서 인용되고 있다. 그러나 어디까지나 지도자 계층의 교육이고 가정에서의 사교육에 한정된 것이라는 제한점을 갖는다.

(3) Rousseau(Jean Jacques Rousseau, 1712–1778)

① 생애와 저서

Rousseau는 스위스의 제네바에서 태어났으나 일찍 어머니를 여의고 아버지와 생활하다가 아버지가 돌아가시자 프랑스에서 대부분을 보냈다. 그는 혼자서 독서와 음악 공부를 하였고 체계적으로 여러 학문을 공부했다. Rousseau는 자신의 다섯 아이를 모두 고아원에 맡겨 결정적인 치명타를 입기도 했다. 최초의 논문 『학문예술론』(1750)이 당선되어 그 이름이 널리 알려지게 되었다. 『마을의 점쟁이』(오페라, 1752), 『인간 불평등 기원론』(1755), 『사회계약론』(1762), 『신 엘로이즈』(1761) 등의 저서를 남겼으며 교육 소설 『에밀』(Emile ou de l'education, 1762)은 '교육론'이라는 부제가 붙여진 교육의 고전이다. 위의 세 가지 유명한 책과 성선설은 당시 충격적인 반응을 일으켜 책의 분서처분과 체포령으로 Rousseau에게 망명생활을 계속하게 하였다.

② 교육사상

Rousseau의 교육론은 어린이 존중, 자연주의, 그에 따른 소극적 교육론이 사상의 중심이 되는데 자세하게 살펴보면 다음과 같다(김병희, 2007; 안인희 편, 2000a: 231–232; 안인희 외, 1992; 곽노의 외, 2004)

첫째, 어린이 존중과 자연주의 사상은 그의 독특한 인간관과 연관된다. 인간의 본성은 선이며 선은 다름 아닌 자연이다. 즉, 조물주에 의해 창조된 인간은 본질적으로 잘 되어 있는 상태이며 이는 또한 자연인 까닭에 인간의 본성과 선(善)과 자연은 하나라는 인간관을 수립했다. 따라서 이 세상에 태어난 순간의 아기는 본질적으로 선한 존재이다. 이 선의의 존재인 유아를 악에 물들게 하는 것은 바로 인간의 손에 의해서이고 인간이 만들어낸 악의 영향이다. Rousseau에 의하면 악은 인간이 자랑하는 문명, 학문, 예술과 같은 인위적인 업적이 사회 속에서 타락되어 가는 현상에서 만들어진다고 보았다. 그의 사회 비판과 문명 비판은 그의 최초의 논문인 『학문예술론』에서 신랄하게 지적되었고 루소의 사상이 자연주의라고 불리는 이유는 이와 같은 문명 비판에서 시작된다.

그는 『에밀』 첫머리에 성선설에 입각한 유아관을 세워 어떻게 유아가 존중되어야 하는가를 설명하였다. 유아를 한낱 어른의 축소물이나 혹은 어떤 기준에 도달하지 못한 미성숙의 상태로 보는 입장은 당시의 프랑스사회의 일반적인 견해였다. Rousseau의 어린이 존중사상은 이와 같은 사회적 배경에서 인간 평등론을 주장한 혁명적인 사상과 그 맥락을 함께 하는 것으로 유아는 어느 때나 그 스스로 어른과 동일하게 존중받아야 한다.

둘째, Rousseau의 유아관이 성선설과 인권 존중으로 세워진 이상 그의 교육론은 소극적인 교육론이 전개된다. 기성 사회의 질서를 유지하고 이를 전승하기 위해 교육하는 전통적인 교육관에서 탈피하여 Rousseau는 유아 내부의 가능성을 자연의 법칙에 따르는 것으로 보고 외부의 간섭을 비교육적이라 했다. 즉, 가능한 한 어른들의 세계에서 떨어져 자연에 따라 성장 발달해야 한다는 것이다. 그러나 그의 교육론은 극단적인 사회 고립과 관련된 개인주의만으로 처리될 수는 없다. Rousseau는 궁극적으로 사회 개조에 그 교육 목표를 두었고 사회 개조의 양상은 모든 인간이 평등한 권리로 행복하게 사는 것으로 그리기 위해 개인의 완성이 선결되어야 한다는 것이다.

흔히 알고 있는 Rousseau의 소극적 교육론은 『에밀』에서 대체로 아동기에서 끝나고 소년기, 청년기로 연령이 올라가면서 적극적인 교육이 전개된다. 그가 주장하는 것은 유아의 심신 발달에 관한 지식과 이해가 선결되어야 하고 이에 따르는 교육 내용을 제공해야 함을 강조했다. 유아가 이해하지 못하는 말을 하지 말고 유아의 생활에 맞지 않는 지식은 무의미하기 때문에 때를 기다려 가르쳐야 한다는 것이 소극적 교육론이다. Rousseau는 아직 심리학이나 학습 평가법과 같은 세분화된 학문이 발달되기 이전에 이미 유아 발달 단계와 이에 적합한 양육방법과 교수법을 고안해 냈다. 그는 자신의 교육론을 보다 자연에 일치하는 의미의 자연주의 혹은 감각중심 교육의 중요성을 강조하는 것으로 보았다.

Rousseau의 이와 같은 어린이 존중사상이나 자연주의 교육론은 당시의 권위적이고 전통적인 교육관과 대립되었다. 그러나 19세기 이후의 많은 사상가들, 즉 Pestalozzi, Froebel, Dewey에게 많은 영향을 주었다.

'어린이의 발견서' 또는 '어린이의 복음서'라는 부제가 달린 『에밀』의 주제는 유아이며 그의 교육사상은 『에밀』에 잘 나타나 있다. 『에밀』은 전체가 5부로 구성되어 있는데, 에밀이라는 이름을 가진 한 남자 아이의 성장 발달 단계에 따라 유아기·아동기·소년기·청년기·결혼까지의 다섯 단계로 나누었다(안인희 외, 1992). 이와 같은 성장과정의 단계를 구분하여 각 단계에 적합한 교육론을 제시한 사람은 Rousseau가 처음인 것으로 알려졌다. 여기에서 유아기와 아동기의 특징과 교육방법은 다음과 같다.

❶ 유아기(0~5세)

Rousseau는 인간 형성의 기초를 출생 시에 두고 종래에 무관심했던 갓난아이의 행동방법의 교육적 의미를 부각시켰다. 갓난아기의 양육과정을 구체적으로 묘사하고 그 양육방법의 기초를 자연 질서에 따라야 함을 강조하였다. 제시된 양육방법은 구체적인 것으로 우유를 먹인 후의 처리방법이나 모유가 인공적인 우유보다 어떤 점에서 유아에게 유용한가에 대한 상세하고 과학적인 설명을 하고 있다.

❷ 아동기(6~12세)

감각기관의 발달에 유의하여 감각훈련을 어떻게 할 것인가의 사례적인 연구가 제시되어 있으며 『에밀』 전편에 걸쳐 건강의 중요성을 강조하였다.

Rousseau는 이 시기에 발달하는 감각기관의 훈련이 신체적 발달에 중요한 역할을 한다는 이론을 구체적인 방법을 통해 제시하였다. 이때 유아를 둘러 싼 환경은 자연에 접할 수 있는 전원 풍경이어야 하고 이 자연환경을 유일한 교육 장소로 삼아야 한다. 따라서 이 시기에 책을 통해서 감각훈련을 하거나 지식을 얻는다는 것은 무의미할 뿐 아니라 유해하다. 이것이 자연에 의한 사물교육 혹은 '말보다 사물을 우선하는(things before words)' 자연주의 교육이다. 이 시기에 충분한 감각훈련은 결과적으로 이성(理性)의 힘을 강화한다. 특히 아동기는 고독한 로빈슨 크루소와 같은 자기중심적 심리를 특징으로 하기 때문에 다른 책은 안 되고 『로빈슨 크루소』는 읽어도 좋다고 하였다. 그는 책을 멀리하고 직접적인 경험을 산지식으로 보았기 때문에 에밀의 교사는 항상 아동이 경험할 수 있는 많은 기회를 만들어 주어야 한다. 유아의 놀이는 매우 중요한 교육활동으로 이 시기에 알맞은 놀이를 통해 많은 경험을 하도록 도와준다. 유아는 그 시기를 충분히 경험해야 하므로 미래의 생활을 준비하기 위해 희생될 수는 없다는 것을 강조하였다.

이상에서 살펴 본 Rousseau의 교육사상은 어린이를 그 자체로 존중해야 하고 무한한 가능성을 가진 존재로 인식하여 교육해야 한다는 아동중심 교육사상이라고 할 수 있다. 그의 자연주의 교육관은 낭만주의적이라는 비판을 받기도 하지만 그것은 그의 소극적 교육관을 잘못 이해했기 때문이다.

(4) Owen(Robert Owen, 1771–1858)

① 생애 및 저서

산업혁명기의 공상적 사회주의자, 박애주의자, 특히 유아학교(Infant School)의 창시자로 알려진 Owen은 영국의 뉴타운에서 태어났다. 어렸을 때 대단한 독서가였던 그는 16세 때에 당시의 산업혁명의 중심지였던 맨체스터로 가서 19세에 공장 경영주가 되었다. 1800년에는 영국 제일의 대공장인 뉴라나크 방직공장을 운영하면서 인도적이고 과학적으로 우수한 공장 경영, 노사 관리, 새 교육을 하여 생산 뉴라나크를 이상향으로 만들었다.

당시 영국에서는 일반적으로 아동의 노동 연령이 6, 7세 이었지만 뉴라나크에서는 10세 이상으로 하여 그 연령 아래에 있는 아동은 부속학교에 입학시켜 교육을 했다. Owen은 10년간의 공장 경영의 경험을 토대로 산업혁명이 가져다 준 인간성 황폐와 사회의 혼란 등을 회상하고 경험과 생각을 정리하여 『신사회관』(1813)이라는 책을 출판하였다. 신사회관과 뉴라나크 공장은 유명해지게 되고 그는 의식적으로 뉴라나크를 이상향으로 만들려고 노력하였다. 그리하여 1816년에는 공장에 '성격형성학원'을 설립하였다.

그는 산업혁명의 소용돌이 속에서 얻은 수익을 모두 영국 사회의 개혁을 위해 사용하였으나 여의치 않게 되자 이 공장을 아들에게 맡기고 사회주의 사회의 이상 실현을 위해 미국으로 건너갔다. 그는 뜻을 같이하는 자들의 기대에 어긋나지 않게 미국에 이상향(뉴하모니 평등공동체)을 건설할 것을 꿈꾸었다. 그의 이러한 입장은 후대의 사람들로부터 '공상적 사회주의자'로 불리게 되었다. 그는 미국에서 이상협동촌의 건설을 시도하였으나 결국 실패하고 영국으로 돌아왔다.

당시 55세였던 그는 귀국 후에도 왕성한 활동을 하여 우선 노동자의 단결을 권장하고 그 선전지인 『위기』를 발간하였고 전국 노동조합 대연합을 결성하였다. 그는

88세에 생을 마감하는 날까지 인간의 성격, 환경의 변혁을 위해 노력하였다.

② 교육관과 유아학교(Infant School)

Owen은 지금까지 교육의 근본적인 결함은 인간 형성에서 사회적 환경의 역할을 간과하고 이 책임을 개인에게 전가하는 것이 문제라고 지적하고 '환경이 인간을 만든다'는 것을 자기 공장 노동자들의 생활 개혁과 교육 개혁을 통해 입증하였다. 그의 교육사상의 핵심은 '성격 형성론'이지만 그의 주장에 따르면, 인간의 성격은 생래의 자연적 성질과 환경에서 받는 후천적 영향과의 상호작용에 의하여 형성된다고 하였다. Owen의 사상을 살펴보면 다음과 같다(곽노의 외, 2004; 팽영일, 2000).

그는 인생의 궁극적인 목적은 행복의 실현이다. 사회 개혁과 인간의 성격 형성은 동전의 양면과 같으며 후천적인 환경에 의해 좋게도 나쁘게도 될 수 있고 좋은 성격을 형성하려면 우선 좋은 환경을 제공하고, 특히 유아기의 환경은 그 인간의 성격 형성에 지대한 영향을 준다고 확신하였다. '성격형성학원'(1816년)을 개설하면서 빈곤과 범죄가 없는 사회, 안정된 즐거운 생활이 가능한 사회를 목표로 출발하였다. 이 학교에는 1~3세, 4~5세, 6~10세와 어린이를 위한 교육과 공장에서 일하고 있는 11~20세까지의 청소년을 위한 야간의 정시제교육이 행해졌다.

Owen은 성격 형성론에 Rousseau와 Pestalozzi의 영향을 받아 7개의 교육 원칙을 강조하였다. 성격 형성론에 바탕을 둔 환경 개선의 교육, 어린이들의 자기 활동을 중시하는 교육, 사랑과 행복의 교육, 상벌의 폐지, 직관교육, 생산노동과 결합된 교육, 자연과 결합된 교육이다. Owen이 창설한 '성격형성학원'은 유아학교, 소학교, 청년과 성인을 위한 학교라는 3부 구조로 되어 있지만 유아학교(Infant School)가 이 학원의 기초이며 그가 가장 중요시한 학교였다. 유아학교의 목표는 유아기부터 합리적으로 생각하고 행동할 수 있는 성격을 형성하는 것이다. 즉, 합리적인 성격의 기초를 만드는 것이 교육 목표이고 교육 내용으로는 옥외 놀이, 실물, 모형, 그림을 통한 놀이, 실물지시, 담화, 음악과 율동, 군사훈련 등이며 유아기의 주지주의적 교육을 반대하였다.

가난한 노동자 가정 유아들의 요구에 부응하기 위한 유아학교는 Owen의 공장 외의 바깥으로 퍼져 나가 1825년에는 지역에 따라 최소한 55개의 유아학교가 있었다. 유아학교는 미국에도 세워졌으나 1830년대 중반 미국에서 유아학교운동은 사라졌다(Spodek & Saracho, 1994·1997).

위와 같은 Owen의 유아학교는 어린이의 자발성을 중시하고 집단 속에서 다른 사람들과 함께 행복하게 살 수 있는 인간을 목표로 했다는 점에서 매우 훌륭한 교육 내용을 지닌 유아교육이었다는 것을 알 수 있고 사회 개혁의 포괄적 프로그램의 부분으로서 받아들여져 현재 많은 교육자들이 관심을 갖는 계기가 되었다.

(5) McMillan자매(Margaret McMillan, 1860–1931, Rachel McMillan, 1859–1917)

① 생애

영국에서 최초로 유아원을 창설한 McMillan자매는 뉴욕에서 태어났으나 다섯 살 때 아버지가 돌아가시자 어머니와 함께 스코틀랜드로 돌아왔다. 이때 삶을 같이 한 외조부는 기독교인으로 자매에게 기독교 정신을 강조하였다. Margaret은 음악과 연극을 공부했으며 런던으로 돌아와 사회주의와 선거권 운동에 관심을 갖게 되었다. 브래드포드로 이사를 한 후, 이 지역의 교육위원회의 유일한 여성위원으로 선출되었다.

그런 다음 학교에 다니는 아동을 위해 의료검사와 학교 목욕탕의 설치, 다른 병들의 치료를 주장하였다(Braun, 1972). 뎁퍼드로 이사한 후 아동의 건강문제에 계속적으로 관심을 가져 근처에 사는 아픈 아동을 위해 주·야간 캠프학교를 시작하였다. 또한 공장에서 일하는 나이 어린 노동자들을 학교로 돌려보내기 운동을 전개함으로써 아동복지 향상에 기여하였다. Margaret은 또한 유아원협회(현 영국 유아교육협회)의 초대 회장을 역임하였고 유아교육의 중요성을 깨닫게 되었다.

그 당시 런던에서 가장 열악한 지역의 영아 사망률이 20%에 달하였고 이에 그녀는 미국의 백만장자로부터 기금을 지원 받아 1908년 Rachel과 함께 보우에 진료소를 열었다. 1910년 이 진료소는 런던의 뎁퍼드로 옮겨 한 해에 약 6,000명의 아동을 진료하였다. 1911년에는 진료소를 더욱 확장시켜 유아원의 전신인 '야외 아동 캠프'를 세웠다. 1917년 Rachel이 먼저 사망한 이후, Margaret은 1931년 사망하기까지 혼자서 교사들을 훈련하고 유아원을 발전시키고 정치적인 주장을 집필하기도 하였다(이은화 외, 2001; Braun, 1972).

② 교육사상과 유아원(Nursery School)

Margaret은 프랑스의 Seguin의 영향을 많이 받았고 유아원의 교육 철학은 기독교

정신에 입각한 Froebel 교육 철학과 유사하다. 3~4 유아들을 위한 유아원 프로그램에는 자기 자신 돌보기에 대한 학습과 기술(씻기, 구두끈 매기 등)이 포함되었다. 동·식물을 가꾸고 돌보며 학교를 깨끗이 하는 것 또한 중요시하였다. 감각을 발달시키기 위해 음악·음률 활동, 언어활동, 형태와 색깔을 가르치는 활동들을 포함하였다. 또한 수학과 과학, 읽기, 쓰기를 유도하였고 미술, 물·모래, 여러 가지 자료를 가지고 만드는 작업의 기회를 제공하였다(Spodek & Saracho, 1994·1997; Braun, 1972).

그녀는 건강교육과 사회복지가 학교교육의 중요한 요소가 되어야 하고 학교는 기본적인 위생습관을 형성해 주어야 하며 감각훈련을 중요하게 여기고 자연환경 속에서 직접적으로 감각훈련을 실시하였고 Froebel과 마찬가지로 놀이를 유아들의 학습에서 중요하게 생각하였다. 따라서 유아원 설립 초기에는 빈곤한 가정의 어린이들에게 주로 신체적 발달을 위해 필요한 실외 교육환경을 제공하는 것을 강조했으나 점차적으로 유아들이 전인 아동으로 자랄 수 있도록 배려하였다.

Margaret은 학교와 가정이 서로 협력할 때 교육의 효과를 얻을 수 있다고 믿고 이를 위해 가정방문을 하는 등 부모를 교육에 적극적으로 참여하게 하였다. 즉, 부모가 교사와 어린이들의 문제를 협의할 수 있도록 학교의 문을 개방하고 부모들에게 청결하게 목욕시키기, 세탁하기, 수유하기 등을 가르쳤다. 그녀는 또한 교사가 교육의 성패를 좌우한다고 생각하였다. 특히 빈민지역 어린이들을 위한 교사로 일하기 위해서는 쉽게 좌절하지 않고 도전해 나갈 수 있도록 특별 교육과 강한 훈련을 받아야 한다고 생각하였다. 따라서 그녀는 1919년에 독자적으로 교사양성센터를 열었고 1930년에는 McMillan 유아원 교사양성대학을 설립하여 교사교육에 대한 열정을 보였다(이은화 외, 2001).

가난한 유아들을 위해 유아들의 정신적, 신체적 질병을 방지하기 위한 개념으로 양육을 기본 철학으로 개설된 유아원은 유아들을 교육하면서 씻기고 깨끗한 옷을 입히고 쉬게 하며 먹이고 깨끗한 환경 유지를 강조하였다. 이러한 McMillan자매의 교육사상과 유아원운동은 영국과 미국에서 성공을 거두었고 1960년대 Head Start 프로그램의 형성과 발전에 많은 영향을 주었다.

(6) Pestalozzi(Johann Heinrich Pestalozzi, 1746–1827)

① 생애와 저서

스위스의 취리히에서 태어난 Pestalozzi는 자연주의적 교육사상가이며 고아와 빈민아들을 위해 평생을 교육에 바친 교육실천가이다. 5세 때 아버지를 여의고 신앙심이 깊고 의지가 강한 어머니 밑에서 자랐다. 가정부인 바벨리로부터 모성(母性)의 위대한 교육적 힘을 배웠고 이는 일생을 빈민교육에 힘쓰게 한 원인이 되기도 했다.

농촌에 들어가 노작교육을 통한 인간교육에 힘썼다. Rousseau의 『에밀』을 읽고 큰 감명을 받고 아동중심 교육사상을 이어받아 교육은 가장 자연스러운 상태인 아동의 본성에 따라 이루어져야 한다고 보았다.

노이호프, 슈탄츠, 부르크도르프, 이페르톤 등에서 교육원리와 교육방법을 꾸준히 모색했다. 『은둔자의 황혼』, 『린하르트와 게르트루트』, 『육아일기』, 『게르트루트는 어떻게 그녀의 자녀를 가르치는가』 등의 주요 저서에서 교육의 필요성, 교과의 단순화·계열화 등을 주장하였다.

② 교육사상

Pestalozzi는 교육의 목적을 인간 개혁과 사회 개혁에 두고 있으며 교육을 인간 도야의 수단인 동시에 인간 개혁의 수단으로 보았다. 이러한 교육의 출발점이며 중심이 되는 곳을 인간 가정의 안방에서 어머니와 아이의 관계로 보았다. 가정이야말로 올바른 교육과 참다운 행복을 누릴 수 있는 곳이라고 하였고 어머니와 자녀 사이의 애정과 신뢰관계를 가정교육의 핵심으로 보았다. 그의 교육사상을 지배한 기본원리를 요약하면 '자연에 따라서', 즉 합자연(合自然)의 원리라고 할 수 있다. 그의 교육사상에 대해 살펴보면 다음과 같다(김병희, 2007; 신득렬 외, 2009; 안인희 편, 2000a: 260–262; 임창재, 2010).

그의 교수원리는 구체물로부터 추상적 개념으로 학습자 주변으로부터 멀리 떨어진 것, 항상 점진적이고 누진적이며 천천히 학습을 진행해야 할 것이라는 기본 전제하에 다음과 같은 원리를 강조하였다.

❶ 자발성의 원리

교육의 중심은 유아의 능력을 내부로부터 발전시켜야 하는 것으로 이것은 일정한 형식을 밖으로부터 주입시키고자 하는 생각을 배척하는 원리이다. 즉, 인간 내부에 깃들여 있는 자연적인 힘을 스스로 잘 발전시켜 가도록 해야 한다는 것이다. 교육 현장에서 자기 활동적인 계발적 방법, 자율적인 학습이 이루어지도록 강조한다.

❷ 단계의 원리

인간성의 발달은 일정한 단계를 거쳐 이루어지는 것이므로 교육은 이러한 단계에 따라 행해져야 한다. 무율에서 타율로 마지막에는 자율의 단계에 이르는 것임을 말한다. 교육은 유아들이 마지막 단계에 이르도록 돕는 일이다.

❸ 직관의 원리

직관(直觀)은 모든 인식의 절대적 기초로서 개개의 인식은 반드시 이 직관에서 출발한다. 직관은 외계의 인상(印象)을 결합하여 능동적으로 개념을 구성하는 작용으로서의 직관을 말한다. 그는 모든 교수를 분석하여 요소(要素)로 환원시켜서 교육내용의 계열(sequence)과 범위(scope)를 확정함으로써 학생 자신이 자기에게 맞는 속도로 스스로 학습하도록 교안을 계획하였고 이 방법은 현대의 프로그램 학습과 교육 공학의 선구적 역할을 하였다.

❹ 조화적 발전의 원리

인간의 내부에는 선천적으로 세 가지 기본적인 힘의 싹이 있는데, 도덕적=윤리적인 힘(가슴, heart), 지능적=정신적인 힘(머리, head), 신체적=기능적(손, hand)인 힘의 싹이다. 교육은 이 세 힘을 조화 발전시키는 삼육(三育·3H)을 통한 전인적 발달을 의미하고 그 중에서 도덕교육이 주가 되어야 함을 강조하였다.

❺ 개성과 사회성 조화의 원리

각 개인이 도덕적으로 완성될 때, 사회가 올바로 나아가며 또 사회는 이런 개인의 창의적 참여를 통해서만 발전할 수 있다. 개인과 사회는 결코 통제·복종 등의 주종 관계에 놓여서는 안 되고 협동의 관계에 놓여야 함을 강조하였다.

Pestalozzi는 Rousseau의 아동중심 사상을 이어받아 이를 실천하려 노력했고, 특히 가정교육을 강조했으며 교육에서 머리·손·가슴의 조화로운 교육, 합자연의 교육을 강조했다. 그는 교육의 기회가 특권층의 유아에게만 국한되는 것이 아니고 일반대중 모두에게 열려 있어야 함을 강조하였고 그리하여 보통교육, 빈민교육, 가정교육, 노작교육을 발전시켰다.

(7) Froebel(Friedrich Wilhelm August Froebel, 1782–1852)

① 생애와 저서

유치원의 창시자 Froebel
(Spodek & Saracho, 1994 · 1997)

유치원의 창시자인 Froebel은 독일에서 목사의 아들로 태어났으나 생후 9개월 만에 어머니를 여의었다. 예나 대학에서 자연과학과 공학을 연구했고 부친 사망 후 건축기사 공부를 하는 중 Pestalozzi의 제자 그루너로부터 교직이 더 잘 어울린다는 충고를 들었다. 그래서 Froebel은 Pestalozzi를 만나기 위해 Pestalozzi 학교가 있는 이페르톤으로 갔다. 거기에서 교육을 통하여 국가와 사회 그리고 인류를 개혁해야 한다는 마음을 갖게 되었다.

1816년 '일반독일교육소'를 창설하고 교육활동을 시작하였다. 1817년 장소를 카일하우로 옮겨 Pestalozzi로부터 배운 '합자연'의 교육을 중심으로 한 유아들과의 산 접촉, 자연과의 공감, 농작물의 재배, 마당 가꾸기, 동·식물의 관찰, 공동작업 등이 중요시되었다.

1826년 『인간교육』을 발간하였다. 그러나 당시 정부로부터 카일하우의 교육소가 정치적 압박을 받아 폐쇄 당하자 스위스에서 고아원장으로 있으면서 인간교육에서 유아기가 지니는 중요성을 새삼 인식하게 되었고 유아교육을 위한 유구를 고안하고 제작하였다.

1839년에는 장난감 중심의 유아교육 강연회를 열었다. 이로써 Froebel은 전 독일에 명성을 떨치게 되었다. 1840년 산책 중 Kindergarten(어린이의 정원)이라는 말이 떠올라 이때부터 이 교육소를 '유치원'이라 불렀고, 유치원의 창시자로 불리게 되었다. 그러나 정부가 1851년 유치원 금지령을 내려 1860년까지 계속되었다.

1844년 가정의 어머니들을 교육하기 위해 『어머니의 노래와 사랑의 노래』를 발표하였다. 그 밖의 주요 저서로 『발달에 의한 교육』, 『유치원 교수법』 등이 있다.

② 교육사상

Froebel은 당시 독일의 이상주의 철학, 특히 낭만주의 철학이나 Rousseau, Pestalozzi 등에게서 많은 영향을 받았으며 그것을 바탕으로 자신의 교육적인 교육 체계를 정립했다.

Froebel의 사상은 신과 자연과 인간의 조화이며 교육의 궁극적 목표는 신과 인간과 자연의 통합을 이해하는 것이다. 그의 대표 저서인 『인간교육』에 나타난 교육사상의 원리는 다음과 같다(Froebel, 1982·1995; 서석남, 2006; 안인희 편, 2000a).

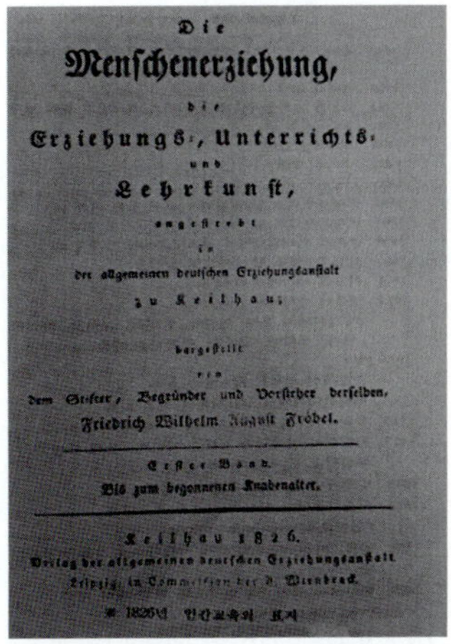
Die
Menschenerziehung,
die
Erziehungs-, Unterrichts-
und
Lehrkunst,
angestrebt
in
der allgemeinen deutschen Erziehungsanstalt
zu Keilhau;
dargestellt
von
dem Stifter, Begründer und Vorsteher derselben,
Friedrich Wilhelm August Fröbel.
Erster Band.
Bis zum begonnenen Knabenalter.
Keilhau 1826.
Verlag der allgemeinen deutschen Erziehungsanstalt
Leipzig, in Commission bei A. Wienbrack.
※ 1826년 인간교육의 표지

출처: 프뢰벨 인간교육. 서석남옮김(1995). 6쪽

[그림 2-3] 인간교육의 겉표지

❶ 통일의 원리

만물을 지배하고 영구히 존재하는 통일자는 신(神)으로 우주의 모든 형성작용에 관여한다. 만물의 조화와 통일에 신이 중심이고 생명의 근원이다. Froebel의 세계관과 인생관은 신적인 통일에 기초를 두고 있다. Froebel은 만물의 본질을 신성(神性)으로 보고 만물의 사명은 단지 그의 본질인 자기 내부의 신성을 외부에 표현하는 것이라고 했다. 그리고 교육이란 신성을 충분히 의식하여 생활 속에서 표현할 수 있는 방법과 수단을 제공해 주는 것이다.

❷ 자기 활동의 원리

교육에서 유아의 자기 활동을 중요시하는 경향은 18C 이후 확대되어 Rousseau와 Pestalozzi에 전성기를 이루었고 Froebel에 이르러 더욱 철저하게 여겼고 다른 사상가보다 교육에서 자기 활동을 창조적인 것으로 보고 이를 활성화했다. 교육의 과제는 유아의 자기표현을 도와주는 것, 즉 유아의 모든 흥미와 욕구에 따른 창조적 자기 활동에 따라 교육하는 것이다. 그가 놀이와 작업을 중시하고 은물을 제작하고 유치원을 창립한 것도 자기 활동의 원리를 실천한 결과이다.

❸ 노작의 원리

Pestalozzi의 노작교육을 전승하여 노작의 의미와 가치를 중히 여겼다. 인간의 사명은 신성의 표현이기 때문에 이 원리는 인간 생명의 원리이다. 노작교육은 곧 인간교육이다. 노작은 그 자체가 목적이며 노작은 인간 생명의 창조적이고 자발적인 활동이다. 또한 그는 어린이의 놀이(play)를 최초의 생산활동으로 간주했다.

❹ 사회화의 원리

인간은 사회적 동물이며 교육은 사회활동의 한 과정이다. 따라서 유아교육에서 협동과 예절이 중요하다고 하였다.

③ 교육방법

Froebel은 특히 『인간교육』에서 놀이는 어린이의 가장 순수한 정신적인 활동의 표현인 동시에 인간생활 전체의 모범이다'라고 했으며 놀이는 인간 성장의 근본 요소이며 어린이의 자연적인 발달의 가장 중요한 일면이다(서석남, 2004). 그는 놀이의 교육적인 가치를 실현하고자 유구를 고안했다. 그리고 그것을 신으로부터 부여받은 은물(恩物, Gabe)이라고 하였다. 은물의 기본 원리는 유아가 지닌 선과 같은 창조력의 새싹을 훌륭하게 키워 자연의 법칙을 알고 신의 능력과 자기 자신을 알게 되는 완전한 발달을 돕고자 하는 데 있다.

제1 은물은 색 털실을 입힌 6개의 공(빨강, 주황, 노랑, 초록, 파랑, 보라색)이고 제2 은물은 나무로 만든 공, 원기둥, 정육면체 등이며, 3~6 은물은 입방체를 분해한 것이며, 제7 은물은 색판, 제8 은물은 막대, 제9 은물은 고리, 제10 은물은 알갱이로 유아들이 가지고 활동하는 동안 하나와 많은 것, 부분과 전체, 잡다한 것과 통일된 것 등의 원리를 깨닫도록 고안되었다. 노작은 주로 점토, 나무, 두꺼운 종이 등의 자료를 중심으로 하는 조작활동으로서 뜨개질하기, 그림 그리기, 종이 오리기, 종이 접기, 구슬 꿰기 등의 11종이 있다. 이 활동을 통하여 유아는 감각운동 기능을 키우게 된다. 오늘날 유치원에서 유아들이 하고

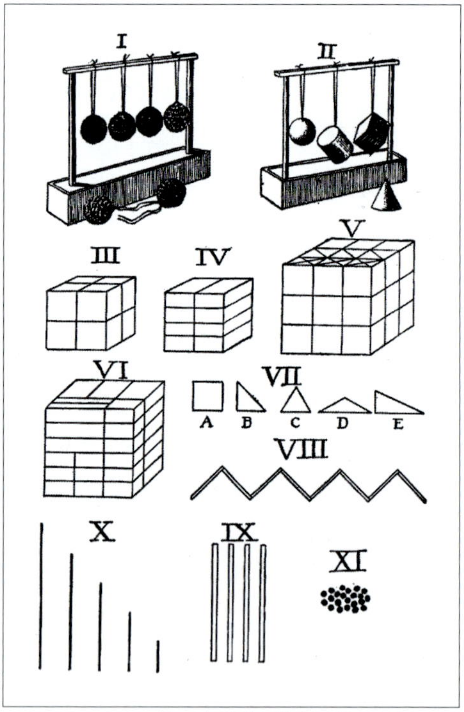

Froebel의 은물
(Spodek & Saracho, 1994 · 1997)

있는 대부분의 조작활동이 이 노작에 뿌리를 두고 있다.

교육 내용은 종교, 자연, 수학, 언어, 예술, 은물과 작업을 통한 활동, 노래와 게임 등으로 교육과정을 체계화하였다.

이 같은 Froebel의 교육사상은 미국의 신교육운동의 기초를 형성하게 하였고 유치원 교육뿐 아니라 인간교육의 모든 단계에까지 영향을 주었다.

3) 현대사회의 유아교육

'아동의 세기'라 불리는 20세기의 유아교육에서는 Dewey와 Montessori와 Steiner의 교육사상을 살펴보려고 한다.

Dewey의 실용주의(Pragmatism)는 유아교육의 철학적 기초를 변화시키는 데 중요한 영향을 미쳤다. 학습자에게 무의미하게 기계적·반복적인 교육을 강요하는 전통적 교육을 비판하며 유아에게 흥미 있고 의미 있는 경험을 통한 생활중심의 교육을 강조하였다. Dewey는 Kohlberg가 현대 유아교육의 목적은 Dewey의 진보주의 이론과 인지 발달 이론에 근원을 두어 개발해야 함을 주장할(이기숙, 2013) 정도로 유아교육에 많은 영향을 주었다.

Dewey가 미국에서 유아교육에 영향을 미치고 있을 때 유럽에서는 Montessori방법이 등장하였다. 최근 자연에 대한 관심이 증가하면서 Valdorf유치원의 창시자인 Steiner에 대한 관심이 증대되고 있다.

다음에서 Dewey와 Montessori, Steiner의 생애 및 교육사상을 고찰하면서 유아교육에 어떠한 철학적 기초를 제공했는지 살펴보려고 한다.

(1) Dewey(John Dewey, 1859–1952)

① 생애와 저서

Dewey는 미국 벌링턴에서 태어났다. 15세에 고등학교를 졸업하고 버몬트 주립대학에 입학하여 1879년 졸업하였다. 중등학교 교사를 하다가 1882년 John Hopkins 대학교 대학원에 들어가 Hegel사상과 접하게 되었고 2년 후 박사 학위를 취득하였다. 은사를 따라 미시건 대학교의 철학과 교수가 되었으나 1894년 신설된 시카고 대학교의 철학, 심리, 교육학과의 주임교수로 임명되었다. 여기서 2년 후 교육학과 부속학교로서 '실험학교' 일명 'Dewey학교'를 창설하여 7년 동안 운영하였다. 유명한 저서로 『나의 교육 신조』(1897), 『학교와 사회』(1899) 등을 집필하였다. 1904년 콜럼비아 대학교 철학과 과장으로 옮겼고 여기에서 『학교와 어린이』(1907), 『사고하는 방법』(1916) 등 많은 논문과 저서를 발표하였다.

② 교육사상

Dewey의 진보주의 교육을 이해하기 위해서는 그 사상적 기반이 되는 실용주의 철학을 고찰해야 한다. 실용주의는 사상을 행위와의 관련에서 파악하려는 철학으로서 특히 과학적 방법론에 강조점을 둔다. 따라서 Dewey는 전통적인 교육적 입장인 이상주의적이고 기계적인 교육을 비판하고 교육의 실용성을 강조하였다. Froebel의 사상을 지지하면서도 특히 유치원 교육과정과 관련하여 Froebel의 이상주의를 비판했다(곽노의 외, 2004; Kneller, 1971·1988; 안인희 편, 2000b; Dewey, 1916·1986).

교육이란 이상이나 관념의 추구가 아니라 실생활 그 자체이다. 즉, 교육이란 예측하기 어려운 미래를 위한 준비라기보다 현재 생활의 일부가 되어야 한다는 것이다. 교육의 과정을 상호작용, 변화, 계속성에 의한 경험의 재구성으로 보았다. Dewey는 교육의 원리를 네 가지로 설명하는데, 그것은 다음과 같다.

❶ 경험의 원리

Dewey는 경험의, 경험에 의한, 경험을 위한 교육을 제창하였다. 계속성(경험의 시간적 측면)과 상호작용(경험의 공간적 측면)이 함께 연결되는 곳에 경험의 구성이 있다.

❷ 성장의 원리

현재의 경험이 미래의 성장을 왜곡시키면 그 경험은 비교육적이다. 따라서 교사는 현재의 경험이 미래로의 성장을 가능케 하는 경험을 형성해야 한다. 성장은 외부로부터 힘을 가하는 것이 아닌 내부로부터의 힘이 스스로 활동하는 데 있다. 즉, 유아의 자유로운 활동을 강조한다.

❸ 지성의 원리

인간은 타고날 때부터 지성적 존재이다. 지성은 Dewey 교육사상의 기본을 이루고 있는 경험을 개조하고 경신하는 과정에 작용한다. 지성의 기능은 가치 판단에서 평가활동을 하고 경험과 과정에 목적을 부여하며 미숙한 유아를 스스로 성장하게끔 유도한다.

④ 탐구의 원리

Dewey는 탐구의 결론보다 그 결론에 이르게 되는 과정을 중시한다. 따라서 문제 해결을 위한 가설, 실험, 관찰 등의 탐구과정은 그 자체가 중요한 교육의 장이다.

Dewey는 유아의 성장에 합치하는 교육, 자연적으로 발달할 수 있는 자유가 보장되는 교육, 탐구를 계속적으로 유도하는 흥미중심의 교육, 현대사회생활에 유용한 사회생활을 중핵으로 하는 교육 등 교육의 과정을 중시하는 아동중심 교육사상을 제창하고 있다.

유아중심, 생활중심, 경험중심, 흥미중심으로 요약되는 그의 사상은 1920년대 개혁유치원에 영향을 주게 되어 놀잇감과 교육활동에 변화를 가져온다. 예를 들면, 블록이 커지고 실생활 경험에 가까운 활동(견학)이 교육활동으로 도입되었다.

그러나 1950년대 말부터 Dewey의 진보주의 교육은 유아의 흥미와 욕구를 지나치게 존중하기 때문에 기본 교과의 습득을 무시한다는 비판을 받게 된다. 그 당시 소련과의 우주경쟁에서 패배한 미국 사람들은 그 이유를 학교교육에서 유아들의 지적인 면이 무시되었기 때문이라고 보았다. 따라서 경험중심 교육과정이 1950년대에 다시 학문중심 교육과정으로 바뀌기는 하였으나 유아교육과정 구성을 위한 Dewey의 아동중심 교육사상은 Froebel의 상징주의적 유아교육과정에서 벗어날 수 있는 전환점을 마련해 주었다.

(2) Montessori(Maria Montessori, 1870–1952)

① 생애와 저서

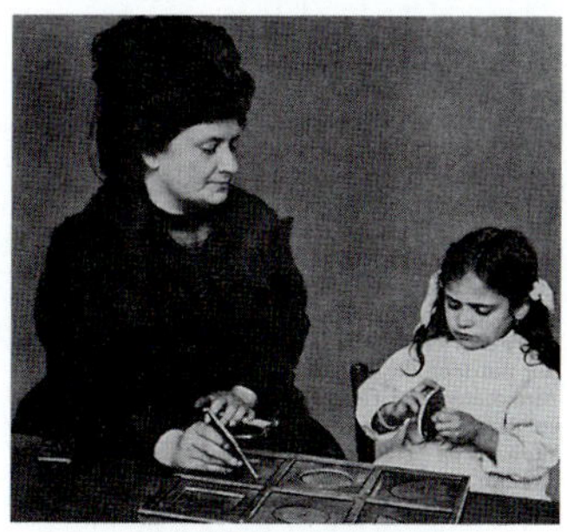

유아와 도형에 대해 학습하는 Montessori (Spodek & Saracho, 1994 · 1997)

Montessori는 이탈리아에서 태어났으며 이탈리아 역사상 최초의 여의사이다. 지적장애아의 치료를 담당했던 Montessori는 Itard와 Seguin의 감각과 활동을 통한 치료에 많은 영향을 받았다. 여기에서 지적장애아에게 관심을 갖고 그들을 교육하기 위한 교구와 방법을 고안하였고, 후에 정상아에게로 관심이 옮겨졌다. 그러던 중 1901년 로마 대학 철학과에 재입학하여 교육 심리학과 교육학 연구에 몰두하였다.

1907년 '어린이의 집(Casa dei Bambini)'을 개원하여 2~7세의 노동자 자녀를 교육하였고 이곳에서 장애아에게 사용한 교구를 개량하여 적용해 보았다. 수년 후 Montessori는 7~11세 아동용 교구를 고안하였는데, 이것이 Montessori 교육법의 핵심을 이루는 Montessori 교구이다.

Montessori가 운영하는 '어린이의 집'이 체계를 갖추자 국내외 방문객이 줄을 이었다. 이 때의 강의 내용을 정리하여 『어린이의 집에 적용한 유아교육을 위한 과학적 교육법』을 출판하였고 가장 대표적인 저서이며 현재는 20여개 언어로 번역되었다. Montessori는 세계의 교육자로서 각광을 받기 시작했다. 국제적인 교육활동도 하고 교사양성에도 주력하였다. 특히 유럽에서 교사양성과정은 꾸준한 발전을 계속하였다. Mussolini는 탄압을 받아 네덜란드로 망명한 후 그곳에서 생애를 마쳤다. Montessori 교육은 실천의 교육이며, 이 실천 내용을 강의나 강연을 통해 소개하였다. 그 밖의 저서로 『진보적 Montessori 교육법』, 『평화와 교육』, 『새로운 세계의 교육』 등이 있다.

② 교육사상

Montessori는 비어 있는 그릇과 같아 어른들이 채워주어야 한다는 당시의 아동관에서 탈피하고 새로운 유아를 발견한다. 정상화(正常化)된 유아가 그것이다. 정상화를 위해서 유아의 자유가 허용되어야 하고 자기 활동이 존중되어야 함을 강조하였다. 여기서 자유는 일정한 통로 속에서 자기 활동이 허용되는 것이다. 지능은 고정되어 있지 않기 때문에 유아가 태어난 후 풍부한 감각적 경험과 적절한 환경만 제공받는다면 지능은 얼마든지 변화가 가능하다. 그녀의 교육사상을 정리하면 다음과 같다(신화식, 2003; 안인희 편, 2000b; 이상금·지경애, 1995). 그녀는 교육원리에서 민감기·집중현상·자유와 자기 활동·감각교육을 중요시하고 있다.

지적 흡수력이 왕성한 시기를 민감기(sensitive period)라고 한다. 모든 생물의 유아기에 나타나는 특별히 민감한 상태를 말하며 유아 발달에서 결정적 시기(critical period)와 비슷한 개념이다. 그 시기를 놓치면 영원히 지나가 버리며 발달 단계마다 특성 있는 민감기가 나타나면 그 특성에 잘 맞도록 환경을 정비해야 한다. 유아는 자신의 민감기에 맞는 최적의 작업을 할 때에 흡수정신(absorbent mind)이 최대를 보인다.

Montessori는 유아의 자발적 활동인 '자기 활동'을 중요시한다. 유아의 내적 흥미에 합치된 외적 조건을 제공하면 그 외적 사물에 강한 집중현상을 나타낸다. 따라서 자기 활동을 유발하는 데에는 '최적의 시기에 최적의 환경'을 제공해야 함을 강조하였다.

Montessori 교육의 가장 큰 특징은 감각교육이다. 유아기의 감각적 활동은 지력(知力)과 관련해서 형성되기 때문에 감각기관을 사용한 관찰, 비교, 판단의 계속적인 연습은 후일의 지적 발달의 기초를 형성한다. Montessori 감각교육의 특징은 감각훈련을 목적으로 한 특별한 교구를 사용해서 감각기능의 식별 능력을 발달시키려는 것이다. Montessori 교구는 민감기에 따라 가장 적절한 교재가 될 수 있도록 다양하고 세부적인 단계로 구분하여 준비된다. 모든 훈련과정은 자기 활동에 의한 자발적인 학습방법이다. 교구와의 활동에서 실수를 하였을 경우, 즉시 수정이 가능하도록 되어 있기 때문에 자동교육(auto-education)이 이루어질 수 있다.

Montessori 교육법은 감각교육에 특징이 있고 정해진 방법으로만 교구를 사용해야 한다. 교사는 특히 지도자(directness)로서 유아의 자기 활동을 잘 관찰해야 한다. 즉, 교사는 관찰자, 환경의 준비자, 자극자, 안내자, 협조자로서의 역할을 한다. 그녀의 이러한 교육사상과 교육법은 1920년대 이후 쇠퇴하였고 상상놀이와 사회성 발달에 효과가 없는 부분이 있으나 1960년대 이후 인지 발달 이론의 대두로 재조명되고 있다.

(3) Steiner(Rudolf Steiner, 1861–1925).

Steiner(이순형 외, 2005: 170)

① 생애 및 저서

Valdorf의 창시자인 Steiner는 1861년 오스트리아에서 태어났다. 1879년 빈 공대에 입학하여 수학과 자연과학을 전공하면서 실험과 자연 관찰에 몰두하였다. 괴테를 접하면서 괴테의 자연과학적 연구방법에 정통하게 되었고 1890년 봐이마르 시에 있는 괴

테-쉴러 문서보관소에서 일하게 되었다. 베를린으로 이주하여 1899년부터 1900년까지 문학지(문화잡지)의 편자와 베를린 노동자교육학교에서 교사로 일하였다(곽노의 외, 2004, 재인용). 1925년 생을 마감하기까지 매우 많은 저서를 남겼고 그의 저서들과 논문들은 약 50권의 전집으로 출판되었으며 6천 회 이상의 강연을 실시하였다.

2 교육사상

Steiner의 교육은 인지학을 이해해야 접근이 가능하다. 인지학은 정신과 결합된 인간성의 탐구이다. Valdorf학교가 세워진 1919년 무렵은 유럽과 북미에서 다양한 학교 형태가 시도되던 시기로 자유학교 또는 대안학교들은 자유로운 교육과정을 실험하고 유아의 삶이 지닌 창조적 깊이가 정당하게 표현되며 철학과 종교, 예술의 세계가 조금 더 다른 내용과 방식으로 제공되었다. 여러 학자들이 제시한 주요 개념인 인지학과 인지학적 발달론, 인간 본질의 구조, 인간 기질의 유형에 대해 살펴보면 다음과 같다(곽노의 외, 2004; 문미옥, 2008; 박찬옥 외, 2023; 이순형 외, 2005; Williams & Johnson, 2009).

❶ 인지학

Steiner의 철학적 믿음은 인지학(anthroposophy)에서 출발하는데, 이는 그리스어(anthropo 인간과 Sophia 지혜)를 합성한 말로 '인간의 지혜'를 뜻하는 것으로 정신과학적인 결합 안에서 인간성에 대한 탐색을 강조한다. 인간은 자기에게 내재되어 있는 정신적인 힘을 통해 스스로 발전할 수 있으며, 이러한 힘은 경험을 통하여 신체적인 발달과 지각에 의해 신체와 연결되어 표현된다. 또한 인간의 육체와 영혼과 정신의 조화적 통일을 강조하였고 교육을 통해 자기창조의 과정을 경험하는 창의적이고 자유로운 인간을 지향하였다. 인간이 자유롭기 위해서는 자기 외부의 세계 뿐만 아니라 내면의 자기 자신을 알아야 하며, 내면의 활동인 의지, 감정, 사고 활동을 개발함으로써 창조적으로 자신의 삶을 의식적으로 이끌 수 있다.

❷ 인지학적 발달 이론

이러한 인지주의 신념에 기초하여 유아 발달 이론을 제시하였는데, 신체적이고 정신적인 발달로 7년 주기를 제안했다. 첫번 째 시기인 0~7년 동안 유아의 발달은 그들의 신체적 몸에 초점을 두고 세계를 배우기 위해 어른들을 모방한다. 또한 놀이와 기술(craft) 프로젝트를 통해 실제작업을 연습한다. 동시에 정신적인 발달이 일어나는데, 이것이 Steiner '의지(Will)'의 개념이다. 이것은 또한 모방적인 놀이를 통해 길러진다. 이 시기에 중요한 것은 환상적인 것과 상상에 대한 탐색이며 형식적인 학문적 교수는 부적절하다.

두 번째 시기인 8~14년에는 아동의 영구치에 대한 성장이 특징적이다. 이 시기 아동의 발달은 주위 세상에 대한 인식이 더해지고 학문적 교수를 시작할 준비를 한다. '느낌(feeling)'에 대한 정신적인 개념은 이 시기에 현실화되고 아동은 정서(emotion)를 불러일으키는 심상적이고 그림 같은 자극에 의해 흥미를 돋게 되고 인간적 관계 또한 이 시기에 중요하다.

세 번째 시기인 15~21세에는 사춘기 징후로 시작한다. 그래서 젊은이들은 조금 더 추상적인 생각과 적용으로 지적인 것과 연결하려고 하여 '사고(thinking)'의 정신적인 발달이 가능해진다. 이 시기에 독립이 시작되고 학생들은 개인적으로 적절한 탐색과 연결을 하도록 추진한다. 이상에서와 같이 Steiner는 유아에게 사실과 책 지식을 가르치

보다 스스로 학습하고 사고할 수 있도록 가르치는 것이 더 중요하다고 본다.

❸ 인간 본질의 네 가지 구조

Steiner는 유아를 인간으로 되어가는 존재로 보고 물질체, 생명체, 감정체, 자아체의 네 가지 구조로 성립되었다고 보았으며 자세한 내용은 다음과 같다.

<표 2-1> 인간 본질의 네 가지 구조

인간본질의 구조	내용
물질체 (physicalbody)	자연세계에 존재하는광물질과 같은 물질적 육체를 지님
생명체(lifebody)또는 에테르체	육체가 생명을 지닌 존재로 작용하기 위해 내재하는 힘으로 동물, 식물에게 다 있음
감정체(sentientbody)	고통, 욕구, 충동, 열정과 같은 내적 감성을 소유함을 의미하며 인간과 동물에게 있음
자아체 (I–beingbody)	자아체의 인간은 생명체와 감정체를 연결하고 통제하는 역할. 자아는 충동체인 에테르체를 변화시키며 습관, 성향, 기질, 기억을 관장하는 주체가 됨. 인간의 의식에서 자유, 사랑, 책임을 발달시키는 인간만의 독특한 특성임

이상에서와 같이 네 가지 인간 본질의 구조는 연령에 따라 다르게 발달하므로 교육 시 이를 참고하는 것이 필요하다.

④ 인간 기질의 유형

Steiner는 또한 인간의 기질이 다혈질, 담즙질, 우울질, 점액질의 네 가지 유형으로 나누어진다고 보고 그 기질에 맞는 교육을 해야 하며 네 가지 기질은 한 개인에게 복합적으로 잠재되어 있으며 자세한 내용은 다음과 같다.

<표 2-2> 인간 기질의 네 가지 유형

인간 기질 유형	내용
다혈질	다혈질의 성인은 대체로 얌전하고 낙천적임. 사교적이고 쾌활함. 반면 주의가 산만하고 침착하지 못함. 다혈질 유아는 특정한 사람과의 따뜻한 관계, 칭찬. 사랑으로 접근해야 서서히 관심을 가짐
담즙질	담즙질의 성인은 활기차고 독단적이며 리더의 소질이 있어 결단력과 용기와 끈기가 있음. 고집이 세고 성미가 급함
우울질	우울질의 성인은 내성적이고 사고가 깊고 통찰력이 있음. 타인의 아픔과 고통에 민감함. 유아는 어려움과 힘든처지를 함께하고 괴로움과 고통 나누기를 원함
점액질	점액질의 성인은 꾸준하고 정적이며 침착한 편임. 타인이나 주변에 관심이 없으나한번 관계를 맺으면 변하지 않아 신뢰할 만함. 유아는 타인과 친숙한 관계 성립이 쉽지 않으나 다양한 관심거리를 갖고 많은 일을 추진하는 사람에게 관심을 가짐

이상에서와 같이 유아의 기질을 잘 파악하여 그에 맞는 교육을 하는 것이 필요하다.

③ Valdorf 학교에서 유치원

유치원은 3~6세 아이들에게 제공되었고 교육과정은 상상놀이, 요정이야기, 우화, 민속, 춤, 드라마, 자연, 주기, 계절을 인식하는 것이다. 유아는 신체적인 몸과 의지를 발달시키기 위해 작업하기 때문에 자연에서 학문적인 활동이 아니라 구체적인(hands on) 활동이어야 한다. 유치원에 있는 장난감은 간단하고 상상적인 사용을 격려해야 한다. 교실에 있는 자료는 자연적인 재료(가지, 조약돌 등)이다. 교사들이 빵을 굽고 옷을 만듦으로써 아이들이 상상적인 놀이나 상상적인 작업에 몰입하게 된다. Valdorf 유치원은 가정의 확장이고 형식적인 학문적 교수나 교육적 장난감,

책조차도 교실에서 발견되지 않아야 한다. 이는 학문적 교수가 첫 번째 발달 시기에는 부적절하다고 한 Steiner의 이론에 기초한 것이다. 교사는 이야기, 시, 노래 등을 통해 언어와 문해 경험을 제공해야 한다. Valdorf 유치원은 아동의 총체적인 발달, 즉 모든 것을 위한 적절한 때가 있다는 신념을 지지하고 그렇게 되도록 존중한다. 중요한 것은 장기간 더 행복하고 건강하며 더 균형 잡히고 능력 있는 사람으로 자라도록 확고한 발달적 기초를 세우는 것이다.

예술활동과 음악 경험, 드라마 경험과 과학 경험도 실시되는데, 이는 전형적인 유아교육기관의 형태와 다르고 자세한 내용은 다음과 같다(곽노의 외, 2004; 이연섭외, 2006)

① 미술교육

수채화 그리기(젖은 종이에 기본 색을 이용하여 그림), 밀랍점토활동, 수공예 등

② 음악교육

현금(맑고 고운 소리가 나는 유아용 하프)을 사용하여 심리적인 안정과 치유를 경험한다.

③ 오이리트미(Eurythmie)

몸을 움직인다는 뜻으로 Steiner가 만든 볼 수 있는 언어, 볼 수 있는 노래를 표현한 것으로 시, 음악, 동화를 듣고 내용을 집단적으로 표현해 본다. 이렇게 함으로써 섬세한 율동을 촉진한다.

④ 이야기 듣기(storytelling)

한 주제에 대해 일주일 동안 이야기를 반복적으로 들려주어 언어 발달이 촉진된다.

교사는 매력적이고 반응적인 환경을 만들며 감각 경험의 질을 보장하고 또래와의 협력을 도우며 유아의 책임감과 자기 조절력을 기르게 한다.

이상과 같이 유아기에 구체적인 경험을 강조하고 형식적인 학습은 유아에게 적절치 않으며 유아의 총체적인 발달을 강조한 점과 스스로 학습하고 사고할 수 있도록 하는 것이 더 중요하다고 한 Steiner의 생각은 현재 유아교육에서 강조하고 있는 점과 일맥상통하는 점이라고 할 수 있다.

2. 한국의 유아교육

여기에서는 Froebel 유치원이 우리나라에 소개되기 전에 행해졌던 유아교육의 모습을 조선 시대의 성리학·실학·동학에 나타난 아동관을 조명한 이론을 고찰하려고 한다(백혜리, 1997).

이런 과정에서 우리나라의 아동관이 어떻게 변화했는지를 통해 어떠한 인간상으로 자라기를 바라는가에 대한 해답을 찾고자 한다. 그리고 소파 방정환의 어린이 존중사상과 현대 아동관의 변화에 대해서도 살펴보고자 한다.

1) 성리학, 실학, 동학에 나타난 아동관

성리학, 실학, 동학에 나타난 아동관을 정리하면 〈표 2-3〉과 같다.

〈표 2-3〉 성리학, 실학, 동학에 나타난 아동관

조선시대 학문의 종류 / 내용	성리학	실학	동학
아동관	• 인간의 본성은 선함 • 신분에 관계없이 선하기 때문에 아동의 본성도 신분과 관계없이 선함 • 인간은 자포자기 하는 것을 편안해하므로 본성이 기질에 가리워져 선악의 차이가 생김 • 기질은 교육을 통해 변화가 가능함	• 아동의 본성은 선함 • 아동은 호기심이 많고 놀이를 좋아한다고 함 • 아동은 무한한 가능성을 지닌 존재이며 사회 구성원으로 인식되기 시작함	• 인간은 누구나 한울님을 모신 평등한 존재로 인식함. 아동이나 성인이나 마음속에 한울을 모셨기 때문에 누구나 존엄하며 동등하게 대우받아야 함: 근대적인 아동관의 시작 • 교육을 통해 인간이 돌아가야 할 가장 이상적인 상태는 어린이의 마음
사상이 나타난 대표적인 책	• 격몽요결	• 사소절, 훈몽자회	• 내수도문, 내칙

조선시대 학문의 종류 / 내용	성리학	실학	동학
양육방법	• 교육은 조기에 이루어질수록 효과적임 • 어려서 가르치지 않고 크게 되면 좋지 못한 버릇이 들어 정신을 차리지 못하여 가르치기가 몹시 어려움 • 아들을 낳아 사물에 대한 지식이 있을 때 부터 마땅히 선으로 인도함 • 아동은 미성숙하여 연락하고 어리석음. 신분상의 천한 존재로 인식함(윗사람공경, 복종, 부모의 체벌, 남자는 한 가정의 대를 잇는 존재이고 여자는 남성을 위해 가정을 돌보고 대를 이어주는 주변적인 존재	• 교육은 집안의 흥망성쇠와 관련 있으며 부모가 교육에 적극적이어야 함 • 교육은 기질 제거가 아니라 선을 행하게 하는 것이 방향임 • 아동을 가르치는 것이 중시됨(지극히 중요한 일은 지식을 가르치는 것이다) • 사람이 그 능력에 따라 다르게 대우받아야 함 • 체벌 인정하나 아동의 인격을 손상시키는 심한 체벌은 경계함 • 아동의 경험세계와 연결된 문자교육을 해야함–우리나라의 자연, 사회 등의 환경에 적절한 문자를 재선택하고 재분류하여 문자교육서로 훈몽자회 만듬	• 아동을 가르치는 일은 개인뿐 만 아니라 한 가정을 지켜내기 위해서도 중요함 • 아동의 존재가치는 국가와 민족의 인재, 재목으로 인식되며 국가를 위기에서 구팔 수 있는 귀중한 존재로 인식
대상연령 /발달단계	• 태아기는 처음 인간으로 인정되며 태교를 통해 아동의 성품이 결정되는 시기 • 태어나서 3세까지는 무조건 보호가 필요하고 7세까지 기본적인 분별력조차 없음. 10세가 되어야 성인처럼 생활할 수 있다고 여김. 15세에는 성동으로 불리나 신체적으로는 성인이지만 정신적으로 아동으로 인식함	• 아동기는 태아기에 시작하고 아동기가 끝나고 성인이 되는 시기를 15세로 봄 • 아동이 3–4세가 될 때까지 부모에게 절대적으로 의존함. 7–8세가 되면 남녀구별이 시작되고 10세에 성인과 같은 대우를 받음. 15세에 성인으로 인정되어 혼인이 허락됨	• 아동기의 시작은 태내기에서 시작하고 아동의 성장발달은 후천적으로 이루어짐. 성인은 미리 결정되는 것이 아니라 자신의 노력여하에 따라 성취될 수 있는 것으로 봄

조선시대 학문의 종류 / 내용	성리학	실학	동학
대상연령 /발달단계	• 아동기는 태아기부터 시작하여 성인식 관례를 치르는 시기까지(여자는 15세/남자는 20세) • 아동은 성인에 비해 신체적, 정신적으로 미성숙, 아동의 성장발달은 후천적으로 이루어짐		
한계점	• 수직적, 종속적 인간관계를 강조하는 조선 사회에서 성리학의 긍정적 아동 인식은 존중받지 못함 • 아동은 성인이 된 후 성현이 되는 것이 목표로 삶의 목표와 가치가 현실적이지 못함	• 아동이 관심의 대상이 되기는 했으나 존중받지는 못함 • 아동의 특성에 대해 부정적으로 인식함	

위의 표에서와 같이 조선 시대 성리학, 실학, 동학에 나타난 아동관에서 어려서부터 교육과 태아기의 중요성을 강조한 것을 알 수 있다. 반면 아동존중사상을 제시했으나 당시 사회적 가치로 인하여 수용되지 못하기도 하였다. 동학에 와서 아동을 개개인으로 존중하려는 생각이 강조되었으며, 점차 아동을 독립된 인격을 가진 한 존재로 인식하고 있었고 서양에서도 17세기를 전후로 아동을 보는 입장이 크게 바뀌기 시작하였다. 시간적·공간적 차이가 있기는 하지만 유아교육의 사상적 기초를 이루는 아동 존중사상을 강조하고 있음을 재확인할 수 있다.

2) 소파 방정환의 어린이 존중 사상

당시 시대는 성인과 아동의 서열을 중시하는 유교적인 인간관계가 유행했기 때문에 아동이 존중받지 못하는 사회였다. 아동을 무시하고 경시하는 아동관에 대해 반박하는 흐름이 시작되었는데 동학사상을 따르는 소파 방정환을 중심으로 아동중심주의를 강조하기 시작했다(안경식, 1994, 2005; 임재택, 조채영, 2000).

방정환은 어린이가 곧 한울(하늘)이라고 표현하면서 아동을 완전한 하나의 인격체로 보았다. 아동은 '성인의 축소판이나 부모의 예속물이 아니고 훌륭한 한 사람으로 태어나오는 존재'라고 보았다.

그가 강조한 유아교육내용은 지, 덕, 체, 정을 고루 갖춘 전인적인 인간으로 성장하고 아동에게 민족의식을 고취 시키는 것으로 그가 창간한「어린이」라는 잡지에 잘 나타나 있다. 즉, 위인전, 우화, 동화, 동요, 동시와 과학상식, 글짓기지도, 국사 및 지리 등이 교육내용 이었고 특히 정서에 영향을 미치는 동화, 동요, 동시 등을 강조하였다.

또한 방정환은 1923년 '어린이날 선언문'을 발표하였는데 어린이날 선언문에는 어른들에게 쓰는 글과 어린이에게 쓰는 글이 게재되었다. 이 선언문은 세계에서 가장 먼저 생긴 어린이 헌장으로, 국제아동권리선언이 채택된 1924년보다 1년 전에 발표되었다. 당시 어린이날은 5월 1일이었으나, 1928년에는 5월 첫째 공휴일을 어린이날로 하였고, 1937년 일제에 의해 금지되었다가, 1946년 이후 5월 5일을 어린이날로 지키게 되었다.

〈'어린이날 선언문' 내에 있는 어린이날의 취지와 어른들과 어린이에게 드리는 글 〉

十二萬張 宣傳紙

少年運動의 宣言

演說、演藝

출처: 방정환 재단 https://children365.or.kr/children-announcement

[그림 2-4] 소파 방정환의 어린이 선언서

위의 자료에서 왼쪽에 있는 어른들과 어린이들에게 드리는 글을 보기 쉽게 제시하면 다음과 같다.

어른들에게

1. 어린이를 내려다 보지 마시고 쳐다보아 주세요
2. 어린이를 가까이 하시고 자주 이야기해주세요
3. 어린이에게 경어를 쓰고 늘 부드럽게 대해 주세요
4. 이발, 목욕, 의복을 충분하게 제공해주세요
5. 산보와 원족(소풍, 나들이)을 가끔 시켜주세요
6. 어린이를 책망하실 때에는 성만 내지 마시고 자세하게 타일러 주세요
7. 어린이들이 서로 모여 즐겁게 놀만한 놀이터와 기계를 만들어 주세요
8. 대우주의 뇌신경말초는 늙은이와 젊은이에게 있는 것이 아닌 어린이에게만 있다는 것을 항상 생각해 주세요

어린이들에게

1. 돋는 해와 지는 해를 반드시 보기로 합시다
2. 어른들에게는 물론, 어린이들끼리도 서로 존대하기로 합시다
3. 뒷간이나 담벼락에 글쓰기를 쓰거나 그림 등을 그리지 말기로 합니다
4. 꽃이나 풀을 꺾지 말고 동물을 사랑하기로 합시다
5. 전차나 기차에서는 어른들에게 자리를 양보하기로 합시다
6. 입을 꼭 다물고 몸을 바르게 가지기로 합시다

소파 방정환은 1923년 3월 「어린이」 라는 어린이 잡지를 출간하여 그의 유아교육 사상을 실천하고자 하였다.

출처: https://www.goodmorningcc.com/news/articleView.html?idxno=231541

[그림 2-5] 어린이 창간호 표지와 어린이날 표지

위와 같이 어린이의 존재를 인정하고 전인적 인간으로 성장하기를 주장했던 소파의 어린이 존중사상은 지금까지 우리나라 유아교육에 영향을 주고 있다.

3) 현대의 어린이

최근에는 의, 식, 주의 변화를 통해 생활 속에서 나타난 아동관의 변화를 고찰하기도 하였다(박은혜, 2003). 식생활에서는 성별과 연령에 따라 엄격하게 구분되고 정해진 시간에 가족 전체가 함께 식사를 했던 과거의 전통이 무너졌다. 대신 점차 성인과 어린이의 평등이 이루어지고 자녀 위주의 식단이 주를 이루게 되었다. 1960년대에는 우량아, 1980년대에는 비만이나 소아성인병, 치아 건강, 시력 등에 관심을 갖고 1990년대 이후 건강을 지키기 위한 내용에 관심이 모아지고 있다.

의복은 스스로 입기에 불편하게 되어 있고 꼭 끼며 길이가 길고 장식이 유아들에게 위험하게 되어 있었다. 유아들이 편안한 놀이옷을 입게 된 것은 19세기부터이다. 최근에는 유아 복장에 명품귀족까지 탄생하고 있다. 특히 유아들의 외출복은 성인의 축소판으로 나타나고 소비의 대상이 되었다.

주생활에서는 주거 공간에서의 배치나 접근 가능성이 가족의 지위와 역할 및 가족관계를 반영한다. 그러나 아파트의 등장으로 공동체 문화를 상실했고(앞마당, 마을의 길, 정자나 서당), 놀이의 소비를 부추겼다. 즉, 아파트에 사는 사람이 늘어나면서 이전에 아이들이 모여서 놀던 마당 같은 자연 공간에서 놀기보다는 의도적이고 비용을 지불해야하는 공간에서 놀이를 하고 있는 상황이다. 또한 협동을 강조한 전통놀이를 하기 보다는 각자의 방에서 컴퓨터를 하거나 책을 읽는 등 혼자서 놀거나 같은 공간에 모여있어도 각자의 휴대폰으로 노는 경향이 짙어지고 있다.

참고문헌

고후순·김동일·조옥희 (1997). **유아교육사상사**. 서울: 양서원.

곽노의·홍순정 (2004). **유아교육사상**. 서울: 문음사.

김병희(2007). **교육철학 및 교육사**. 경기도: 공동체.

문미옥 (2008). **교육과 보육을 위한 영유아교육과정**. 서울: 창지사.

박은혜 (2003). 생활 속에 나타난 아동에 대한 기대 변화, 어린이 문화. 11회 국제학술대회. 서울: 삼성복지재단.

박찬옥, 김지영, 권덕수, 우민정, 안지영, 이예숙(2023). **유아교육개론**. 경기: 정민사.

백혜리 (1997). 조선 시대 성리학, 실학, 동학의 아동관 연구. 이화여자대학교 대학원 박사학위논문.

서석남 (2004). **프뢰벨 생명교육 II. 프뢰벨 교육의 이론과 작업**. 서울: 국민서관.

서석남 (2006). **프뢰벨 생명교육 I. 프뢰벨 교육의 이론과 가베**. 서울: 국민서관.

쇼우지 마사코 편저·팽영일 역 (2003). **유아교육사상의 이해**. 서울: 창지사.

신득렬·이병승·우영효·김회용 (2009). **쉽게 풀어 쓴 교육철학 및 교육사**. 경기도: 양서원.

신화식 (2003). **몬테소리 유아교육과정**. 서울: 양서원.

안경식(1994). **소파 방정환의 아동교육운동과 사상**. 서울: 학지사.

안경식(2005). **한국 전통 아동교육사상**. 서울:학지사.

안인희 편 (2000a). **교육고전의 이해**. 서울: 이화여자대학교 출판부.

안인희 편 (2000b). **현대교육고전의 이해**. 서울: 이화여자대학교 출판부.

안인희·정희숙·임현식(1992). **Rousseau의 자연교육사상**. 서울: 이화여자대학교 출판부.

이기숙 (2013). **개정판 유아교육과정**. 서울: 교문사.

이상금·지경애 (1995). **Montessori 교육: 이론과 실제**

이순형·이성옥·이완정·권혜진·황혜신·이혜승·이영미·정윤주·성미영·권기남 (2005). **영유아 보육, 교육 프로그램의 이해**. 서울: 학지사.

이연섭·김영주·라정숙·엄정례·전경화·한은숙·홍은경 (2006). **유아교육과정**. 서울: 교육과학사.

이은화·이정환·이경우·이기숙·홍용희·박은혜·김희진 (2001). **유아교육개론**. 서울: 이화여자대학교 출판부.

임재택·조채영(2000). **소파방정환의 유아교육사상**. 서울:양서원.

임창재 (2010). 교육철학 및 교육사. 경기도: 양서원.

팽영일 편저 (2000). 유아교육의 역사와 사상. 서울: 양서원.

팽영일 (2004). 교육의 철학과 역사. 서울: 양서원.

Barrow, R. (1987). 플라톤과 교육 (박재문·서영현 역). 서울: 문음사. (원본 발행 1976).

Braun, S. J. (1972). Margaret McMillian. History and theory of Early Childhood Education(pp.127–132). In S. J. Braun & E. P. Edwards, (Eds), OH: Jones Publishing Company.

Comenius, J. A. (1995). 대교수학 (정확실 역). 서울: 교육과학사. (영문번역판 발행).

Comenius, J. A. (1998). 세계도회 (김은권·이경영 편역). 서울: 교육과학사. (원본 재발행 1657).

Crain. W. C. (1983). 발달의 이론 (서봉연 역). 서울: 중앙적성출판부. (원본 발행 1980).

Dewey, J. (1986). 민주주의와 교육 (이홍우 역). 서울: 교육과학사.(원본 발행 1916).

Froebel, F. (1995). 인간교육 (서석남 역). 서울: 이서원. (원본 재발행 1982).

Kneller, G. F. (1988). 교육철학이란 무엇인가 (정희숙 역). 서울: 서광사. (원본 발행 1971).

Spodek, B. & Saracho, O. N. (1997). 유아교육개론 (이윤경·최석란·신은수 역). 서울: 창지사. (원본 발행 1994).

Willams, C. J. & Johnson, J. E. (2009). The Waldorf approach to early childhood education. Approaches to Early Childhood Education(pp.312–335). In J, Roopnarine, & J, Johnson, (Eds). 5th. NJ: Pearson Education Inc.

굿모닝 충청 https://www.goodmorningcc.com/news/articleView.html?idxno=231541

소파 방정환 홈페이지 https://children365.or.kr

CHAPTER 03

유아기 발달과 교육

유아기는 신체, 정서, 사회, 인지 그리고 언어 발달의 모든 발달이 급격하게 이루어지는 시기이며 각 발달은 유아기에만 나타나는 특징적인 요소를 지니고 있기 때문에 매우 중요한 시기이다. 이러한 유아기의 발달은 유기체가 지니고 있는 내적 요소와 유기체에 영향을 미치는 외적 요소인 환경과의 능동적이고 자발적인 과정을 통해서 이루어진다. 본 장에서는 유아기 발달에 대한 상이한 관점들, 발달에 관한 제이론 그리고 유아기의 중심적인 발달적 특징 등을 고찰해 봄으로써 교육적 의미를 찾고자 한다.

1. 발달에 관한 관점

1) 성숙주의적 관점

성숙주의적 관점이란 인간 개체가 성숙한 단계에 이르게 되는 결정적인 힘은 개체가 가진 유전적 요인에 전적으로 의존한다는 관점이다. 즉, 인간의 발달은 환경이나 경험의 영향을 받지 않고 태어날 때부터 능력이나 유전적 소질에 의해서 규정된다는 입장이다(한국유아교육학회, 1996). 이러한 성숙주의적 관점의 핵심은 인간 발달의 보편성에 관심을 두고 발달의 가장 중요한 힘은 바로 유아의 내부로부터 나온다고 주장한다. 그러나 이들은 환경적인 요인을 완전히 부정하는 것이 아니라 최소한의 영향을 인정하면서 유아의 성장 발달을 주도하는 내부적인 힘을 돕고 촉진시켜 주는 것으로 보고 있다(이기숙, 2013).

Darwin의 진화론에서 비롯된 성숙주의적 관점은 발달심리학의 계보가 Hall과 Gesell로 이어져 왔다. 특히 Gesell은 많은 연구를 통해서 유아의 연령과 능력에 대한 표준을 만들었는데, 이를 통해 그는 유아의 발달수준을 넘어선 성취를 강요하지 못하도록 하고 있다(Crain, 1980·1983). 따라서 성숙주의자들은 유아의 발달 단계를 기준으로 유아가 발달 준비가 된 상태에서 외부적인 환경적 도움을 주라고 한다. 예를 들어, 영아가 걷기 위해서는 기본적인 신체, 운동기술이 발달된 후에 걸을 수 있게 된다는 것이다.

그러므로 성숙주의 입장에 근거하여 유아의 발달을 돕기 위해서는 성인의 개입은 최소화되며 유아가 발달적인 준비가 되었을 때 자신의 발달수준에 적합한 활동을 스스로 선택하여 활동해 나가는 것을 기본 원칙으로 해야 한다. 만약 유아가 자신의 발달수준에 적합하지 않은 활동을 수행하도록 강요받게 되면 유아 자신이 지니고 있는 발달의 가능성을 점진적으로 이끌어 나가는 데 방해를 받게 되는 것이다. 결국 성숙주의자들은 유아의 발달은 내적 성장의 힘에 의해 이루어진다는 기본적인 방향에 근거하여 유아가 자신을 수용하고 이해하도록 돕는 환경적 영향을 제공해 줌으로써 가르치는 교육보다는 유아의 순서적이고 자연적인 발달을 도모한다고 볼 수 있다.

2) 행동주의적 관점

행동주의적 관점의 기본 전제는 인간의 본성은 태어날 때부터 환경에 따른 훈련에 의해서 만들어진다는 것이다. 다시 말해 인간을 자극에 따라 반응하고 환경에 적응하는 수동적인 존재로 본다. 이것은 '인간의 본성은 태어날 때부터 백지와 같다.'는 Locke의 백지설(Tabula Rasa)에서 출발되어 Thorndike, Pavlov, Watson 그리고 Skinner에 의해서 연구 발전되었다.

이러한 이론을 토대로 행동주의적 관점에서는 유아의 발달에 있어서 외적 요인을 중요시한다. 즉, 외부적인 환경적 요인이 개개 유아의 행동에 어떻게 영향을 미치는가에 관심을 갖는다. 이들은 유아를 능동적이고 내적으로 발달 가능한 존재로 보는 성숙주의자와는 달리 유아의 흥미나 내적 동기보다는 외현적인 관찰 가능한 행동에 관심을 갖는다. 그러므로 유아의 발달은 외부적인 환경의 요인을 잘 조직하고 변화시킴으로써 유아의 행동을 훈련과 학습에 의해서 바람직하게 촉진시키고 바람직하지 않은 행동은 감소하거나 소거함으로써 이루어진다고 본다.

또한 훈련과 학습에 의한 행동 변화는 위계적이고 단계적인 순서에 따라서 이루어진다고 한다. 그러나 이러한 위계적인 순서는 유아가 주도하기보다는 교사에 의해서 미리 계획되어진 것이기 때문에 유아의 자발적이고 능동적인 학습활동보다는 교사에 의해서 주도되어진 반복적인 학습훈련이나 기술습득훈련이 기계적으로 이루어지게 된다.

3) 인지주의적 관점

인지주의적 관점에서는 인간을 수동적인 존재로 보는 환경적 결정론을 비판하면서 인간은 단순히 외적 자극에 반응하는 피동적인 존재가 아니라 받아들인 정보를 능동적으로 처리하고 그것을 새로운 형태나 유목으로 변형시키는 자율적인 존재로 본다(한국유아교육학회, 1996). 다시 말해 인지주의적 관점은 인간의 성숙과 순서적이고 자연스러운 성장과정을 수용하면서 이에 반응하는 적절한 경험과 환경의 자극은 인간의 발달을 더욱 더 촉진한다고 한다. 즉, 발달은 인간의 능동적인 성숙 요인과 함께 물리적·사회적 환경과의 계속적인 상호작용을 통해서 이루어진다고 보는 것이다.

이 이론의 대표적인 학자로는 Piaget와 Vygotsky를 들 수 있다. Piaget는 유아를 호기심 많고 능동적인 존재로 보며 유아는 자발적으로 환경과의 끊임없는 상호작용을 통해서 발달한다고 하였다. Vygotsky는 사회적 상호작용을 특히 중시하였는데, 유아의 사고과정은 사회적 상호작용을 통해서 발달하기 때문에 학습활동이나 사고과정을 이해하기 위해서는 사람들의 관계 속에서 이루어진 사회적, 역사적 상황을 탐구해야 한다고 하였다.

이들 관점에 의하면, 유아의 의미 있는 인지 발달은 그들이 속한 환경과의 상호작용을 통하여 인지 구조가 확장되고 사물과 사건의 논리적인 내적 조작에 의해 영향을 받게 된다고 볼 수 있다(이기숙, 2013). 유아는 사회적·문화적 환경과의 끊임없는 상호작용을 통하여 자신의 내적 구조 변화에 따른 활동 결과를 능동적으로 생산해 나가면서 발달한다고 볼 수 있다.

그러므로 유아들이 능동적으로 환경을 탐색할 수 있도록 독자적으로 계획하고 구체적이며 직접적인 경험을 통해서 자발적인 활동을 수행해 나갈 수 있도록 물리적·사회적 환경을 보다 더 개발할 수 있도록 해 주어야 할 것이다.

4) 생태학적 관점

생태학적 관점이란 인간이 생물로서 다양한 환경에 적응해 가는 모습을 발달적인 측면에서 연구하는 것으로 인간도 다른 생물과 마찬가지로 환경의 일부로 본다.

그러나 인간은 다른 생물과 달리 환경에 순응할 뿐만 아니라 환경을 재구성하는 능력을 가지고 있다. 그러므로 인간이 정한 자연환경과 물리적 환경뿐만 아니라 넓은 의미로 인간에 의해 구성된 인공적 환경과 사회적 환경을 발달적 측면에 포함해야 한다는 입장이다(한국유아교육학회, 1996).

이러한 관점의 대표적인 학자는 Bronfenbrenner를 들 수 있는데, 유아의 행동은 유아가 속해 있는 환경 속에서만 설명 가능한 것이며, 이러한 환경적 경험은 유아의 추후 발달에 영향을 미친다고 한다(조복희·신화용, 1991). Bronfenbrenner는 유아가 속한 환경 생태계를 미시 체계(microsystem), 메소 체계(mesosystem), 엑소 체계(exosystem) 그리고 거시 체계(macrosystem)로 나누어 설명하고 있다.

첫째, 미시 체계란 성장하는 개인이 경험하는 활동 패턴, 역할 그리고 인간관계 및 특별한 물리적 환경이라고 한다. 여기서 환경이란 사람이 일대일의 관계를 수행하는 것으로, 예를 들면 교실, 음식점, 근무처 등을 들 수 있다.

둘째, 메소 체계란 적어도 두 개 이상의 환경에서 인간의 행동을 관찰하는 것으로 가정 내에서의 유아 행동과 학교생활을 비교하는 것을 들 수 있다. 그래서 관찰된 행동이 환경적인 특징으로 인한 것인지 아니면 유아 행동의 일반적인 특성인지를 결정짓는다.

셋째, 엑소 체계란 사회·경제적 변인과 같은 요인이 유아의 행동에 어떠한 영향을 미치는가를 파악하는 것이다. 그 예로, 어머니의 취업이 유아의 행동에 어떠한 결과를 미치는가를 알아보는 것을 들 수 있다.

넷째, 거시 체계란 이 단계의 마지막 단계로 인간 발달에 미치는 거시 체계의 영향력은 미시 체계, 메소 체계, 엑소 체계 그리고 거시 체계의 문화적 구성 요소인 일관성과 관계가 있다. 예를 들어, 중국과 미국의 양육 태도를 비교하기보다는 양쪽 문화에 있어서 서로 다른 과정이 무엇인지를 파악해야 한다는 것이다. 다시 말해서 전반적인 두 문화의 차이점을 비교하기보다는 상이한 거시 체계를 특징짓는 제반 상황이나 과정을 검토해야 한다는 것이다.

다섯째, 시간체계(chronosystem)란 한 개인이 전 생애에 걸쳐 일어나는 변화와 사회문화적 환경 변화를 의미한다. 즉, 인간 발달을 이해하기 위해서는 동생의 출생, 입학과 졸업, 부모 됨과 은퇴 등 개인적 삶의 변화를 알아야 한다. 또한 여성의 사회 진출 증가와 같은 시대에 따른 전체적인 사회 문화적 변화도 영유아의 발달에 영향을 미치는 요인이 된다(이기숙외. 2023).

브륀펜 브루너는 이러한 생태학적 체계 모델을 다음과 같이 도식화하여 설명하고 있다(이기숙 외, 2023 재인용). 이를 도식화 하면 [그림 3-1]과 같다

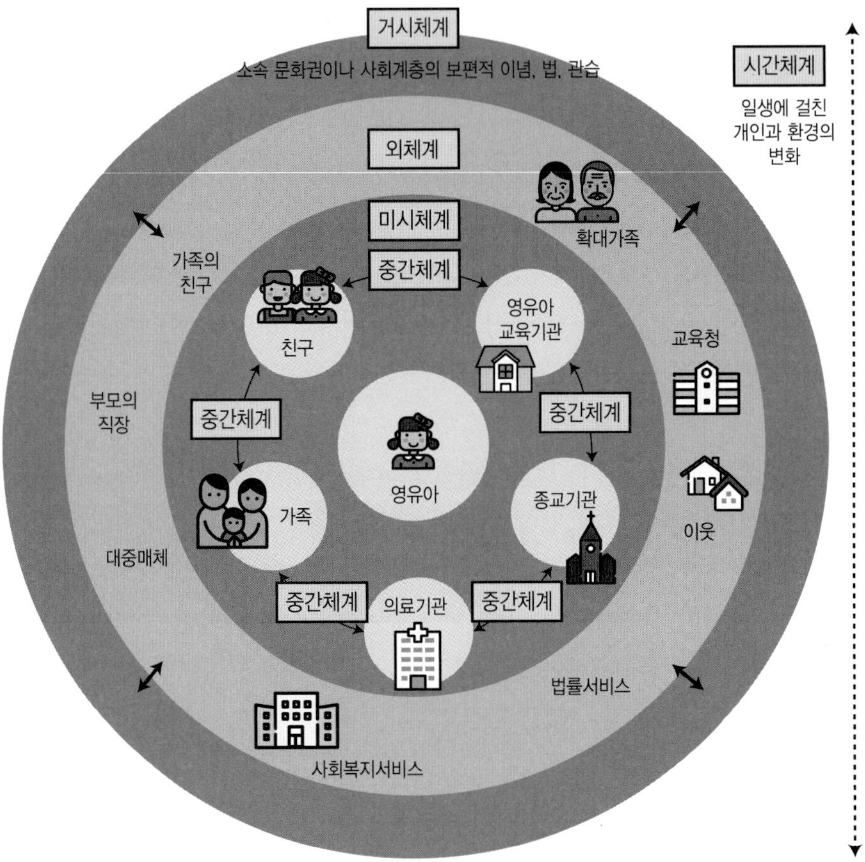

[그림 3-1] 브륀펜 브루너의 생태학적 체계모델

2. 발달에 관한 이론

1) 발달의 개념

인간 발달과 관련하여 성장(growth), 성숙(maturation) 그리고 발달(development)이라는 용어를 흔히 혼용하여 사용하고 있지만, 이 세 가지 용어는 분명히 개념상의 차이가 있다. 발달에 대한 개념을 이해하기 위해서는 이 세 가지 개념이 나타내는 의미를 파악하고 그에 따른 차이점을 통하여 발달에 대한 개념 정의를 좀 더 명확히 할 필요가 있다.

(1) 성장

성장이란 키나 몸무게가 증가하듯이 발달과정에 따른 단순한 양적 변화를 말한다. 일생 동안 인간이 경험하는 발달적 변화는 신체적인 변화와 심리적인 변화로 구분될 수 있다. 이러한 성장은 신체적 변화 중 양적 증가에만 국한해서 사용되는 것이 보편적이다.

일반적으로 성장이란 말은 신체적인 면에서의 양적 증대 혹은 변화를 지칭하는 것으로 '자라난다'는 의미인 것이며 경험이나 환경적 조건에 의하여 크게 영향을 받지 않는 변화를 뜻한다. 다시 말해서 환경적 영향은 비교적 적게 받음으로써 일정한 시기가 되면 자연히 발생되는 신장, 체중, 체격, 신경조직, 치아 그리고 성징(性徵)들에 대한 발달을 말한다.

그러므로 성장은 일정한 시기가 되면 자연히 발생되는 신체적, 생리적 변화에 의한 양적 변화라고 정의할 수 있다.

(2) 성숙

흔히 성장이라는 말과 유사한 용어로 성숙이라는 말이 혼용되는데, 성장이 양적인 변화인 반면에 성숙은 성장을 기초로 해서 나타나는 질적 변화를 의미한다. 성숙이란 단지 신체적·생리적 변화만 뜻하는 것이 아니고 이것을 바탕으로 발생되는 행동의 변화를 의미한다. 그리고 이러한 성숙에서의 행동 변화는 내적인 유전적 메

커니즘에 의해 나타나는 것으로 부모로부터 받은 유전인자가 지니고 있는 정보에 따라 일어나는 변화이다. 예를 들면, 태아의 발육, 영아의 보행, 영구치의 돌출 그리고 사춘기의 2차적 성징을 들 수 있다.

이러한 성숙은 유전적인 요인이 중요시되기 때문에 성장과 마찬가지로 외부적인 경험이나 학습과 같은 외적 작용에 대한 영향을 받지 않아도 발생할 수 있는 발달적 변화로 제한된다.

그러므로 성숙이란 성장을 기초로 해서 나타나는 질적 변화를 의미하는데, 선천적으로 결정된 성장 또는 신체적·심리적 변화가 순서에 따라서 자연적으로 일어나는 것이라 정의할 수 있다.

(3) 발달

발달의 정의를 보면 출생에서 사망에 이르기까지 진보적이고 계속적인 변화를 말하고 신체의 각 부분에 대한 형상의 변화와 각 부분의 기능적 통합을 의미하며 학습 전 기본적인 형태의 출현을 의미한다고 한다(김재은, 1998). 또는 유기체와 유기체 기관이 양적으로 증대하고 구조에 있어서 정밀화되며 기능에 있어서 유능화되는 것이라고 한다.

유아 개인에게 있어서 신장과 체중이 커졌다고 하는 것은 양적인 변화를 의미하고 영아가 걷기 시작하며 몸의 균형을 잡고 뛰고 하는 것은 기능 면에서 얼마나 변화하였는가를 의미한다. 그리고 유아의 발달과정 속에서 뇌세포, 신경조직, 근육조직을 구조적인 측면에서 관찰해 보면 상상할 수 없는 정도의 정밀성을 지니고 있음을 발견할 수 있다. 이러한 양적이고 질적인 일련의 변화가 함께 이루어지는 과정을 발달이라고 할 수 있다. 그리고 이러한 변화과정은 성장과 성숙과는 다르게 환경과의 상호작용을 통한 학습으로 인해서 이루어지는 변화까지도 포함한다.

그러므로 발달이란 간단히 출생에서 사망에 이르기까지 생애에 있어서의 계속적이고 진보적인 양적·질적 변화가 이루어지는 것이라고 정의할 수 있다. 또한 이러한 변화는 단순한 양적 뿐만 아니라 신체적·심리적 제 측면에서 일어나는 질적 변화 그리고 학습을 통해 갖게 되는 모든 변화를 포괄적으로 의미하는 것이라 할 수 있다.

2) 발달의 일반적인 원리

발달은 모든 인간에 관한 것이고 동시에 개개인에 관한 것이기 때문에 인간 발달 원리는 어느 하나의 원리에 의하여 설명할 수 없다. 하지만 인간의 발달은 몇 개의 기본적인 원리에 의해서 일련의 패턴에 따라 질서 정연하게 이루어진다. 인간 발달의 원리를 요약하면 다음과 같이 설명할 수 있다(서봉연·이순형, 1996; 심성경·김영실, 1997; 정옥분, 2004; 조복희, 2006).

(1) 성숙과 학습이 발달에 상호 영향을 미친다.

인간이 출생 시 보이는 생물학적인 성장 변화는 성장과정에서 선천적으로 결정된 성장과 함께 환경 속에서 부딪히는 경험과의 상호작용을 통해서 이루어진다. 따라서 발달의 모든 측면에서 성숙과 학습의 효과가 분명히 구분되지 않고 오히려 이들의 영향이 상보적으로 작용하는 경우가 많다. 예를 들어, 아기가 혼자 서게 되는 것은 다리 근육의 성숙이 선행되어야 하지만, 어른이 가끔 손을 잡고서 연습을 시키면 빨리 서게 된다. 이와 같이 성숙과 학습은 발달에 상호 영향을 준다.

(2) 유아의 발달은 일정한 순서를 따른다.

발달은 일정한 순서에 따라 질서있는 형태로 일어난다. 예를 들어, 운동 발달의 경우에 앉을 수 있게 된 다음에 비로소 설 수 있게 되며 선 다음에 걷고 목표를 향해 손을 움직이기 시작하면서 물건을 잡을 수 있게 된다. 이러한 순서는 단순한 행동으로부터 좀 더 세분화되고 복잡한 행동으로 발달한다. 즉, 위에서 아래로, 중심에서 말초로 그리고 전체 활동에서 특수한 활동으로 분화 발달한다. 예를 들어, 머리에서 발로, 팔에서 손이나 손가락으로 그리고 걷기 시작한 영아의 경우에 점차 걷기에 필요한 근육과 다리만을 사용하게 된다.

(3) 발달은 계속적인 과정이지만 발달의 속도는 일정하지 않다.

발달은 계속적으로 나타나지만 그 속도는 시기와 부분에 따라 다르게 나타난다. 예를 들어, 신체 발달은 유아기와 사춘기에 급격한 증가를 나타내다가 다른 시기에는 그 발달 속도가 느리게 나타난다. 또한 특정한 측면의 발달에 있어서도 발달 단계에 따라 그 속도가 일정하지 않다. 언어 발달의 경우에 2, 3세 이후 유치원 시기 유아에게는 현저하게 나타나지만 논리적·추리적인 사고의 경우에 아동기를 지나 청년기에 완숙된다. 이렇듯 특정한 측면의 발달 단계에 따른 기관이나 기능의 발달이 급격히 진행됨으로 인해서 이 시기 발달의 장애를 받으면 다음 발달에 영향을 미칠 수 있다.

(4) 유아 발달에는 최적기가 있다.

유아기에 걸쳐 유아 발달상의 중요한 변화가 일어나는 적절한 시기들이 있다. 최적기 동안 유아들은 다른 시기보다 긍정적·부정적인 환경의 영향에 민감하다. 이 시기 발달이 경험이 부족하거나 그 시기를 놓치게 되면 앞으로 발달에 치명적이거나 지속적인 영향을 미치게 된다. 예를 들어, 영아가 발달 초기에 부모와 따뜻하고 적절한 대인관계를 형성하지 못하면 발달 후기에도 원만한 대인관계를 형성하지 못하고 사회적으로 적응해 나가는 데 곤란을 겪게 된다.

이렇듯 특정한 측면의 발달 단계에 따른 기관이나 기능의 발달이 급격히 진행됨으로 인해서 이 시기 발달의 장애가 생기면 다음 발달에 영향을 미칠 수 있다.

(5) 발달은 연속적이며 점진적이다.

발달은 기초적인 발달에 근거하여 이루어지는 점차적인 분화의 과정이다. 과거, 현재, 미래가 상호 관련되어 연속적이고 점진적인 과정을 통해서 형성된다. 새로운 능력과 이해로부터 파생되고 정교화된다. 예를 들어, 유아가 자기 자신을 언어로 표현할 수 있는 발달의 근원은 초기의 옹알이에서 근거한다는 것을 알 수 있다. 또한 이러한 발달은 현 단계에서 다음 단계로 연속성을 제공하면서 생의 전 기간을 통해서 지속적으로 발달한다.

(6) 발달은 분화와 통합의 과정을 통해서 이루어진다.

초기 발달은 미분화되어 전체적으로 반응을 하던 것보다 특수적이고 부분적인 반응으로 분화되며 이것은 다시 전체적인 연관성을 가지면서 복잡한 형태로 통합되어 나간다. 예를 들어, 유아가 컵이라는 물건을 집어 들기 위해서는 먼저 대상을 바라볼 수 있도록 시각이 발달해야 하고, 그 후에 물건을 잡을 수 있는 손과 손가락과 같은 소근육 운동기술이 발달하고 눈과 손의 협응력이 이루어지면서 컵이라는 것을 인식할 수 있는 인지 발달이 통합적으로 이루어져야 한다.

이렇듯 유아의 발달은 신체, 인지, 정서, 언어, 사회 발달의 모든 영역이 상호 관련하여 통합적으로 이루어져야 하며, 어느 한 측면만이 강조될 때 발달은 균형 있게 이루어지지 못한다는 것을 인식해야 한다.

(7) 발달은 개인차가 있다.

모든 사람이 보편적인 발달 순서에 따라 성장해 나가지만, 개개인의 발달에는 차이가 있다. 어떤 사람은 수리적인 면이 우세하게 발달하고, 어떤 사람의 경우에는 창의적인 면이 우세하게 발달한다. 또한 신장의 경우에도 일찍 성장이 완료되는 반면에 천천히 발달하여 성인이 된 후에까지도 계속적으로 발달하는 경우가 있다. 이와 같이 발달은 일정한 일반적인 형태를 따르면서도 개인에 따라 다르게 나타난다.

3) 발달에 관한 이론

인간 발달을 설명하는 방법은 다양한 발달현상의 관계 속에서 인간의 기본적인 본질을 어디에 두느냐에 따라 다르게 나타난다. 그리고 이러한 이론들은 인간 발달에 대한 이해를 하는 데 상당한 공헌을 하고 있다. 특히 유아기는 모든 발달에 있어서 매우 중요한 시기이다. 그러므로 유아기의 발달적 특징을 이해하고자 함에 있어서 이론적 근거를 마련해 주는 발달 이론들에 대해 그 이론을 대표하는 발달이론가를 중심으로 살펴보고자 한다.

(1) Arnold Gesell의 성숙주의

Gesell은 성숙주의 이론을 확장
(이윤경 외 편역, 1997: 78)

성숙주의의 대표적인 학자로 Gesell(1880~1981)을 들 수 있다. 그는 발생학적인 모델을 근거로 하여 신체의 성숙 및 발달 기준에 대한 연구를 하여 이를 유아 양육과 교육에 적용하고자 하였다. 그는 유아 발달에 있어 사전결정론의 입장을 취하는데, 이는 외부적인 영향을 줄이고 사전 결정된 성장의 결과가 이루어지도록 할 때 유아의 발달이 최대로 이루어진다고 하였다.

특히 Gesell은 유아기 동안에 일어나는 발달적 변화에 대해 10년에 걸친 유아의 행동표준목록(behavior norms)을 제시하였다. 이러한 유아 발달에 관한 행동목록은 너무나도 광범위하고 세부적인 것이어서 유아교육자들과 부모들에게 발달에 대한 기본 정보 자료로 이용되고 있다.

Gesell은 유아의 초기 운동 발달 단계를 다음과 같이 설명하고 있다.

> 유아의 신경계는 단계적으로 그리고 자연적인 순서로 성숙한다. 유아는 서기 전에 앉으며 언어로 말하기 전에 옹알이를 하고 사각형을 그리기 전에 원을 그리며 이타적이기 전에 자기중심적이고 자신에게 의존하기보다 타인에게 의존한다(Crain, 1980·1983).

Gesell의 행동표준목록은 모든 성장 영역과 문화적 상황에서 보편적인 행동 발달 변화와 기본적인 유사성을 나타낸다고 주장한다. 또한 Gesell은 유전자가 발달 과정을 방향 짓는 기제에 대한 일반적인 명칭을 성숙이라 보면서 인간 발달이 단계적이고 자연적으로 진행되어 가는 성숙에 의존한다고 주장하면서 성숙론적 관점을 대표하고 있다. 그리고 환경적인 요인들은 적절한 성장을 유지시켜 주기는 하지만 발달 구조와 행동 유형을 순서적으로 전개하는 데 직접적인 역할을 하지는 않는다고 한다.

그러나 유전적인 성숙 요인을 강조하는 Gesell의 이론은 다음과 같은 점에서 비판을 받고 있다.

첫째, 가장 일반적인 비판은 그가 제시한 연령규준방식에 관한 것인데, Gesell이 만든 규준은 너무 획일적이며 연령에서 발생할 수 있는 변이에 대한 대안을 제시해 주지 못했다.

둘째, 관찰연구대상에 대한 제한점이다. Gesell이 연구한 대상 유아들은 대학 부속에 다니는 유아들이었고 각 연령의 총수가 20~30명이란 편협한 대상 선정과 다른 문화에 대한 다양한 검증이 없음에도 불구하고 모든 유아, 모든 문화에 보편성을 주기에는 부적합하다는 것이다(백운학, 1993).

셋째, Gesell이 주장한 성숙 이론은 지나치게 극단적이다. 대개의 발달가들이 성숙의 역할을 중시하고 인정하기는 하지만, Gesell은 환경이 단순히 내적 패턴화를 유지하는 것 이상의 큰 역할을 유아 발달에 미칠 수 있다는 점을 쉽게 간과하였다.

(2) 행동주의

① Pavlov의 고전적 조건 이론

러시아의 생리학자인 Pavlov는 고전적 조건 이론의 개념을 최초의 인간 행동에 적용한 인물로서 심리학을 하나의 과학으로 정립하는 데 크게 기여하였다.

Pavlov는 개에게 음식을 주면 타액을 흘리는 것을 발견하였다. 그래서 개에게 종소리와 함께 음식을 주다가 개에게 음식을 주지 않고서 종소리만 들려주어도 타액을 흘린다는 사실을 밝혀냈다. 이 실험의 결과로 Pavlov는 개에게 음식만을 제공한 경우에 음식은 자극(S)이고 타액 분비는 반응(R)이라고 설명하였는데, 이를 나타내면 다음과 같다.

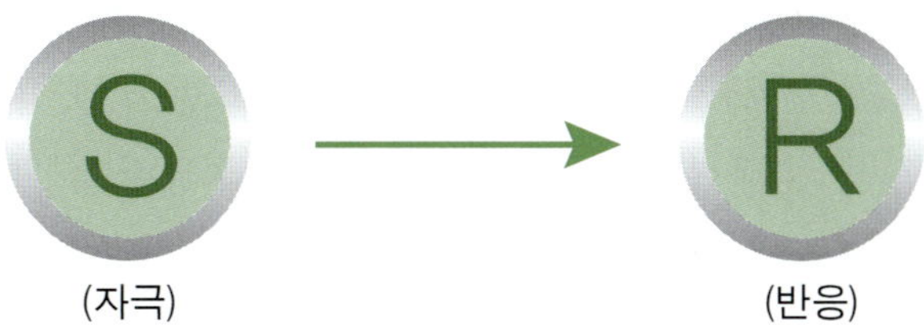

그러나 이 경우에는 학습이 이루어지기보다는 무조건 자극인 음식에 무조건 반응을 보인다는 것이다. 하지만 종소리인 조건 자극을 통한 타액 분비는 조건 반응을 유발하게 된다.

이러한 Pavlov의 원리를 심리학 주류로 완성시키는 데 가장 큰 공헌을 한 학자는 Watson이다. 행동주의의 창시자라 불리는 Watson은 심리학이 취급하는 대상은 의식이 아니라 누구에게나 관찰 가능한 외형적인 행동만이 과학의 대상이 될 수 있다고 하였다. 이러한 행동들은 자극과 그 결과인 반응 사이의 연합에 의해 만들어지기 때문에 행동 결정의 중요한 요인을 환경으로 본다. 또한 개체의 성장 발달은 적절한 훈련과 자극에 의해 세워진 목적을 달성해야 한다고 한다. 그러므로 유아의 행동은 환경에 의해 촉진되기 때문에 유아를 수동적인 반응자로 본다.

유아를 능동적인 존재로 보는 유아교육의 관점에 비추어 볼 때, 고전적 조건 이론에 근거한 행동주의는 다음과 같은 비판점을 생각해 볼 수 있다.

- 유아보다는 교사가 학습의 주도적인 역할을 한다. 유아가 어떠한 활동을 할 때, 수업활동이 자극이 되고 유아의 표현이 반응된다. 이때 조건 자극인 교사의 역할이 어떠하냐에 따라 유아의 반응이 달라진다고 볼 때, 학습에 있어서 교사에 대한 역할 비중이 크다고 볼 수 있다. 그래서 이 원리에 근거한 학습은 교사 주도적이고 계획적인 활동으로 이끌어진다.
- 교사의 역할이 주도적인 반면, 유아의 역할은 수동적이다. 유아의 능동적이고 자발적인 활동을 장려하기보다는 교사의 지시에 따라서 수동적인 반응을 보인다. 유아가 스스로 계획하고 탐구하여 문제를 해결하는 활동 과정에 초점을 맞추기보다는 교사의 계획이나 지시활동에 대한 결과를 중시하게 된다.
- 반복된 연습에 의해서 반응이 촉진되므로 유아의 자기표현이나 창의성을 억제할 수 있다. 행동주의 이론에 의하면 계속적인 연습과 반복훈련에 의한 학습에 있어서 기술습득은 용이할 수 있다. 그러나 자기표현을 억제하게 됨으로써 자기 자신만의 독특한 표현이나 창의적인 사고에 부정적인 영향을 미칠 수 있다.

② Thorndike의 자극-반응 이론

자극-반응 이론은 '시행착오설'이라고 불리는데, Thorndike에 의해서 체계화되었다. Thorndike는 학습이 시행과 착오의 과정을 통해 특정한 자극과 특정한 반응이 결합된 것으로 보고 있다(노희관·이용남, 1995).

Thorndike는 고양이, 쥐, 개와 같은 동물을 대상으로 문제 상자를 주고 그 상황에서 동물들의 반응을 실험하였다. 그는 동물들이 추리적인 사고 반응을 나타내는 것이 아니라 되는 대로 되풀이되는 행동에서 성공하게 되는 우연한 결합을 통해서 상황을 해결해 나가는 것을 관찰하였다.

상자 속에 갇힌 고양이가 출구를 찾아 먹이를 찾기 위해 상자 안에서 여러 가지 시도를 하던 중, 우연히 빗장을 누르고 출구를 찾게 되는 행동이 반복되면 시행착오적인 행동은 감소되며 빗장을 열고 나와 먹이를 얻게 되는 시간이 단축된다고 하였다.

Thorndike의 자극–반응 이론은 추리적인 사고가 아닌 되풀이되는 행동에서 성공을 하게 되는 우연한 시행착오적 반응을 통하여 자극–반응의 결합이 이루어진다고 하였다.

③ Skinner의 조작적 조건화

Skinner에 의하면, 고전적 조건 이론에서의 조건 형성은 기존의 반응적 행동에 관한 것이다. 예를 들어, 음식을 보면 자동적으로 타액이 분비되는 것과 같은 자동적인 단순한 반응을 종소리 같은 새로운 자극과 결합시키는 것이다.

반면에 조작적 조건 이론은 자극에 반응한 결과를 강조하며, 그 결과 행동의 발생 빈도를 높이기 위해서 강화를 제공함으로써 이루어진다. 예를 들어, 유아들이 바람직한 행동을 했을 때 칭찬이나 보상(사탕, 스티커)을 통해 행동을 강화해 주는 것이다.

강화의 원리는 Skinner 이론의 주된 조건 형성 원리이고 이를 도식화하면 다음과 같다.

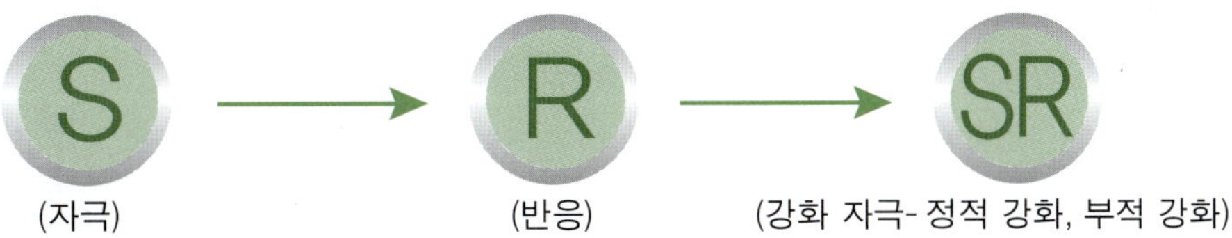

강화란 어떤 반응이 일어날 빈도를 높이는 것으로 정적 강화와 부적 강화가 있다. 정적 강화란 어떤 행동이 계속 일어나도록 그 행동에 대해서 쾌 자극을 제공하는 것이다. 예를 들어, 칭찬, 격려, 물질적인 보상을 들 수 있다. 부적 강화란 혐오 자극을 제거하는 것으로 반응의 빈도를 높이는 것이다. 예를 들어, 수영을 못하는 아동이 물에 뛰어듦으로써 친구들의 조롱을 피할 수 있게 되자 이후에도 물에 잘 들어가게 될 수 있다. 행동을 통제하는 기제로서 벌이 있다. 부적 강화가 혐오 자극을 제거하여 긍정적 행동의 빈도를 높이는 것인데 비해 벌은 행동을 제거하는 것이 목적이다. 벌에는 체벌, 욕설, 비난 등이 있으며 즉각적인 효과가 있을 수 있으나

Skinner는 조작적 조건화에 기초한 학습을 연구 (이윤경 외 편역, 1997: 83)

지속적 효과를 기대하기 어렵고 부작용이 나타날 수 있다.

조작적 조건 이론도 다른 행동주의와 마찬가지로 공통된 비판을 받고 있지만, 바람직한 행동을 증가하고자 하는 목적인 강화의 원리와 행동수정기법에 대한 시사점을 두고 있다. 유아교육기관 현장에서도 유아들의 바람직한 행동에 대한 정적 강화는 유아에게 자아존중감이나 행동에 대한 자신감을 줄 수 있다는 점에서 많이 수용되고 있다. 그러나 적절한 보상은 유아의 성취 욕구를 증가시킬 수 있지만, 보상이 유아들의 행동을 조정해 주기보다는 유아들이 강화물에 유혹된다면 행동 변화에 대한 동기를 살릴 수 있는 적절한 강화가 되지 못함을 인식해야 할 것이다.

(3) 인지주의

1 Piaget의 인지 발달론

Piaget는 유아의 인지 발달은 성숙과 환경과의 끊임없는 상호작용의 결과라고 주장한다. 즉, 유아는 자발적으로 환경과 계속적인 상호작용을 하면서 포괄적인 인지 구조를 능동적으로 형성해 나간다.

구성주의 이론의 개척자
Jean Piaget
(이윤경 외 편역, 1997: 88)

Piaget는 유아의 행동에 대한 기본 개념을 도식(schema, 쉐마)이라는 용어로 설명하고 있다. 도식이란 지식의 기본 단위로서 유기체가 외계의 사물을 인지하기 위해서 사용하는 '이해의 틀'이다. 도식의 개념은 대단히 광범위하여 반사 행동수준에서 대상에 대한 이미지 및 계획이나 기대 신념 등 복잡한 아이디어를 포함한다(장휘숙, 2010).

이러한 도식은 동화(assimilation), 조절(accommodation) 그리고 평형화(equilibrium)의 과정을 통해서 이루어진다.

❶ 동화

동화란 유아가 지니고 있는 기존의 도식을 바탕으로 새로운 자극을 받아들이는 과정이다. 예를 들어, 네 발 달린 동물이 개라는 도식을 갖고 있는 유아는 새로운 자극인 네 발 달린 고양이의 경우에도 '개'라고 인식하는 것이다.

❷ 조절

조절이란 유아가 지니고 있는 기존의 도식으로 새로운 자극이 이해되지 않았을 때 기존의 도식을 변형해 나가는 과정이다. 다시 말해서 새로운 도식에 대한 기존의 도식을 수정, 변형하여 또 다른 새로운 도식을 수립한다. 예를 들어, 개와 고양이는 모두 네 발이 있지만 그 모양, 울움 소리 등은 다르다는 것을 안다. 그래서 유아는 개와 고양이가 서로 다른 도식이라는 것을 알게 되고 새로운 도식인 고양이를 알게 된다.

❸ 평형화

이는 동화와 조절이 이루어지는 과정에서 긴장과 갈등을 일으키며 인간의 사고구조와 불평형 상태에 처하게 된다. 그리하여 동화와 조절 중 어느 한 상태가 우세하지 않은 상태인 평형 상태로 이루어져야 하며, 이것이 환경과 유기체 간의 계속적인 상호작용인 것이다. 이를 간단히 나타내면 다음과 같다.

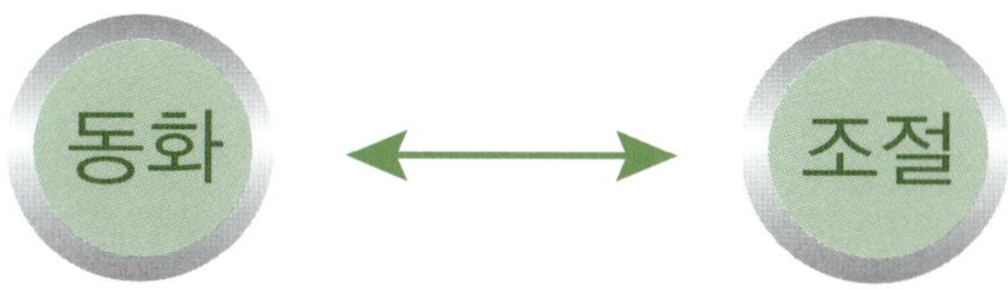

새로운 자극을 기존의 도식에 맞추어 이해하는 과정

새로운 자극에 맞추어 기존의 도식을 수정, 변형하거나 새로운 도식을 수립하는 과정

Piaget는 그의 인지 발달 이론을 네 단계로 구분하여 설명하였는데, 이는 다음과 같다(장휘숙, 2010; 조복희, 2006).

❹ 감각운동기(Sensorimotor Stage : 0~2세)

이 시기는 감각 경험과 운동활동에 의해서 도식을 형성해 나간다. 물리적 대상과 감각을 통한 상호작용을 통해서 세계에 대한 인식을 획득해 나간다. 이 시기 유아들은 처음에는 반사 행동이나 무질서 행동으로 반응하면서 2세경이 되면 목표가 생기게 된다. 그래서 자신의 행동을 조절하고 감각기관이 받아들인 정보를 시행착오를 통해서 학습해 나가는 출발점이 된다.

이 시기의 가장 대표적인 사고의 특징은 '대상 영속성의 개념'이다. 대상 영속성이란 물체가 사라진 다음에도 그 대상이 존재한다고 믿는 것이다. 예를 들어, 장난감을 유아 앞에서 보자기로 덮고서 다른 곳에 감추어도 유아는 그 장난감이 보자기 속에 있다고 생각하는 것이다.

⑤ 전조작기(Preparation Stage : 2~7세)

이 시기의 유아들은 언어와 같은 상징적인 기호를 사용함에 따라 사고 능력에 큰 진보가 이루어진다. 하지만 유아들의 사고는 직관적이며 체계적이거나 논리적이지 못한 제한점을 갖는다. 이 시기의 유아들이 보이는 사고의 특징은 다음과 같다.

- **자기 중심성**: 유아들은 자신의 관점에서 사물이나 사건과의 관계를 인식한다. 이는 유아들은 다른 사람의 관점이 존재한다는 사실을 이해하지 못하기 때문에 모든 사람이 자신이 생각하는 것과 같이 세상을 바라본다고 여긴다. 예를 들면, 엄마의 생일 선물로 자신이 좋아하는 과자를 사주면 엄마도 좋아할 것이라고 생각한다.
- **보존개념**: 보존개념이란 물질의 양, 수, 길이, 면적 등이 그 형태나 위치를 변화하더라도 동일하다는 개념인데, 이 시기 유아들은 이러한 보존개념을 갖고 있지 않다. 그 예로, 유아에게 똑같은 수의 과자를 하나의 묶음은 길게 늘어놓고, 다른 묶음은 짧게 늘어놓고서 어느 묶음이 더 많냐고 물으면 유아는 길게 늘어놓은 묶음을 선택한다. 이는 수에 대한 보존개념이 부족해서 나타나는 현상이다.
- **물활론**: 물활론이란 세상 모든 물건에 생명이 있다고 생각하는 것이다. 예를 들어, 깨진 접시를 보고 유아는 그 접시가 다쳐서 아플 거라고 생각한다. 이러한 물활론은 처음에는 '존재하는 모든 것에 생명이 있다' → '움직이는 것에만 생명이 있다'[예 움직이는 자동차(살아 있음), 멈춘 자동차(죽음)] → '움직이는 원동력에 대해서 생각할 수 있다'[예 바람이나 비(살아 있음), 자동차(죽음)] → '생물만 살아 있다'라고 생각하는 단계로 발전한다.
- **꿈의 실재론**: 꿈속에서 일어난 상황이 깨어난 후에도 자기 주위에 그대로 남아 있다고 생각하는 것이다. 유아들의 세계는 꿈과 현실이 명확하게 구분되어 있지 않다.
- **상징적 기능의 증가**: 이 시기 유아는 놀이활동에서 비언어적인 상징 행동을 많이 한다. 베개가 아기가 되고 막대기가 총이 되는 것과 같다. 또한 소꿉놀이나

역할놀이를 통하여 자신이 마치 ~인 것처럼 상징적으로 행동할 수 있다. 이러한 상징적 표현을 통해서 유아는 과거를 다시 경험하고 미래를 예측하며 사건을 타인에게 전달할 수 있다.

- **비가역성**: 가역성이란 출발한 곳으로 되돌아가는 추리적인 사고를 말한다. 유아는 동일한 두 개의 컵 중에 하나를 넓적한 그릇에 담았을 때, 그 물의 양을 추리하는 데 혼란을 겪게 된다. 넓적한 물을 다시 원래의 컵에 부으면 그 물의 양이 같다는 역추리의 원리인 가역적인 사고가 불가능하다.
- **타율적 도덕성**: 타율적 도덕성이란 행동의 동기나 의도를 통해서 도덕적 판단을 하는 것이 아니라 외현적인 행동의 결과만으로 도덕적 판단을 하는 것이다. 예를 들어, 유아는 엄마를 도와주다가 접시를 5장 깬 유아와 장난을 하다가 접시를 1장 깬 유아가 있다고 할 때, 이 시기의 유아들은 행동의 내적인 동기는 생각하지 못하기 때문에 표면적으로 나타난 결과로 접시를 많이 깬 유아가 더 나쁘다고 이야기한다는 것이다.

⑥ 구체적 조작기(Concrete Operation Stage : 7~11세)

이 시기는 전조작기에 비해 사고의 급격한 진전을 보이며 자신의 관점에서 세계를 인식하기보다는 다양한 관점을 수용하게 되고 사물의 속성 간의 관계를 이해할 수 있게 된다. 전조작기에 부족했던 보존개념이나 가역성도 획득하게 된다. 또한 외부의 세계를 탐구하고 상호작용하는 데 있어서도 일반적인 규칙이나 전략을 사용할 수 있게 되며 완전하지는 못하지만 사물과 사건과의 문제를 해결하는 데 약간의 추리적인 사고가 가능해진다.

⑦ 형식적 조작기(Formal Operational Stage : 12세 이후)

이 시기 유아는 추상적으로 생각하고 가설을 검증하면서 한 가지 문제를 해결하기 위해서 여러 가지 가설과 추리과정을 통한 검증을 할 수 있으며 모든 가능한 결론을 논리적으로 검증할 수 있다.

2 Vygotsky

최근 Vygotsky에 대한 관심이 높아지면서 성인이나 또래와의 사회적 상호작용과 협동학습의 중요성이 강조되고 있다. Vygotsky는 인간의 지식과 사고과정은 사회적 상호작용을 통해서 형성되기 때문에 인간의 학습이나 사고과정을 이해하기 위해서는 전체적인 상호 과정을 이해해야 한다고 한다. 인간의 모든 행동 특성은 그가 처한 사회적·역사적 상황에 의해서 결정되므로 인간은 사회적 환경과의 상호작용을 통해서 환경에 영향을 주기도 하고 자기 자신도 변화해 간다는 사회적 상호작용을 중요시한다.

Vygotsky 연구의 영향력이 점차 커짐
(이윤경 외 편역, 1997: 91)

Vygotsky의 주된 이론적인 개념은 발생적 접근방법, 고등정신과정, 도구와 기호 그리고 근접 발달 영역을 들 수 있다.

❶ 발생적 접근방법

발생적 접근방법이란 발달을 단순한 양적 축적이 아니라 발달상의 여러 기능 그리고 한 형태에서 다른 형태로의 혁명적인 전환에 따른 본질적인 변화, 내적 요인들의 유기적인 관계 속에서 특징지어지는 변증법적인 과정이라고 본다.

❷ 고등정신과정

이는 사회화 과정의 근원이 되는 것으로 모든 고등정신(자발성, 논리적 기억, 사고, 문제 해결력)은 개인의 내적 정신기능이 되기 이전에는 본질적으로 사회적인 것이며 개인의 내적 정신기능은 준 사회적이라는 것이다. 그래서 유아가 자신의 개인적 정신기능을 재구조화하기 위해서는 사회적 체계를 변형하는 것이며 자기 규제 능력이 형성되는 과정이라고 한다.

❸ 도구와 기호

이는 사회적 상호작용과 고등정신 형성을 위한 매개체이다. 도구란 기술적인 것을 의미하는데, 능동적으로 환경에 접하는 자극을 변형하고 환경을 통제하며 자신의 행동을 조절하기 위한 매개물이다. 기호란 심리적인 것을 말하는데, 자신의 의식을 재구조화하고 다른 사람의 의식에 영향을 미치는 언어, 상징, 그림 등이 해당된다.

❹ 근접발달영역(ZPD)

이는 실제적인 발달수준과 잠재적인 발달수준의 차이를 말하는 것으로 학습이 가장 역동적으로 일어나는 곳이다. 또한 유아가 독립적으로 기능하는 개인적 수준과 교육적인 상호작용에 참여함으로써 기능하는 수준을 말하고 유아의 사회적 상호작용은 근접발달영역(the zone of proximal development) 내에서 교사나 좀 더 능력 있는 또래와의 협력적 교수를 통해 나타난다고 하였다. 이러한 근접발달영역은 유아의 사회화 과정 학습의 주요 개념이 된다. 이를 도식화 하면 [그림 3-2]와 같다.

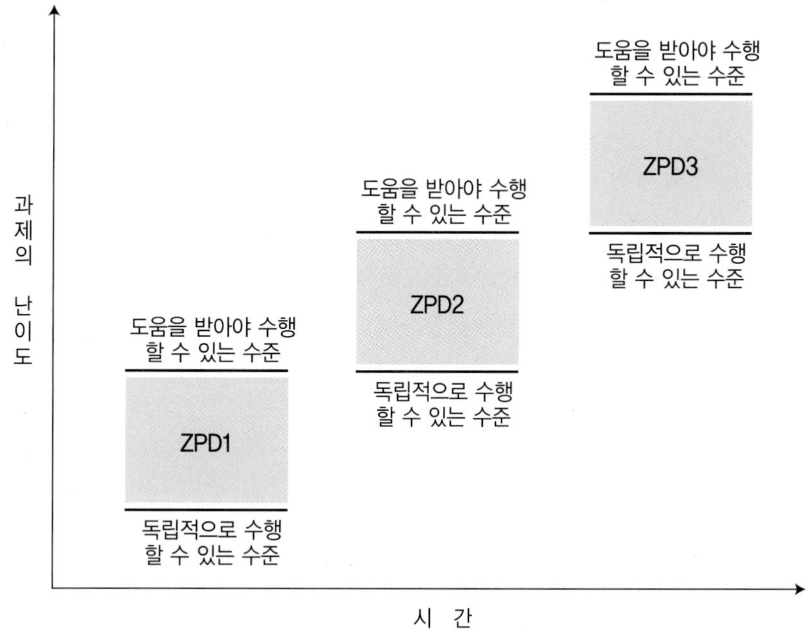

출처: Bodorava, E., & Leong, D. J(1996). 김억환 · 박은혜 역(1998, p.75).

[그림 3-2] 근접 발달 영역의 역동적인 특성

이와 같이 Vygotsky는 사회학습의 주요 개념을 심리학적 도구를 매개로 하여 유아와 성인 간의 능동적이고 협동적인 상호작용으로 보고, 이것이 유아의 정신기능을 재조직하는 데 결정적인 역할을 한다고 보았다. 근접발달영역 내에서 유아는 독자적으로 문제를 해결해 나감으로써 성취감을 느낄 수 있고 또한 성인이나 유아가 속한 집단에서 보다 능력 있는 구성원의 도움을 받아 학습을 한다. 이러한 학습에 도움을 주는 사회적 상호작용의 교수원리에는 자기 통제와 자기 조절, 지지, 공동학습, 그리고 상호 주관성을 들 수 있는데, 이를 살펴보면 다음과 같다.

❶ 자기 통제와 자기 조절

자기 통제란 자기 조절의 전 단계로서 양육자의 부재 시에도 양육자의 지시, 요구가 유아에게 내면화되는 것이고 자기 조절이란 자신의 행동을 안내해 주는 내면화된 성인의 요구에 따르기보다는 자기-형성적인 계획에 따라 행동을 조절하는 능력을 말한다. 다시 말해 자기 조절이란 상황의 변화에 따라 융통성 있게 자신의 행동을 계획하고 모니터하는 능력이며 타인이 아닌 자기 자신이 세운 계획과 목표를 따르는 행동이라고 할 수 있다.

❷ 지지

이는 유아의 활동과정 속에서 부모, 교사 또는 유능한 또래가 직접적·간접적으로 도움을 주는 것을 말한다. 유아는 이러한 상호작용을 통하여 다양한 과정에서 활동을 증가시키고 인지적 성장을 수반한다. 인지적 성장을 위한 지지뿐만 아니라 정서적 분위기도 중요하다. 유아가 과제에 집중하고 도전하려는 태도를 보일 때, 성인은 명랑하고 따뜻하게 반응하고 언어적·비언어적인 격려와 칭찬으로 적절하게 반응해 주어야 한다.

❸ 공동학습

공동학습은 유아가 또래들과의 갈등 상황에서 서로 협력하여 그들의 논쟁을 해결하고 그 상황에 대한 공동의 의견을 모아 문제를 해결하는 것이다. 유아의 인지발달은 학습활동과정에서 이루어지고 유아의 학습은 현재 진행되고 있는 과제와 분리될 수 없다. 공동학습은 참여자들 간의 사회적 상호작용을 통하여 한 가지의 학습과제를 해결하기 위한 가장 역동적인 근접발달영역을 유지하게 해 준다.

❹ 상호 주관성

상호 주관성은 어떤 과제를 시작할 때 서로 다르게 이해하는 학습자들이 공유된 이해에 도달하는 과정을 말한다. 상호 주관성은 공동학습에 참여하는 각 참여자들이 각자의 관점에 맞추어 의견을 조정함에 따라 의사소통을 위한 공동의 화제에 도달해 나간다. 즉, 사회적 상호작용에서 유아가 자신의 근접발달영역에 있는 상황에 대한 공통된 의견을 얻기 위해 항상 협의하고 타협하는 과정을 의미한다(Newson & Newson, 1975).

이러한 사회적 상호작용을 도울 수 있는 교사의 효과적인 교수 전략은 스케폴딩(scaffolding)이다. 스케폴딩이란 유아의 근접발달영역 내에서 효과적인 교수–학습을 위해 교사가 유아와의 상호작용 중 도움을 적절히 조절하며 제공하는 것을 의미한다. 즉, 교수–학습 과정에서 유아의 행동과 반응에 맞추어 적절하게 상호작용하는 교사의 전문적인 행동을 의미한다(강영식, 2003). 스케폴딩의 유형은 다음과 같다(Wood, et al., 1976).

❶ 흥미 보충

유아가 초기의 상상적인 놀이에서 벗어나 과제에 흥미를 갖도록 과제의 요구에 집중하도록 한다.

❷ 자유도의 감소

과제 해결에 필요한 하위 행위의 수를 감소시킴으로써 유아가 과제 요구에 부응했는지를 인식하기 쉽도록 과제의 크기를 줄인다.

❸ 방향 유지

과제에 대한 동기를 유지시키거나 다음 단계로 도전시킴으로써 유아를 보호하고 과제의 목표 방향을 지속시켜 준다.

❹ 주요 특징의 표시

유아가 과제를 수행한 것과 과제 수행의 불일치를 제시하면서 유아들이 생각한 것을 자극하기 위해 잘못된 선택을 언어로 나타내고 유아의 실수를 계속 고쳐준다.

❺ 좌절의 조절

유아가 과제를 해결하는 과정에서 경험하는 좌절감을 완화시켜 주며 많은 증진과 자극을 제시하는 것이다.

❻ 시범

유아가 과제 수행을 적절히 하지 못할 때 과제의 해결을 위해 시범을 보이고 모델링해 준다.

3) Piaget와 Vygotsky의 비교

Piaget와 Vygotsky는 유아의 학습과 발달에 대한 관점에 있어서 각각 유기체의 능동적인 면과 사회적인 면을 강조했다는 점에서 차이를 보이고 있다. 즉, Piaget는 유아의 인지 발달에 있어서 일반적인 구조의 변화를 설명하는 데 있어서 유기체의 능동적인 면을 강조하고 있는 반면에, Vygotsky는 유아와 숙련된 협력자와의 상호작용을 통한 사회적인 경험을 강조하였다. Piaget와 Vygotsky의 발달과 학습에 대한 중요한 관점을 비교하면 〈표 3-1〉과 같다.

〈표 3-1〉 Piaget와 Vygotsky의 발달과 학습에 대한 차이

연령	Piaget	Vygotsky
발달과 학습에 대한 관점	발달과 학습은 분리되어 있다.	학습은 발달을 이끈다.
발달과 학습에 대한 설명	발달이 지배적인 과정이고 학습은 발달을 따라가야하며 학습은 유아의 사고 구조나 성숙에 거의 영향을 미치지 않는다. 즉, 발달은 주로 내적인 변화이며 인지적 변화를 조정하는 데 있어서 가장 중요한 것은 유아의 내부에 존재하는 것이다.	학습은 발달에 있어서 중요한 역할을 하며 근접발달 내에서 숙달된 협력자와의 상호작용에 의한 학습이 발달을 이끈다.
유아와 환경에 대한 견해	유아가 자신의 경험을 이해하고자 능동적으로 환경과 상호작용 할 수는 있으나 환경은 유아의 능력을 발달하는 데 중심적인 역할을 하지 못한다.	능동적인 유아와 능동적인 사회환경은 발달에 있어서 협력적인 관계이다. 특히 숙달된 협력자와의 사회적인 상호작용을 통하여 유아의 행동을 안내하고 도구적 도움을 줄 때 유아는 능동적으로 활동한다.

그러나 〈표 3-1〉과 같이 Piaget와 Vygotsky의 이론 간에는 중요한 차이점이 있다 할지라도 두 이론이 연계되는 공통점들을 간과해서는 안 된다. 두 이론의 가장 기본적인 공통점은 유아를 생물학적 유기체로 본다는 것이다. 단지 Piaget는 인지적 변화를 이끄는 유기체 내에 있는 내부적인 것에 초점을 두었다고 본다면, Vygotsky는 어떻게 사회적 경험이 유아의 사고에 중요한 변화를 초래할 수 있는가에 초점을 두었다.

Glassman(1994)은 Piaget와 Vygotsky의 공통점을 다음과 같이 정리하고 있다 (Berk & Winsler, 1995).

첫째, 인지적인 변화는 유기체의 능동적인 면과 사회적인 면의 끊임없는 상호작용이다.

둘째, 발달은 환경 내에서 이루어지는 경험의 결과이므로 유아들이 자신들의 경험을 내적 반성을 통하여 변화할 수 있다.

셋째, 인지 발달과정은 사고에 있어서 중요한 질적 변화를 내포한다.

그러므로 Piaget와 Vygotsky는 발달을 서로 상반되게 보았다기보다는 강조한 측면이 다르다고 볼 수 있다. 그리고 기본적인 신념을 공유하였으므로 두 이론을 반대적인 입장에서 바라보기보다는 서로 보완하는 것이 바람직하다고 할 수 있다.

④ Bruner의 인지 이론

1960년대에 Bruner는 어떤 교과의 내용이라도 올바르게 표현한다면, 어떤 발달 단계의 아동에게나 모두 가르칠 수 있다는 지식구조론을 핵심으로 교육과정의 새로운 방향을 제시하였다.

Bruner는 30년 이상 교육에 영향을 미침
(이윤경 외 편역, 1997: 93)

Bruner는 인지 발달 단계를 행동적 표상, 심상적 표상 그리고 상징적 표상 단계로 구분하여 설명하고 있다(이윤경 외, 1997; 이홍우, 1990).

행동적 표상이란 영아에게 해당되며 동작과 손놀림과 같은 행동을 통하여 주위의 사물과 세상을 표상하는 것을 의미한다. 그 예로 유아가 스스로 신발 끈 매는 것을 들 수 있다.

심상적 표상이란 2~3세 된 유아에게 해당되며 여러 형태의 감각적 심상을 통하여 행동을 표상한다. 그 예로 전에 보았던 어른의 얼굴이나 행동을 상상할 수 있다.

상징적 표상이란 5~6세 유아에게 해당되는데, 유아는 상징적인 기호 체계인 언어를 통해서 자신의 사고를 표상할 수 있다.

이러한 인지 발달 단계는 행동적 표상에서 심상적 표상으로 더 나아가 상징적 표상으로 발달해 나간다고 한다.

⑤ 정보처리 이론

정보처리 이론은 1970년대 이후 행동주의 이론과 Piaget의 인지 이론이 가지는 인간의 사고과정에 대한 제한적이고 모호한 이해를 보다 체계적이고 과학적으로 이해하기 위한 새로운 접근이다. 정보처리 이론의 발달에 대한 관점은 지속적으로 변화하는 사고과정에 초점을 둔다. 즉, 인간의 사고과정 자료를 입력 또는 출력한다든지 일련의 도표를 사용하는 컴퓨터와 같은 정보처리과정으로 설명한다. Mayer는 정보처리 모델을 단기감각저장, 단기기억, 작동기억, 장기기억으로 구분하고 이를 도식화하면 [그림 3-3]과 같다(서울대학교교육연구소, 1998).

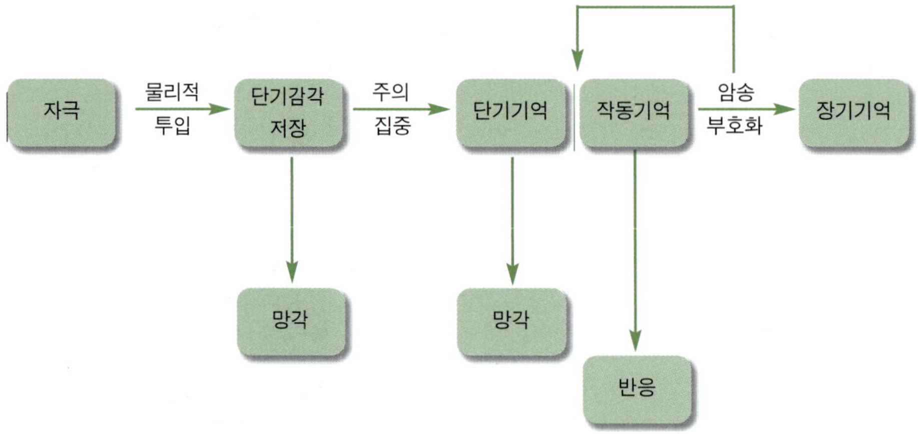

단기감각저장	단기기억	작동기억	장기기억
이 저장고의 용량은 제한되지 않을 것이다. 감각적 정보의 정확한 복사가 아주 짧은 시간 동안 저장될 것이다. 시각적 저장은 0.5초 이내에사라지는 순간 촬영과 같을 것이다. 각각의 감각별로 구별되는 저장고가 있을 것이다.	저장고의 용량은 약 7 ±2개 덩어리의 정보들을 수용할 정도일 것이다. 정보는 단기감각 저장고에 있을 때처럼 원래의 감각적 형태가 아닐 것이다. 정보들은 새로운 정보들에 의해 밀어내 질 것이다. 단기기억은 의식적 기억으로서 한 개인이 한 순간에 알고 있는 모든 것이다.	이 기억은 단기기억이 갖고 있는 특징들과 똑같은 특징을 갖고 있다. 단기기억이 의식적 기억과 같은 것이라고 한다면 작동기억은 암산할 때 사용하는 정신적 편지지와 같은 것이다.	장기감각 저장고의 용량도 무제한일 것이다. 정보 탐색의 실패로 인해인출하지 못하는 경우는있으나 망각 때문에 잊어버리는 경우는 없다.

출처: 서울대학교 교육연구소(1998: 2182).

[그림 3-3] 기억의 정보처리 모델

정보처리 이론은 Piaget 이론처럼 유아가 환경적 요인을 고려하여 그들의 사고과정을 능동적이고 적극적으로 수정해 나가는 존재로 본다. 하지만 Piaget의 이론과 다른 점은 인간의 발달을 단계 이론으로 제시하기보다는 지속적으로 변화하는 사고과정으로 본다는 것이다. 정보처리 이론의 영향은 지능의 개인차에 대한 연구에 기여하고 연령이 다른 아동들이 어떻게 다르게 사고하는지 등에 대한 이해에 기여한다. 또한 전문가-초보자 차이 이론이 발달함에 따라 창의력의 개념을 전문성의 개념으로 새롭게 정의하면서 특정 교과와 결부시켜 가르칠 수 있는 교육적 적용을 강조한다. 정보처리 이론의 단점은 인간의 사고 영역 중 상상력이나 창의력과 같은 사고과정을 충분히 설명하지 못하고 통제된 실험실 안에서의 상황을 중심으로 제시된 이론이므로 실생활에서의 학습 상황들과 연결되기 어렵다는 것이다.

(4) 정신분석 이론

① Freud의 정신분석 이론

Freud는 인간의 정신을 빙산에 비유하여 물 위에 떠 있는 작은 부분이 의식이라면, 물 속에 잠겨 있는 큰 부분을 무의식으로 보았다. 이러한 무의식이 인간의 행동과 사고를 통제하는 보이지 않는 힘이라고 하였다. 또한 Freud는 인간은 본래 성적으로 공격적이고 무의식적인 본능에 지배되는 존재라고 한다. 이러한 Freud의 이론은 인간 행동의 동기로서 성과 공격성을 지나치게 강조한다는 점에서 비판을 받기도 한다.

정신분석의 아버지
Sigmund Freud
(이윤경 외 편역, 1997: 85)

Freud는 인간의 인성 구조를 원초아(id), 자아(ego) 그리고 초자아(super ego)로 설명한다.

❶ 원초아

이는 주로 먹고 자고 배설하는 것과 같은 육체적 쾌락을 추구하는 본능적인 욕구이다. 원초아는 기본적인 욕구 충족에 대한 쾌락의 욕망은 곧 수행하지만 고통스러운 것은 회피하려고 한다. 따라서 고통을 피하고 쾌락을 추구하는 원초아는 비현실적이고 비합리적인 욕구를 충족하려고 한다. 이러한 본능적인 충동이 쾌락의 욕망을 충족하기 위해서 현실과 부딪히는 과정에서 자아가 발달한다.

❷ 자아

이는 현실에 적응하는 기능의 주체로 원초아에서 발전되는 것으로 외부와 접촉하면서 발생하는 갈등 상황을 타협하고자 하는 욕구이다. 쾌락의 원리보다 현실의 원리에 지배받기 때문에 현실 파악을 위한 인지과정이 발달한다. 그러므로 자아는 현실의 실제적인 원리에 따라서 현실적·논리적으로 욕구 충족을 위한 계획과 실행을 하며 현실에서의 가능성을 검증하고자 한다.

③ 초자아

초자아는 현실보다는 이상을 대표하고 쾌락보다는 완전함을 추구한다. 사회의 가치나 도덕이 의식적·무의식적으로 내면화됨으로써 사회의 규범을 준수하고 옳고 그름에 대한 기준을 반영하는 것이다. 초자아는 양심과 자아 이상이라는 두 부분에 의해서 이루어진다. 양심이란 초자아에 죄의식을 느끼게 하면서 벌을 주는 부정적인 부분이고 자아 이상은 보상적이고 긍정적인 부분으로 승화된다.

Freud는 인간 발달의 단계를 다섯 단계로 구분하여 설명하고 있는데, 이는 다음과 같다.

① 구강기(Oral Stage : 0~1세)

이 시기의 주된 성감대는 구강이다. 유아는 구강(입, 혀, 입술) 등을 통하여 먹고 빨고 깨물고 삼키는 데에서 성적 욕구를 충족하며 자신에게 만족과 쾌감을 주는 인물이나 대상에게 애착을 가지게 된다. 각 단계마다 욕구가 충분히 충족되어야 다음 단계로의 이행이 순조롭게 된다고 한다. 만일 욕구 불만이 생기거나 한 단계의 쾌감에 지나치게 몰두하게 되면 다음 단계로 넘어가지 못하고 그 시기에 고착된다고 한다. 이 시기의 고착현상으로는 입술이나 손가락 빨기, 과식이나 과음 등을 들 수 있다. 구강기적인 성격 특성으로는 의존적이고 유아적인 성향을 보인다.

② 항문기(Anal Stage : 1~3세)

이 시기에는 배설물을 보유하거나 배출하는 데서 쾌감을 얻는다고 한다. 이때 일반적으로 대소변 가리기 훈련을 하게 되는데, 유아는 처음으로 본능적 충동을 외부로부터 통제받는 경험을 하게 된다. 이 시기 유아는 자아의 지배를 받으면서 현실적인 방법을 모색하면서 만족을 얻고자 하며 충동적인 통제와 외부적인 통제의 절충을 통해서 발달한다.

이때의 고착현상은 창의적이거나 생산적인 긍정적인 성격과 인색하거나 강박적인 성격이나 무질서하고 파괴적인 부정적인 성격을 보인다.

❸ 남근기(Phallic Stage : 3~5세)

이 시기 쾌감은 성기의 자극으로 대표된다. 남근기 동안 나타나는 가장 큰 특징은 동성의 부모들에 대해서 질투를 느끼면서 이성의 부모에 대한 성적인 애정과 접근을 하려는 시도를 한다. 유아들은 이를 극복함으로써 자신의 성 역할을 학습해 나간다. 이를 오이디푸스 콤플렉스와 엘렉트라 콤플렉스라고 한다. 오이디푸스 콤플렉스는 남아에게 나타나는데, 유아의 가장 큰 경쟁자인 동성의 부모인 아버지가 자신의 성기를 거세할 것이라는 불안감을 갖게 된다. 이러한 불안을 감소시키기 위해서 어머니에 대한 성적 욕망과 아버지에 대한 적대감을 억압하며 동시에 어머니가 인정하는 아버지의 남성다움을 갖기 위해서 동일화하려고 한다. 이러한 아버지에 대한 동일화로 인해서 적절한 남성적 역할을 수행하게 된다. 이와 같은 심리적 현상이 여아에게 나타나는 것을 엘렉트라 콤플렉스라고 한다.

❹ 잠복기(Latent Stage : 6~11세)

이 시기 유아는 성적 욕구가 철저히 억압되므로 이전 단계의 욕구들을 거의 모두 잊게 된다. 따라서 위험한 충동이나 환상이 잠재되는 조용한 시기이다.

❺ 생식기(Genial Stage : 12세 이후)

이 시기에 잠복되었던 성적 에너지는 다시 분출되기 시작하고 무의식에서 의식 세계로 표현되며 그러한 충동을 현실적으로 수행할 수 있는 능력을 갖게 된다. 또한 이 시기의 성적 욕망은 이성에 대한 관심으로 발전하고 신체적으로도 성적인 구분이 확실해지는 성징들이 발달하게 된다.

2 Erikson의 심리사회 발달 이론

Erikson의 이론은 Freud의 정신분석 이론에 바탕을 두면서 인간의 성격 발달을 전 생애를 걸쳐서 사회와의 관계 속에서 연구하였다. Freud의 이론이 인간의 본능적 충동, 무의식적인 사고와 감정 그리고 성적 요인을 지나치게 강조한 반면, Erikson은 사회적 요인과 또래 관계를 포함한 인간관계에서의 상호작용을 중시하였다.

Erikson은 발달을 사실상 정신 사회적으로 봄
(이윤경 외 편역, 1997: 86)

Erikson은 인간의 발달 단계를 출생에서 노년에

이르기까지 8단계로 구분하며 각 단계마다 습득해야 할 기본적인 과제를 대칭적으로 설명하고 다음 단계로의 발달을 위해서 두 양극이 충분히 균형을 이루어야 한다고 하였다. Erikson의 발달 단계는 다음과 같다.

❶ 1단계 : 기본적 신뢰감 대 불신감(0~1.5세)

이 시기 유아가 처음 맺게 되는 사회적 관계는 주로 돌보아 주는 사람인 어머니이다. 이때 어머니와 같이 돌보아 주는 사람이 유아의 신체적·심리적 요구와 필요를 적절히 충족하여 주면 유아는 그 대상에게 최초의 신뢰감을 형성하게 되고 그렇지 못할 경우에는 불신감이 형성된다. 이것을 바탕으로 후기에 맺게 되는 사회관계의 성공적인 적응과 밀접한 영향을 미치게 된다.

❷ 2단계 : 자율성과 수치 및 회의(1.5~3세)

이 시기의 유아는 스스로 하고자 하는 자율성이 발달하는데, 근육 발달을 조절할 수 있게 됨으로써 대·소변의 통제가 가능하고 자기 발로 서서 걷게 되면서부터 자기 주위를 혼자서 열심히 탐색하기 시작한다. 그래서 이 시기 유아들은 '내 것', '내가 할 거야', '싫어'와 같은 자기 주장을 하는 언어적 표현을 많이 한다.

유아가 자신의 의지대로 행동하려고 하게 되면, 사회는 부모를 통하여 유아가 사회적으로 적합한 행동을 하도록 권장하면서 자율성 발달을 돕는다. 그러나 사회적 기대에 적합한 행동을 원활하게 수행하지 못하면 수치심과 회의심을 갖게 된다.

❸ 3단계 : 주도성 대 죄의식(3~6세)

이 시기의 유아는 어떤 목표나 계획을 세워 거기에서 성공하고자 노력한다. 이때 유아는 자신이 세운 목표나 계획을 실천하고자 하는 욕구와 또래의 판단 사이에 갈등을 겪게 된다. 이렇게 자신의 계획이나 희망이 사회의 금기 결과를 가져오게 된다는 사실을 알게 되면서 죄의식을 느끼게 된다.

주도적인 유아는 호기심이 많고 풍부한 상상력이 있으며 스스로 계획과 목표를 설정하여 새로운 행동을 시도하고 창조하면서 목적을 달성하고자 한다. 반면 유아가 실패에 대한 벌이나 두려움으로 수치심을 갖게 된다.

❹ 4단계 : 근면성 대 열등감(6~12세)

이 시기는 자아 성장에 결정적인 시기라고 할 수 있다. 이때 아동은 기초적인 인지기술과 사회적 기술을 습득하게 되면서 가족의 범주를 벗어나 더 넓은 사회에서 통용되는 유용한 기술을 열심히 배우고자 하며 이를 숙달하고자 한다. 무엇보다도 자발적으로 소속사회에 대한 문화를 습득하게 되고 삶에 유용한 인지, 사회기술을 습득해 나간다. 만일 실수나 실패를 접하게 되고 바람직하게 근면성이 발달하지 못하면 열등감을 갖게 된다.

⑤ 5단계 : 정체감 대 역할 혼미(12~18세)

이 시기는 신체적인 발달이 급변하고 사회적 압력과 요구에 대한 혼란을 겪게 된다. 가장 중요한 발달과업은 자아정체감으로 사회 속에서의 나의 존재와 위치에 대한 느낌을 확립하는 것이다(Crain, 1980·1983). 자신의 존재에 대한 끊임없는 질문 탐색을 통해 자신의 정체성을 확립해 나간다. 자신에 대한 통찰과 자아상을 찾기 위한 계속적인 노력으로 자아정체감을 갖게 된다. 하지만 자기 존재에 대한 갈등이 계속적으로 야기되는 경우에는 방황의 시간을 보내게 됨으로써 자아정체감을 획득하지 못하고 부정적인 자아개념이 형성된다.

⑥ 6단계 : 친밀감 대 고립감(성인 초기)

이 시기는 배우자를 선택하고 직업을 갖게 되며 감정, 가치관 등을 교류하는 성숙한 인간관계를 맺음으로써 친밀감을 형성하는 것이 중요한 발달과업이다.

진정한 친밀감은 긍정적인 정체감을 확립한 경우에 성립되고 정체감을 확립하지 못한 경우에는 자기 자신에 대한 자신감을 가지지 못하므로 타인과의 친밀감을 형성하지 못하고 고립하여 자기 자신에게만 몰두하게 된다.

⑦ 7단계 : 생산성 대 자기 침체(성인기)

이 시기는 가정적으로는 자식을 낳아 기르고 사회적으로는 다음 세대를 양성하는 데 관심과 노력을 기울인다. 자녀를 낳아 기르거나 직업적인 성취나 학문적, 예술적 업적을 통해서 생산성을 형성하게 된다. 반면에 타인이나 사회에 대한 관심보다는 자기 자신을 위한 이기적인 목적에만 몰두하게 되면 침체성이 형성된다.

⑧ 8단계 : 자아 통정 대 절망(노년기)

이 시기는 노인기에 해당하는 생의 마지막 시기이다. 체력의 쇠퇴, 직업의 은퇴, 친구나 배우자의 죽음으로 인하여 인생에 대한 무력감을 느끼게 된다. 또한 자신이 살아온 삶을 되돌아보고 가치로운 삶이라고 생각되면 자아 통정감을 느끼게 된다. 반면에 자신의 삶에 대한 회의를 갖게 되면 절망감을 느끼고 죽음에 대한 두려움으로 불만족감을 느끼게 된다.

(5) 기타 이론

① Maslow의 인본주의 이론

Maslow는 대표적인 인본주의 학자로 개인은 자아실현을 위한 주체로서 감정, 사고를 할 수 있는 인격체라고 본다. 인본주의 학자들은 기계적인 방법을 취하는 행동주의와 무의식과 성적 충동을 강조하는 정신분석 이론에 반대하면서 인간은 자신의 의지로 삶의 방향을 결정하며 자신의 잠재력을 성취하기 위하여 동기화되어진다고 한다. Maslow는 개인의 능력을 발휘하고자 하는 동기를 강조하는 욕구로서 자아실현의 욕구를 중시하는데, 자아실현을 이룩하기 위해서는 좀 더 기본적인 욕구와 성장 욕구가 충족되어야 한다고 하였다. 기본적인 욕구에는 첫째, 신체의 균형을 이룰 수 있게 하는 음식, 물, 산소와 같은 생리적인 욕구, 둘째, 불안, 공포, 위험으로부터 벗어나고자 하는 안전의 욕구, 셋째, 가족과 친구를 필요로 하고 사랑받기를 원하는 사랑과 소속의 욕구 그리고 넷째, 자기를 존중하고 타인에 대해 관심을 가지며 또한 자신이 관심의 대상이 되고자 하는 자아존중의 욕구가 포함된다. 성장의 욕구에는 자아실현의 욕구가 있는데, 이는 개인의 능력과 잠재성을 충분히 성취하고 창조적으로 사고하고 행동하도록 하는 동시에 정의를 실현하고 진실과 질서 그리고 통합을 추구하도록 유도한다.

Maslow의 인본주의 이론을 도식화하면 [그림 3-4]와 같다.

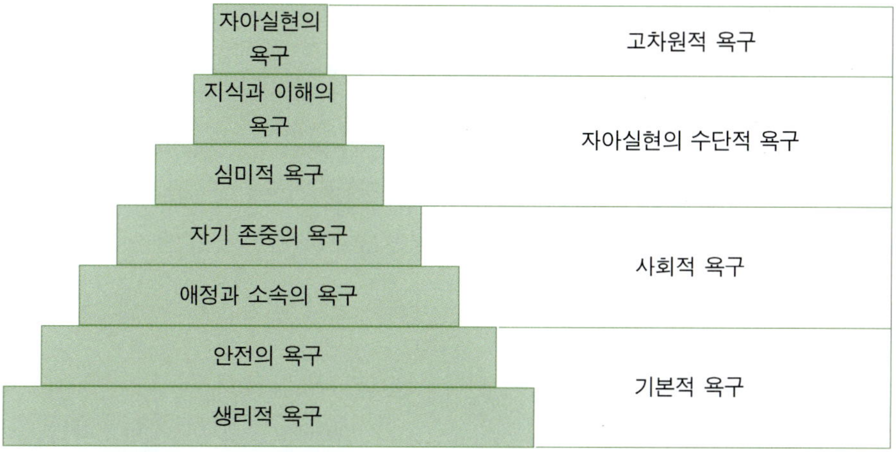

[그림 3-4] Maslow의 욕구 위계 이론

② Kohlberg의 도덕 발달 이론

도덕 발달 이론은 Piaget에 의해서 먼저 설명되었지만, 그 이론에 근거하여 좀 더 정교하고 구체적으로 발전시킨 학자는 Kohlberg이다. Piaget는 도덕 발달 단계를 타율적 도덕성과 자율적 도덕성으로 구분하고 있다. 타율적 도덕성이란 법과 규칙에 복종하는 강제성에 의거하여 행동의 동기보다는 결과에 관심을 갖는 것을 말하고 자율적 도덕성이란 행동의 의도는 파악할 수 있으며 권위에 대한 우월성을 부정하면서 가치의 상대주의적 입장을 이해할 수 있다고 한다.

Kohlberg는 도덕 발달 단계를 설명하기 위해 하인츠의 딜레마를 제시하였다. Kohlberg가 제시한 하인츠의 딜레마는 다음과 같다.

하인츠의 딜레마

하인츠의 아내는 희귀한 암으로 죽어가고 있다.

의사들의 말로는
아내를 구할 수 있는 약이 한 가지 있다고 하는데,
마을에 사는 한 약사가 최근에 발견한 라듐 화학물이다.

그런데

그 약은 워낙 비싼 데다가, 약사가 매겨놓은 값은 제조 비용의 열 배나 된다.

라듐을 구입하는 데는 200달러가 드는데, 약값은 소량에 2000달러를 받는 것이다.

하인츠는 사람들을 찾아가 돈을 빌려달라고 부탁한다.

그럼에도 불구하고, 하인츠는 1000달러밖에 구하지 못한다.

하인츠는 약사에게 "그 약을 먹지 못하면 아내가 죽게 되니

약을 싸게 팔거나, 돈을 나중에 준다"고 부탁한다.

그러나

약사는 "안 돼요. 내가 발견한 약이고,

돈을 주지 않으면 약을 팔지 않겠어요.

나는 이 약으로 돈을 벌 거예요."

하인츠는 절망감에 싸여 집으로 돌아오게 된다.

그날밤,

하이츠의 아내의 병이 극도로 나빠져서 죽을 지경에 이른다

결국 하인츠는 약국을 부수고 들어가 약을 훔친다.

여러분은 하인츠의 행동을 어떻게 생각하시나요?

Kohlberg는 도덕 발달 단계를 좀 더 구체적으로 세분화하여 6단계로 구분하여 다음과 같이 설명하고 있다.

❶ 제1수준 : 인습이전 수준

① 1단계 : 처벌과 복종을 지향

벌을 피하기 위해서 규칙을 만들고 법과 규칙은 불변한다고 생각한다.

② 2단계 : 욕구 충족 지향

욕구를 만족시키고자 하는 행위로 정의감이나 충성심을 벗어나는 것이 아니라 실용적인 욕구 충족을 지향한다.

❷ 제2수준 : 인습수준

③ 3단계 : 대인관계에서의 조화 지향

타인을 기쁘게 하거나 돕는 행동과 사람들이 승인하는 행동을 인정하면서 타인과의 조화를 추구한다.

④ 4단계 : 법과 질서 지향

법과 질서는 사회의 모든 시민들에게 행위의 표준을 만들어 주기 때문에 현재의 법과 질서에 부합하는 행동을 하여야 한다.

❸ 제3수준 : 후인습 또는 자율적 수준

⑤ 5단계 : 사회 계약적인 법률 지향

법이나 규칙이 민주적 또는 사회적 유용성에 공헌하지 못하면 민주적인 절차에 따라 바뀌어져야 한다.

⑥ 6단계 : 보편적인 도덕원리 지향

개인의 도덕 판단은 보편적인 정의의 원리, 인권의 상호성과 평등, 개인으로서 인간 존엄의 경의에 기초하고 있다.

(6) 애착이론

애착이란 양육자나 특별한 사회적 대상과 형성하는 친밀한 정서적 관계를 말한다. 인생 초기인 영유아기는 애착 형성에 매우 중요한 시기로 가까운 사람에게 강한 감정적 유대를 형성하게 된다. 특히, 출생에서 3세까지의 애착은 생의 전반기에 지대한 영향을 미친다. 발달 심리학적 관점에서 애착 이론은 Bowlby와 Harlow의 이론으로 설명할 수 있다.

Bowlby는 진화론적인 관점에서 애착을 선천적인 욕구로서 자기 보존의 방식으로 가장 가까운 사람과 연결되는 지속적인 정서적 유대로 정의하였다. 애착 행동은 선천적으로 타고나는 것으로 애착 대상과 분리되거나 위협을 받았을 때 나타나는 것으로 인간의 진화적 유산으로 영장류에게 나타나는 적응기제로 보았다(이기숙 외, 2023).

Bowlby는 애착 행동을 아동의 생존 가능성을 높이기 위해 진화된 능력이자 행동으로 설명하였다. 영아들은 여러 신호(예컨대 울음, 웃음)를 통해 부모와의 접근을 추구하고, 이 과정을 통해 그들의 생존 가능성을 높인다는 것이다.(네이버 지식백과 심리학 용어 사전, 2014)

Bowlby는 부모로부터 장기간 분리된 아동들을 면밀히 관찰한 결과, 영아기 때 부모와 친밀한 관계를 형성하지 못하면 이후 심각한 심리적 문제를 야기하게 된다고 하였다.

Bowlby(1969)는 인간 애착의 발달단계를 다음과 같이 설명하고 있다(네이버 지식백과 심리학 용어사전, 2014).

① 전애착 단계(Preattachment : 생후~2개월)

이 시기 영아는 울음이나 미소와 같은 애착 신호들을 개발하는 데, 영아는 신호를 통해 어른의 접근을 유도하기만 한다면 그 어른이 누구인가에는 큰 관심을 두지 않는다. 따라서 부모가 아닌 낯선 사람에게도 비슷한 수준의 애착 신호를 보이는 단계이다.

② 차별화된 애착 단계(OrientationwithDiscrimination : 2개월~7개월)

이 시기 영아는 특정한 사람을 인식하기 시작하고 애착 반응을 보이기 시작한다고 보았다. 낯선 사람보다는 부모와 같은 보호자를 더 선호하며 더 쉽게 반응하기 시작한다.

③ 안전 기지 애착 단계(Safe-baseAttachment : 6개월 이후)

이 시기 영아들이 기어다닐 수 있게 되는데, 애착 관계에도 획기적인 변화를 야기한다. 이는 영아가 부모가 반응하기를 수동적으로 기다리지 않고 능동적으로 부모에게 접근할 수 있기 때문이다. 또한 새로운 환경을 탐색할 때 부모를 안전 기지 삼는 행동을 보인다. 반면 부모가 아닌 낯선 이에 대한 반응이 더욱 부정적이 되면서 심한 낯가림을 보인다. 부모와의 분리에서 야기되는 분리 불안(separationanxiety), 혹은 낯선 이에 대한 낯가림 불안(strageranxiety)이 관찰된다.

④ 목표 동반자 관계 단계(Goal-correctedPartnerships : 3세 이후)

이 시기 유아는 부모의 감정이나 동기를 이해하게 되면서 부모의 행동에 따라 자신의 애착행동의 목표를 '수정(correct)'하는 능력이 생긴다. 이 시기 부모와 가까이

하고 싶은 유아는 너무 바쁜 어머니를 보면서 울지 않고 기다리는 행동을 한다. 따라서 애착 과정은 훨씬 복잡하고 쌍방적인 관계로 발전한다.

Harlow의 애착 이론은 원숭이 영아의 행동을 관찰하면서 영유아기의 애착 형성은 따뜻한 접촉(touchcomfort)이 중요하다는 것을 시사해 주었다. Harlow는 어린 원숭이를 어머니에게서 떼어놓고 두 가지 대체 모델(철사로 된 대리모와 천으로 된 대리모)을 선택하게 만들었다(Harlow, 1958). 이 연구에 따르면 원숭이들은 누가 우유를 주느냐와 상관없이 헝겊으로 된 대리모를 철사 대리모보다 강하게 선호하는 것으로 나타났다. 이는 영유아기의 애착 형성에는 따뜻한 정서적 만족감을 주는 것이 중요하다는 것을 알게 해준다

일반적으로 영유아기의 애착 대상은 어머니가 되지만 아버지, 조부모, 형제 자매, 교사도 대상이 될 수 있다. 영유아기의 애착은 어머니뿐만 아니라 자신을 돌보는 주는 사람과의 함께 한 시간, 돌봄의 질, 영유아에게 쏟은 정성, 따뜻한 정서적 만족감, 출현의 빈도에 따라 영향을 받는다.

(7) Bandura의 사회학습 이론

Bandura는 인간이 사회적 상황 속에서 모방을 통하여 많은 것을 학습한다고 하며 모방학습의 중요성을 강조하면서 사회학습 이론을 제시하였다. 이러한 모방학습은 관찰을 통해서 먼저 선행되는데, 인간은 사회적 상황 속에서 타인의 행동을 관찰하면서 학습된다고 한다. 예를 들어, 유아는 소꿉놀이 중에 생활 속에서 관찰한 부모의 역할을 모방한다.

이렇듯 유아들은 부모, 교사 그리고 또래와 같은 모델을 관찰하고 모방하면서 학습한다고 하며, 이는 행동주의에서 주장하는 조건화와 강화와는 다른 의미이다. 이러한 사회학습 이론은 관찰학습과 모방학습으로 나누어진다. 관찰학습이란 직접적인 강화에 의해서 새로운 행동을 학습하는 것이 아니라 모델의 행동을 관찰하여 이를 모방함으로써 직접적인 강화 없이도 새로운 행동을 학습하게 된다는 것이다.

모방학습이란 단순히 타인의 행동을 모방하는 것이 아니라 유아 주변의 인물, 특히 부모의 행동을 언어 형태, 성 역할, 친사회적·반사회적 행동을 모방하게 된다. 그러므로 Bandura는 유아가 관찰하여 모방하는 대상의 행동들은 사회화 과정에서 어떠한 행동을 하는가에 대한 중요한 측면이라고 한다.

3. 유아기의 발달적 특징

유아기는 2세부터 6세까지로 초등학교에 들어가기 이전의 시기이므로 흔히 취학전기 또는 학령전기라고 부른다. 이때는 뇌의 발달이 거의 끝나고 신체의 양적 성장은 영아기에 비하여 뒤떨어지나 다른 시기보다는 빠르고 지적 발달은 더욱 활발하다. 특히 운동 능력이 활발하여 뛰고 달리며 모든 것을 실험해 보고 깨닫는 시기다. 이 시기 운동기능의 발달은 영아기에 비하여 속도는 느리지만 경험과 연습을 통하여 점진적이고 분화적인 발달을 보인다. 또한 유아가 스스로 자기 신체를 통제할 수 있게 되는 시기이다. 정신적으로는 많은 변화를 일으켜서 학습, 지각, 추론, 언어 등이 상당히 발달되어 자신과 타인의 구별, 사회화 과정을 통하여 사회에서 통용되는 기본적 행동양식 및 가치 체계를 내면화하기 시작한다.

이 시기 유아들의 발달적 특징들을 신체, 정서, 사회, 인지 그리고 언어적인 측면에서 살펴보기로 한다.

1) 신체 및 운동 발달

유아기의 성장 발달은 신체적으로 가장 중요한 시기라 할 수 있다. 영아기에 이어 신체 발달 비율이 가장 왕성할 때이니 만큼 영양실조가 없이 균형 있는 고른 영양을 공급해 주어서 신체 발달을 효과적으로 조성해 주어야 한다.

대한소아과학회(2007)에서 조사한 바에 의하면 만 2세에는 키가 출생 시의 1.6배쯤 되고, 2세 이후에는 키의 증가 속도가 점차 감소되지만 평균적으로 매년 8cm씩 증가하여 만 5세에 이르면 출생기 신장의 2배인 109cm 정도가 된다. 체중은 2세에는 출생 시의 3.7배이며, 5세가 되면 5.5배인 18.98kg 정도가 된다.

신체 비율도 유아기에 비해 전신에 대한 머리의 비율이 작아져 어른의 신체 비율에 가까워진다. 이를 도표화하면 〈표 3-2〉와 같다.

〈표 3-2〉 한국 유아의 신체 발육 표준치

연령	개월	남아				여아			
		체중(kg)	신장 (cm)	두위 (cm)	체질량 지수*	체중(kg)	신장 (cm)	두위 (cm)	체질량 지수*
출생시		3.41	50.12	34.7		3.29	49.35	34.05	
1세	1~6	8.36	69.27	43.51		7.88	68.01	42.57	
	6~12	9.9	76.03	45.88		9.35	74.76	44.89	
2세	12~18	11.1	81.15	47.32		10.51	79.91	46.32	
	18~24	12.33	86.15	48.45		11.7	84.97	47.46	
3세	24~30	13.14	89.38	49.06	16.71	12.5	88.21	48.08	16.34
	30~36	14.04	93.13	49.66	16.29	13.42	91.93	48.71	16.01
4세	36~48	15.91	100.3	50.43	15.75	15.28	99.2	49.54	15.59
5세	48~60	18.07	107.2	50.86	15.59	17.35	106.14	50.04	15.43
6세	60~72	20.39	113.62	51.1	15.72	19.57	112.51	50.34	15.5
7세	72~84	22.85	119.54	51.21	16.06	21.95	118.31	50.51	15.75

*체질량 지수: 몸무게를 키의 제곱으로 나눈 값이다. 예컨대 키가 160㎝이고 몸무게 60㎏인 사람의 체질량 지수는 60÷(1.6*1.6)=23.4가 된다. 그 수치가 20 미만일 때를 저체중, 20~24일 때를 정상체중, 25~30일 때를 경도비만, 30 이상인 경우에는 비만으로 본다.

출처: 대한소아과학회(2017).

유아기의 운동 발달은 신경근육의 성숙으로 인하여 운동기능의 급속한 발달을 가져온다. 유아의 운동은 영아의 기어다니는 데서 걸음마를 배우던 것으로 질주, 도약, 기어오르기, 미끄럼 타기, 세발자전거 타기 등이 발달하고 다리운동이 분화하며 손이나 손가락 운동의 정확성과 속도가 급속히 발달한다. 이러한 운동 발달에 의하여 유아 운동의 장소는 밖에서 집안으로, 집안에서 밖으로 확대되어 유아 말기에는 실외에서 하루를 다 보내는 등 흥미를 가지고 놀이를 즐기며 지칠 줄 모르고 뛰어논다.

이 시기 유아의 신체적 발달 특징을 요약해 보면 다음과 같다.

(1) 매우 활동적이다.

유아는 신체적 성장과 운동기술이 발달함에 따라 자신의 몸을 자유로이 움직일 수 있게 된다. 따라서 호기심과 탐구심이 많은 유아는 잠시도 가만히 있지 못하고 수시로 활동적으로 움직인다. 그러므로 부모나 교사들은 유아들이 자신의 행동을 조절할 수 있도록 도와주어야 한다. 이 시기 유아들은 무리하게 뛰어놀더라도 피곤해하거나 지칠 줄을 모르기 때문에 임의적인 휴식을 통해서 유아의 신진대사를 조절해 줄 필요가 있다.

(2) 대근육이 먼저 발달하고 소근육은 천천히 발달한다.

특히 3세 이전의 유아는 소근육보다는 대근육을 원활히 사용한다. 따라서 유아에게 제공되는 놀잇감은 나이가 어린 유아일수록 큰 블록과 같이 대근육을 사용할 수 있어야 성취감을 느끼기 쉽다. 반면에 나이가 많은 유아는 소근육이 발달하기 때문에 보다 더 정교하고 세세한 놀잇감을 제공함으로써 유아의 발달을 도울 수 있다. 그러나 발달적 특징에 따라 중심을 다르게 두는 것이니 만큼 어느 시기에나 대소근육 발달이 고르게 이루어지는 기회는 제공되어야 한다.

(3) 신체적으로 미성숙하고 민감한 성장과정에 있다.

예를 들어, 성장기 유아들은 뇌를 보호하는 뼈가 발달과정에 있기 때문에 특히 뇌에 손상이 가지 않도록 각별한 주의가 필요하다. 그리고 유아들은 선천적으로 미숙하기 때문에 신체에 무리가 가지 않도록 활동을 정적인 활동과 동적인 활동으로 구성해 주는 것이 좋다.

(4) 위험을 예측하거나 판단할 수 없다.

유아들은 위험한 것이 어떤 상황인지에 대한 분별력이 있기는 하지만 돌발적이거나 예측할 수 없는 상황에 있어서는 인식하지 못하므로 항상 위험에 노출되어 있다고 보아야 할 것이다. 그러므로 유아가 처하게 될 위험 요소들은 미리 제거하고 대비하여야 한다.

2) 정서 발달

Bridges에 의하면 정서는 유아기 동안에 분화하며 비교적 어린 시기에 발달하는 것으로 알려져 있다. 즉, 유아기 동안에 대부분의 정서가 분화·발달한다는 것이다.

유아의 정서 반응은 미숙하고 격렬하나 다음 시기에는 차차 누그러져서 정서적인 안정성을 갖게 된다. 흔히 감정과 정서는 구분해서 사용된다. 감정이란 쾌·불쾌 차원의 미분화된 흥분 상태를 가리키며 정서란 분노, 공포, 환희와 같이 보다 분화된 상태로서 정서적으로 자극된 상황에 대처하기 위해서 특정한 신체적 변화와 동기화된 행동을 수반하는 것이다.

유아기에 접어들면, 정서 반응을 일으키는 대상과 표현방식이 변화된다. 이 시기에 일반적으로 나타나는 유아기 정서의 특징은 다음과 같다.

(1) 지속 시간이 짧다.

유아의 정서는 아직 미숙하여 지속 시간이 짧고 정서표현의 변화가 무쌍하여 갑자기 상반된 반응으로 바뀐다. 역할 놀이영역에서 인형으로 정서 상황에 맞는 역할극을 해보도록 한다.

(2) 표출빈도가 많다

유아의 정서가 지속시간이 짧은 만큼 표출 빈도가 빈번하다. 긍정적인 정서 표현뿐 아니라 불쾌한 정서 표현 역시 허용하되 긍정적인 방법으로 지도하는 것이 좋다.

(3) 강렬하다.

유아는 사소한 일에 자극을 받아도 정서표현이 강렬하여 확대시켜 표현함으로써 강한 반응을 나타낸다. 유아가 적절한 방법으로 자신의 감정을 표현하도록 한다. 유아에게 너무 많은 놀잇감을 주게 되면 정서적으로 과잉 반응할 수 있기 때문에 유아의 정서 상태에 맞는 놀이와 놀잇감을 주는 것이 중요하다. 유아가 분노의 감정을 보일 때 점토 놀이가 도움이 될 수 있으며, 따뜻하게 안아 주거나 스킨십 등과 같은 정서적 교감을 해주면 좋다.

(4) 불안정하다.

유아의 정서는 쾌·불쾌의 양극단의 동요가 심해 불안정하다고 볼 수 있다. 유아들은 종종 환경, 사람, 놀잇감에 대한 거부감을 보이면서 불쾌감을 표현한다. 유아에게 새로운 환경이나 새로운 사람을 소개할 때는 환경이나 사람에 대해 친근하고 긍정적인 정서를 가지도록 해준다. 또한 유아가 좋아하는 놀잇감을 선택하도록 하면서 불쾌한 정서를 감소하도록 한다. 부모와 교사는 기쁘고 즐거운 정서를 보임으로써 유아의 긍정적인 정서를 갖도록 돕는다

(5) 자유롭게 표현한다.

아직 정서의 통제가 잘 되지 않기 때문에 화나는 일이 있으면 자주 그대로 터뜨려 버리기도 한다. 유아기 어린이들에게는 부정적 정서라도 자유롭게 표현하도록 허용해야 한다. 자신의 정서를 이해하고 또 조절할 수 있는 힘을 길러갈 수 있기 때문이다. 단, 공격적이고 부정적인 정서 표현은 긍정적인 방법으로 표현하도록 지도할 필요가 있다.

3) 사회성 발달

유아기의 사회성은 비사회적 단계에서 사회적 단계로 발달하는 시기이다. 자기를 타인에게 적응시키고 여러 유아들과 집단을 형성하여 소꿉장난 같은 놀이를 통하여 여러 가지 행동 발달이 이루어지는 시기이기도 하다. 유아는 유아 특유의 자기중심성이 있어서 모든 면에서 자기가 제일이라는 생각으로 다른 유아들과 어울려 대인관계를 가진다. 그러는 가운데 자기를 이해하고 인간으로서의 능력을 인식하며 협동하고 양보하는 등의 사회성이 길러진다.

그러므로 유아들의 사회화란 가족 구성원과 또래들 사이에서 주어지는 역할을 수행하는 방법과 사회적 갈등 상황과 문제 상황을 해결해 나가며 자신이 속한 구성원의 역할과 책임을 인식함으로써 다른 사람들과 더불어 살아가는 사회의 규칙을 터득하여 내면화하는 과정이라고 정의할 수 있다. 이 시기 유아의 사회적 발달 특징은 다음과 같다.

(1) 유아 자신과 타인에 대한 인식이 발달한다.

유아는 자신을 한 개인으로서 점차 인식하게 되면 자신에 대해서 긍정적 혹은 부정적 개념을 형성하기 시작한다. 여러 유형의 주변 사람들과 새로운 사회적 상호작용을 하게 되며 점차 자신에 대한 인식뿐 아니라 타인에 대한 이해를 넓혀나간다.

또한 2세부터 5세 사이에 획득된 여러 행동들은 개인적 패턴으로 응고되기 시작하며 타인과 구별되는 태도, 신호, 행동 방식을 발달시키게 된다.

(2) 대인관계 기술이 발달한다.

유아의 대인관계는 또래 또는 다른 사람과의 사회적 관계 속에서 발달한다. 대인관계를 통해 유아는 타인의 태도나 감정을 이해하고 사회생활을 하는 사회적 행동과 사회적 관계기술을 습득한다. 또한 유아는 타인의 행동을 자신의 관점에서 해석하는 자기중심성에서 벗어나 타인의 의도나 느낌을 의식하게 되고 탈중심화에 이르게 된다. 이러한 경험은 유아에게 사회적 관계 속에서의 적합한 행동을 수행하며 갈등을 해결하고 예측하며 대처할 수 있는 사회적 능력을 길러준다.

(3) 또래와의 상호작용을 통해 사회성이 발달한다.

유아가 또래와 놀이를 즐기는 과정에서 생기는 또래와의 상호작용은 유아의 인지적, 성격적, 사회적 발달에 있어서 여러 가지 중요한 의미를 지닌다.

영아기는 장난감을 가지고 놀면서 싸움하던 것이 줄어들고 협동적으로 주고받는 행동(cooperative give and take)이 나타난다. 3~4세 이후에는 신체적 통제력이 생겨 물건을 다루고 취급하는 능력, 언어 능력이 발달하여 상호 유기적 관계를 가지고 어울려 놀며 즐거운 자기들의 세계를 가진다. 이렇게 또래 관계의 형성과 발달은 사회화(socialization)되고 개인화(individualism)되는 동시에 양면의 발달이 상호적으로 이루어진다.

(4) 성 역할을 학습할 수 있다.

유아기가 끝날 무렵에 유아는 남성과 여성 간 신체의 차이를 알게 되며 자신의 성에 관한 관심을 가지게 된다. 그리하여 자기 성에 대한 정체의식을 갖게 되는데, 이 시기의 성적 정체의식의 발현은 3~4세 어린이들이 옷을 자주 벗어 본다든지 의사놀이를 하는 것, 거울 보기를 좋아하는 것 등에서 나타난다.

(5) 도덕성이 발달한다.

유아는 초보적이기는 하지만, 도덕적 행동이 어떤 것인가에 대한 개념을 가지고 있다. 이것을 Freud의 용어를 빌어 말하자면, 초보적 형태의 양심 내지는 초자아라고 할 수 있다. 이 시기에는 부모나 주위 사람들과 동일시하여 그들과 비슷하게 되려고 애쓰는 가운데 그들이 가지고 있는 가치, 태도 및 선악의 행동 기준을 받아들이게 된다. 어린이는 어떤 상황에서의 자기 행동이 이 기준에 적용해 보았을 때 일치하지 않는다면 죄책감과 불안을 동시에 느끼게 된다. 그들은 자신의 행동을 스스로 판단하고 조절하는 내적 모니터를 획득하게 되어 부모가 벌하리라고 생각되는 부류의 행동을 했을 때에는 언제나 자기 자신을 벌하게 된다. 이처럼 유아는 부모에 대한 동일시 과정을 통해서 부모의 가치와 태도를 내면화하게 된다. 이것은 부모를 통해서 그가 속하고 있는 사회나 문화 집단의 규칙과 기준을 학습하는 사회화 과정이 된다. 이렇듯 유아는 자라면서 그 사회가 바람직하게 여기는 가치관이나 행동을 습득해 나가는 사회화 과정을 밟는다. 이 과정을 통해 사회적 존재로서의 구성원이 되는 것이다.

4) 인지 발달

유아들의 인지 발달은 유전적 요인과 환경적 요인에 따라 발달되지만, 환경적 경험과 제약조건에 따라 학습되어지는 면이 많다. 이러한 인지 발달이 가장 현저할 때는 유아기이며, 이때 어떻게 교육하느냐 하는 것이 인지 발달에 있어서 매우 중요하다고 하겠다.

이 시기 유아의 인지적 사고는 언어와 상징을 사용하는 능력이 증가함에 따라 이전의 감각운동적인 사고에서 점차 내현적인 사고로 이행하게 된다.

이 시기 유아의 특징적인 인지 발달을 살펴보면 다음과 같다.

(1) 구체적인 사고에서 추상적인 사고로 발달한다.

유아는 추상적 사고 능력이 부족하므로 구체적인 사물을 통하여 사물의 성질이나 형태의 관계를 학습해 나갈 수 있다.

(2) 주관적인 자기중심의 사고에서 객관적 사고로 발달한다.

유아는 주관과 객관이 분화되어 있지 않기 때문에 자기중심적이라서 객관적 사고를 할 수 없다. 따라서 의인화 현상이 일어나고 물활론(animism), 실재론(realism), 인공론(artificialism) 등의 유아 특유의 사고방식이 나타나게 된다.

(3) 논리적 사고가 부족하다.

유아는 무엇을 긍정할 때나 부정할 때 그저 긍정과 부정을 할 따름이지 왜 그렇게 되어야 하는지 모르고 이유도 모른다. 그러므로 현실적인 대상과 상상적 대상을 혼동하기도 하고 사물이나 사건과의 관계를 이해하는 데도 논리적이거나 합리적으로 이해하지 못한다.

(4) 감각에 의존하여 사물을 인식하는 과정이다.

지각은 감각기관을 거쳐서 자극을 그대로 받아들이는 것이 아니라 과거의 경험에 의하여 그 자극은 어떠한 것이라고 해석 음미해서 의식하게 되는 의식작용을 말한다. 인간의 감각에는 시각, 청각, 취각, 미각, 피부감각(압각, 통각, 온도 감각), 운동감각, 평형감각 등이 있다. 유아기에는 감각적 지각에 의한 사고가 발달된다.

(5) 개별적 판단에서 전체적인 판단으로 발달한다.

나이가 어린 유아들은 여러 자극이 배열되었을 때 자극에 포함된 특징 중에 특출한 특징에 사로잡혀 그에 따라 사물을 파악하게 되지만 연령이 증가함에 따라 자극 배열의 각 부분을 전부 살피고 이들을 전체로서 조직할 수 있게 된다. 그러므로 대상의 인지에 있어서는 이전 시기의 일면적인 지각에서 탈피하여 대상의 전체와 부분의 모든 측면을 동시에 지각하게 됨으로써 자발적이고 능동적인 선택적 주의 집중을 하게 된다. 그러나 구체적인 대상에 대해서만 정신적인 조작이 가능할 뿐 아직 추상적인 사상에 대해서는 조작이 미숙한 점도 이 시기의 특징이다.

(6) 상징적 기능이 증가한다.

영아기와 유아기의 가장 큰 인지 능력의 차이는 유아기는 어떤 사건이나 행동을 상징화시키는 능력이 있다는 것이다. 예를 들어, 한 살 된 영아에게 열쇠꾸러미를 주면 열쇠의 고유 기능에는 상관하지 않고 열쇠를 입에 넣으려고 하거나 그것을 가지고 다른 장난감을 치면서 논다. 그러나 유아기는 열쇠라는 것의 기능을 알기 때문에 열쇠를 주면 문을 여는 흉내를 낸다. 이렇게 흉내를 낸다는 것은 과거에 열쇠로 문 여는 것을 보았던 것을 머릿속에 기억하였다가 재생시키기 때문이다. 즉, 눈앞에 없는 것을 상징하는 능력이 생긴 것이다.

5) 언어 발달

유아의 언어 발달은 영아기의 옹알이에서 시작하여 언어의 양, 말하는 문형, 발음 등의 발달은 3~4세에 이르러 정점에 달한다. 언어의 습득은 구체적인 사물의 명명단계에서 언어의 반대개념이나 대(對)개념 및 상위개념 등 언어의 추상화가 시작된다. 언어 발달은 언어환경에 따라 학습되므로 고운 말 바른 말을 쓰도록 해 주어야 한다. 유아기의 특징적인 언어 발달은 다음과 같다.

(1) 유아가 언어를 구사할 수 있다는 것은 유아의 상징적 능력을 조직화시킬 수 있는 수단의 획득이다.

2세경이 되면 언어를 사용해서 사건이나 행동을 묘사하게 되는데, 이런 능력은 그들의 사고에 근본적인 변화를 가져오게 한다. 과거라는 개념을 어렴풋이 이해하며 앞으로 일어날 일에 기대하여 시간적으로 현재에 국한하지 않는다.

(2) 유아기의 단어 발달은 대부분 대상이나 행위를 지칭하는 이름을 붙이는 것이 주가 된다.

특정한 이름이 곧 특정한 대상을 다른 대상과 구분하는 범주가 되며 그 대상에 대한 개념이 된다. 유아에게 그림 카드를 사용하여 단어 놀이나 게임을 하면서 유아의 어휘력을 기르고 대상과 언어와의 관계를 알아가도록 돕는다.

(3) 유아기에는 문장의 길이와 어휘력이 증가하므로 주어와 동사의 일반적인 사용을 탈피하여 점차 부사나 형용사도 사용하게 된다.

다양한 형용사와 부사를 사용해서 적절한 언어적 모델링을 보여주면 좋다. 유아가 '우유가 맛있어'를 말하면, "맛있는 우유가 좋아", "우유가 너무 맛있어", "하얀 우유가 많이 맛있어"라고 부모나 교사가 언어적으로 표현해 주거나 유아가 표현해 보게 한다.

(4) 유아의 언어표현 능력은 놀라울 정도로 발달되며 대부분의 유아는 남들 앞에서 말하기를 좋아한다.

따라서 유아들에게 자유롭게 자기의 생각, 감정, 경험 등을 표현할 수 있는 기회를 만들어 주는 것이 중요하다. 이야기 나누기 시간에 주말에 지낸 이야기를 발표하거나, 자유 선택 놀이에서 유아들이 자신이 만든 미술작품이나 놀이 경험을 소개해 보는 것이 도움이 될 수 있다.

(5) 유아의 언어는 자기중심적이므로 언어 사용에 있어서 자기 나름대로의 규칙을 적용하는 경우가 많다.

예컨대 두 살 반짜리 꼬마가 "아빠, 밥 먹어"라고 말하는 것을 "아빠, 진지 잡수세요"하는 것이라고 가르쳐 주었더니, 그 다음부터는 "나도 진지 잡수세요"라고 말을 하는 것과 같은 경우이다. 일단 습득한 언어규칙을 유아들은 모든 경우에 쉽게 과잉 일반화시켜는 경향이 있다. 이는 유아의 언어 발달의 한 과정이므로 직접적으로 지적하거나 지도하는 것인 바람직하지 않다.

참고문헌

강영식 (2003). 교사의 자기효능감과 유아-교사 관계의 질에 따른 유아교사의 스케폴딩 질적 분석. 원광대학교대학원 박사학위논문.

김재은 (1998). **개정 유아의 발달심리**. 서울: 창지사.

김정희·김현주·정인숙 (1997). **아동 발달심리**. 서울: 동문사.

김행자 (1995). **유아심리학**. 서울: 교문사.

노희관·이용남 (1995). **교육심리학 탐구**. 서울: 교육과학사.

대한소아과학회 (2017). **한국소아발육표준치**.

백운학 (1993). **아동 발달의 제이론**. 서울: 교육과학사.

박성연 역 (1991). **인간발달 I-아동 발달**. 서울: 교육과학사.

서봉연·송명자 (1995). **인지 발달**. 서울: 중앙적성출판사.

서봉연·이순형 (1996). **발달심리학-아동 발달**. 서울: 중앙적성출판사.

서울대학교교육연구소 (1998). **교육학대백과사전**. 하우동설.

심리학용어사전(2014). **네이버 지식백과**.

심성경·김영실 (1997). **주제접근에 의한 통합적 교육과정**. 서울: 다음세대.

안인희 역 (1987). **현대교육고전의 이해**. 서울: 이화여자대학교 출판부.

윤운성·정정옥 (1998). **영·유아의 발달심리**. 서울: 교육아카데미.

이기숙 (2013). **제5판 유아교육과정**. 경기도: 교문사.

이기숙·심성경·손순복·김영아·조해연·김민정·서지아(2023). **영유아발달**. 서울: 양서원.

이기숙·장영희·정미라·엄정애 (2002). **유아교육개론**. 서울 : 창지사.

이순형·유안진 (1991). **유아교육개론**. 서울: 양서원.

이연섭·방인옥·조희숙·조정숙·이광자·박찬옥·지성애·마송희·유왕효·김정규·정갑순·이윤옥·엄기영·노영희·나정 (2005). **유아교육개론**. 서울: 정민사.

이윤경·최석란·신은수 편역 (1997). **유아교육개론**. 서울: 창지사.

이은화·양옥승 (1989). **유아교육개론**. 서울: 교문사.

이홍우 (1990). **브루너의 교육의 과정**. 서울: 배영사.

장휘숙 (2010). **아동심리학**. 서울: 박영사.

정옥분 (2004). **영유아 발달의 이해**. 서울: 학사.

조복희·신화용 (1991). **아동 발달의 이해**. 서울: 교육과학사.

조복희 (1996). 유아발달. 서울: 교육과학사.

조복희 (2006). 개정판 아동 발달. 경기도: 교육과학사.

최인숙·조휘숙 (1994). 아동 발달심리. 서울: 학지사.

한국유아교육학회편 (1996). 유아교육사전(용어편). 한국사전연구사.

Berk, L. E. & Winsler, A. (1995). *Scaffolding children's learning: Vygotsky and early childhood education*. Washington DC: National Association for the Education of Young Children.

Crain, W. C. (1983). 발달의 이론. (서봉연 역). 서울: 중앙적성출판부. (원본 발행 1980).

Dixon-Krauss, L. (1996). *Vygotsky in the classroom: Mediated Literacy Instruction and Assessment*. USA: Longman Inc.

Morrison, G, S. (1980). *Early childhood education today*. Columbus Ohio: Merrill Publishing-Co.

Newson, J. & Newson, E. (1975). Intersubjectivity and the transition of Culture: On the social origins of symbolic function. *Bulletin of the British Psychological Society*, 28, 237-46.

Sylvia G. Feinberg & Mary Mindess (1994). *Eliciting children's full potential*. California: Brooks/Cole Publishing Co.

Wood, D. J., Bruner, J. S., & Ross, G. (1976). The role of tutoring in problem solving. *Journal of child Psychology and Psychiatry*, 17, 89-100. 프뢰벨 (1995). 인간교육 (서석남 역). 서울: 이서원.

CHAPTER

04

유아와 놀이

1. 놀이의 개념
2. 놀이의 교육적 가치
3. 놀이 이론
4. 자유선택놀이 시간의 운영과
   흥미영역 구성

1. 놀이의 개념

오랜 기간 동안 많은 연구들은 젖먹이 유아부터 청소년기까지의 건전한 발달에 놀이가 중요한 역할을 담당한다고 결론지어 왔다. 놀이는 인간의 마음, 신체 그리고 정신을 결합할 수 있는 중요한 특성을 지니는 것으로서 인간의 기능적인 모든 측면을 통합하고 균형을 이루게 하는 유일한 인간 행동이다. 놀이는 유아가 성숙해짐에 따라 변화되고 정교해지며 다양한 형태로서 유아 개인의 행동 특성을 규정짓고 전체 발달 영역을 통합하는 중요한 의미를 지닌다(정진·성원경, 2003).

이와 같은 의미를 가진 놀이현상에 대해 여러 학자들이 본질 규명을 위해 노력해 왔지만 학자들마다 조금씩 그 의견을 달리하고 있으며 이를 한마디로 정의하는 것은 매우 어렵다. Hutt(1971)는 놀이와 탐색을 구분하여 놀이 행동을 설명하였고 Levy(1978)는 놀이와 놀이가 아닌 행동을 대비시켜 놀이의 특성을 설명하고자 했다. Frost와 Klein(1979), Wing(1995)은 놀이와 일을 비교·설명하였는데, 놀이는 능동적·자발적이며 재미있고 과정중심적인 특성이 강한 활동인데 반해, 일은 수동적·결과중심적이며 단조롭고 외부로부터 부과된 규칙의 구속을 받는 특성이 있다고 하였다. 놀이는 그들이 하고 싶어 하는 것을 하는 것(to do what they want to do)을 말하며 일은 그들이 꼭 해야 할 일 또는 하지 않으면 안될 것을 하는 것(to do what they have to do)이라고 할 수 있다.

이처럼 놀이는 많은 연구자들에 의하여 다양하게 정의되고 있으며 이에 대해 Johnson(1999)은 놀이와 관련성을 갖는 특성과 요소를 모아서 개념화하는 것이 타당하다고 하였다. 여러 학자들의 의견을 정리하여 놀이에 대한 가장 일반적이고 공통된 특성을 살펴보면 다음과 같다.

첫째, 놀이란 자발적이며 능동적이다. 놀이 행동은 외적 보상이나 동기에 의한 것이 아니므로 자발적으로 주도할 수 있다.

둘째, 놀이란 상징적 측면이 강하며 'as if'라는 가작화 요소가 많아 가작화 경험이나 다른 사람의 역할을 대신해 볼 수 있다.

셋째, 놀이활동에는 외부에서 부과되는 최소한의 규칙이 있으나 이는 놀이자들이 자유롭고 창의적으로 변화시킬 수 있다.

넷째, 놀이는 행동의 결과보다 과정이 중요하다. 놀이는 정해진 성과나 목적에 구애되지 않고 과정 자체를 중요시한다.

다섯째, 놀이는 유아에게 기쁨과 즐거움을 준다.

2. 놀이의 교육적 가치

놀이는 유아의 건강한 신체 발달과 인지적·사회적 학습의 기회를 제공해 주며 놀이를 통해 유아의 다양한 감정이 표출되고 이를 통해 유아의 정서 부적응이나 문제 행동이 자연스럽게 치료되기도 한다. 놀이와 유아의 제 발달과의 관계를 통해 놀이의 교육적 가치를 살펴보면 다음과 같다.

1) 놀이와 신체 발달

건강한 신체를 통해 건전한 정신이 형성되며 건강한 몸과 마음은 자연적·생리적 성장과 더불어 운동, 영양, 휴식, 안전 생활 등 여러 요인이 만족될 때 자연스럽게 이루어진다. 놀이는 전혀 무리가 없는 자연스러운 운동이며 활동적인 놀이야말로 유아의 근육 발달과 신체적 각 부위의 균형 있는 발달에 필수적이다.

첫째, 달리기, 매달리기, 미끄러지기, 손으로 조작하기 등의 다양한 놀이를 통하여 신체가 성장하고 혈압, 배설, 수변 등의 생리기능도 발달된다. 둘째, 굴 속 기어가기, 시소 타기, 평균대 걷기와 같이 신체 각 부분의 조화를 이룰 수 있는 놀이를 함으로써 앉고 서고 걷는 등의 바른 자세가 형성될 수 있다. 셋째, 놀이를 통해 기어오르기, 뛰기, 던지기, 매달리기, 기어가기 등의 대근육 운동과 물체의 조작, 눈과 손의 협응, 잡기, 쥐기 등의 소근육 운동 등 동작이 반복됨으로써 운동 능력이 더욱 발달된다(이숙재, 2009).

2) 놀이와 사회성 발달

유아는 놀이를 통해 사회적인 존재로 성장하게 된다. 즉, 놀이를 통해 친구들과 함께 협동하고 사이좋게 놀거나 싸우면서 더불어 살아가는 지혜를 배우고, 약속 지키기, 순서 기다리기, 성 역할 이해하기 등의 수많은 사회적 학습을 하게 된다. 놀이와 사회성 발달과의 관계를 분석한 연구들(김희숙, 1989; 박은영, 2013; Burns & Brainerd, 1979; Conndly & Doyle, 1984)에 의하면, 여러 종류의 놀이 중 특히 사회극놀이나 역할놀이가 유아의 사회성 발달을 촉진시키는 것으로 나타났다.

사회극놀이에 참여할 때 유아들은 부모, 선생님, 아기, 슈퍼맨, 의사 등의 다양한 역할을 수행한다. 이러한 역할놀이를 통해 타인의 입장에서 그 견해에 기초한 세계를 경험함으로써 타인을 이해할 수 있는 사회적 조망기술(perspective taking)을 발달시키게 된다. 사회적 조망기술은 유아의 사회 인지 발달에 기초 요인이 된다.

Parten은 유아의 사회적 참여도에 따라 놀이를 여섯 가지 형태로 분류하였다(심성경 외, 2010).

(1) 비참여 행동(Unoccupied Behavior)

엄밀한 의미에서 놀이로 볼 수 없는 행동이다. 다만 순간적인 흥미에 따라 어떤 것을 몰두해서 바라볼 뿐이다. 흥미 있는 것이 없을 때에는 자신의 몸을 만지작거리거나 의자에 앉았다 일어서는 행동을 반복하기도 하며 또 여기저기에 서 있거나 선생님을 따라다닌다.

(2) 방관자적 행동(Onlooker Behavior)

이 행동은 다른 친구의 놀이를 지켜보는 것으로 가끔씩 자신이 구경하고 있는 친구에게 말을 걸거나 질문을 하기도 하며 제안을 하기도 한다. 그러나 놀이에 직접 참여하지는 않는다. 이 행동이 비참여 행동과 다른 점은 특정 유아 집단을 바라본다는 점과 가까운 거리에서 지켜봄으로써 필요한 경우에는 말을 걸 수도 있다는 점이다.

(3) 단독놀이(Solitary Play)

주변에 있는 유아들과 이야기를 나눌 수 있는 위치에서 친구가 사용하는 놀잇감과는 다른 놀잇감을 가지고 혼자서 놀이하는 형태이다. 곁에 있는 친구와 가까워지려는 시도를 전혀 하지 않는다.

(4) 병행놀이(Parallel Play)

이 놀이는 유아가 주변의 다른 친구들과 동일한 놀이를 하지만, 서로 접촉하거나 간섭하지 않고 혼자서 놀이하는 형태이다. 다른 유아와 함께 논다기보다 다른 유아 곁에서 논다고 할 수 있다.

(5) 연합놀이(Associative Play)

다른 유아와 함께 노는 집단놀이의 일종으로 놀이 내용에 대해 이야기를 주고받거나 놀잇감을 빌려주기도 하지만 역할을 분담하거나 놀이 내용을 조직적으로 전개하지는 못한다.

(6) 협동놀이(Cooperative Play)

한두 명의 유아가 지휘권을 갖고 역할을 서로 분담하여 공동의 목표 달성을 위해 진행하는 조직적인 놀이이다.

2~3세 이전에는 단독놀이, 병행놀이가 많이 나타나고 3~5세에 이르면 연합놀이, 협동놀이가 많이 나타난다.

3) 놀이와 정서 발달

놀이를 통한 유아의 정서 발달은 유아의 감정이나 생각이 놀이를 통해 표현된다는 사실에 바탕을 둔다. 특히 유아의 적대적인 감정과 부정적인 생각이 놀이를 통해 건강한 방법으로 표현될 수 있기 때문에 유아의 정신 건강에 많은 도움을 주게 된다. 예컨대 새로 태어난 동생에 대한 질투심과 미운 감정을 소꿉놀이에서 인형을 때리거나 다치게 함으로써 자연스럽게 밖으로 드러낼 수 있으며 이러한 과정을 통해서 유아의 감정 상태는 정화된다.

그 밖에도 놀이활동 자체가 유아에게 즐거움을 줌으로써 감정 순화를 일으키고 정서적인 안정감을 줄 수 있다. 유아는 놀이 속에서 친구들에 대한 애정과 양보를 통한 기쁨, 성취감, 자아존중감 등을 느끼게 됨으로써 건전한 정서 상태를 유지할 수 있다(신옥순, 1994). 이처럼 유아의 놀이는 유아의 정서 발달에 중요한 수단이 된다.

4) 놀이와 언어 발달

언어는 사회생활을 유지해 나가는 데 필수적인 조건이다. 놀이를 할 때 유아는 자연스럽게 언어를 사용하며 규칙적 표준언어의 틀에서 어긋난 언어를 자주 사용한다. 놀이활동 시 유아는 무의미한 음정을 계속해서 반복하기도 하고 단어의 의미를 의도적으로 왜곡하여 사용하기도 한다. 이런 언어놀이는 새롭게 습득한 언어기술을 완성할 수 있도록 도우며 표준언어의 규칙을 인식할 수 있도록 돕고 이야기 이해 능력 및 문식성 능력도 증진시킨다(Boyle & Charles, 2010; 이시자, 2011). 유아교육기관에서 놀이 참여도가 높은 유아가 낮은 유아보다 문식성 능력도 높을 뿐 아니라 초등학교에 입학해서도 읽기와 쓰기 능력이 높은 경향이 있다(이연섭 외, 2005).

놀이를 통한 다양한 언어적 경험은 어휘습득과 문장표현력 등 말하기, 듣기의 발달뿐 아니라 읽기 쓰기에 대한 관심 등 초기 문식성 발달을 도와 유아의 언어 발달을 향상시킨다.

5) 놀이와 인지 발달

유아의 놀이 경험은 인지 발달에 중요한 영향을 미치며 유아의 학습과 정적 상관관계가 있고 특히 창의성, 확산적 사고능력, 조망수용능력, 기억력과 밀접한 관련이 있다(Isenberg & Quisenberry, 2002)

유아는 여러 가지 놀잇감과 흙, 나무토막, 돌멩이, 나뭇잎 등 구체적인 사물을 가지고 노는 동안 각 물체의 무게, 질감, 색깔, 크기 등 물리적 지식과 논리적·수리적 지식을 학습하게 될 뿐 아니라 탐구하려는 태도, 문제 해결력 등을 키우게 된다. 유아교육기관에서 자유놀이 시간 동안 놀이활동에 많이 참여하는 유아가 적게 참여하는 유아보다 지능이 높으며 역할놀이에서의 가상-전환에 대한 가역성의 인식은 유아에게 보존과업을 잘 수행하도록 돕는 기회를 제공하므로 보존개념을 보다 쉽게 이해하도록 하는 데 효과가 있다(이연섭 외, 2005). 즉, 유아는 놀이에서 다양한 경험을 통하여 조작적 사고능력이나 탈중심화, 문제 해결력, 보존개념 등을 발달시킴으로써 인지 발달을 도모하게 된다.

3. 놀이 이론

많은 학자들은 유아기 놀이의 중요성을 밝히기 위해 다양한 노력과 연구를 해왔으며(Pellegrini, 2009), 놀이가 무엇인지, 놀이를 유발하는 것은 무엇인지에 관한 이론적 체계를 제공하고자 하였다. 놀이에 관한 최초의 이론은 19세기 말에서 20세기 초까지 Schiller, Groos, Patrick 등 여러 학자들에 의해 정립되었는데, 이 이론들을 고전적 놀이 이론이라 하며 그 이후의 현대적 놀이 이론 성립에 기초를 제공하였다.

1) 고전적 놀이 이론

고전적 놀이 이론은 놀이의 존재 이유와 놀이의 목적이 무엇인지 설명하려고 하였다. Ellis(1973)는 고전적 놀이 이론들을 '탁상공론'으로 보면서 경험적 연구보다 철학적 사고의 반영에 더 많은 기호를 두고 있다고 지적하기도 하였다.

고전적 놀이 이론들은 두 부류로 나눌 수 있다. 첫째, 잉여 에너지 이론과 휴식 이론으로서 놀이를 에너지 조절의 수단으로 보는 입장이고, 둘째, 반복 이론과 연습 이론으로 놀이를 본능의 측면에서 설명하는 입장이다(Johnson, 1999).

(1) 잉여 에너지 이론(Surplus Energy Theory)

영국의 철학자, 심리학자였던 Spencer는 Schiller의 영향을 받아 놀이가 잉여 에너지의 발산이라고 하였다. Spencer는 인간이 생존하는 과정에서 사용될 에너지를 출생 당시부터 가지고 태어나며 생존을 위한 에너지 발산 후에 남겨진 에너지의 소모가 놀이라고 보았다. 특히 유아는 자신의 생존을 위해서 일하는 입장이 아니므로 잉여 에너지가 성인보다 많으며 잉여 에너지 소모를 위해 더 많은 놀이를 하게 된다는 것이다.

놀이를 잉여 에너지의 발산으로 보는 이론에 대하여 몇몇 학자들은 지지를 표명하였다. 예를 들어, Tolman은 인간이 음식, 성, 휴식 등에 대한 기본 욕구가 충족되면 활동 정지 상태에 이르고 이 상태가 오래 지속되면 에너지가 과다해지므로 놀이 욕구가 생긴다고 주장함으로써 Spencer와 동일한 의견을 제시하였다(이숙재, 2009).

그러나 배가 고프거나 지쳐 있을 때도 흥미 있는 놀이 자료나 기회가 소개되면 놀이에 집중하는 유아의 모습을 설명하기 어렵다는 제한점을 가진다.

(2) 휴식 이론(Relaxation Theory)

Spencer의 놀이 이론에 반대되는 견해는 Patrick에 의해 대변된다. Patrick은 놀이의 목적이 소모된 에너지의 재생이라고 하였다. 즉, 인간이 정신적인 피로를 풀고 휴식하고 싶을 때 놀이를 하게 되는데, 이러한 활동을 함으로써 에너지를 재생하게 된다는 것이다.

독일의 시인 Lazarus도 일을 할 때 소모된 에너지를 복구하기 위해서 놀이를 한다고 주장하였다. Patrick이나 Lazarus의 휴식 이론은 스트레스가 심한 현대사회에서 놀이를 합리적으로 설명하는 것처럼 보이지만 유아의 놀이 해석에는 설득력이 부족하다. 즉, 성인보다 적게 일하는 유아가 놀이에 더 열중하는 이유를 설명할 수 없게 된다.

(3) 반복 이론 (Recapitulation Theory)

반복 이론은 Darwin의 '개체 발생은 계통 발생을 반복하거나 재연한다' 는 이론적 근거에서 출발하였다(신은수 외, 2011). Hall은 유아기와 성인기에 관해 폭넓게 관심을 가진 한 사람으로 각 인간의 발달은 전 종족의 진화과정을 반영한다고 하였다. 예를 들면, 놀이하면서 기는 영아는 인간의 진화과정에서 모두 4개의 팔다리로 걸을 때의 명명되지 않은 시기를 반영하는 것이다. 유아들의 술래잡기 놀이는 아주 옛날 조상들이 사냥해서 먹이를 모으는 경험을 재생하는 것이다(김수영 외, 2004). 즉, 놀이가 과거문화의 역사를 반영하므로 원시 시대의 인간의 경험이 현대 유아 발달과정에서 놀이로 반복되어 나타난다고 본다(심성경 외, 2010)

그러나 반복놀이 이론으로는 현대과학기술의 소산인 컴퓨터 관련 놀잇감 등을 가지고 노는 유아의 행동을 설명할 수 없다는 제한점을 가진다.

(4) 연습 이론 (Practice Theory)

연습 이론에서 하등 동물은 특별한 준비 없이 성인기에 필요한 행동을 잘 할 수 있으므로 연습이 필요 없으나 고등 동물일수록 불완전한 선천적 능력을 갖고 태어나며 이러한 능력을 발달시키기 위해 놀이를 통한 연습을 해야 한다고 전제한다. 연습 이론의 대표자인 Groos는 놀이를 함으로써 미성숙한 본능적 행동이 연습될 뿐 아니라 이런 행동들이 점차 정교하게 발달되어 지적 행동이 변화된다고 주장하였다(Pellegrini, 2009). 예를 들어, 역할놀이를 하면서 엄마나 아빠의 역할을 해 보는 유아는 성인기의 엄마, 아빠로서의 행동이나 일을 미리 연습해 보는 것이라 해석할 수 있다.

그러나 유아가 놀이를 통해 성인기에 필요한 기술을 연습한다 하더라도 기술을 습득한 이후에도 놀이가 계속되는 것을 설명하기 어렵다.

이상으로 네 가지 고전적 놀이 이론을 살펴보았는데, 각각의 이론이 가지고 있는 여러 가지 제한점에도 불구하고 현대놀이 이론의 근원을 제공해 주었다는 점에서 가치를 인정할 수 있다. 고전적 놀이 이론을 정리하면 〈표 4-1〉과 같다.

〈표 4-1〉 고전적 놀이 이론

이론	대표학자	놀이목적
잉여 에너지 이론	Schiller, Spencer	잉여 에너지 소모
휴식이론	Patrick,Lazarus	일로 소모된 에너지 재충전
반복이론	Hall	진화과정의 재현
연습이론	Gross	성인기에 대비한 연습

2) 현대적 놀이 이론

놀이 이론은 20C에 접어들면서 현대 심리학의 영향을 받아 보다 체계적인 이론으로 발전하였다. 대표적인 현대적 놀이 이론에는 정신분석 이론과 인지 발달 이론, 각성 조절 이론, 상위 의사소통 이론이 있다.

(1) 정신분석 이론

정신분석 이론은 Freud의 이론에 기초하여 Erikson등에 의해 정립되었으며 인간의 정서적·감정적 측면을 강조하여 인간의 모든 행동에는 원인이 있고 인간의 무의식에서 그 원인을 찾으려고 하였다(심성경 외, 2010). Freud에 의하면 놀이는 정화(카타르시스) 효과를 가지며 이 효과는 유아가 심리적 외상을 경험한 사건과 연합된 부정적인 감정을 제거시켜 주기 때문에(Johnson, 1999), 유아의 발달에서 놀이의 영향은 매우 크다.

놀이는 유아가 성인의 비판 없이 좋지 않은 감정을 탐색하도록 해 준다. 예를 들어, 창문을 부수고 싶어 하는 욕구, 친구와 싸우고 싶은 욕구, 진흙에서 뒹굴고 싶어 하는 욕구는 유아를 두렵게 만들지만 놀이에서 유아는 어떤 한계 내에서 파괴적이고 더럽히는 데 자유롭다(김수영 외, 2004). 그렇게 함으로써 유아는 놀이를 통하여 자신의 감정을 건설적이고 공개적으로 표현할 수 있을 뿐 아니라 꼬여진 일이나 문제를 능동적으로 해결하여 정서적 안정과 원만한 성격을 만들어 가는 것이다(정진·성원경, 2003). 즉, 놀이란 유아가 정서적·인격적으로 원만하게 성장하도록 하는 요소이다.

Erikson은 놀이의 동기를 주관적으로 해석하는 정신분석 이론의 결점을 보완하여 놀이의 독특성을 인식하였을 뿐 아니라 놀이를 주변 환경의 숙달에 기여하는 발달적 현상으로 보았으며 놀이를 통해 자아를 구축한다고 설명하였다. Erikson은 그의 저서 『아동기와 사회』(Childhood and Society)에서 유아의 놀이가 세 단계로 발달된다고 주장했다(신은수 외, 2011).

첫째, 자기 세계의 놀이 단계(autocosmic play)는 자기 신체를 가지고 놀이하며 감각운동적 기능을 반복적으로 연습하는 단계이다. 이러한 놀이를 통하여 유아는 자신의 세계를 탐색하고 차츰 주변의 세계로 관심을 옮겨 가게 된다.

둘째, 미시영역놀이 단계(the micro-sphere play)의 주된 특징은 자기 자신의 세계에서 벗어나 놀잇감이나 사물이 놀이대상이 된다. 이 시기의 유아는 놀잇감이나 주변 사물을 통한 놀이를 통해 현실 세계에 적응하기 위한 경험을 하게 된다.

셋째, 거시영역놀이 단계(the macro-sphere play)로서 다른 사람과 함께 놀이를 하는 시기이다. 유아는 놀잇감과 주변 사물에서 숙달시킨 법칙들을 다른 사람과 놀이를 함께 하면서 놀이 영역을 확장시켜 나가고 자아를 조절하면서 현실 세계에 적응하는 방법도 배우게 된다.

(2) 인지 발달 이론

인지 발달 이론을 주장한 학자들은 놀이를 정서적 가치를 강조하는 것 이상으로 지적 성장을 촉진하는 도구로 간주하였다. 인지발달이론가들 중 가장 광범위하게 놀이를 다룬 사람은 스위스의 심리학자 Piaget라고 할 수 있다.

Piaget는 유기체가 새로운 환경에 접하게 될 때 생기는 갈등으로 인해 평형이 깨진 상태를 평형 상태로 바꾸는 적응과정에서 동화와 조절의 두 가지 기능이 필요하다고 설명한다(이기숙 외, 2009). 놀이는 새로운 정보를 받아들이고 적응시키는 일을 반복적으로 수행하면서 가장 자연스럽게 인지 발달을 촉진시키는 매개체가 될 수 있다. 즉, 유아의 학습은 '놀이'를 통해서 이루어지는 것이 가장 합리적인 교수방법이 될 것이다.

Piaget가 주장한 놀이의 발달 단계는 연습놀이(practice play), 상징놀이(symbolic play), 규칙 있는 게임(games with rules)의 3단계이다(Johnson, Christie, & Yawkey, 1987). 연습놀이는 감각운동기(0~2세)에 주로 나타나는 놀이의 유형으로서 기능적인 즐거움을 위해 반복적으로 되풀이하는 행동을 의미한다. 연습놀이에서는 감각기관과 신체운동 능력을 활용함으로써 다음 발달 단계의 놀이 유형이 나타날 수 있도록 단순한 놀이를 반복하게 된다.

인지 발달의 두 번째 단계인 전조작기(2~7세)에서 유아는 자기중심적 사고의 두드러진 특징을 보이게 된다. 이 시기의 유아는 주변의 사물을 활용하거나 흉내 내는 놀이를 즐겨한다. 2세부터는 경험한 일을 재현하거나 새로운 세계를 만들어 즐기는 상징놀이가 나타난다(심성경 외, 2010). 구체적 조작기에 들어서면서부터 유아의 놀이는 집단과 도덕적 규약에 의해 조절된다. 즉, 집단 내에 정해진 놀이 규칙을 지켜야 하며 규칙을 변경하기 위해서는 다른 사람의 동의가 있어야 가능하다. 유아는 자기중심적 사고에서 벗어나는 인지적 경험과 함께 구조화된 놀이로서 게임을 이해하며 게임에 적용되는 규칙을 지키는 경험을 연속적으로 하게 된다.

Vygotsky는 인지 발달에 미치는 놀이의 역할을 Piaget보다 훨씬 더 적극적으로 지지했다. Vygotsky에 따르면, 어린 유아들은 특정 사물과 그 의미를 분리하여 사고할 수 없으므로 추상적 사고가 불가능하다. 유아들이 역할놀이에 참여하게 될 때 블록을 자동차로 대치하여 사용함으로써 구체적인 사물 없이도 자신이 표상하는 사물에서 의미를 분리하고 새로운 의미를 부여하는 추상적 사고가 발달하게 된다(신은수 외, 2011).

그 밖에 Bruner, Sutton-Smith 등은 놀이가 유아의 창의성과 사고의 융통성을 촉진시킨다고 주장하였다. Bruner는 놀이를 할 때 유아가 목적을 달성하려고 애쓸 필요가 없기 때문에 부담 없이 새로운 실험을 해볼 수 있으며 놀이 중에 새로운 행동의 조합이 나타나면 이를 현실적 문제 해결에 적용한다고 주장하였다(이숙재, 2009). 이와 같이 놀이를 통해 유아의 행동 선택권이 증가함으로써 사고의 융통성이 촉진된다는 것이다

(3) 각성 조절 이론

유아의 놀이에 관한 각성 조절 이론(arousal modulation theory)에서 중요한 전제는 인간이 유지하려고 노력하는 중심적인 신경 체계 각성수준에서 최적의 수준이 있다는 것이다. 그러므로 너무 많은 자극도 너무 적은 자극도 아닌, 인간이 최적의 각성 상태를 유지하기에 충분한 자극을 주는 최적의 수준은 불확실함과 지루함 사이의 어딘가에 있다. 환경 안에서 새롭고 혼란스러운 자극이 있을 때 중요한 신경 각성 체계의 수준이 상승하며 반대로 환경에서 자극이 부족할 때 지루해지므로 각성 수준을 유지하기 위해 자극을 추구한다. 여기에서 놀이가 나오게 된다. 왜냐하면 유아는 환경 자극을 만들기 위해 놀이를 하게 되기 때문이다. 유아가 미끄럼틀을 거꾸로 타고 싶어 하는 것은 각성수준을 높이려는 시도이다. 각성 조절과 유사한 놀이에 관한 견해는 Ellis(1973)와 Fein(1981)이 제시했는데, 이들은 적절한 자극물(stimulus thing)을 찾는 행위가 놀이이며 놀이과정은 충동을 억제해 주고 평온하게 만들어 준다는 것이다.

(4) 상위 의사소통 이론

Bateson은 놀이와 상위 의사소통의 관계(meta-communication)에 초점을 맞추어 놀이 행동을 설명한다. 유아들이 놀이 중에 하는 행동은 실제 생활에서의 행동과 그 의미가 다르다. 예를 들어, 유아가 역할놀이를 하면서 친구를 때리는 행동은 실제로 친구를 때리는 것과 전혀 다른 의미를 갖는다. 유아는 역할놀이를 하기 전에 놀이자나 다른 사람이 실제 상황이 아님을 알 수 있도록 놀이의 틀 또는 배경(frame or context)을 설정한다. 만일 놀이의 배경이 설정되지 않는다면 놀이 중에 가짜로 때리는 것을 실제 때리는 것으로 오해받게 될 것이다(이숙재, 2009). 즉, 현실과 놀

이 상황 속의 가상세계를 넘나들면서 놀이를 하게 된다.

이와 같이 유아는 놀이를 하면서 상위 의사소통 경험을 함으로써 자신이 맡은 역할에 적절한 상황을 설정하고 놀이하는 능력이 촉진된다.

4. 자유선택놀이 시간의 운영과 흥미영역 구성

1) 자유선택놀이의 의의

유아교육기관에서 놀이를 활성화시키기 위해서는 흥미 영역을 중심으로 한 자유선택놀이시간을 잘 운영해야 한다. 자유선택놀이는 유아에게 자유스러운 선택의 기회를 최대한 보장해 주는 활동으로 교사가 통제하거나 지시하는 활동 시간과는 구별되며, 유아 스스로 자유롭게 선택하여 진행하기 때문에 가장 효과적이고 교육적 가치가 높은 활동이라고 할 수 있다. 우리나라 국가수준 교육과정에서는 초기 자유놀이란 용어를 사용했으나 자유선택활동으로 바꾸었다가 19개정 누리과정에서 다시 자유놀이로 명칭을 변경하였다. 19개정 누리과정에서는 유아의 하루 일과를 놀이, 일상생활, 활동 등으로 구성하도록 하는데(교육부, 보건복지부, 2020) 자유선택놀이는 포괄적으로 놀이에 포함된다.

놀이에는 교사의 계획이나 의도와는 상관없는 유아의 자유로운 놀이가 당연히 포함될 수 있지만 교육목표와 내용을 고려한 교육적 경험으로서의 놀이 기회 제공이 반드시 필요하다는 점에서 흥미영역을 중심으로 하는 자유선택놀이를 계획, 지도할 수 있는 능력은 교사가 갖추어야 할 핵심 능력이라고 하겠다.

자유선택놀이는 바깥놀이를 포함하여 하루 일과 중 가장 길게 우선적으로 편성, 운영하여 유아들이 즐겁게 하루를 보낼 수 있도록 해야 한다. 놀이시간은 짧게 여러 번 제공하는 것보다 놀이의 흐름이 끊기지 않도록 충분한 놀이시간을 편성해야 한다. 교사는 바깥놀이를 포함하여 놀이시간을 2시간 이상 확보하되, 날씨와 계절, 기관의 상황, 유아의 관심사와 놀이특성 등을 고려하여 융통성 있게 운영해야 한다(교육부, 보건복지부, 2020).

자유선택놀이의 교육적 의의를 정리해 보면 다음과 같다.

① 유아의 내적 동기에 따라 적극적이고 능동적으로 놀이하므로 효율적 학습이 이루어진다.

② 교사와 유아의 상호작용을 통한 개별 학습이 자연스럽게 이루어진다.

③ 유아의 의사결정 능력과 책임감 발달을 돕는다.

④ 개념 및 발달의 통합교육이 이루어지는 가장 효과적인 시간이다.

⑤ 유아의 자유와 흥미가 존중되므로 가장 기쁘고 즐거운 시간이 될 수 있다.

⑥ 친구, 교사(성인)와의 긍정적인 대인관계를 배울 수 있고 양보, 질서, 이해 등의 사회적 기술을 익힐 수 있다

2) 흥미영역의 종류와 구성

교실을 포함한 유아교육기관의 실내공간은 유아에게 가장 친숙한 놀이 환경이 되도록 하고 흥미영역으로 구성한다. 흥미영역으로 구성된 공간은 유아들이 더욱 놀이에 집중하도록 격려할 수 있다. 흥미영역이란 분리대라든가 기타의 방법으로 경계를 암시해 주도록 설비하여 분명히 구분짓게 되는 실내·실외의 각 영역들을 의미한다(Seefeldt, 1980). 교실의 흥미영역은 유아들이 가장 좋아하는 놀이 중심으로 구성하는 것이 좋으며 유아의 흥미와 관심에 따라 다른 영역과 통합, 재구성할 수 있다. 교실 밖의 복도나 계단, 구석진 공간 등도 유아의 안전의 문제가 없는지 검토 후에 놀이공간으로 구성할 수 있다(교육부, 보건복지부, 2020).

흥미 영역의 교육적 가치는 다음과 같다(이기숙, 2013).

첫째, 효과적이고 창의적으로 폭넓고 다양한 경험을 할 수 있는 기회를 보다 많이 제공해 준다.

둘째, 물리적·시각적으로 경계를 지음으로써 유아의 주의를 집중시키고 다른 활동을 하는 유아로부터의 방해를 통제할 수 있다. 또한 영역별로 정해진 공간 구성은 전체적으로 안정된 분위기를 형성해 준다.

셋째, 놀이할 영역을 스스로 선택하고 교실에 설치할 영역을 결정하는 데 참여할 수 있게 하여 유아의 의사결정 능력의 향상을 촉진시킨다.

넷째, 효과적인 영역 분류는 유아들에게 자신의 경험을 분류 조직하도록 도움을

주며 자료를 혼자 다루어 볼 수 있게 한다.

(1) 흥미 영역의 배치원리

다양한 흥미 영역을 교실 내·외에 조화롭게 배치·운영하는 것도 교사의 지혜를 요구하는 일이다. 교실 내부의 영역 구성에 도움이 될 만한 의견으로 Frost의 공간 구성원리를 들 수 있는데, 그에 의하면 교실은 [그림 4-1]과 같이 건조한 곳과 물이 있는 곳, 조용한 곳과 활동적인 곳이라는 두 축을 중심으로 건조하고 조용한 곳, 건조하고 활동적인 곳, 조용하고 물이 있는 곳, 활동적이고 물이 있는 곳으로 나눌 수 있다(Frost & Kissinger, 1976).

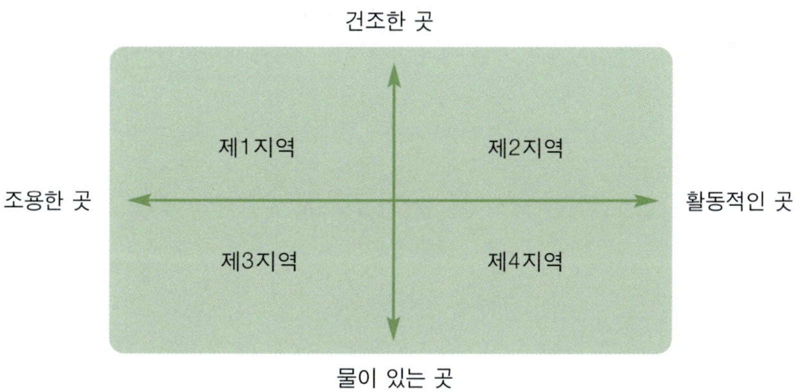

- 제1지역 : 책 보기, 듣기, 이야기 나누기, 동화, 쓰기, 게임 등
- 제2지역 : 대근육 활동, 목공놀이, 소꿉놀이, 블록놀이, 음률 활동 등
- 제3지역 : 요리하기, 간식 먹기, 점토놀이, 작업활동 등
- 제4지역 : 물놀이, 모래 놀이, 물을 사용하는 과학 실험, 물감 그림 그리기

[그림 4-1] Frost의 교실 내 영역 구성 기준표

놀이의 활동성과 소음을 기준으로 하여 정적 놀이 영역(언어 영역·조작 영역 등)과 동적 놀이 영역(음률 영역 등)으로 구분 배치하면 놀이가 방해받지 않고 진행될 수 있다. 소음이 많이 나는 영역은 카펫을 깔아서 소음을 줄이도록 하고 물이 있는 영역은 바닥이 젖지 않도록 깔개 등을 준비해 주는 것이 바람직하다. 놀이 영역의 명칭은 글씨와 그림으로 표현하여 붙여주고 각 교구의 이름도 붙여주어야 한다. 또한 놀이 영역의 배치는 필요에 따라 이동 가능하도록 해서 주제에 맞게 공간을 축

소·확대하여 구성한다. 교실 내의 가리개나 칸막이는 유아의 시야를 가리지 않고 교사가 교실을 한눈에 감독할 수 있도록 유아의 키보다 낮아야 한다.

이상과 같은 흥미 영역의 배치를 정리해 보면 [그림 4-2]와 같다(이기숙, 2013).

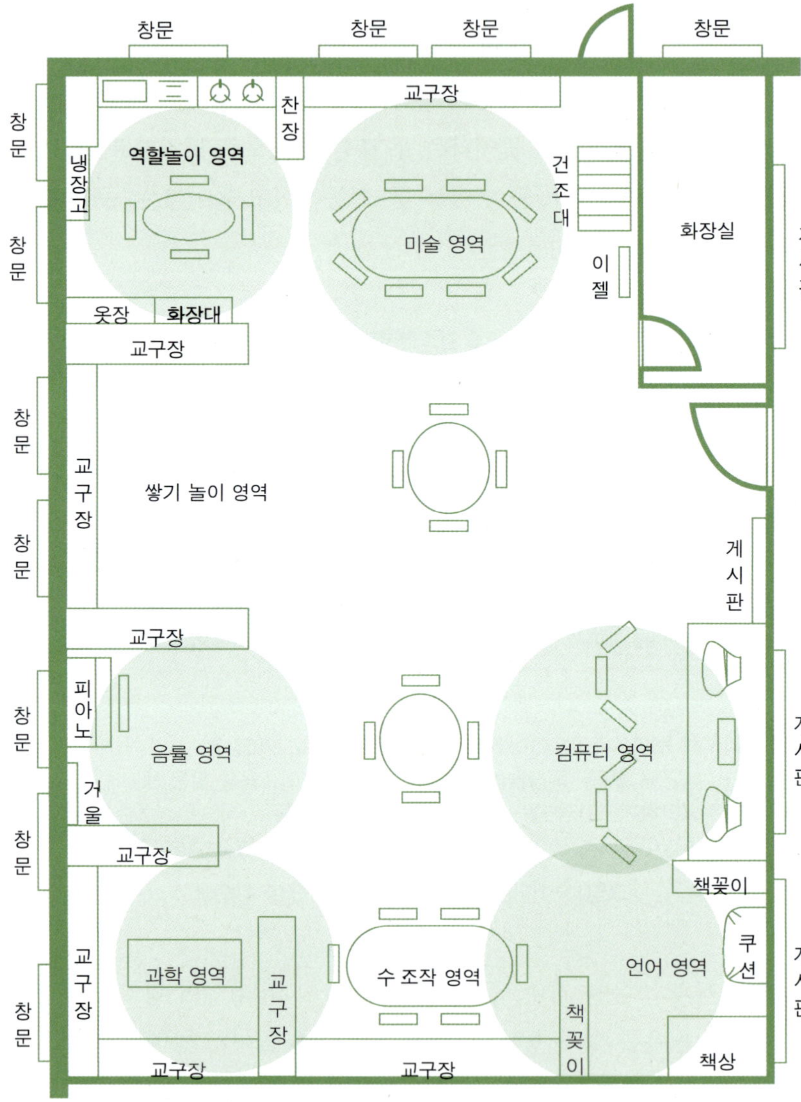

출처: Spodek, Saracho, & Davis (1991). 이기숙(2013, 재인용).

[그림 4-2] 실내 흥미 영역의 배치계획표

실외 환경 역시 효과적인 활동을 위해 놀이활동의 특성에 따라 구분하여 계획하는 것이 필요하다. 실외 공간도 실내 공간과 마찬가지로 동적 활동 영역과 정적 활동 영역으로 구분할 수 있다. 전체 실외 공간의 약 1/3은 정적 영역으로 나머지는 동적 영역으로 계획한다.

(2) 실내 놀이 영역

실내 자유선택놀이를 위해 제공될 수 있는 흥미 영역으로는 언어 영역, 역할놀이 영역, 쌓기 놀이 영역, 수·조작 영역, 미술 영역, 과학 영역, 음률 영역, 물·모래 놀이 영역, 목공놀이 영역, 컴퓨터 영역 등이 있다(이기숙, 2013). 각 영역별로 놀이의 특징, 제공되어야 할 놀잇감, 지도방법 등은 다음과 같다.

① 언어 영역

언어 영역은 듣기, 말하기, 읽기, 쓰기를 통합적으로 할 수 있는 활동을 준비해 놓는 공간이다. 이 영역은 햇빛이 잘 들고 밝으며 조용한 곳에 배치하고 안락한 의자나 쿠션 등을 두어 편안하게 활동에 집중할 수 있도록 한다. 언어 영역에서는 활동주제나 유아의 흥미에 따라 다양한 언어활동 자료를 비치하여 적절한 동화 읽고 듣기, 동시 읽고 듣기, 동시 짓기, 동화 만들기, 동화 듣고 인형극놀이 하기, 첫 글자가 같은 단어 짝짓기, 글자 틀을 대고 따라 그려진 글자를 오려서 색칠하는 등의 놀이가 고루 이루어지도록 한다.

[그림 4-3] 언어 영역의 실내 환경 구성

② 역할놀이 영역

유아는 많은 역할놀이를 즐긴다. 엄마, 아빠의 역할을 가상한 놀이에서 시작하여 우주 세계를 상상한 공상놀이, 병원놀이 등 유아에게 흥미롭게 느껴진 다양한 사건이나 대상을 구체적 사물을 가지고 놀이 속에 재현시켜 본다. 이 영역은 움직임이 많고 활동이 다양하여 활동적인 놀이 영역에 위치해야 한다. 역할놀이와 쌓기 놀이는 서로를 보충해 주거나 어느 한 놀이의 확장으로 옮겨질 수 있으므로 다른 유아에게 방해되지 않도록 인접해서 혹은 가까이 마주 보도록 설치하는 것이 좋다.

역할놀이 영역에 배치되는 자료는 일 년 내내 고정적으로 비치되는 것이 아니라 진행되는 주제에 따라 적절한 자료로 자주 교환해 주어야 한다. 예를 들어, 가족을 나타내는 인형, 싱크대와 주방놀이 세트, 침대 등의 기본적인 교구 외에도 '여러 가지 직업' 에 관한 주제가 진행된다면 병원놀이, 미장원놀이, 방송국놀이를 할 수 있는 교구를, '우리나라'에 관한 주제가 진행되는 중이면 현대식 주방 세트를 잠시 치우고 시골 부뚜막과 조그마한 멍석 등을 마련해서 다른 분위기를 연출해 보는 것이 바람직하다.

따라서 역할놀이 영역에 있는 자료들은 상업적인 것도 필요하지만, 폐품 등을 이용해서 다양하게 제작할 수 있으면 더욱 바람직하다.

[그림 4-4] 역할놀이 영역의 실내 환경 구성

③ 쌓기 놀이 영역

쌓기 놀이 영역은 유아들이 가장 매력을 느끼는 인기 있는 영역으로 블록을 이용한 쌓기 놀이과정을 통하여 문제 해결력, 체계적인 사고 능력이 발달되며 다양한 모

양, 수, 크기 등을 경험하는 가운에 분류, 배열, 비교, 공간에 관한 개념들도 발달된다.

쌓기 놀이 영역은 활동적이고 건조한 곳에 위치하는 것이 좋으며 통행이 많은 출입구 근처는 피해야 하는데, 주로 역할놀이 영역 옆에 위치하게 하는 것이 좋다. 또한 활동성이 크고 소음이 많은 동적인 영역이므로 넓은 공간이 필요하며 부분 카펫을 깔아 주어 소음을 줄여주도록 한다. 또한 블록과 함께 사용될 수 있는 보조 자료(널빤지, 고무나 우레탄으로 된 작은 사람과 동물, 교통 신호판, 교통기관 등)를 내주어 다양한 놀이로 확장될 수 있게 한다.

쌓기 놀이 영역에서 교사는 특히 유아의 안전 관리에 신경을 써야 한다. 가능한 예방 조치를 강구하고 안전을 위해 유아와 함께 규칙을 만들어 지키도록 해야 한다. 유아들에게 다양한 블록의 정리정돈은 어려운 일이므로 정리정돈 시간을 미리(5분 전) 개별적 또는 소집단으로 알려주어 준비하게 하는 것이 효과적이다. 여러 가지 블록 모양을 정리장 선반 바닥 앞에 붙여주어 그림에 따라 정리하게 하면 좋다.

[그림 4-5] 쌓기 놀이 영역의 실내 환경 구성

④ 수·조작 영역

수·조작 영역은 일대일 대응, 분류, 비교, 서열 등의 수 활동이나 퍼즐 맞추기나 끼워서 구성하기, 간단한 게임 등 논리적 문제 해결, 소근육 조작 등과 관련된 활동을 주로 하는 영역이다. 유아는 수·조작 활동을 통해 눈과 손의 협응력과 소근육 발달, 논리 수학적 개념 발달, 문제 해결력과 집중력을 향상시킬 수 있으며 자신감과 자율성 발달이 이루어질 수 있다. 수·조작 영역은 언어 영역, 과학 영역 가까이에 있는 밝고 조용한 공간에 배치하는 것이 바람직하고 주제나 유아의 흥미에 따라 분리하여 배치할 수도 있다.

[그림 4-6] 수 · 조작 영역의 실내 환경 구성

⑤ 미술 영역

다양한 자료와 매체를 가지고 그리기, 만들기, 꾸미기, 구성하기 등의 활동을 하며 자신의 생각과 느낌을 표현하고 성취감을 경험하며 미적 아름다움을 감상하는 영역이다. 미술 영역은 조용하고 밝은 곳이 좋고 물의 사용이 용이해야 하며 활동의 필요에 따라 책상용 비닐을 깔아주고 유아용 작업복(헌 와이셔츠 이용)을 준비하여 마음껏 활동할 수 있게 한다.

[그림 4-7] 미술 영역의 실내 환경 구성

작품을 건조시키기 위해서는 건조대나 낮은 빨랫줄, 그물, 빨래집게 등을 준비하여 유아 스스로 작품을 걸어 말릴 수 있게 한다. 활동의 종류에 따라 활동적이고 소음이 많이 발생하기도 하므로 날씨가 좋은 날은 실외로 연장하여 울타리나 벽에 종이를 붙여 물감을 칠하기, 손가락 그림 그리기, 이젤 그림 그리기 등 많은 활동이 이루어질 수 있다.'

⑥ 과학 영역

이 영역에서는 유아들이 접하게 되는 자연환경을 생물과 무생물, 물질의 성질, 자연현상으로 나누어 자연환경을 감상하고 탐구 이해하기 위한 활동들이 이루어지며 햇빛이 잘 들고 조용한 장소에 배치한다. 이 영역에서 유아들은 여러 가지 놀잇감을 이용하여 관찰하고 비교·측정하여 동물을 기르고 식물을 직접 재배하면서 탐색놀이와 과학놀이를 마음껏 즐길 수 있다. 특히 과학 영역에서의 놀잇감은 유아들에게 문제 해결력과 추리력, 논리적 사고 능력을 키워줄 뿐만 아니라 놀잇감과의 상호작용을 통한 시행착오는 인지적 사고 능력으로서 사물의 특성을 이해하고 물리적 지식을 형성하도록 도와준다.

[그림 4-8] 과학 영역의 실내 환경 구성

⑦ 음률 영역

음률 영역에서는 준비된 놀잇감을 두들겨 보고 치고 흔들고 들어보는 등 여러 가지 방법으로 탐색하고 음악을 감상하면서 노래를 따라 부르거나 악기를 적절하게 선택하여 자신의 놀이에 이용하기도 하고 자신의 신체를 독특하고 창의적으로 표현해 볼 수 있다.

그러므로 특히 충분한 공간 마련과 융통성 있는 공간의 운영으로 유아가 자유롭게 활동할 수 있는 허용적인 분위기를 만들어 가야 할 것이다. 음률 놀이 영역은 소음이 많이 발생하는 영역이므로 쌓기 놀이 영역이나 역할놀이 영역 가까이에 위치하는 것이 좋으며 카펫을 깔아주고 선반과 교구장을 이용하여 인접 영역과 분명히 분리되게 마련해 준다. 벽면이나 게시판에 가수, 무용가, 악기 등의 사진, 그림을 붙여주고 녹음기는 유아 스스로 선택 작동할 수 있게 버튼마다 기능을 색깔과 그림으로 표시하여 준비한다.

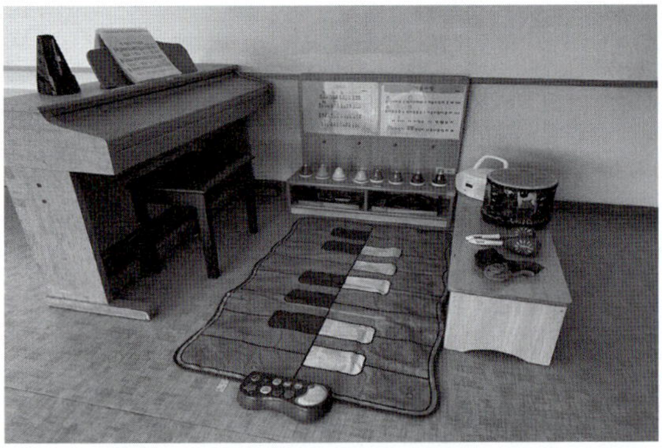

[그림 4-9] 음률 영역의 실내 환경 구성

⑧ 물·모래 놀이 영역

유아에게 실내·실외에서 물과 모래를 제공하여 놀이활동을 경험하도록 하는 것은 여러 가지 발달적 측면에서 대단히 중요하다.

유아는 물과 모래를 담고 덜어내면서 내적 갈등을 이완시켜 정서적 안정을 찾게 되고 여러 가지 탐구활동과 구체적 실험을 하면서 물리적 지식을 형성하는 인지적 기술도 발달시킨다. 그리고 집단적으로 물·모래 놀이를 즐기면서 유아들끼리 의사교환과 협력하는 사회적 학습의 기회도 가질 수 있다. 또한 물로 모래를 반죽하고 모래를 운반하면서 대소근육 발달을 촉진시킬 수 있고 동시에 자신의 신체를 어떻게 움직여야 하는지를 스스로 알고 조정하게 된다.

실내의 물·모래 놀이는 필요에 따라 간헐적으로 제시되므로 교사는 시기와 방법을 결정하여 제시하고 철저한 계획하에 유아들이 즐겁게 놀이하고 스스로 정리정돈하는 환경을 마련한다.

⑨ 목공놀이 영역

목공놀이 영역은 늘 설치되어 있기보다 유아의 흥미와 교육 내용에 따라 설치·운영되는 영역이다. 소음으로 다른 활동이 방해되지 않는 곳에 배치하고 실외에 설치할 경우 햇빛이 강렬하지 않은 서늘한 곳, 복잡하지 않은 곳에 배치한다. 3~5명 정도의 유아가 모여서 작업할 수 있는 튼튼한 테이블이 있어야 하며 나무선반과 도구들이 준비되어야 한다. 무엇보다도 안전 관리에 유의해야 하고 항상 교사가 지켜볼 수 있어야 하며 보호용 안경으로 눈을 보호해야 한다.

⑩ 컴퓨터 영역

바람직한 컴퓨터 사용과정을 통해 문제 해결력, 원만한 의사소통 능력 발달과 인지 발달, 언어 수학적 능력, 사회 정서적 능력의 발달이 자연스럽게 이루어질 수 있는 영역이다. 최근에는 컴퓨터 영역을 별도로 두지 않는 것이 일반적이나 설치시에는 전기 콘센트가 가까이 있는 벽면을 의지한 곳에 설치해야 하며 직사광선이 들어오는 곳을 피해야 한다. 또한 유아들 간의 상호작용을 위해 1대의 컴퓨터에 2~3개의 의자를 준비하고 2~3대의 컴퓨터를 설치할 때는 가운데 책상을 중심으로 2개의 책상을 130도 정도가 되도록 배치하여야 한다.

이러한 컴퓨터 교육은 다른 흥미 영역에서 일어나는 활동과 마찬가지로 놀이를 통하여 스스로 컴퓨터의 활용방법을 발견하고 서로 의견을 교환하면서 협력하는 경험을 할 수 있도록 계획하고 지도하여야 할 것이다.

컴퓨터의 모든 경험은 전체 교육활동과 통합적으로 이루어질 수 있도록 흥미 영역의 한 영역으로 배치되어야 하고 유아는 이 영역을 통하여 실험하고 탐색하는 과학적인 사고와 창의적 극화놀이를 할 수 있다. 그러나 컴퓨터 영역은 유아들에게 화면 영상을 조작하며 놀이를 진행하는 새롭고 흥미로운 방법이지만 실제적이고 구체적인 경험을 줄 수는 없으므로 컴퓨터 영역에서의 놀이가 유아에게 최대한 교육적 효과를 기대하기 위해서는 좋은 소프트웨어를 선정 제시해야 하며 컴퓨터로 조작하는 순서와 방법을 그림과 함께 제시한 설명 자료를 벽면에 게시해둔다.

[그림 4-10] 컴퓨터 영역의 실내 환경 구성

(3) 실외 놀이 영역

실외 놀이란 유아들이 활발하게 움직이며 탐색활동을 하는 놀이활동으로 바깥놀이라고도 한다. 실외공간은 유아가 마음껏 뛰어놀며, 자연과 계절의 변화를 만나고 탐색할 수 있는 놀이환경이며(교육부, 보건복지부, 2020), 실내와 실외의 균형 있는 활동을 통해 유아들에게 보다 풍부한 경험을 제공해 줄 수 있고 놀이의 발달수준을 높여 나갈 수 있다(정진·성원경, 2003). 실외 놀이는 인지, 언어, 사회, 정서 그리고 신체 발달을 위한 다양한 기회를 제공한다. 실외 놀이의 자유로움은 유아들에게 또래와 놀이하는 방법을 습득하고 갈등에 대한 평화적인 해결방법을 찾도록 하는 새로운 도전을 제공한다(Wellhousen, 2002·2003).

실외 놀이 공간의 환경 구성 또한 실내 놀이 공간의 환경 구성과 유사하게 구성하여 실내와 실외가 연결되도록 흥미 영역으로 공간 배치를 하여야 한다. 실외 공간에 배치할 수 있는 흥미 영역은 운동놀이 영역, 자연탐구 및 관찰 영역 등의 동적 영역과 유아가 쉴 수 있는 휴식 공간과 작업 영역 등의 정적 영역으로 나눌 수 있다(이기숙, 2013). 실내 자유선택놀이에서 제시한 역할놀이, 물·모래 놀이, 목공놀이, 쌓기 놀이 등도 실외에서와 같이 운영할 수 있으며 놀잇감을 보관할 수 있는 보관 창고, 실외 화장실이 필요하다.

다음 [그림 4-10]은 실외 놀이 공간 구성의 예이다.

출처: Wellhousen, K (2003: 93).

[그림 4-11] 실외 놀이 영역의 예

① 운동놀이 영역

기본 시설물을 이용한 신체활동과 넓은 공간에서 마음껏 뛰고 달리고 뒹굴 수 있는 자유로운 영역이 마련되어야 한다. 교사는 유아들이 여러 가지 놀이기구를 안전하고 질서 있게 사용할 수 있도록 안전도 점검과 차례 지키기, 양보하기, 약속 정하기, 친구 도와주기 등의 사회적 기술을 익힐 수 있게 지도해야 한다. 실외 놀이터는 바닥의 재료를 모래 놀이를 위한 모래 영역, 자전거나 탈것을 위한 시멘트(단단한 바닥) 영역, 잔디 영역 등으로 다양하게 구성되어야 한다.

② 자연탐구 및 관찰 영역

자연탐구 및 관찰 영역은 식물 기르기 영역과 동물 기르기 영역으로 구성할 수 있다. 주변에서 쉽게 볼 수 있는 개, 닭, 토끼, 물고기 등의 동물을 키워봄으로써 동물을 사랑하는 마음을 가지게 되며 동물이 좋아하는 먹이를 주고 동물의 새끼나 알 낳는 모습 등의 자연현상을 자연스럽게 경험하게 된다. 동물 사육장은 바람이 잘 통하고 배수가 잘되는 장소에 마련해서 냄새가 나거나 지저분하게 되지 않도록 한다. 동물을 키워보는 경험과 더불어 계절에 적절한 갖가지 식물의 성장과정을 살펴보는 것도 유아에게는 커다란 교육적 가치가 있는 일이다. 씨앗의 크기와 색깔, 형태 등을 비교 분류해 보고 씨앗의 수를 세어 보면서 논리·수학적 지식을 형성하며 씨앗을 심은 뒤 성장·변화하는 모습을 통해 적극적 탐구활동도 할 수 있다. 실내에서 조그만 우유갑에 이름을 쓰고 개인별 화분을 만들어 보는 것에서부터 실외 놀이터가 넓다면 학급별 화단 만들기, 감자·고구마 재배 수확하기, 김장 배추·무 키우기 등도 즐거운 경험이 될 것이다. 이러한 경험은 수확물을 가족·친지와 함께 나누는 경험, 요리하기 경험 등으로 확장될 수 있다.

③ 작업 영역

작업 영역에는 바깥에서 접근할 수 있는 다양한 환경의 특성을 통해 다양한 주제와 활동으로 놀이를 확장하도록 한다. 물감으로 그림 그리기, 큰 블록 쌓기, 목공놀이, 점토놀이 등이 이루어진다.

④ 휴식 공간

유아에게 능동적으로 활동할 수 있는 영역만큼 조용히 휴식을 취하면서 놀이를 할 수 있는 영역도 필요하다. 유아는 실내의 조용한 영역과는 다른 분위기에서 자신의 독창적인 사고를 더욱 발전시켜 나갈 수 있고 능동적인 놀이와 함께 조용한 놀이를 하면서 자신의 신체균형도 이루어낼 수 있다. 다른 놀이 공간으로부터 방해받지 않도록 그늘진 곳을 선택하여 배치하고 바닥에는 돗자리나 담요를 깔아주어 휴식을 취할 수 있게 한다.

이상에서 살펴본 흥미영역에 준비되어야 할 교재·교구는 〈표 4-2〉와 같다. 이외에도 비구조적인 열린 자료를 풍부하게 제공하여 유아 자신의 창의적인 방식으로 놀이할 수 있도록 지원하고 존중해야 한다.

〈표 4-2〉 흥미 영역에 따라 준비되어야 할 교재 · 교구

흥미영역	놀잇감의종류
언어영역	발달수준 및 단원 · 주제에 적절한 동화 · 동시책, 녹음기, 녹음테이프, 각종인형, 글자 카드, 글자퍼즐, 필기도구, 칠판과 분필
역할놀이영역	가정을 나타낼 수 있는 용품(싱크대, 모형 냉장고, 주전자, 프라이팬 등의 부엌용품, 음식, 침대), 가족을 나타낼 수 있는 각종 인형, 유모차, 시계, 전화, 모자, 장신구, 주제 단원에 적절한 의류(한복, 예비군복, 드레스, 잠옷, 의사 가운 등), 주제 단원에 적절한 놀잇감(병원놀이 세트, 미장원놀이 세트, 우체국놀이 세트 등)
쌓기놀이영역	유니트 블록(작은 삼각기둥, 정육면체, 직육면체, 원통형, 반원형 등 다양한 모양으로 되어 있는 블록), 속이 빈 큰 블록(나무로 되어 있으나 속이 비어서 가벼운 것), 널빤지,트럭 · 자동차 · 비행기 모형,나무로 만든 인형(동물모형), 종이벽돌 · 블록, 교통 표지판,끼우기 블록류(꽃블록, 코코블록)

흥미영역	놀잇감의종류
수 · 조작영역	주사위,자석문자와 수, 숫자카드, 수 세기 못과 판, 측정도구, 주판, 다양한 수집물(단추, 동전, 마카로니, 콩 등), 달력, 온도계, 시계, 저울, 계량스푼, 계산기, 패턴활동 자료, 분류활동 자료, 공간과 기하 활동 자료(공, 화장지, 상자, 블록, 색종이 조각, 다양한 모양의 수수깡 등)
미술영역	여러 가지 종이류(도화지, 색종이, 갱지, 색상지, 셀로판지, 골판지 등), 크레파스, 물감,색연필, 붓, 사인펜, 매직, 파스텔, 연필, 점토류, 가위, 풀, 셀로판테이프, 사포, 헌잡지,노끈, 헝겊류, 수수깡 등
과학영역	동물이나 곤충을 키우는 집, 동물 · 곤충 · 물고기, 식물류, 풍선, 화단을 가꾸는 소도구, 말굽자석, 막대자석, 측정할 수 있는 도구(계량컵, 줄자, 막대자, 수저, 저울, 온도계, 시계), 화분, 확대경, 수집품, 씨앗, 여러 크기의 컵, 병, 빈 깡통, 기계류(라디오, TV 등의 부속품)
음률영역	목탁, 장구, 꽹과리, 트라이앵글, 실로폰, 짝짝이, 탬버린, 심벌즈, 카세트 녹음기와 테이프, 전축, 피아노, 레코드판, 피리, 우리나라 고전악기를 찍은 사진 또는 그림틀, 리듬막대, 리본막대, 스카프, 부채, 다양한 생활(폐품)악기
물 · 모래놀이영역	양동이(어린이크기), 헌수저, 깔때기, 물뿌리개, 책, 부삽, 계량컵, 여러 크기의 빈 통조림 여러개, 헌그릇, 덤프트럭, 모래밭 또는 모래상자, 플라스틱제 세제병, 샴푸병, 케첩병, 컵, 헌 양재기, 냄비, 깔때기, 고무호스, 스펀지, 플라스틱 인형, 거품이 잘나는 비누, 식용물감, 플라스틱 주사기, 앞치마
목공놀이영역	목공작업대, 다양한연장(드라이버, 망치, 대패, 펜치, 톱 등), 제도용품(미터자, 접자, 목공연필 등), 가위, 압정, 테이프, 철사, 아교(풀), 스티로폼 판, 타일, 작업복, 자석, 작업 장갑, 다양한 나무(소나무, 전나무, 가문비나무, 베니어판 등), 이쑤시개, 아이스크림막대
컴퓨터영역	컴퓨터본체, 모니터, 키보드, 마우스, 조이스틱, 프린터, 소프트웨어, 프린터용종이, 시계, 명칭설명도표
운동놀이영역	그네, 미끄럼틀, 시소, 정글짐, 복합놀이시설, 자전거, 자동차류
자연탐구 및 관찰영역	토끼 · 닭 · 다람쥐 · 비둘기 · 강아지 · 메추리 · 공작등의동물, 동물집, 어항, 각종 채소(딸기, 고구마,감자, 배추 등), 모종삽, 물뿌리개, 호스
작업영역	이젤, 다양한 그리기 도구, 목공 도구, 비닐옷, 종이상자, 나무상자, 점토류, 톱밥, 나무젓가락, 빨대, 스티로폼, 스펀지, 자연물(솔방울, 도토리, 돌멩이, 낙엽 등), 다양한그릇, 장갑

참고문헌

교육부·보건복지부 (2020). **2019 개정 누리과정 해설서.**

김수영·김수임·김현아·정금자 (2004). **유아놀이의 이론과 실제.** 서울: 양서원.

김희숙 (1989). 역할놀이 활동이 아동이 사회성에 미치는 영향. 이화여자대학교 대학원 석사학위논문.

박은영 (2013) 전통놀이를 활용한 신체활동이 유아의 기초체력과 사회성에 미치는 영향. 전남대 교육대학원 석사학위논문.

신옥순 (1994). **유아교육개론.** 서울: 학지사.

신은수·김은정·유영의·박현경·백경순 (2011). **놀이와 유아교육.** 서울: 학지사.

심성경·백영애·이연희·함은숙·변길희·김나림·박지애 (2010). **놀이지도.** 경기도: 공동체.

이기숙 (2013). **제5판 유아교육과정.** 서울: 교문사.

이기숙·장영희·정미라·엄정애 (2009). **개정판 유아교육개론.** 경기도: 양서원.

이숙재 (2009). **개정 유아를 위한 놀이의 이론과 실제.** 서울: 창지사.

이시자 (2011). 놀이와 유아의 문식성 발달의 관계: 그 다양한 관점들. 유아교육연구. 제31권 제 3호. 329-351.

이연섭·방인옥·조희숙·조정숙·이광자·박찬옥·지성애·마송희·유왕효·김정규·정갑순·이윤옥·엄기영·노영희·나정 (2005). **유아교육개론.** 서울: 정민사.

정진·성원경 (2003). **유아놀이지도 이론과 실제.** 서울: 학지사.

Berlyne, D. E. (1960). *Conflict, arousal and curiosity*. New York: Mcgraw-Hill.

Boyle, B. & Charles, M. (2010). Using socio-dramatic play to support a beginning writer: 'Daniel, the doctor and the bieeding ball'. *International Journal of Early Year Education*, 18(3), 213-225

Burns, S. M. & Brainerd, C. J. (1979). Effect of constructive and dramatic play on perspective-taking in very young children. *Developmental Psychology, 15*, 512-521.

Connolly, J. A. & Doyle, A. B. (1984). Relation of social fantasy play to social competence in preschoolers. Developmental Psychology, 20, 797-806.

Ellis, M. G. (1973). *Why people play*. Engelwood Cliffs, NJ: Prentice-Hall.

Fein, G. G. (1981). Pretend play: An integrative review. *Child Development, 52*, 1095-1118.

Frost, J. L. & Kissinger J. B. (1976). *The young child and the educative process*. Holt, Rinehart & Winston.

Frost, J. L. & Klein, B. L. (1979). *Children's play and playgrounds*. Boston: Allyn & Bacon.

Hutt, C. (1971). Exploration and play in children. In R. E. Herron and B. Sutton-smith (Eds.), *Child's Play* (pp.231-251). NewYork: John Willy & Sons.

Isenberg, J. P. & Quisenberry, N.(2002). *Play: Essential for all children childhood Education*, Fall, 79(1), 33-39

Johnson, J. E. (1999). *Play and Early Childhood Development*. second edition. Pearson Education Inc.

Johnson, J. E., Christie, M. J. F., & Yawkey, T. D. (1987). *Play and early children development*. London: Scott, Foresman and Company.

Levy, J. (1978). *Play Behavior*. New York: John Willy & Sons.

Pellegrini, A. D. (2009). *The role of play in human development*. New York: Oxford University Press.

Seefeldt, C. (1980). *A curriculum for preschool*. Columbus, OH : Charles E. Merill.

Spodek, B., Saracho, O. N., & Davis, M. D. (1991). *Foundations of early childhood education* (2nd ed.). Englewood cliffs, NJ: Prentice Hall.

Wellhousen, K. (2003). **실외놀이** (Outdoor Play Everyday). (신화식 외 공역). 서울: 시그마프레스. (원본 발행 2002).

Wing, L.(1995). Play is not the work of the child: young children's perceptions of work and play. *Early childhood Research Quarterly, 10*(2), 223-247.

CHAPTER 05

유아교사론

1. 교직으로의 사회화
2. 유아교사의 역할 및 자질
3. 유아교사의 전문성
4. 교사양성교육
5. 교직 윤리

1. 교직으로의 사회화

1) 교직의 의미

대부분의 사람들은 일반적으로 '가르치는 일'을 일상적인 일 이상의 것으로 기대하고 숭고한 일, 소명의식이 있어야 하는 직업으로 여기고 있다. 특히 고대사회에서는 동·서양을 막론하고 특별한 소명의식을 가진 사람들만이 교직을 감당할 수 있다고 생각함에 따라 교직을 천직(天職)으로 여겼다. 이러한 경향은 현대에 와서도 마찬가지로 지속되고 있고 가르치는 일을 특별한 종류의 일로 생각하여 교직에 대해 많은 존경을 나타내며 교사의 역할과 행동에 대해 '특별한 사명감' 같은 것을 기대한다. 반면 과거 교사라는 직업은 학식이 높은 전문직이나 성공적인 경영자들에게 주어지는 존경이나 보수를 받지 못하는 노동직으로 여겨지기도 했다.

그러나 Lortie(1975·1997)는 교사라는 직업은 '특별한 그러나 가리워진' 사회적 지위를 갖고 있다고 지적했다. 즉, 교사의 사회적 지위는 다른 직업에 비해 존경을 많이 받지 못하고 전체 경제 구조에 비춰볼 때 최상의 보수를 받지 못하고 있는 것이 사실이나 교직은 중류 계급의 표준에 가까운 직업으로서 많은 사람에게 분명히 가치 있는 일, 존경받을 수 있는 직업, 숭고한 일로 여겨지고 있다.

현대에 와서는 의학이나 법학에서와 같이 교직은 고도의 전문성을 요구하는 하나의 전문직으로서 여겨지고 있다. 교육자가 된다는 것은 고도의 전문성과 자율성, 권한과 함께 책임감을 가지고 교육 받는 사람들이 보다 중요하고 가치 있는 것에 대해 관심을 갖도록 하고 그들의 삶이 보다 나은 방향으로 변화되도록 돕는 것이다.

교육이 제한된 힘을 갖기는 하지만, 학교가 사람들을 이 사회에 적응하며 살고 또한 사회를 좀 더 나은 방향으로 개선시켜 나갈 수 있도록 교육하는 권한을 부여받을 때 교육을 담당한 학교는 물론 교직에 있는 교사들 또한 사회의 이런 기대를 인식하면서 특별한 책임감과 자긍심을 갖고 교직에 종사하며 사회화되어 간다.

2) 교사 사회화의 세 가지 입장

교사 사회화란 개인이 교직에 참여하여 교직 사회의 구성원이 되어가는 과정을 말한다. 교사 사회화에 대한 연구는 보다 큰 직업적 사회화의 일부로 Lortie(1997)의 사회학 연구 『교직 사회』(School Teacher) 이래로 연구되어 왔으며 교사 사회화를 설명하는 세 가지 주된 전통이 있다(Zeichner & Gore, 1990).

(1) 기능주의 접근

교사 사회화에서 가장 오래되고 널리 퍼져 있는 기능주의 접근은 실증주의 전통에 뿌리를 두고 있다. 이 패러다임은 사회를 개인에 우선하는 것으로 간주하고 개인과 그의 활동을 보다 넓은 사회적 맥락 내에서 설명하는 사회적 세계관을 갖고 있다. 기능주의는 인간의 독특성을 고려하기보다는 인간의 외부에 하나의 실재(reality)가 존재한다고 가정한다. 다시 말해 자연계의 법칙처럼 인간 행동에도 보편적인 규칙이 있다고 생각하는 입장으로 인간의 복잡성, 반복, 인간 내부의 요구에 대해서는 강조하지 않는다.

기능주의 접근에서는 교사가 가르치는 것을 포함한 학교교육의 문제들에 대한 효과적인 처리방안이나 원리가 있다고 본다. 즉, 경험 있는 유능한 교사의 성공 사례들, 즉 체계적인 관찰과 연구를 통해 발견된 사실과 기술들을 보편적인 원리로 일반화시킨다. 따라서 기능주의 접근에 기초를 둔 교사양성교육과정에서는 이런 일반적인 사실이나 기술들을 세분화시키고 객관적으로 측정 가능한 행동적 목표로 제시하고 이를 달성하는 것에 중점을 둔다(예 효과적인 교수법으로 검증된 방법을 모든 교사에게 적용함).

(2) 해석적 접근

해석적 접근은 기능주의자들이 관찰자의 입장을 강조하는 것과는 달리 '개인의 의식과 주관성의 영역 내에, 참여자의 참조 틀 내에서' 설명을 한다. 따라서 이들의 관심은 개인이 사회·문화적 맥락 내에서 자신과 타인을 어떻게 이해하는가에 있다. 교사 사회화는 교사가 속해 있는 교직 사회에서 일반적인 규칙을 그대로 관찰하는 것에 초점을 두기보다는 교사가 직면한 실제 상황 속에서 교사 자신의 주관적 경험에 따라 문제 상황을 어떻게 이해하는가에 초점을 두어 설명한다. 즉, 교사가 실제 복잡하고 역동적인 교실 내의 여러 문제 상황에 직면했을 때 '이런 문제 상황을 어떻게 해석하는가'와 같이 교사 자신이 그 상황에 대해 주관적 의미를 형성해 나가는 데 강조점을 둔다(예 교사교육 시 교사 개인의 경험을 중시하고 교사의 필요를 반영함).

(3) 비판적 접근

비판적 접근은 막스주의(Marxism)에 근원을 두고 있으며 일상생활에서 당연한 것으로 받아들여지고 있는 문제에 대해 비판하는 능력을 갖도록 하는 것이다. 비판적 패러다임의 중대 관심사는 계몽(enlightenment), 사회 변혁, 즉 교직 사회 내에서 교사가 직면하는 크고 작은 많은 문제들을 과거의 규정된 관점에 국한시키지 않고 새로운 관점에서 해결하려는 방향으로 교사를 사회화시키는 데 있다. 지금까지 일상생활에서 당연하게 여겼던 문제에 대해 재고하도록 하면서 좀 더 정의롭고 평등한 사회를 건설하도록 역할을 부여한다. 따라서 비판적 패러다임의 기초가 되는 것은 반성 능력(reflexivity)이다(예 '교육은 여성만의 전담 영역인가', '어떤 특정의 교수 목적이 누구에게 가장 이득이 되는가? 교육의 목적 및 내용이 모두에게 공평한가?').

3) 교사 사회화에 영향을 미치는 요인

교사들이 교직으로 사회화되어 갈 때 여러 가지 요소에 의해 영향을 받는다. 교사의 사회화에 미치는 요소를 크게 세 가지로 나누어 볼 수 있다(Zeichner & Gore, 1990, 재인용). 교사 사회화에 영향을 미치는 요인에 대한 경험적 연구가 충분치 않지만 교사가 되기 이전의 경험, 직전교사교육에서의 경험, 졸업 후 교사직을 수행하는 직장에서의 경험, 개인적인 요인(성별, 종교, 결혼 유무 등)으로 구분한다.

(1) 교직 입문 이전의 경험

교직 입문 이전의 영향력에 대한 지배적인 세 가지 주장은 다음과 같다.

첫째, Stephens(1983)의 진화 이론은 원초적이고 자발적인 교육적 성향을 강조한다. 즉, 인간에게는 그들이 알고 있는 것을 서로 말해 주고 수정해 주려는 성향이 있다. 즉, 아동은 부모나 교사가 말한 것에 의해 학습할 뿐 아니라 그 과정에서 교사가 되는 것을 배우게 되면서 교사가 되려는 일련의 자발적 성향을 가지고 교직에 입문하게 된다.

둘째, 정신분석학 입장에서는 예비교사가 어린 시절에 어머니, 아버지, 교사와 같은 중요한 성인과 가졌던 관계의 질에 상당한 영향을 받는다고 본다. 따라서 초기 중요한 타인과의 관계는 그 다음 생활에서 관계의 원형으로 교사가 될 학생은 이 유아기의 유산이 그들의 인성에 미치는 영향에 의해 지배를 받게 된다.

셋째, Lortie(1997)가 '관찰의 도제제도'라고 말했던 것으로 예비교사들이 학생으로 보냈던 많은 시간의 영향을 강조한다. 이 입장에서의 교사 사회화는 학생으로 보내는 기간 동안에 교사와의 긴밀한 접촉을 통해 교수 모델이 내면화되는 것을 통해 일어난다. 보편적으로 예비교사들은 학생으로 지내는 기간 동안 가르치는 일을 수행하는 교사들을 많이 보아왔기 때문에 다른 직업에 비해 그 내용을 비교적 잘 알고 있으며 자신이 교사직을 잘 수행할 수 있다고 생각하는 경향이 있다. 즉, 예비교사가 학생 시절에 만난 교사가 자신들에게 가르쳤던 교수방식이나 가치, 아동관, 교수행위 등이 예비교사의 교육관, 아동관 및 교수행위에 영향을 끼칠 수 있다는 것이다.

이외에도 교직 입문 이전에 캠프교사, 아기 돌보기, 주일학교교사와 같은 활동을 수행해 본 선행 경험을 갖고 오기도 한다. 이런 선행 경험이 앞으로 교직과 교수행위에 영향을 미치는 요인 중의 하나가 될 수 있다.

(2) 직전교사교육의 경험

교사교육 이전 경험의 강력하고 지속적인 효과 때문에 형식적 교사교육과정이 무력하다는 일부 주장에 대해 다양한 도전이 제기되면서 직전교사교육과정의 전문적 과정이 분명히 교직에 입문한 학생에게 영향을 끼친다는 연구들이 이루어졌다. 특히 최근 몇몇 연구에서는 프로그램의 전문적 구성 요소에서 특별히 초점을 두는 영역이 학생 입장에서의 어떤 특별한 측면의 변화 발생과 관련되어 있다는 것을 발견했다.

교사양성교육을 맡은 대학의 제도적 사회환경에서의 차이가 변화의 주요 근원이 된다. 그러나 교사양성과정 코스 구조에서의 유사성이 코스 내의 교수(instruction) 내용이 동일함을 의미하지는 않는다. 다시 말해 교사양성과정 교과목의 명칭이나 개설 교과목이 거의 비슷하기는 하지만, 그 강좌를 지도하는 대학교수의 가치관과 신념에 따라 그 강조점이 달라질 수 있음을 의미한다.

교사교육 프로그램에서 다른 준비과정으로 직전교육과정에서의 현장 경험과 실용 강좌(practicum component)를 들 수 있으며 이런 경험이 교사 사회화에 영향을 준다. 대학교 때 이루어지는 현장실습은 현실감이 있어서 학생으로 하여금 자신의 목표, 가르치는 일을 향해 움직인다는 분명한 느낌을 갖게 해 준다. 즉, 실제로 가르쳐 봄으로써 교육실습생은 확신감을 갖게 된다. 결론적으로 말해서 교사교육 프로그램이 똑같지는 않지만 거의 비슷한 커리큘럼을 갖고 있으며 직전교육과정의 일부 요소들이 교사 사회화에 영향을 주고 있음을 알 수 있다.

(3) 직장에서의 사회화

직전교육 이후에 교사가 어떤 분위기의 교실, 학생들과 만나는가에 따라 영향을 받게 된다는 것이다. Doyle(1990)은 교실의 생태적 체제를 '교실환경에서 행동과 밀접하게 상호 연관된 과정과 사건의 조직망'으로 보았고 또한 다차원, 동시성, 직접성, 예측 불허, 개방성, 역사 등 교실의 여섯 가지 뚜렷한 특징들이 교직에 입문한 교사들의 발달 코스, 즉 교사 사회화에 결정적인 영향을 준다고 했다. 이처럼 예비교사가 졸업 후에 근무하게 되는 유아교육기관과 교실의 생태, 학생들의 반응 등에 의해 영향을 받게 되고(Zeichner & Gore, 1990), 어떤 가치와 신념을 가진 원장이나 동료들을 만나는가에 의해서도 영향을 받을 수 있다.

이와 같이 교사 사회화는 주로 교직이라는 직장 내에서의 여러 가지 상황에 의해 영향을 받는다. 따라서 가라앉을지, 헤엄을 쳐서 생존하든지는 결국 교직의 개인성, 즉 교사의 개인주의적 성향에 의해 크게 영향을 받음을 알 수 있다(Lortie, 1975·1997).

2. 유아교사의 역할 및 자질

1) 유아교사의 역할

유아교사가 어떤 역할을 해야 하는지에 대한 관점은 시대에 따라 변화되어 왔다. 과거에는 유아교육은 단순히 '보호'하는 개념으로 인식되었으나 유아기의 중요성에 대한 심리학자, 교육학자들의 연구 결과에 따라 유아기에 보호 이상의 다양한 자극을 주어야 한다는 개념, 즉 '교육'의 중요성을 강조하게 되었다. 최근에는 '교육'과 '보호'를 이분화하지 않고 통합된 개념으로 인식해야 한다는 견해, 즉 '교육·보호(educare)'라는 용어 사용이 지배적이 됨에 따라 유아교사의 역할개념의 다양성이 요구되고 있다.

여러 학자들의 유아교사 역할 구분을 살펴보면 다음과 같다.

〈표 5-1〉 유아교사의 역할

	교사의역할
Katz(1970)	• 모친 모형(maternalmodel) • 치료 모형(therapeuticmodel) • 교수 모형(instructionalmodel)
이은화(1985)	• 환경제공자 • 관찰자 • 프로그램 학습계획자 • 연구자 • 부모교육 담당자 • 평가자 • 유아의 요구에 반응하기
Sara-cho(1984)	• 진단자 • 교육과정 설계자 • 교수조직자 • 학습지도자 • 상담자및조언자 • 의사결정자(decision-maker)

Saracho(1984)가 제시한 교사 역할의 구체적인 내용은 다음과 같다.

- **진단자**는 프로그램 계획에 사용하기 위해 각 유아들로부터 관련된 정보를 수집하는데, 부모, 심리학자, 학습전문가의 도움을 구하거나 유아 행동 관찰, 유아 작품분석, 표준화검사나 교사고안검사 등을 통해 계속적으로 정보를 수집하고 체계적으로 기록하는 역할이다.
- **교육과정 설계자**란 지역사회에서 중요시하는 학습은 물론 유아교육의 이론과 실제에 기초하여 유아들의 능력에 맞는 교육과정을 개발하는 역할을 말한다.
- **교수조직자**란 장·단기 계획의 결과를 토대로 교육 목적에 도달할 수 있도록 활동을 조직하며 유용한 자원을 탐색하고 최대한 활용한다.
- **학습지도자**란 흥미 있고 관련된 학습 경험을 유아에게 제공하고 학습환경을 만들어 줌으로써 학습을 촉진시킨다.
- **상담자 및 조언자**는 교사가 끊임없이 유아와 상호작용하며 가르치는 일과 함께 정서적인 지지와 보호하는 역할을 한다.

- **의사결정자**란 유아, 자료, 활동, 목표 등 다양한 일에 대해 의사결정을 내리는 역할이다.

이상에서 교사의 역할을 종합해 볼 때 유아교육의 관점 변화에 따라 교사의 역할 개념도 어머니의 역할과 같은 단순 보호 차원이나 수동적인 역할을 강조하는 전통적인 개념에서 벗어나 전문적인 역할을 수행해야 한다고 본다. 그러나 유아교육대상의 특성상 보호자로서의 역할은 기본적인 것이고 그 위에 더하여 전문적 지식을 가진 교수자, 상담자, 연구자로서 다양한 역할이 강조되어야 한다.

최근 2019 개정 누리과정에서는 교사 역할에서 자율성과 책무성을 강조하고 있다. 자율성이란 교사가 학급의 고유한 특성을 드러나도록 교육과정을 운영할 수 있도록 하는 것이며, 책무성은 교사 자신의 교육철학과 교육과정에 대한 이해를 지속적으로 점검하면서 유아를 지원하는 교사 인식과 실천을 의미한다. 다시 말해 교사가 유아에게 일어날 가능성을 염두에 두고 계획한 교육계획안도 실행 과정에서 유아의 상황에 따라 바뀔 수 있기 때문에 유아가 현재 경험하고 있는 놀이를 풍성하게 지원하기 위해서는 충분한 자율성을 가지고 교육과정을 운영할 수 있도록 허용되어야 한다. 이러한 자율성이 주어진 만큼 책무성도 그만큼 요구되고, 이것이 뒷받침될 때 자율성 또한 완성된다고 할 수 있다(교육부, 보건복지부, 육아정책연구소, 2019).

2) 유아교사의 자질

"교육의 질은 교사의 질을 능가할 수 없다"라는 이 말은 교육에서 교사를 유아교육의 질을 좌우하는 가장 중요한 요소로 인정함을 의미하며, 최근 유아교사의 전문성 신장과 밀접한 관계가 있음을 나타낸다. 유아교육의 질적 향상을 위해서는 우수한 자질을 가진 교직 입문 지원자를 유치해서 질 높은 교사양성교육과정을 통해 양성하는 일이 급선무이다. 유아교사의 자질은 개인적 자질과 전문적 자질로 나누어 볼 수 있다.

(1) 개인적 자질

유아교사의 자질에 대한 초기의 관점은 교사의 개인적 인성에 중점을 두었다.

즉, 어린이를 사랑하는 사람, 정서적으로 성숙한 사람, 친절, 인자함, 신뢰, 동정심을 지닌 사람 등의 요소를 강조했다.

이정환(1993)은 교사라는 직업은 일반직업인과는 다른 자질이 요구된다고 보면서 유아교사는 영리함, 사랑, 친절, 인자한 성품, 도덕성, 협력, 용맹, 평민적인 사람, 신뢰, 위엄, 공평, 성실, 관대함, 정직, 이상의 고상함, 적극성, 애국심, 진보성, 건강한 육체, 동정심, 융통성, 유아를 즐겁게 해줄 만한 성격을 지닌 참된 사람이어야 한다고 했다.

이외에 어떤 학자들은 신체 및 정신적 건강, 온정적인 성품, 인간과 생명에 대한 존엄성, 성실하고 열성적인 태도를 제시하였다(이기숙, 장영희, 정미라, 엄정애, 2018). 또 다른 학자는 교사에게 필요한 개인적 자질로 열정, 지구력, 위험을 기꺼이 감수하고자 하는 모험심, 실용성, 인내심, 융통성, 유아와 그 가족에 대한 존중, 창의성, 배움에 대한 사랑, 에너지, 유머감각을 제시하였다(박은혜, 2017). 유아들의 연령 특성상 나이가 어릴 경우 교사 개인의 특성인 정서가 직접적으로 유아에게 영향을 줄 수 있기 때문에 교사와 예비교사의 정서에 대한 관심이 모아지고 있다.

개인적 자질은 이미 형성된 경우가 많기 때문에 대학교 생활을 통해서 전적으로 습득하거나 바꾸기가 어렵기 때문에 자신의 부족한 부분을 점검하고 향상시키는 노력이 필요하다.

유치원 교사의 자질이 어떠해야 하는지에 대해서는 한 마디로 정의할 수는 없으나 이상의 정의를 토대로 교사의 개인적 자질에 대한 공통점을 정리해 보면 다음과 같이 정리해 볼 수 있다. 일반직업과는 달리 사랑, 친절, 인자함, 도덕성, 유머감각, 관용 등 개인의 인성적인 측면이 강조되며 이외에도 건강한 신체와 정신력 등도 요구된다.

(2) 전문적 자질

훌륭한 교사가 되기 위해서는 개인적 자질, 인성과 신체 건강이 필요하지만 충분조건은 아니다. 즉, 개인적으로 교사가 될 자질만을 갖추었다고 해서 훌륭한 교사가 될 수 있는 것은 아니다. 전문적 자질이란 교사로서의 역할을 다하기 위해 갖추어야 할 전문적인 능력을 말한다. 최근 유아교육의 발전과 함께 교사의 개인적 자질은 물론 전문적 자질의 근원에 대해 밝히려는 노력이 계속되고 있다.

교사의 전문적 자질로서 프로그램을 계획하고 실천하는 능력, 부모·전문가 및 여러 관계자들을 참여시키는 능력, 유아의 성장 발달을 촉진시키는 능력, 고도의 지적 전문성, 교수기술, 직업윤리, 지속적인 전문적 성장 등으로 규정하고 있다(이기숙 외, 2018). 또한 2019 개정 누리과정 이후에는 교사의 전문적 자질 중 관찰자, 계획자, 지원자, 연구자로서의 자질이 강조되고 있다(박은혜, 김희진, 성원경, 이성희, 박선혜, 2021).

이상에서 보는 바와 같이 초기의 관점과는 달리 최근에는 유아교사의 개인적 자질은 물론 전문적 자질에 대한 관심이 증대되고 있다.

3. 유아교사의 전문성

1) 전문직의 정의 및 기준

1980년대에 와서 유아교사라는 직업이 전문직인가, 유아교사가 전문가인가 하는 문제가 논의의 대상이 되고 있다. 과거에는 유아교사에게 전통적으로 양육의 역할을 강조했기 때문에 유아교사의 전문성을 인정하지 않았다. 그러나 현대 사회에서는 교수자로서의 역할을 강조하고 있기 때문에 과거보다는 유아교사의 전문성을 인정하고 있다.

Lieberman은 전문직을 관습적으로 높은 수준의 지식, 기술, 헌신, 신뢰성을 지니고 있으며 존경을 받는 구성원들의 직업으로 보았다(Doyle, 1990, 재인용). 또한 전문직의 특징을 다음과 같은 여덟 가지 기준으로 제시하고 있다(김옥련·박찬옥, 1990).

- 범위가 명확하고 사회적으로 불가결한 일에 독점적으로 종사한다.
- 고도의 지적 기술을 행사한다.
- 장기적인 전문교육을 필요로 한다.
- 실행인은 개인으로나 집단으로나 광범위한 자율성을 지닌다.
- 자율적으로 행한 판단이나 행위에 책임을 진다.

- 영리가 아니라 봉사를 동기로 한다.
- 포괄적인 자치단체를 결성하고 있다.
- 구체적인 윤리강령을 바탕으로 한다.

Peters는 전문직은 적어도 자격 기준이나 자격증, 등록 기준, 면허증 등 분명한 기준이 제시되어 있어서 누구나 할 수 있는 일반직과는 구분되어야 한다고 했다. 또한 전문직은 그 분야에 독특한 공통적 지식과 기술이 있어야 하며 이러한 지식을 토대로 그 직업을 발전시키기 위해 필요한 새로운 지식을 일반화시킬 수 있어야 하고 초심자에게 지식을 전수할 책임을 져야 한다고 말한다(이은화 외, 1999).

그러나 일부에서는 의학, 법학과 같은 전문직과 비교해 볼 때 전문직의 특성이 부족하며 그 기준에 부합되지 못하기 때문에 유아교육을 준 전문직(semi-profession), 유아교사를 준 전문가로 보기도 한다(Doyle, 1990). 또한 유아교육이 일반화된 체계적 지식의 기초가 부족하고 전문직의 권위와 특권에 대한 사회적 인정도가 낮으며 봉사의 기능이 적기 때문에 전문직으로 보기 어렵다고 주장한다(Ade, 1982).

한편 유아교육에서는 '도제공 의식(craftsmanship)'이 강조되고 있는데, 이는 다른 분야와는 달리 교수행위에 대한 일반적인 견해에서 볼 때 가르치는 것을 학습하는 것(learning to teach)은 직접적인 경험과 문제 상황에 대한 동료와 지도 교사(mentor)와의 상호작용의 조합을 통하여 생겨난다. 즉, 수습 기간 동안 지도교사와 함께 실제 상황에서 일하면서 실제 지도기술을 습득하는 것으로 학문적인 접근보다는 실제적 경향에 관련된 표준화된 학습방식으로 기술적 유능함에 초점을 두기보다는 모방을 지지하기 때문에 교사 집단으로부터 압력을 받기도 했다. 이런 주장에 대해 Eiskovitz와 Becker는 도제공 의식이 사회적 지위가 낮다거나 그 지위를 손상시킬 수 있다는 의미가 절대 아니라고 주장한다. 특히 유아교육은 현장은 과학적·체계적이기보다는 실천적이며 표준화된 것보다는 독특성을 필요로 하기 때문에 이론적 과정뿐 아니라 현장에 대한 학습이 매우 중시된다. 따라서 유아교육에서의 도제식 학습 이해가 요구되며 그 가치 또한 높게 평가해야 한다(이은화 외, 1999).

따라서 Collins, Brown 그리고 Newmandl은 '인지적 도제(cognitive craftsmanship)'라는 용어를 사용한다. 도제가 모방을 지지한다면 인지적 도제는 이해를 강조한다. 다시 말해 예비교사들이 교사의 행동을 관찰할 뿐 아니라 교사가 특별한 문제나 과제에 직면할 때 어떻게 생각하나를 '보고 알 수' 있도록 다양한 방식으로 생각하도록 실험적 학습 상황을 설정하는 것이다. 또한 Schön의 '반성적 실용 강좌'(reflective practicum)는 교사가 실제 상황보다 단순화되어 있고 잘 설계된 교실과 유사한 상황에서 적절한 답이 정해져 있지 않은 상황에 대해 학생들이 다양한 해석과 대답을 생각해 내도록 격려한다(Feiman−Nemser, 1990).

이러한 논란과 함께 유아교육 분야는 지금까지 전문성을 발달시키기 위해 많은 연구와 노력을 기울여 오고 있으며 현대 이론에서 전문성을 발달시키기 위한 조건을 일곱 가지로 제시하고 있다(이은화 외, 1999).

- 유아교육의 올바른 목적 이해, 유아 발달 상황에 맞는 교육 내용 선정 및 조직, 교육계획, 현장의 문제를 진단 처방하는 데 근간이 되는 고도의 지적 능력이 요구된다.
- 유아교육을 가정의 책임으로 여기는 소극적 개념에서 벗어나 사회적 기구로서 사회 기여도에 대한 인식이 필요하다.
- 의학, 법학 등의 전문직과 같이 장기간의 사전교육과 계속적인 현장에서의 교육을 강조한다.
- 교사에게 자율성이 주어져서 교사 자신의 교육관에 따라 유아를 이해하고 가르치며 평가할 수 있도록 해야 한다.
- 유아교사의 교권 확보와 신장 및 교원복지의 증진, 교사의 전문성을 고양하기 위해 전문 교직 단체가 필요하다.
- 유아교사가 지켜야 할 윤리강령이 제정되어야 한다.
- 사회·경제적 지위에서 유아교사의 위치가 확보되어야 한다.

유아교사는 위에서 제시한 전문가의 기준에서 살펴볼 때 전문적인 지식이 많이 요구되고 자율성이 보장되며, 전문단체가 구성되어있고 사회적 기여도나 윤리강령의 존재 여부 등에서는 전문성의 특성을 보여주고 있다. 반면 교사의 사회적 지위나 교사의 자격 기준 등 사회적지지 체계에서는 아직 까지 미흡한 측면이 많다고 볼 수 있다.

2) 전문성을 위한 지식의 기초

교사의 전문성을 말할 때 반드시 교사의 전문적 지식에 대해 언급한다. 그동안 유아교사가 전문성을 인정받지 못하고 전문적 지위를 갖지 못했던 이유 중의 하나를 유아교육 실제에 대한 확고한 지식이 부족하기 때문으로 보고 교사의 전문성을 거론할 때는 교사가 교수행위를 하는 데 있어 기초가 되는 지식 기반이 무엇이어야 하는가에 대한 규명을 요구하게 되었다. 따라서 최근 교사교육에서는 교육을 제대로 수행할 수 있는 교사를 양성하기 위한 필수적인 지식의 기초를 알아내기 위한 노력이 계속되고 있다. 유아교육은 독자성을 지닌 영역이므로 유아교육 수행에 필요한 지식의 기초가 설정되어야만 유아교육의 전문성이 확립될 수 있고 유아교사교육이 제대로 이루어질 수 있기 때문이다(Spodek & Saracho, 1994·1997).

그러나 유아교육이 갖는 특성들, 유아교육기관의 유형이 다양하며 유아교육의 대상 연령의 범위가 넓고 이에 따른 유아교사의 역할이 다양하기 때문에 지식의 기초를 규명하는 것이 쉽지 않다.

Shulman(1987)은 일반적으로 교사가 필수적으로 알아야 할 지식의 기초에는 교육 내용에 관한 지식, 교육학에 관한 지식, 교육과정에 관한 지식, 학습자에 대한 지식, 교육환경에 대한 지식, 교육의 목표 및 가치에 대한 지식 등이 포함되어야 한다고 주장하였다. Feeny 등은 유아교사가 사회적으로나 자기 스스로 전문가로서 인정을 받으려면 아동 발달과 학습 이론의 기초를 확고히 하여 아동들과의 일상생활 속에 적용시킬 수 있어야 한다고 했다(이은화 외, 1999, 재인용).

또한 유아교사가 갖추어야 할 전문적 자질 중 지식에 일반교양 지식, 유치원 교육과정에 대한 지식, 교수방법 및 평가에 대한 지식, 유아에 대한 지식을 포함시키고 있다. 또한 교사가 될 사람은 과목에 대한 지식과 다른 사람을 이해하고 받아들이는 자세가 갖추어져야 한다고 보았다. 즉, 교사는 교과목에 대한 지식과 학습자를 이해하고 다루는 능력을 필요로 하기 때문에 단순히 훈련만을 받는 것과는 다르다(Floden & Buchmann, 1990).

NAEYC(박은혜, 2002에서 재인용)에서는 유아교사에게 필요한 지식의 기초로 아동발달과 학습촉진하기, 가족 및 지역 사회와의 관계 확립하기, 유아와 그 가족을 지원하기 위하여 관찰하고, 기록하고 평가하기, 교육과정, 전문성을 가진 교사되기를 제시하였다.

결론적으로 Ott 등이 제시한 교수행위를 위해 교사가 갖추어야 할 전문적 지식의 기초를 정리하면 다음과 같다(이은화 외, 1999, 재인용).

- 유아교육의 이론적 기초
- 유아를 위한 교수–학습
- 아동 발달
- 도덕·윤리적 지식
- 문화적 지식
- 부모교육 및 부모 참여
- 유아교육과정
- 유아교육과정의 각과 지도에 관계되는 이론이나 연구
- 유아교육에 대한 사회·정치적 분석
- 부모 및 사회와 관계를 맺을 수 있는 능력
- 동료끼리 서로 도우고 지식을 교류할 수 있는 능력 등을 포함시키고 있다.

3) 실천적 지식

교직 사회는 유능한 교사를 필요로 한다. 유능한 교사에 대한 정의는 시대, 교육 패러다임, 관점에 따라 약간씩 다를 수 있지만 현대적 의미에서 유능한 교사가 지녀야 할 특징 중의 하나는 전문적 지식과 함께 실천적 지식을 갖는 것이다.

실천적 지식은 교사 개개인이 갖고 있는 지식을, 교사가 일하고 있는 실제 상황에 맞도록, 자신의 가치관이나 신념을 바탕으로 종합하고 재구성한 지식으로(Elbaz, 1983), 교사가 계획한 교육 내용을 교실에서 실행할 때 직면하게 되는 실제적인 딜레마나 실제 교육 현장에서 겪게 된 일을 통해 얻은 지식을 말한다(Carter, 1990). 실천적 지식은 교사가 의사결정자로서 역할을 수행 할 때 교사가 이미 갖고 있거나 새롭게 형성하는 다양한 실천적 지식이 나타난다.

다시 말하면, 실천적 지식이란 교실에서 일어나는 상황이나 사건을 이해하고 해결해 나가는 능력으로 교사들이 갖고 있는 이론뿐만 아니라 나름 대로의 가치관, 신념, 철학, 경험들이 겉으로 드러나는 방법에 대한 지식(know–how)을 말한다.

예를 들면 Frost의 교실 내 구성영역 기준(본 서 141쪽)에 의해 교실을 구성하려면 물이 있는 곳과 건조한 곳, 조용한 곳과 건조한 곳을 기준으로 구성해야한다. 이때 교사는 교실 영역 구성 시 Frost의 기준 외에 유치원의 교육 철학, 담당 유아의 연령, 학기(초, 중간, 마지막), 주제, 교실의 모양과 넓이, 유아의 의견 등을 고려하여 교실을 재구성 하면서 교사는 교실 영역 구성에 대한 수 십 가지의 실천적 지식을 갖게 된다고 볼 수 있다.

전문가로서의 교사는 이론적 지식 기반을 학습하는 동시에 그것을 토대로 현장에서 직면하는 문제를 해결해야 한다. 특히 유아교육 현장 자체가 매우 역동적이며 불확실하고 예측 불허의 상황이 많이 발생하기 때문에 '가르치는 일'의 불확실성은 학습자, 교수활동, 교수 내용, 교사와 학습자의 관계 등 모든 면에서 나타난다(박은혜, 2017).

이상에서 살펴볼 때 일반적으로 실천적 지식의 형성은 교수 상황에서 주로 일어날 수 있는 일이기 때문에 현장에서의 교수 경험이 실천적 지식 형성에 중요한 역할을 한다고 할 수 있다. 실천적 지식 형성은 직전교육과정에서도 가능하고 교사가 된 이후에는 더욱 급속도로 발달하게 된다. 직전교사교육과정의 교수방법에 대한 과목들에서 가르치는 지식이나 교육원리 및 구체적인 교수기술이 실천적 지식 그 자체는 아니지만 가장 실제적인 근원을 제공해 준다는 점에서 그 중요성이 인정된다고 한다. 그러나 직전교사교육과정의 교수방법에 대한 과목들에서 가르치는 지식이나 교육원리 및 구체적인 교수기술은 전혀 다르다는 것을 인식해야 한다. 교수방법 과목들을 통해 배운 것들이 실천적 지식으로 변형되기 위해서는 예비교사들이 사전실습을 통해 가능한 한 자주 유아교육의 상황을 접함으로써 유아교육 현장에서 일어날 수 있는 일, 교사가 자주 접하게 되는 문제들을 이해할 수 있게 해 주어야 한다. 예를 들어, 모의수업이나 수업사례 등을 통해 교수방법에서 배운 이론을 이용하여 문제 해결의 기회를 제공해야 한다.

4) 반성적 사고

(1) 반성적 사고의 정의

반성적 사고(reflective thinking)는 새로운 통찰력과 이해를 위해 문제를 내적으로 점검, 다각적으로 탐색하는 것이다. Dewey는 이전의 일상적인 습관에 따라 행동해도 아무런 문제가 생기지 않는 한 반성의 요구는 일어나지 않지만 일단 습관으로 해결되지 않는 곤혹한 사태가 우리 앞에 주어지게 되면 우리는 어떤 식으로든지 그 상태를 해결하고자 반성을 시작하게 된다고 한다(고문숙, 1994, 재인용). 또한 Knowles 등(1994)은 반성적 사고란 실천행위를 검토하고 정련하며 학교나 교실의 다양한 역할과 관련된 개인적이고 교육학적이며 사회적인 맥락을 주의 깊게 고려하는 계속되는 과정을 의미한다고 정의하였다(박은혜, 1996, 재인용). 또한 Dewey는 반성적 사고과정을 문제 해결과정과 유사한 것으로 '자신의 신념이나 실천행위에 대해 그것의 원인이나 궁극적인 결과를 적극적이고 끈기 있게 그리고 주의 깊게 고려하는 것'으로 보았다. 요약하면 반성적 사고란 현재에 일어나고 있는 실천적 행위에 대한 사려 깊고 분석적인 사고로부터 미래의 행위에 대한 방향을 결정하는 자연스런 과정이다(박은혜, 1996).

(2) 반성적 사고의 중요성

전문성을 확립하는 조건에는 여러 가지가 있지만 전문직의 특성 중의 하나는 반성적 사고이며 반성적 사고를 하는 실천인이 되는 것은 매우 중요하다. 반성적 사고란 이미 Dewey에 의해 강조되었고 Schon이 『The Reflective Practioner』에서 강조한 후 교사교육에서 반성적 사고에 대한 개념은 재해석되어 지금까지 교사교육의 흐름을 주도하는 주요한 개념이 되고 있다(박은혜, 1996). 또한 Zeichner(1981·1982)는 교사교육의 중요한 목표로서 반성적 사고를 강조하면서 생각을 많이 하고 방심하지 않는 교사는 학습문제를 연구하고 해결하는 데 필요한 기술과 실질적인 인식에 반대하는 정신 태도를 갖는다고 설명하고 교사의 바람직한 특성으로 개방적인 마음, 책임감, 성실성을 제시하였다(Floden & Buchmann, 1990, 재인용). 이와 같이 반성적 사고는 전문적인 실천인의 특징이라고 할 수 있다. 유아교사가 전문가의 특성을 지니고 있다면 반성적 사고의 특징 또한 지녀야 한다.

유아교사교육분야에서 교사와 예비교사들의 반성적 사고능력을 향상시키기 위해 저널쓰기가 주로 사용되고 있다. 저널쓰기는 자신의 개인적인 생각을 적는다는 점에서 일기와 비슷하지만 일기는 사적인 반면, 저널은 전문성을 가진 교사로의 의견을 적는 것이다. 저널쓰기는 자신의 생각에 기초하여 기록해 봄으로써 그동안 배웠던 이론, 상황, 다른 사람들의 의견을 수동적으로 수용하지 않고 교사 자신의 생각을 가지고 점검하고 수용하게 된다(박은혜, 2002, 2017).

저널을 쓰는 과정에서 자신의 교육신념에 대한 인식, 교육활동이나 이론에 대해 질문하기, 문제상황을 자신의 관점에서 재해석하기, 직면한 문제에 대한 다양한 해결책 찾아보기, 자신의 감정 표현하기 등과 같은 다양한 방식으로 자신의 이야기를 전개해 나갈 수 있다. 저널을 쓸 때에는 주제를 정하거나 자유롭게 쓰기도 한다.

다음은 초임교사가 쓴 저널의 일부분이다.

요즘 가장 생각나는 문제는 수업이다. 모든 수업에는 기승전결이 필요하고 내가 수업을 하는 명확한 이유가 있어야 한다. 그래서 수업하기 전 도입–전개–마무리의 주요 발문들을 머릿속에 정리하고 수업에 들어갔지만 아직 정신이 없다(중략). 원활한 수업을 하기 위해 수업의 흐름을 정리하고 주요 발문들만 계획해서 수업을 진행해 볼 예정이다(2023. 3. 27. C 유치원 H 교사).

수업이 끝난 후 원장님과 수업 협의회를 가지면서 나의 수업을 점검해 볼 수 있는 기회가 되었다(중략). 두 번째 수업에서는 수업을 설계하는 것에서부터 시간이 오래 걸렸다. 목표와 내용이 적합한지, 수업의 흐름이 자연스러운지 등을 고려하였다(중략). 풍속화 비교에서 벤다이어그램을 사용하였는데 유아들도 적극적으로 참여하고 많은 관심을 보였고 창의적이고 재미있는 이야기가 나와서 나도 수업 진행에서 큰 어려움 없이 자연스럽게 깔끔하게 흘러갔다(중략). 결국 수업은 교사와 유아의 상호작용이라는 생각이 들었고 그 상호작용을 위해 구체적이고 체계적인 수업설계가 중요하다는 것을 느끼게 되었다(중략). 그동안의 수업을 되돌아보며, 유아들과 효과적으로 상호작용하는 방법, 수업설계하기, 동화 재구성하기 등의 수업을 배우는 시간이었다. 수업에서 처음 가졌던 부담감은 감사함으로 변하였고 앞으로 계획하고 구성할 수업에 대해서도 동기부여가 되었던 시간이었다(2023. 6. 5. C 유치원 H 교사).

초임 교사의 저널에서와 같이 교사는 대학교 때 배운 대로 도입–전개–마무리의 순서대로 계획안을 작성하고 준비를 하여 수업에 들어갔으나 정신없이 수업을 진행하였다고 하였다. 수업 후 수업 협의회를 통해 자신의 수업을 점검해 보는 기회를 가졌다. 이러한 과정을 통해 수업 설계가 중요함을 깨닫고 수업 설계를 더 잘해야겠다고 동기 부여를 하고 있음을 알 수 있다.

다음은 실습생이 유치원 실습을 하면서 쓴 저널의 예이다.

> 부분 수업으로 동화를 하게 되었다. 오전 내내 동화의 대사가 생각나지 않고 우물쭈물할까 봐 마음이 조마조마하였고 긴장되었다. 드디어 수업이 시작되었다. 대사를 외워서 하다가 ppt 넘기는 것을 잊어버리고 진행하였고 아차 싶어서 넘기기를 시작하였다. 유아에게 질문을 한 후 내가 예상한 답이 나오지 않아 속으로 '아니야'라고 혼자말을 하기도 하였다. 아차 싶었다. 유아의 질문에 즉각적으로 대답하는 기술이 부족하여 수업을 그냥 그렇게 진행하였다. 유아 앞에서 실제로 수업을 하는 것이 이렇게 떨리고 긴장되어 심장이 오그라드는 것 같은 일 일 줄은 몰랐다. 그나마 준비한 내용을 잊어버리지 않고 진행한 것 같아 다행이다(2017년 실습생 저널 중).

위의 실습생의 저널에서와 같이 실습생은 대학교 수업 시간에 수업계획안도 써 보고 모의 수업을 해보았음에도 불구하고 실제로 유아와의 수업에서 유아가 계획안대로 대답을 하지 않았을 경우 상호작용을 하는 기술과 융통성이 부족하여 상황에 적절한 피드백과 발문을 하지 못하였다. 따라서 저널쓰기를 통해 자신의 수업에서 잘한 점과 부족한 부분을 스스로 돌아보고 점검하여 더 나은 수업을 하도록 피드백을 해주는 일이 필요하다.

이상의 예에서 볼 수 있듯이 예비교사를 비롯하여 현장의 교사들은 교수행위의 불확실성으로 인해 하나의 정답이 없는 교수 상황에서 방심하지 않고 끊임없이 지속적으로 자신의 수업을 위해 또 수업을 하고 나서 수업에 대해 반성적 사고를 하게 된다. 이런 것이야말로 전문가로서의 교사가 갖추어야 할 사고와 태도이다.

4. 교사양성교육

1) 유치원 교사

교사양성교육과정에서 유치원 2급 정교사 자격을 획득하기 위한 기준을 전공, 교직, 성적기준, 기타 로 나누어 살펴보면 다음과 같다.

〈표 5-2〉 사범대학 및 사범계학과 입학자의 무시험검정 합격기준

구분	2021 입학자부터		
전공과목	• 50학점 이상	–기본 이수과목 21학점(7과목)이상 포함	유아교육론, 영유아 발달과 교육, 부모교육, 유아교육과정, 유아놀이지도, 유아교사론, 유아 관찰 및 실습, 유아언어교육, 유아사회교육, 유아과학교육, 유아수학교육, 유아미술교육, 유아음악교육, 유아동작교육, 부모교육, 유아교육기관 운영 관리, 아동복지, 유아건강교육, 유아안전교육
		–교과교육영역 8학점(3과목)이상 포함	(유아)교과교육론, 교과교재 연구 및 지도법, 논리 및 논술 이외에 기타 교과교육 영역
교직과목	• 22학점 이상	–교직이론 12학점(6과목) 이상	교육학개론, 교육철학 및 교육사, 교육과정, 교육평가, 교육방법 및 교육공학, 교육심리, 교육사회, 교육행정 및 교육경영, 생활지도 및 상담, 기타 교직 이론에 관한 과목
		–교직소양 6학점(3과목) 이상	특수교육학개론(2학점 이상), 영재교육 영역 포함, 교직 실무(2학점 이상), 학교폭력의 예방 및 학생의 이해(2학점 이상)
		–교육실습 4학점 이상	학교현장실습(2학점 이상), 교육봉사활동(2학점 이상 포함가능)
성적기준	• 전공과목 평균성적 75/100점 이상 • 교직과목 평균성적 80/100점 이상		
기타	• 교직 적 · 인성 검사 적격판정 2회 이상 • 응급처치 및 심폐소생술 실습 2회 이상 • 성인지 교육 4회 이상(3년 이하의 교원양성과정 2회 이상)		

출처: 교원검정령(2023, 86쪽, 217쪽, 269쪽)

〈표 5-2〉에서와 같이 2급 유치원 정교사 자격을 위한 기준으로 전공과목에서는 50학점 이상, 교직과목에서는 22학점 이상이 제시되어 있다. 그리고 성적 기준은 전공은 4년 평균 75점 이상과 교직에서는 80점 이상을 획득해야한다. 기타에서는 교직 적 ·인성 검사 적격판정 2회 이상과 응급처치 심폐소생술 실습 2회 이상을 실시해야 한다. 2021년부터 성인지 교육이 추가되었고 4회 이상(3년 이하의 교원양성과정은 2회 이상)실시하도록 하고 있다.

2) 보육교사

교사양성교육과정에서 보육교사 2급 자격 취득을 위한 과목을 살펴보면 다음과 같다.

〈표 5-3〉 대학 등에서 이수하여야 할 교과목 및 학점 일반(2016.3.1.시행)

<table>
<tr><th>영역</th><th colspan="2">교과목</th><th>학점</th></tr>
<tr><td>가. 교사 인성</td><td colspan="2">보육교사(인성)론, 아동복지와 권리</td><td>2과목(6학점)</td></tr>
<tr><td rowspan="2">나. 보육 지식과 기술</td><td>필수</td><td>보육학개론, 보육과정, 영유아 발달, 영유아교수방법론, 놀이지도, 언어지도, 아동음악(또는 아동동작, 아동미술), 아동수학(또는 아동과학지도), 아동안전관리(또는 아동생활지도)
※괄호 안 교과목의 경우 중복인정불가. 예 아동음악, 아동동작, 아동미술 모두 이수하였더라도 1 과목만 인정</td><td>9과목(27학점)</td></tr>
<tr><td>선택</td><td>아동건강교육, 영유아사회정서지도, 아동문학교육, 아동상담론, 장애아지도, 특수아동이해, 어린이집 운영관리, 영유아보육프로그램개발과 평가, 보육정책론, 정신건강론, 인간행동과 사회환경, 아동간호학, 아동영양학, 부모교육론, 가족복지론, 가족관계론, 지역사회복지론</td><td>4과목(12학점) 이상</td></tr>
<tr><td>다. 보육 실무</td><td colspan="2">아동관찰 및 행동연구, 보육실습</td><td>2과목(6학점)</td></tr>
</table>

출처: 한국보육진흥원(www. kcpi.or.kr/kcpi/business/sysoutline.do

〈표 5-3〉에서와 같이 보육교사 2급 자격을 위해 대학 등에서 이수하여야 할 교과목 및 학점 일반은 교사 인성영역에서는 2과목(6학점 이상), 보육지식과 기술은 필수와 선택과목으로 나누어져 있고 4과목(12학점 이상), 보육 실무에서는 2과목(6학점)을 제시하고 있다.

현재 우리나라의 유아교사 양성교육은 교육·보육 기관의 이원화에 따라 두개의 체제 속에서 양성된다. 즉, 유치원 교사 양성교육과 어린이집 보육교사 양성교육 체제로 구분된다. 유치원 교사를 배출하는 교육기관은 크게 4년제 대학교, 2·3년제 대학, 대학원으로 나뉘며 일반대학원을 제외한 각각의 양성기관에서 유치원 2급 정교사를 배출하고 있다.

과거 우리나라 유아교사 양성교육의 역사는 해방 이전, 해방 직전, 1970년대 그리고 1980년대로 크게 나누어 볼 수 있다. 최초로 1915년 이화학당에 2년 과정의 유치사범과를 설치함으로써 시작되었고 그 후 1922년 중앙유치원 사범과, 1926년에 갑자유치원 사범과가 해방 이전에 설치되었으며 이화유치원 사범과를 비롯하여 이들 기관들은 이와 마찬가지로 유치원에서 도제훈련양식으로 유아교사를 양성하였다(이상금, 1987).

1970년대 후반부터 사회와 국가의 관심을 얻기 시작한 유아교육은 1980년대 초에 들어와서 국가의 유아교육정책이 강화되고 유아교사 양성기관이 많이 설립됨에 따라 급격한 발전을 이룩하게 되었다. 또한 국립대학 내의 유아교육과 설치와 4년제 대학의 유아교육과 및 전문대학의 유아교육과, 방송통신대학, 유아교육 관련 학과(아동학과, 아동복지학과 등)와 학생 수가 해마다 증가하고 있는 추세이며 전문대학 유아교육과의 경우도 3년제 전환 이후 전체 편제 정원이 늘어났고 대학원 유아교육전공이 신설되는 등 유치원 교사 양성기관의 수는 계속적인 증가를 보이고 있다(한국유아교육학회, 1995, 2003, 2007: 157).

(1) 직전교육

유아교사의 전문성 발달은 교원양성교육과정, 즉 직전교육을 통해 그 기초가 형성된다. 직전교육이란 교직에 들어가기 전의 특별한 학교 교육이다. 예비교사들은 직전교육을 통해 교사가 되기 위한 기초적 지식을 배운다. 직전교육에서 다루어질 내용은 교양, 교직, 전공과목으로 조직되어 있다. 그 중에서도 교육실습은 유아교육의 특성상 매우 중요하다. 유아교육실습은 대학에서 배운 교양, 교직, 교과 등에 관련된 지식을 통합하여 교육현장에 직접 적용해 보는 기회를 제공하는 과목이다. 실습 기간 동안 예비교사는 유아를 지도하고, 수업을 진행하고 학급을 운영하고 사람들과 상호작용을 하는 등 다양한 유아교사의 역할을 경험한다(박은혜, 조운주,

2020). 이러한 과정을 통해 예비교사는 실천적 지식을 형성하고 시험해 보며, 전문적인 지식을 심화시키고, 의사결정의 기회를 연습해 보고, 지식과 기술통합의 기회를 경험하고 이론과 실제를 연결하는 경험을 해 보며 교사로서의 정체성을 확인해 보는 과정으로 교육관과 사명감을 확인하고 학급경영을 통해 행정적 역할을 수행해 볼 수 있다(박은혜, 2017).

실습은 보통 사전실습, 정규실습, 사후실습의 3단계로 진행된다. 사전실습은 정규실습 이전에 1회 또는 여러 차례에 걸쳐 단기간 또는 일시적으로 현장 경험을 하는 것이다. 정규실습은 교육실습 이라는 교과목을 통해 4주 동안 정해진 기관에서 실시된다. 사후실습은 정규실습 이후에 갖게 되는 현장 경험을 의미한다. 최근에는 교육실습의 각 단계별 간의 연계를 강조하여 사전실습, 사후실습을 강조하는 추세이다.

현재 우리나라의 유아교사들은 4년제 대학 유아교육학과와 3년제 전문대 유아교육과, 관련 학과인 아동학과 등에서 양성되고 있다. 특히 전문대학이 2년에서 3년으로 수학 연한이 늘어나면서 대부분의 유아교육과 교육과정 구성상 교과목의 수는 물론 그 내용면에서도 질적 수준을 높이도록 구성되어 있다.

(2) 입문교육(induction)

초임 교사들이 초임 시절에 어떤 경험을 하는가는 매우 중요하다. 왜냐하면 교사가 어떤 초임 시절을 어떻게 보내는가는 이후의 교사로서의 삶에 커다란 영향을 미치기 때문이다(김영천, 정정훈, 이영민, 2006). Lotie(1997)는 교사의 초임 시절을 '물에 가라앉느냐 헤엄치느냐'의 시기로 비유하면서 초임 시절의 중요성을 강조했다.

현장에서는 초임 교사가 부임 첫날부터 경력 교사가 하는 것과 동일 하게 행할 것을 기대한다. 왜냐하면 초임 교사들이 직전 교육을 통해 교사가 되기 위한 준비를 했으므로 아무런 도움 없이 교사의 역할을 잘 수행할 수 있을 것이라고 생각하기 때문이다. 그러나 초임교사들은 학급을 운영하면서 수업, 정서, 학부모와의 관계, 생활지도 등에서 어려움을 겪고 있다(한미양, 이순례, 2008; 임승렬, 권혜진, 2005; 이춘자, 2023).

1970년대부터 1980년대 미국에서는 교육 연구, 교육자들의 개혁에 대한 영향으로 입문 교육에 대한 논의가 활발하게 이루어졌고 다양한 입문 교육 프로그램이 개발되었다. 입문 교육의 목적은 초임 교사의 고립감 해소, 만족감 증진 교사의 전문적인 성장과 발달의 지원, 이직률 감소이다(박은혜, 이은화, 이현옥, 임승렬, 조운주, 1998).

초임 교사를 지원하기 위한 입문 교육은 지도 교사와 대학 지도교수의 초임교사 지도, 협의회(초임교사-지도교사협의회, 지도교사-지도교수협의회), 초임 교사의 쓰기 활동(저널쓰기, 보고서 등) 워크숍이나 세미나를 통해 이루어졌다. 입문 교육이 성공적으로 이루어지기 위해서는 대학, 교사소속 기관(유치원이나 어린이집), 교육청의 협력이 필수적이다. 초임 교사들의 교수 능력을 향상 시키기 위한 기술적인 측면과 교사들의 반성적 사고를 발전시키는 것에 초점을 두며 초임 교사들의 요구를 반영하는 것이 중요하다. 입문 교육 프로그램 진행 과정의 예를 제시하면 〈표 5-4〉와 같다.

〈표 5-4〉 입문교육 프로그램 진행 과정

활동	내용	참여자	초임교사 과제	지도교사 과제	지도교수 또는 장학사의 과제
지도교사들의 모임	한 달에 한번 지도교사들끼리 모여 자신들의 경험을 공유하고 논의하는 시간 갖기	지도교사 지도교수(경우에 따라 참석 가능)		논의하고 싶은 각자의 사례를 준비함	
수업 영상 분석	초임교사들이 소집단으로 모여서 각 교사의 수업 동영상을 보면서 서로의 수업 관찰 및 분석	지도교사 초임교사	본인이 하는 수업 중 하나를 택하여 동영상을 촬영하기	수업 동영상을 분석할 수 있는 기준에 따라 수업을 평가한 후 모임을 주관	지도교수는 수업 동영상 분석의 틀을 제공함
계획안	초임교사들은 계획안(수업, 일일, 주간 등)을 작성하여 지도교사에게 제출하고 지도교사는 이를 검토하기	초임교사 지도교사	계획안 제출하기	계획안 검토하기	
저널쓰기	초임교사는 매일의 일과를 간단히 적고, 최소 일주일에 한 번은 자신의 일과를 돌아보며 저널을 작성하기	초임교사 지도교사	저널 작성하여 제출하기	초임교사의 저널을 읽고 적절하게 반응하기	

* 박은혜 외(1998). 234-235를 기초로 재구성하였음

(3) 현직교육

한 사람의 유능한 교사를 양성하기 위해서는 직전교육이 그 기초가 된다. 그러나 유아교사가 전문성을 지닌 전문가가 되기 위해서는 교사가 된 이후 교직에 머무르는 동안 계속적인 성장과 발전을 이룰 수 있도록 교직에 관계되는 전문 지식을 배우고 자신을 연마하는 과정, 즉 현직교육이 필요하다. 현직교육은 교원 재교육, 교원 연수교육 등의 이름으로 불리며 교육의 시기와 대상, 목적에 따라 다양하게 정의된다.

김종철(1988)은 '현직교육은 개인적으로나 집단적으로 가질 수 있는 교직에 대한 연수활동을 광범위하게 포함하는 개념이며 임용 후의 교육을 말하는 것으로 신규채용자에 대한 직무 적응을 위한 훈련이나 재직자에게 주기적으로 또는 계속적으로 교직에 관련된 새로운 이론과 기술을 제공하는 것을 목적으로 하는 재훈련 또는 재교육 강습'으로 정의하고 있다.

현직교육의 유형은 학자마다 다양하게 분류하고 있지만 우리나라에서는 주로 교사 개인 주도, 유아교육기관 주도, 정부 주도 등으로 분류된다.

(4) 유아교사의 관심사 발달

교사의 관심사에 대한 연구는 Fuller에 의해 처음으로 시작되었다. Fuller는 예비교사와 현직교사를 대상으로 연구하였고 교직 이전 관심사, 생존에 대한 초기 관심사, 교수 상황 관심사, 학생에 대한 관심사로 정리하였다. Katz(1972)는 Fuller의 교사 관심사 이론을 확장하여 연구하였다(박은혜, 2012; Burden, 1990).

① 제1단계: 생존 관심사

교직에 입문하는 시기로 첫 1년 동안 많이 나타나는데 자신이 기대했던 성공과 교실실제와의 불일치를 인식하고 자신이 부적절하고 준비되지 않은 것을 느끼면서 교사로서 살아남을까 하는 생존의 문제에 관심을 갖는 단계이다. 이 시기에는 현장의 상황을 잘 파악하고 있는 원장이나 경력이 많은 교사들의 이해, 위로, 지원과 기술적인 도움을 필요로 한다.

② 제2단계: 강화 관심사

안정감과 자신감 등 첫 단계에서 얻은 것들을 강화하며 교사로서의 업무와 교수기술을 숙달하고 문제 유아의 상황에 관심을 갖기 시작한다. 이 시기는 약 2~3년 동안에 일어나며 현장에서의 도움, 전문가와의 밀접한 관계, 동료교사와의 감정적 공유(박은혜, 2010), 자문위원, 상담자로부터의 충고 등이 적절한 도움을 줄 것이다.

③ 제3단계: 갱신 관심사

경력이 3~4년째 정도에 이르게 되면 교사는 종종 똑같은 일을 하는 데 대해 싫증을 느끼기 시작하고 그 분야에서의 혁신적인 것을 시도해 보고자 하는 시기이다. 협회 참여, 전문 서적이나 잡지, 전문가 단체 가입, 수업 참관, 녹화를 통한 자기 수업 분석, 다른 교실 및 프로젝트 방문, 여러 분야의 전문가와 상담을 통해 발달하고자 한다.

④ 제4단계: 성숙 관심사

대체로 경력이 약 5년 이상 되었을 때 도달하는 시기로서 자신을 교사로서 인정하고 완전한 자신감을 가지게 된다. 따라서 이 시기의 교사들은 교직 전반에 걸쳐 관심을 가지며 세미나 참여, 다양한 분야의 전문가와의 상호 접촉, 학위 취득 기회, 폭넓은 독서 등을 통해 가장 많은 도움을 받을 수 있다.

이상과 같이 교직 경험이 많아짐에 따라 유아교사들의 관심사가 달라짐을 고려하여 교사 발달 단계에 따른 욕구를 충족시켜 줄 수 있는 현직교육이 이루어져야 한다.

5. 교직 윤리

직업윤리란 특정한 직업을 가지고 있는 사람은 물론 직업을 가진 모든 사람에게 요구되는 윤리이다. 직업윤리는 두 가지 의미로 해석될 수 있다. 첫째, 어떤 전체 사회에서 공인된 행동규범으로 보며 이것의 적용을 받는 모든 사람에 대하여 윤리를 준수할 것을 요구하는 사회적 규범을 의미한다. 둘째, 직업관이나 노동정신으로 보는 경우가 있다. 교직은 많은 직업 중의 하나이지만 과거로부터 하늘의 부름을 받아 그 임무를 수행하는 천직(天職)으로 여겨져 왔다. 따라서 교직은 다른 직업윤리와 마찬가지의 윤리가 적용되지만 배워가는 중에 있는 학생을 대상으로 하기 때문에 더욱 윤리적인 측면이 강조된다.

유치원 교원 양성임용제도 개선연구단을 비롯한 유아교육 관련 단체에서 2010년 유치원 교사 헌장·강령의 구체적인 내용은 다음과 같다.

1) 유치원 교사 헌장

유아교육은 유아의 삶에 초석이 되며 우리 사회와 국가의 미래를 결정한다. 우리는 국민의 생애 초기 교육을 책임지며 사회로부터 존경받는 교사로서 자신을 연마하고 소명의식을 가지고 유아교육자로서 가야 할 길을 밝힌다.

① 우리는 유아를 사랑하고 개성을 존중하며 전인 발달을 지원하고 평화로운 교실문화를 조성한다.

② 우리는 미래 지향적이며 질 높은 교육을 계획하고 실천하여 교육자로서의 책임을 다한다.

③ 우리는 가정에 대한 이해와 연대를 강화하여 교육복지사회 구축에 공헌한다.

④ 우리는 사회의 변화와 요구에 적극 부응하여 유아교육의 혁신과 발전을 위해 노력한다.

⑤ 우리는 교육자로서의 품위를 유지하고 부단한 자기계발을 통해 유아교육 전문가로서의 위상을 갖춘다.

2) 유치원 교사 강령

(1) 유치원 교사와 유아

핵심개념:사랑, 평등, 개성 존중, 전인교육, 안전과 보호

① 우리는 유아를 사랑하며 유아의 인격을 존중한다.

② 우리는 유아의 개인적·가정적 배경에 관계없이 모든 유아를 평등하게 대한다.

③ 우리는 유아의 개성을 존중하며 개인의 흥미와 잠재력에 적합한 교육을 제공한다.

④ 우리는 유아의 전인 발달을 지원하는 교육과 환경을 제공한다.

⑤ 우리는 유아의 안녕을 위협하는 가정적·사회 문화적·경제적 상황을 적극적으로 파악하고 유아를 보호하기 위해 노력한다

(2) 유치원 교사와 가정

핵심개념: 가족에 대한 이해, 권리 보호, 협력, 지원

① 우리는 유아를 교육하고 지원하기 위해 가정과 연계하고 협력관계를 구축한다.

② 우리는 교육적 목적으로 수집한 가족 정보에 대해 기밀을 유지하고 가족의 사생활을 보장한다.

③ 우리는 유치원에서 일어난 안전사고나 위험 상황에 대해 가족에게 충분히 설명한다.

④ 우리는 가족에게 유치원을 개방하며 필요한 정보를 제공한다.

⑤ 우리는 유치원 운영에 관련된 중요한 의사결정과정에 부모를 참여시킨다.

⑥ 우리는 가족에게 필요한 지역사회 자원에 대한 정보를 구축하고 이를 가족에게 적극 제공한다.

(3) 유치원 교사와 사회

핵심개념: 사회에 대한 이해, 교원의 지위 향상, 유아교육 위상 강화, 교직 문화, 지역사회와의 협력

① 우리는 사회의 흐름을 파악하고 이를 교육에 반영하고자 노력한다.

② 우리는 유아와 관련된 법률과 정책을 이해하고 이를 개선하기 위한 활동에 적극 참여한다.

③ 우리는 교직 관련 단체와 전문가협회를 통해 교권 확립을 위한 활동에 참여한다.

④ 우리는 유치원 교육을 사회에 널리 알려 유아교육의 위상을 높인다.

⑤ 우리는 교직원 간의 상호 존중과 협력을 통해 건전한 교직 문화를 형성한다.

⑥ 우리는 유치원과 연계하여 지역사회의 생활과 문화 향상에 기여한다.

(4) 유치원 교사의 책무

핵심개념: 직업의식과 긍지, 인성(열정, 개방성, 창의성, 자율성), 교사로서의 품위, 연구와 자기계발

① 우리는 교육전문가로서의 직업의식을 갖는다.

② 우리는 건전한 국가관과 확고한 교육관을 가지고 교직에 종사한다.

③ 우리는 유아에게 최적의 교육을 제공하기 위해 열과 성을 다한다.

④ 우리는 건전한 언행과 생활태도로 유아에게 모범이 되도록 한다.

⑤ 우리는 열린 사고와 개방적 태도를 가지고 전문성 향상에 매진한다.

⑥ 우리는 다양한 분야의 전문가와 교류하고 새로운 지식과 정책을 비판적으로 수용한다.

참고문헌

고문숙 (1994). 반성적 사고조장교수방법이 유치원예비교사의 자기평가와 반성적사고에 미치는 영향. **유아교육연구**, 14(2), 97-115.

교육부 (2023). **2023년도 교원자격검정 실무편람**. 교육부

교육부·보건복지부·육아정책연구소 (2019). **2019 개정누리과정 교사연수자료.**

김영천, 정정훈, 이영민 (2006). **미운 오리 새끼: 한국초임교사의 일 년 생활**. 경기: 문음사.

김옥련·박찬옥 (1990). **유아교육개론**. 서울: 교육과학사.

박은혜 (1996). 반성적 사고와 유아교사교육. **유아교육연구**, 16(1), 175-191.

박은혜 (2002). **유아교사의 지식**. 서울: 창지사.

박은혜 (2017). **유아교사론**. 서울: 창지사.

박은혜, 이은화, 이현옥, 임승렬, 조운주 (1998). 초임교사를 위한 입문교육 프로그램 모형개발에 관한 기초연구. **한국교사교육**, 15(1), 220-229.

박은혜, 조운주 (2020). **반성적 실천을 위한 유아교육실습**. 서울: 창지사.

박은혜, 김희진, 성원경, 이성희, 박선혜(2021). **영유아교육과정**. 서울: 창지사.

유치원교원양성·임용제도개선연구단·한국4년제 유아교사양성대학교수협의회·한국전문대학유아교육과교수협의회·한국국공립유치원교원연합회·한국유치원총연합회·전국사립유치원연합회 (2010). **유치원 교사 헌장·강령.**

이기숙, 정영희, 정미라. 엄정애 공저(2018). **유아교육개론**. 파주: 양서원.

이상금 (1987). **한국 근대 유치원 교육사**. 서울: 이화여자대학교 출판부.

임재택, 조채영 (2000). **소파 방정환의 유아교육사상**. 서울: 양서원

이은화·배소연·조부경 (1999). **유아교사론**. 서울: 양서원.

이정환 (1993). **유아교육의 교수학습방법**. 서울: 교문사.

이춘자 (2023). 멘토링을 활용한 초임교사교육에서 유치원 교사의 경험 분석. **교원교육**, 39(5), 87-105.

임승렬, 권혜진 (2006). 이직한 유치원 초임교사의 이직 동기에 관한 연구. **열린유아교육연구**, 10(4), 361-391.

한국보육진흥원 (2023). 보육교직원 국가자격증 보육교직원 통합정보. https://www.kcpi.or.kr/kcpi/business/sysoutline.do

한국유아교육학회 (1995). **유아교육백서**. 서울: 도서출판 하우.

한국유아교육학회 (2003, 2007). **유아교육백서(개정)**. 서울 : 양서원.

한미양, 이순례(2008). 사립유치원 초임 교사의 교직적응에 관한 연구 –원장의 시각으로 본 초임 유아 교사–. **인문과학연구**, 19, 203–237.

Ade, W. (1982). Professionalization and it's implications for the field of early childhood education. *Young Children, 37*(3), 25–32.

Burden, P. R. (1990). Teacher development. In W. R. Houston(ed), *Handbook of Research on Teacher Education* (pp.311–328). New York: Macmillan.

Carter, C. (1990). Teachers' knowledge and learning to teach. In W. R. Houston(Ed), *Handbook of Research on Teacher Education* (pp.291–310). New York: Macmillan.

Cochran, K. F., Deruiter, J. A., & King, R. A. (1993). Pedagogical content knowledge: An integrative model for teacher preparation. *Journal of Teacher Education, 44*(4), 263–272.

Crosser, S. (1992). Managing the early childhood classroom. *Young Children, 47*(2).

Doyle, W. (1990). Themes in teacher education research. In W. R. Houston (ed), *Handbook of Research on Teacher Education* (pp.3–24). New York :Macmillan.

Elbaz (1983). *Teacher thinking: A study practical knowkedge*. NY: Nichols.

Feeney, S. F. & Freeman, N. K. (1999). Ethics and the early childhood educator: Using the NAEYC Code. Washington, DC: NAEYC.

Feiman–Nemser, S. (1990). Teacher preparation: Structural and conceptual alternatives. In W. R. Houston (Ed), *Handbook of research on teacher education* (pp. 212–233). New York: Macmillan.

Floden R. E. & Buchmann (1990). Philosophical inquiry in teacher education. In W. R. Houston (Ed), *Handbook of Research on Teacher Education* (pp.42–58). New York: Macmillan.

Katz, L. G (1970). Teaching in preschools: Roles and goles. *Children, 17*(2),42–48.

Lortie, D. C. (1997). **교육사회**. (진동섭 역). 서울: 양서원. (원본 발행 1975).

Saracho, O. N. (1984). Perception of the teaching process in early childhood education through role analysis. *Journal of the Association for the Study of Perceptio, 19*(1), 26–29.

Shulman, L. (1987). Knowledge and teaching: Foundations of the new reform. *Harvard Educational Review, 57*(1), 1–22 .

Spodek, B. & Saracho, O. N. (1997). **유아교육개론**. (이윤경 외 역). 서울: 창지사. (원본 발행 1994).

Zeichner, K. M. & Gore, J. M. (1990). Teacher socialization. In W. R. Houston (ed), *Handbook of Research on Teacher Education* (pp. 329–348). New York: Macmillan.

CHAPTER

06

유아교육기관 운영 관리

1. 유아교육기관 운영 관리의 특성 및 개념
2. 교직원 인사 관리
3. 시설 · 설비 관리
4. 학급 운영과 사무 관리
5. 유아 영양, 건강 및 안전 관리
6. 재정 관리
7. 운영 관리의 효율적인 요소

1. 유아교육기관 운영 관리의 특성 및 개념

운영 관리란 유아교육기관이라는 한 조직체의 효과적인 관리를 위해 재정적인 뒷받침을 하는 것으로 '유아교육의 목적과 목표를 효과적으로 달성하기 위한 인적(man), 물적(material), 재정적(money) 및 운영(management) 조건을 정비하고 운용하는 일'이다(김옥련, 1985). 운영 관리에서는 어떤 기관이나 조직의 목적을 달성하기 위해 사람, 자원 및 시간의 효율적 사용이 필요하다. 특히 유아교육기관을 운영하는 경영자가 유아들을 잘 보호하고 교육하기 위해서 다음의 운영 관리 제 영역의 정책들을 잘 계획하고 실행하고 평가하면서 운영해야 한다. 또한 보다 나은 효율적인 경영을 위해 의사소통, 지도성, 지도자의 의사결정 능력 등이 포함될 수 있다.

1) 유아교육기관 운영의 특성

유아교육기관도 초·중·고등학교와 마찬가지로 일반적인 교육기관이기 때문에 교육기관으로서의 특수성을 그대로 갖고 있다. 사람을 교육하는 목적을 가진 교육기관의 운영 관리는 인간이 인간다운 생활을 하도록 관리하는 영역이다. 특히 유아교육기관의 운영은 성인의 절대적인 보호가 필요한 유아를 대상으로 한다. 따라서 유아가 좀 더 나은 환경에서 유익하고 최상의 행복한 삶을 살 수 있도록 유아교육기관의 제반사항을 유지 운영하는 일이 운영 관리의 핵심이다. 그러나 대부분 유아교육기관의 규모가 영세하며 타 분야의 경영면과 비교해 볼 때 비전문적이고 조직이 단순하며 공립과 사립의 경우 차이가 있지만 사립의 경우 경제적인 면에 있어서 설비자의 자기 자금과 부모가 납입하는 교육비에 의존도가 높았다. 최근에는 그동안 부모의 경제수준에 의해 차등 지원되었던 것을 2013년도를 시작으로 국가가 3, 4, 5세 유아 모두에게 균등하게 교육비를 지원함으로 인해 학부모의 교육비 부담을 덜게 되었다. 그러나 이상적인 유치원 교육의 실현을 위해서 유아교육기관의 운영 관리도 일반적인 경영과 같이 경영의 안정을 위한 운영의 합리화가 필요하다.

2) 운영 관리 제 영역

유아교육기관의 운영 관리 영역은 가능한 한 유치원 운영에 관련된 전반적인 측면을 포함할 수 있어야 한다. 유아교육기관은 설립 목적이나 취지에 따라 매우 다양하기 때문에 운영 관리의 각 범주에 포함된 세부 영역은 상당히 차이가 있지만 공통적인 부분도 많다. Decker와 Decker (1992)는 대부분의 유아교육 프로그램이 갖고 있는 운영 관리 영역을 아홉 가지 범주로 구분하고 있다. 구체적으로 살펴보면 프로그램 서비스, 행정 , 교직원 인사, 유아 관리, 건강, 재정, 기록, 학부모 관리, 대외적인 영역이 포함된다. 본 장에서는 운영 관리의 중심인 인사, 시설·설비, 학급 운영 및 사무, 영양·건강 및 안전, 재정 관리 등을 중심으로 살펴본다.

2. 교직원 인사 관리

인사 관리란 운영 관리의 4대 요소 중의 하나로 인력 관리를 말하며 운영 관리 영역 중 가장 중요한 부분이다. 유아교육기관 조직의 목적을 효율적으로 달성하기 위해서는 첫째, 유능한 교사를 모집·채용하여 그들의 능력을 계속 발전시키고 사기 앙양을 도모하는 일련의 과정이 필요하다. 유아교육의 인적 요인은 교육직원(teaching staff)과 비교육직원(non−teaching staff)으로 구분된다. 교육직원은 교육과정 운영과 학급 경영에 직접 관여하는 직원을 말하며 원장, 원감, 교사가 이에 속한다. 비교육 직원은 서무(공립:행정직원), 보조요원, 영양사, 간호사, 기사, 경비원 등이다.

1) 교직원의 모집 및 임용

인사관계 문제는 교육공무원법과 교육법에 의한다. 과거 유아교육기관 인사 관리의 개념은 객관적인 기준보다는 운영자가 임의로 추천하는 경향이 있어 주관적이고 정실에 치우치기가 쉬웠다. 그러나 점차 교직원 채용에 있어 공직 임용 기준, 자격, 실적, 기회 균등의 원칙에 따라 임용하는 추세이다. 최근에는 유능한 인재를 발굴한다는 의미에서 적극적인 모집방법을 강구하고 있는 유아교육기관이 점차 늘고 있다. 유아교육기관의 장은 특정한 역할을 수행할 직원을 채용함에 있어 필요에 따라 운영자가 임의로 임용을 결단하기도 하며 교직원의 능력 향상을 위해 합리적인 근무 평가 및 승진제도 등을 도입하기도 한다.

(1) 모집과 선발

유아교육기관에서는 교직원을 모집하기 전에 그 기관을 매력적인 직장으로 선호하도록 하기 위해 매력적인 보수·혜택을 제공하기, 기관의 명성을 높이기, 지지적인 환경 제공, 교직원이 이직하지 않도록 안정적인 분위기를 조성해야 하며 업무 분석을 통해 개개인에게 알맞은 일 제공하기, 업무 목록(job description)을 통해 교직원 개개인이 수행해야 할 매일의 일과, 가끔 하는 일들을 분류해서 목록을 작성한 후에 업무 분장(job specification)을 준비하여 기관에서 요구하는 교육수준 및 이전 경험들, 업무에 대한 내용 및 책임, 업무 기간 및 시간, 보수, 연락처, 마감일 등에 대한 정보를 실어 그 지역의 신문광고에 실을 수 있다(Hilderbrand, 1993).

모집과 선발에는 공개 경쟁 채용과 특별 채용이 있을 수 있다. 교직원 인사 관리에서 가장 중요한 것은 자격과 자질을 갖춘 인원을 확보하여 유자격 후보자 중에서 실력, 능력, 성적 주의 원칙에 의해 선발 임명하는 것이다(김종철, 1982). 그러나 객관적인 기록과 시험과정만으로 교사의 자질을 판단하기 어려운 단점이 있다. 공립유치원의 경우가 이에 해당하며 국가에서 정한 공개 시험과 면접을 거쳐 채용하게 된다. 근래에는 사립도 공개 채용을 하는 추세이며 특별 채용의 경우 성적 위주 임용과정의 약점을 보완하며 융통성을 부여할 수 있다. 유아교사 선발에 인성적 요인, 전문적 지식과 기능 요인, 교직에 대한 태도 등이 적용될 수 있다.

(2) 면접

면접은 최종적 선발과정에서 중요한 구실을 한다. 면접은 지원자의 인성이나 태도와 같은 자질을 관찰하고 확인하기 위해 실시된다. 면접에 온 지원자는 이미 업무 명세표에 명시되어 있는 사항을 잘 알고 있으므로 면접에서 다루어질 내용은 이전 경험, 업무 내용, 교사의 자질 및 역할, 아동에 대한 교육 철학, 학급조직에 관한 것들이다. 또한 교사지원자들은 자신의 발전과정을 담은 포트폴리오를 제출하고 자신이 잘하는 활동 또는 유치원에서 요구하는 수업을 시연하기도 한다.

(3) 임용

교육공무원법에 명기된 대로 임용이란 신규 임용, 승진, 임용과 강임, 전직, 전보, 휴직, 복직, 면직 및 파면을 포함하나 대체로 신규 채용의 의미로 사용되고 선발된 후보자에게 직위를 부여하는 것이다. 신규 채용대상의 자격과 경력에 따라 적절한 직급과 역할을 밝히고 인사 규정에 따른 서약 또는 임명 기간에 서명함으로써 공식적 절차를 거쳐 임명장을 수여한다.

유치원 교사 신규 임용 구비서류를 교육과학기술부·경기도교육청(2013)의 사립유치원 교원 인사 관련 지침을 참고로 제시하면 다음과 같다.

업무흐름도	업무 단계별 처리방법
교원 인사 〈관련근거〉 • 교육기본법 제14조 • 유아교육법 및 동법시행령 제3장 • 아동 · 청소년의 성보호에 관한 법률 및 동법시행령 제20조 • 보안업무규정 제31조 • 교원자격검정령 제1장, 제3장 • 교육공무원 임용령 • 사립학교법 제54조 • 공무원채용신체검사 업무처리요람 〈예 시〉 • 사립교원 임용보고 기안 • 신원조사 의뢰요청 기안 • 임명장 서식 • 신원진술서 서식 • 성범죄경력조회(신청서, 동의서) • 신원조사회보서 이관요청 기안 • 채용계약서 서식 • 교직원 인사기록 카드 • 교원 해임 보고 기안 • 사직원 서식 • 발령대장 서식 • 교직원 명부 서식	〈교원 인사 행정의 원칙〉 • 전문성 확립의 원칙 • 실적주의와 연공주의의 적정 배합의 원칙 • 공정성 유지의 원칙 • 적정 수급의 원칙 ① 신규 교원 임용 • 신원조사 –신원진술서 및 기본증명서 각 2부와 공문을 교육지원청으로 제출 –신원조사 결과가 경찰서에서 화신되면 교육지원청에서 유치원으로 통보 –유치원은 신원조사 화신일 이후 날짜로 임용 –졸업예정자는 3월 1일 이후로 임용 • 신원조사 결과를 받은 후, 해당 서류를 7일 이내에 교육지원청에 제출(사립학교법 제54조) ② 경력 교원 임용 • 해당 교원이 해임되었는지 확인 후, 해임된 날짜 이후에 임용해야 함 • 경력증명서를 첨부하고 신원조사회보서가 이관 완료되어야 함 ③ 교원 해임 • 해당 교원의 사직원, 해임장을 작성하여 7일 이내에 교원지원청에 보고하여야 함(사립학교법 제54조)

(4) 해임

교사 해임 보고서류는 해임보고공문, 사직원(자필 원본 제시), 해임장 사본, 해임 제청서 사본, 이사회 회의록 사본(법인체인 경우에 한함) 등이 포함된다.

2) 유치원·어린이집 교직원의 법적 자격

우리나라 유아교육, 보육교사의 자격 기준 및 양성과정은 차이를 나타낸다. 유치원 교사는 교육부에서 자격증을 관리하며 보육교사는 여성부에서 보건복지부로 이양되어 관리되고 있다. 보육교사라는 호칭은 교육부 장관이 검정해서 발급하는 교사 자격증을 취득하지 않아 '교사'라는 호칭 사용에 문제의 소지가 있다. 또한 유치원 교사는 2년제 이상 대학에서 양성하는 반면 보육교사는 고등학교 졸업자를 대상으로 보육교사양성과정에서 단기간 양성되는 측면이 있어 교사의 전문성 신장의 측면, 사회적 인식 등에서 많은 문제를 유발할 수 있다(이기숙, 외 2002).

유치원과 어린이집 교직원은 교직원과 직원으로 구분되며 교직원에는 원장, 원감, 교사 등이 있고 직원에는 기사, 부엌 도우미, 경비 등이 있다. 구체적으로 살펴보면 다음과 같다.

(1) 유치원 교직원

유아교육법 제22조에 의하면 유치원 교직원의 자격은 다음과 같다.

	법적자격
원장 · 원감	원장 및 원감은 별표 1의 자격 기준에 해당하는 사람으로서 대통령령으로 정하는 바에 따라 교육부장관이 검정 · 수여하는 자격증을 받은 사람이어야 한다(개정 2008. 2. 29, 2010. 3. 24, 2013. 3. 23).
수석교사	수석교사는 제2항의 자격증을 소지한 사람으로서 15년 이상의 교육 경력(「교육공무원법」 제2조 제1항 제2호 및 제3호에 따른 교육전문직원으로 근무한 경력을 포함한다)을 가지고 교수 · 연구에 우수한 자질과 능력을 가진 사람 중에서 대통령령으로 정하는 바에 따라 교육부장관이 정하는 연수 이수 결과를 바탕으로 검정 · 수여하는 자격증을 받은 사람이어야 한다(신설 2011. 7. 25, 2013. 3. 23).
교사(1/2급) 준교사	교사는 정교사(1급 · 2급) · 준교사로 나누되, 별표 2의 자격 기준에 해당하는 사람으로서 대통령령으로 정하는 바에 따라 교육부 장관이 검정 · 수여하는 자격증을 받은 사람이어야 한다(개정 2008. 2. 29, 2010. 3. 24, 2013. 3. 23).

또한 유아교육법 시행령 제23조 2의 수석교사의 배치 기준을 보면 ① 수석교사는 유치원별로 1명씩 두되, 유아 수가 100명 이하인 유치원 또는 학급 수가 4학급 이하인 유치원에는 수석교사를 두지 아니할 수 있다. ② 수석교사는 학급을 담당하지 아니한다. 다만, 유치원 규모 등 유치원 여건에 따라 학급을 담당할 수 있다. ③ 제1항 및 제2항에서 규정한 사항 외에 수석교사의 배치에 필요한 구체적인 사항은 교육부 장관이 정하는 기준에 따라 관할청이 정한다(개정 2013. 3. 23; 본조신설 2011. 10. 25, 법제처 www.law.or.kr).

유치원 교사의 자격 기준 중 초등학교 교사 자격이 유치원 교사 자격으로도 인정되고 있으나 유치원 교사 자격은 초등학교 교사 자격으로 인정되지 않는다는 점이 형평성이나 전문성에 대한 불합리성으로 논란의 대상이 되고 있다.

(2) 어린이집 보육교직원 자격 기준

		법적자격
원장	일반	① 보육교사 1급 자격을 취득한 후 2년 이상의 보육 등 아동복지 업무 경력이 있는 자 ② 「유아교육법」에 의한 유치원 정교사 2급 자격을 취득한 후 5년 이상의 보육 등 아동복지 업무 경력이 있는 자 ③ 유치원 원장의 자격을 가진 자 ④ 「초 · 중등교육법」에 의한 초등학교 정교사 자격을 취득한 후 5년 이상의 보육 등 아동복지 업무 경력이 있는 자 ⑤ 「사회복지사업법」에 의한 사회복지사 1급 자격을 취득한 후 5년 이상의 보육 등 아동복지 업무 경력이 있는 자 ⑥ 「의료법」에 의한 간호사 자격을 취득한 후 7년 이상의 보육 등 아동복지 업무 경력이 있는 자 ⑦ 국가 또는 지방자치단체에서 7급 이상의 공무원으로 보육 등 아동복지 업무에 5년 이상 근무한 경력이 있는 자
	가정	① 일반보육시설장 자격 기준 ② 간호사 자격 취득 후 + 아동간호 업무 5년 이상
	영아 전담	① 일반보육시설장 자격 기준 ② 간호사 자격 취득후 + 아동간호 업무 5년 이상
	장애아 전담	① 일반보육시설장의 자격 기준 + 장애인복지/재활 관련학과 전공자 ② 일반보육시설장의 자격 기준 + 장애아보육시설 2년 이상 보육 업무 경력 ③ 일반보육시설장의 자격 기준 + 장애아보육 직무교육 이수자

		법적자격
보육 교사	1급	① 보육교사 2급 + 보육교사 3년 이상 경력 + 승급교육 ② 대학에서 보육교사 2급 자격과 보육 관련 대학원에서 석사 학위 취득 + 보육교사 1SSU 이상 경력 + 승급교육
	2급	① 대학에서 보육 관련 교과목 및 학점을 이수하고 졸업한 자 ② 보육교사 3급 + 보육교사 1년 이상 경력+승급교육
	3급	①교육훈련시설 수료

출처: 중앙육아종합지원센터(//central.childcare.go.kr) 보육교직원.

3) 교직원의 구성 및 역할

유아교육기관의 인적 자원은 매우 귀중한 자원이다. 유치원 인사 관리의 기본 방향은 관리의 대상이 인격을 가진 사람이라는 점을 고려해야 한다. 따라서 교직원 한 사람 한 사람의 개인적 위신을 인정하고 존중해야 한다.

(1) 원장

원장은 유아교육기관의 전반적 운영에 대해 책임을 지며 기관을 대표한다. Hildebrand(1993)는 관리자로서의 역할을 열 가지로 제안하였다.

- 유능한 인재를 적재적소에 배치시킬 것
- 창의적 수행과 협동적인 노력을 고무할 것
- 성공을 방해하는 장애물을 제거할 것
- 학부모, 아동, 사회에서 바람직하게 여기는 높은 질의 서비스를 제공할 것
- 교직원들을 지속적으로 동기화시키고 활성화시키도록 할 것
- 교직원 간의 분위기가 좋아서 매일 일하는 것에 대해 좋게 느끼도록 해줄 것
- 교직원들에게 일에 대한 인정과 보수를 충분히 보상할 것
- 교직원이 아동이나 학부모를 이용하지 못하도록 막을 것
- 교직원이 편안히 일할 수 있는 물리적 환경을 제공할 것
- 안정적인 전문적 집단으로 유지될 수 있는 근로환경을 위하여 노력할 것

특히 Hilderbrand는 Maslow의 '욕구 이론'을 기본으로 하여 교직원의 동기와 욕구에 대해 강조하였다. 즉, 유아교육기관의 장은 가장 기본적인 생리적 욕구로부터 시작하여 안전의 욕구, 사회적 욕구, 자존심의 욕구, 자아실현의 욕구로 발전되어 가는 인간의 동기 체제를 잘 이해함으로써 교직원들에게 높은 질의 서비스를 제공해야 할 것을 주장하였다.

(2) 원감

원감은 원장의 명을 받아 원무를 정리하고 원아를 교육하며 원장이 사고가 있을 때에는 그 직무를 대행한다.

(3) 교사

유아교사는 법적 기준에 의한 직위와는 별도로 직무 수행과 관련하여 주임교사(head teacher), 교사, 보조교사, 수석교사, 대체교사(substitute teacher), 자원봉사자 등으로 구분할 수 있다. 주임교사, 교사 및 보조교사는 유치원에 상근하는 반면 대체교사는 상근 교원이 질병, 사고, 개인 사정 등 부득이한 사유로 단기간 출근하지 못하는 경우 대체 임무를 수행하는 비상근교사를 말한다. 대체교사와 자원봉사자는 소정의 교육과 오리엔테이션을 통해 어느 정도의 자질을 갖추어야 한다. 교사의 역할은 전문성에서 자세히 다룬다.

(4) 간호사(또는 간호조무사)

간호사는 영유아의 신체적 성장(키, 체중, 가슴둘레 등)과 운동 발달에 관한 정기적인 점검, 건강진단, 전염성 질환의 예방과 격리 조치, 안전사고의 예방과 치료, 투약, 응급조치를 위한 비상약품, 의료기구의 비치 및 관리, 응급처치요령의 전달교육 등의 역할을 수행한다.

(5) 영양사

영양사의 역할은 영유아의 건강 증진을 위하여 적당한 영양을 공급하는 데 있다. 영양사는 영양가가 충분하고 다양한 메뉴의 간식과 식사를 제공하기 위한 식단계획을 수립하고 식품 재료를 구입하며 취사부들의 취사활동을 지도하고 영양교육과 식습관 지도는 물론 교직원과 부모를 대상으로 영유아들의 건강, 영양 및 식습관에 대한 교육활동을 담당한다.

(6) 조리사

조리사는 원아들의 간식과 식사를 직접 만들어 제공하는 역할을 수행하며 주방, 식기, 식료품 등의 위생적 보관과 청결을 유지해야 한다. 대부분의 기관에서는 간식이나 식사 준비뿐 아니라 시설의 청소를 담당하고 있으며 원아들에 대한 사랑과 이해의 마음가짐 또한 요청된다.

(7) 관리인

기관의 시설 보수, 관리, 경비 등의 역할을 담당하는 인적 요원이다. 관리인은 비품이나 교구의 운반, 실내·외 공간의 관리 및 청소 등을 담당한다.

(8) 운전기사

차량 운전기사는 면허증을 소지해야 하며 원아들의 수송 시 모든 안전상의 책임을 져야 한다. 운전기사는 차량의 정비는 물론 자동차 보험에 가입하여 만약의 사고에 대비해야 한다.

(9) 행정직원

유아교육기관의 전반적인 행정사무를 담당하는 직원으로서 각종 공문서의 처리, 교직원과 원아들에 대한 각종 기록 관리, 원아들의 납입금 수납을 포함한 유아교육기관의 재정 및 기타 행정 업무를 담당한다.

이외에도 유아들의 건강 진단과 치료를 위한 의사와 치과의사, 심리학자나 사회사업 종사자와 같은 특별전문가, 자원봉사자 등이 포함될 수 있다. 특히 자원봉사자는 중요한 인적 자원으로 교사 대 아동의 비율을 줄이는 데 도움이 되므로 교직원과 마찬가지로 현직교육을 받아야 한다.

4) 교직원 근무 조건

근무 조건이란 해당 기관에 종사하는 교직원들에 대한 보수, 후생·복지·복무·업무 부담, 신분 보장 및 인간관계, 조직 풍토 등의 제반 조건을 말한다(임재택, 1995). 보수는 봉급과 제수당을 포함한 정규 급여를 말한다. 후생복지는 각종 휴게시설, 퇴직금을 포함한 연금, 공제회제도 및 의료보험제도 등을 말한다. 직원들의 사기를 앙양시키고 능률을 향상시키기 위해서는 보수 및 후생·복지 대책을 강화해야 한다. 직무를 수행하는 복무 자세나 기준이 있고 근무 시간, 담당 유아 수, 과외근무 시간, 업무량 등 업무 부담이 있다. 신분과 지위가 안정되어야 업무 수행상 능률을 올릴 수 있다. 관리자인 원장이 교직원을 도울 의무가 있으며 때로는 친구가 되고 협동, 우정, 의사소통을 촉진시키기 위해 정기적인 모임(예 저녁 식사나 파티)을 가지는 것도 교직원의 근무 사기를 높여 주는 일이다. 또한 교직원들 간에 관심과 보살핌을 상호 교환하는 따뜻하고 민감한 관계를 유지하기 위해 특별한 노력이 필요하다고 주장한다(Hilderbrand, 1993).

3. 시설·설비 관리

1) 교육 시설·설비의 개념

교육시설(school facilities)이란 유아들의 교육을 일정한 장소에서 계속적으로 운영할 수 있도록 하기 위하여 설비되어 있는 물적 조건을 말한다. 즉, 계획된 학습의 성과를 달성할 수 있도록 환경을 조성하여 최상의 교육활동을 지원하는 데 그 목적이 있다. 교육시설은 건물, 교지, 시설물 그리고 설비의 네 가지 측면으로 되어 있다. 건물은 교사(校舍), 관리실, 강당, 식당, 시청각실을 말하며 교지는 학교 건물이 소재하고 있는 토지로서 운동장, 실습지, 교재원, 녹지대 등을 의미하고 시설물은 교문, 담장, 상·하수도 시설 등을 포함하고 설비는 교단과 칠판, 방송시설, 조명장치, 영사기, 환등기, 녹음기, 난방장치, 식수대, 온실, 축사 등을 포함한다. 특히 유아교육기관의 환경, 특히 시설, 설비, 공간 등의 물리적 환경이 유아교육의 효과를 높이는 데 중요한 역할을 한다는 것이다(임재택, 1995).

2) 교육 시설·설비 원리 및 환경의 중요성

(1) 유아교육기관의 시설 · 설비 원리

유아교육기관의 시설·설비를 계획할 때의 원리는 다음과 같다(Decker & Decker, 1992).

- 유아교육시설은 아동중심적이어야 한다.
- 유아들과 교직원의 안전을 최대한 중요시해야 한다.
- 건물의 형태는 대상 유아의 발달수준이나 흥미 및 요구에 알맞게 결정되어야 한다.
- 건물은 장애아들을 고려해서 계획하는 것이 중요하다.
- 공간과 교구의 배치를 변화시킴으로써 건물 사용의 효율성을 높일 수 있다.
- 시설이나 설비를 계획할 때는 융통성을 중요시해야 한다.
- 유아교육기관의 시설·설비를 계획할 때는 비용을 고려해야 한다.
- 유아교육기관을 설립하고자 할 때는 시설의 위치를 고려해야 한다.

(2) 교지, 건물 내의 시설 · 설비

① 교지 조건

유치원 대지 면적은 해당 유아교육기관의 학급 수에 따라 계산되며 그 기준 면적은 건물 최하층 면적의 2.5배 이상이 되어야 한다. 유치원 대지의 지형은 정방형에 가까우면서 동서가 긴 곳, 평평하면서도 약간의 굴곡이 있는 곳, 햇볕이 잘 들고 통풍이 잘 되며 습기가 적은 남향이 좋다. 유치원 땅은 배수가 잘 되며 나무나 꽃 등의 재배가 가능하고 지반이 튼튼하며 건물 붕괴의 위험이 없으며 유아들의 건강이나 위생에 좋지 않은 오염물이 섞여 있지 않은 곳이 바람직하다. 또한 교육적 환경은 조용하고 주변에 번화가나 유흥장, 오락실 등 유아의 정서를 해치는 시설이 없으며 자연적 환경이 좋고 문화적 시설이 갖추어진 곳이면 더욱 적절하다(임재택, 1995)

② 유치원 건물 내부의 시설물

유치원 건물 내부의 시설에는 출입구, 교실, 교사실, 관찰실, 화장실, 위생실, 창고, 부엌 등이 있어 유아의 학습에 도움을 준다. 여기서는 유아의 활동이 주로 이루어지는 교실을 제외한 시설물의 위치 및 기준을 알아본다(이정환, 1993).

❶ 유치원 출입구 및 현관

유아교육기관의 출입구가 교통이 빈번한 도로와 접해 있으면 교통사고의 위험이 높고 소음과 공해 등의 문제 때문에 유아에게 위험하므로 교통이 빈번한 통로로 향하는 곳은 피한다. 또한 이곳은 사람들을 맞는 곳이며 기관의 첫 인상을 주게 되는 곳이므로 유아들이 타인의 도움 없이 들어오고 싶도록 따뜻하고 매력적인 장소로 꾸민다. 계절에 따라 그림, 사진, 실물 등으로 유아나 부모에게 정보를 알리는 게시판을 준비한다.

❷ 교사실

교사실의 크기는 각 기관의 규모와 교사의 수를 고려하여 구성한다. 교사들이 연구하며 교육활동을 의논하고 계획하는 곳이며 유아용 서류를 보관하는 서류장, 교사들의 책상, 그 외의 자료나 비품들을 보관하는 곳이다.

❸ 관찰실

관찰실은 유아와 교사의 활동을 방해하지 않고 관찰자가 관찰할 수 있는 곳으로 관찰실은 교실 전면을 골고루 볼 수 있는 곳에 위치하는 것이 좋으며 일방경(one-way mirror)을 설치하면 유아와 교사 모두의 활동에 방해가 되지 않아서 좋다. 다만 관찰실 안의 소리가 교실에 들려서는 안 되므로 미리 조용히 하도록 주지시키거나 교실 내의 상황을 관찰자들이 들을 수 있도록 마이크를 설치하는 것이 좋다.

❹ 화장실

화장실은 유아들이 자주 드나드는 곳으로 자신의 건강과 청결, 위생습관을 배운다. 변기의 수는 평균적으로 유아 5~7명에 1개, 유아 8~15명까지는 적어도 2개 이상은 준비하고 유아 수가 많을 경우 두 곳으로 분리하여 설치한다. 유아들이 자신의 상체를 비춰볼 수 있는 거울, 환기장치, 미끄러지지 않는 바닥을 설치하고 통풍, 습기 등을 조절한다. 유아가 화장실에 갇혀 불안해 하는 일을 방지하기 위해 문고리를 없애고 유아 스스로 열고 닫을 수 있는 문을 준비하고 유아가 사용하는 비누,

휴지, 수건 등을 도움을 받지 않고 혼자 사용할 수 있는 위치에 두고 위생 상태를 고려해야 한다.

❺ 부엌

유아들의 영양과 건강 관리를 위한 영역으로 간식과 점심을 준비하는 곳이다. 첫째로 부엌은 위생적인 시설과 설비(싱크대, 냉장고, 환기장치, 조리기구, 간식용 그릇들, 냄비)가 필요하다. 그릇들은 항상 깨끗이 보관하고 음식을 조리하는 사람들은 위생복을 입어 청결을 유지한다.

❻ 위생실

위생실은 유아들이 아프거나 다쳤을 때 사용하는 곳으로 조용한 곳에 위치해야 하며 침대, 비상구급상비약 등을 준비해 두어야 한다. 유아의 건강 상태를 보아 가면서 가정과 연락을 취하고 의논하여 처리한다. 유아들의 건강점검을 기입할 수 있는 치료기록대장을 둔다.

❼ 창고

유아교육의 목적을 달성하기 위해서는 교구 및 자료가 많이 있어야 하는데, 이것들을 보관하는 공간이 필요하다. 창고의 수가 많아야 하지만 자료들을 같은 종류끼리 분류하면 유용하게 사용할 수 있다.

위에 제시된 유아교육기관의 시설과 설비는 각 기관의 철학적 방향과 교육 목표, 유아들을 지도하는 교사의 능력, 교육활동의 유형과 편의성, 비품과 교구 활용의 용이성, 작업 장소와 놀이 장소의 인접성, 보고 듣기의 용이성 및 유아들의 안전을 고려하여 계획되고 운영되어야 한다.

(3) 교실환경의 중요성

유아를 위한 시설 및 설비의 특징은 일반적인 학교시설과는 상당히 다르다. 오늘날 각 프로그램마다 심리-철학적 기초가 다름에도 불구하고 대부분의 시설은 과거와는 다르게 유아교육기관 교실의 분위기는 유아들이 신체적·심리적으로 안정감을 느끼고 편안하게 생활할 수 있도록 가정과 같이 안락하고 편안하며 다양한 탐색적 분위기를 제공한다. 특히 탐색적 분위기는 유아의 특성상 한 곳에 앉아 있기보다는 주변을 돌아다니면서 학습하는 유아의 특성을 잘 반영하고 있다. 그러나 Bronfenbrenner는 환경과 유기체가 서로 영향을 주고받는 가운데 시간이 지나면서 상호적 긴장을 일으키기도 한다고 보고 이를 유아교육환경에 적용한 가설적 예를 들어 설명한다(Hilderbrand, 1993).

유치원 교실의 이야기 영역을 보자. 교사의 이야기를 듣기 위해 7명의 유아가 모여든다. 한 여자 아이가 그 영역에 들어와 교사 앞 양탄자 앞에 앉아 옆 친구와 이야기하기 시작한다. 교사는 다른 아동이 그 공간에 들어와 앉을 때까지 여러 가지 대화를 나눈다.

교사는 책을 선택하고 교사 앞에 앉을 유아의 위치를 정해 주고 조용히 시킨 다음 교사에게 집중하게 한다. 교사가 이야기를 시작하지만 유아들은 자신들과 유사한 경험이 나올 때마다 반응한다. 교사는 유아들에게 간단하게 반응하고 더 이상 말하지 말라고 말한 뒤 계속 읽어 나간다. 그러나 유아들은 그들이 아는 이야기가 나오면 또 끼어든다. 교사는 소용이 없음을 알지만 다시 이야기를 듣기 위해 조용히 할 것을 요청한다. 한 유아는 교사에게 자신의 이야기를 들어 달라고 간청한다. 교사는 상냥하게 이유를 물어본다. 교사는 책을 덮고 그 유아가 이야기를 하도록 격려한다. 유아는 책에서 자신의 흥미가 무엇인지를 설명하고 많은 유아들 또한 그들 자신이 갖고 있는 이야기에 참여하게 된다. 모든 유아가 참여함으로써 곧 활기차고 열광적인 토론이 벌어진다. 거기에는 많은 질문들, 의견 말하기, 자랑하는 것들이 많이 있다. 교사는 토의의 지도자로서 역할을 하며 각각의 아동이 주제에 초점을 맞추어 이야기하도록 격려하고 이끈다. 그 집단이 해산된 후에 이 일화는 10분 정도 계속된다. 교사는 그 책을 특별히 끝내지 않고 더 나은 목적을 위해, 교사가 계획한 어떤 것을 위해, 참석하지 않는 유아에게 강요하지 않았다. 교사는 존중, 호기심을 나타내며 유아가 소개한 주제를 잘 설명하도록 하기 위해 집단 토의로 전환시킨다.

이 교실의 물리적 환경를 비롯한 생태적 환경을 보면 7명으로 구성된 집단은 성인이 읽는 이야기를 들을 목적으로 함께 모였다. 유아와 교사는 큰 생태학적 체계(유치원)에 있으면서 동시에 적절하게 꾸며진 한 부분(읽기 영역)을 차지하고 있다.

이 영역의 환경 구성은 큰 책장과 두 개의 벽, 양탄자, 여러 개의 방석, 낡은 스탠드, 그림과 포스터가 마루 위에서 3피트(약 91㎝)의 위치에 붙어 있고 7명의 유아와 한 사람의 성인이 편안하게 있을 정도로 충분히 크지만 그 이상의 인원은 제한한다. 이처럼 유아들은 읽기 영역의 물리적 세팅, 즉 이 장소에서 어떤 행동을 하도록 기대되는가를 인지함에 따라 행동에 많은 영향을 받게 된다. 물리적 세팅은 유아에게 이런 장소에서 기대되는 행동의 종류에 관한 범주를 제안한다. 즉, 이런 물리적 세팅은 어떤 시간에 책을 보거나 이야기를 듣고 이야기하기 위해 매우 적은 사람이 들어가는 장소라는 것을 말해 준다. 유아들은 환경이 자신들에게 미치는 영향을 발견하게 된다.

이상의 예에서 보는 바와 같이 유아교육시설 및 유치원의 전체적인 분위기는 유아의 행동에 영향을 미치며 유아의 행동은 시설 및 그것이 운영되는 상황에 의해 영향을 받는 등 서로 영향을 미친다. 결국 유아교육기관 운영에서 시설·설비 관리는 시설이나 설비 자체는 물론 원장을 비롯하여 교직원들이 그것을 어떻게 활용하는가에 따라 그 효과가 달라질 수 있다.

(4) 유아교육 교재 · 교구의 중요성

학습자의 학습 효과를 증진시키기 위해 각종 매개체를 활용하게 된다. 특히 유아교육에서 교재·교구가 갖는 가치와 특징은 유아의 독특한 학습방식과 활동 유형에서 찾아 볼 수 있다. 즉, 유아는 오관을 가지고 만져보고 냄새 맡고 듣는 직접적 경험을 통해 배우기 때문에 유아에게 구체적인 경험을 줄 수 있는 풍부하고 다양한 자료가 제공되어야 한다. 따라서 교사는 자신이 맡고 있는 유아의 연령, 발달 단계 및 특성, 진행 중인 단원 등을 고려하여 교구를 준비해 준다. 교구를 구입할 경우 교사의 치밀한 계획하에 프로그램의 목표, 교육 효과 달성 등을 세밀히 검토해야 한다(이정환, 1993; 임재택, 1995).

교구 구입 시 고려할 조건들은 다음과 같다.

- 프로그램의 목적을 달성하기 위해 구입할 교구의 목록을 작성한다.
- 재고품을 점검하여 필요한 교구의 우선 순위를 정한다.
- 교구 및 설비 보관 장소의 공간을 고려한다.

- 경제적인 면을 고려하면서 정보를 수집·분석한다.
- 예산 범위 내에서 구입절차를 밟는다.
- 소비재 교구나 자료(종이, 점토 등)에는 많은 비용을 들이거나 한꺼번에 많이 구입하지 않는다.
- 안전성을 고려한다.
- 영구적이며 견고해서 오래 유지될 수 있는 교구를 선택한다.
- 미적으로 만족감을 주는 교구를 선택한다.
- 발달수준에 맞게 흥미를 유발할 수 있는 교구를 구입한다.
- 단순하면서도 다양한 방법으로 가지고 놀 수 있는 교구를 구입한다.
- 소비자지침서에 따라 점검하여 구입한다.

또한 교사는 유아들을 지도하여 교재·교구를 올바르게 사용하고 보관하는 방법을 알고 실행에 옮기도록 하기 위해 흥미 영역을 구분하고 교구장을 준비하며 교구 사용방법에 대해 함께 규칙을 정해 보고 정기적으로 교구를 점검하며 세탁하고 유아가 교구를 적절한 방법으로 사용하도록 교구 사용방법을 소개해 준다.

4. 학급 운영과 사무 관리

유아교육 프로그램의 계획과 학급 운영의 중점은 유아의 활동을 계획하고 일과를 구성하는 일이다. 담임교사의 사무는 유아를 관리하는 사무, 즉 학급 운영 사무와 유치원의 분담 사무로 나뉠 수 있다. 유아를 파악, 관리하기 위한 사무로는 학급 편성, 출석부 기입, 원감이나 원장에게 보고, 연락망 작성, 가정조사표 등이다. 유아 지도를 위한 사무는 교육과정의 편성, 지도계획, 학급경영안, 평가기록, 가정연락 등이다.

1) 학급 편성 및 운영

유아는 태어나서 유아교육기관에 오기까지 그들의 개인적 성향을 키워왔고 단지 가족과 같은 소집단 안에서 집단의 성향을 발달시켜 왔을 뿐이다. 그러나 유아교육기관은 유아의 수와 시간의 제한 때문에 프로그램은 보다 집단화를 강조하고 있으며 유아교육기관에 입학하는 것 자체가 곧 집단화에 속하는 것이라고 볼 수 있다.

학급 편성은 한 명의 교사에게 배정된 유아의 수에 의해 결정된다. NAEYC는 영아와 걸음마 시기를 위한 최대의 집단의 크기를 8명으로 밝히고 있다. 또한 3~5세의 최대의 집단 크기는 2명의 성인에 유아 20명이라고 밝히고 있다. 학급 편성은 유아를 보다 쉽게, 효과적으로 가르치고 돌보기 위해 고안되지만 최적의 학급 편성에 대해 일치하는 바는 없다(Decker & Decker, 1992).

학급 편성에는 수직적 집단화와 수평적 집단화 등이 있다. 첫째, 수직적 집단화란 유아가 한 나이에서 다음 나이로 이동하는 방법으로 학년체제는 비슷한 연령의 유아가 동등한 능력을 갖고 있다는 개념을 근거로 학급을 편성한다. 따라서 유아가 특정 연령에 입학하면 그 연령에서의 교육을 거쳐 다음 단계로 이동한다. 둘째, 수평적 집단화는 학생의 교육을 위해 집단에 할당된 방법과 관련된 것으로 동질적 능력 집단과 다민족 집단(이질적 가족 집단)의 두 유형이 있다. 동질적 능력 집단화는 능력으로 구분한 것으로 행동주의 유아교육 프로그램에서 많이 사용되고 있다. 교사는 유아를 테스트 점수에 의해 능력별로 집단에 배치한다. 다민족 집단 또는 이질적 집단은 교실 내에서 연령에 있어 다양성을 갖는다. 이것은 능력 집단과는 달리 상호작용을 통해 배우며 특히 복합 연령 집단에서 더 효과적이라고 보는 상호작용주의 프로그램에서 사용된다. 또한 현대 핵가족화에서 부족한 종적·횡적 인간관계의 경험을 넓혀 주는 것을 목적으로 하는 프로그램에서 많이 사용한다.

2) 교실 운영

성공적인 교사는 교실 운영에 대해 잘 알고 있으며 유아의 행동 유형을 예측하며 그들의 행동에 직접적인 영향을 준다. 혼돈스러운 교실과 질서 잡힌 환경 간의 차이는 교사가 환경을 어떻게 준비해 운영하는가에 달려 있다. Crosser(1992)는 교실 운영에 대해 다음의 'BASIC'이란 용어를 들어 설명한다. 즉, 성공적인 교사는 학급에서 하루 일과가 시작되기 전에(Before school begins), 유아의 도착과 귀가 시간 등 다양한 활동과 함께 신중한 일과 구성계획을 고려한다(Arrival and departure times). 또한 효과적인 교실 운영자는 시간에 대한 감각을 가지고 있어서 한 활동에서 다른 활동으로 이행, 활동 시간의 길고 짧음을 통해 유아의 주의를 집중시킨다(Schedule transitions). 주의 깊게 교실의 물리적 배열을 구상하고 유아가 교구들과 상호작용 하도록 환경을 계획하여 목적 없는 놀이에서 일어나는 소란을 줄이고 자유선택 시간을 통해 적극적인 학습이 이루어지도록 배려한다(Interactions with equipment and materials). 이때 교사의 질문과 이야기는 학습을 자극할 수 있고 교실의 소란을 줄일 수 있다. 교사는 교실을 둘러보고 문제 해결을 위해 자료 사용방법을 알려주는 것을 통해 유아를 변화시킬 수 있으며 구조적인 노력을 위한 지식을 줄 수 있다. 마지막으로 갈등(Conflict)을 삶의 자연스런 부분으로 보면서 일상적으로 일어날 가능성이 있는 갈등을 통해 유아가 실제 삶의 문제를 해결하는 데 필요한 기술을 배우도록 지도한다. 문제와 갈등 해결기술은 읽기 기술이나 수 세기와 같이 자동적으로 얻어지는 것이 아니라 실제 해봄으로써 얻어질 수 있다.

3) 개원 첫날 프로그램 운영

대부분의 유아들은 비형식적인 분위기의 가정에서 생활해 왔기 때문에 형식적인 유아교육기관에서의 첫날 경험에서 만나는 어른 및 새 친구들에 대해 호기심과 함께 두려움을 갖기도 한다. 따라서 입학 초기, 특히 개원 첫날은 특별한 배려가 필요하다(Spodek & Saracho, 1997). 유치원 개원 몇 개월 전에 오리엔테이션을 실시하는 것은 개원 첫날의 복잡함과 낯설고 두려운 마음을 없애는 면에서 필요하다. 이 기간 중에 신입생들은 수업 중인 학급이나 방과후에 개인 또는 소집단으로 방문하여 교사를 만나고 유치원 교실의 물리적 환경이나 교구를 소개받음으로써 유치원에 대한 기대감을 가지면서 유치원 입학을 준비하게 된다.

유치원에 온 첫날 모든 유아가 동시에 등원을 하면 많은 문제가 발생한다. 몇몇 유아는 새로운 환경에 매혹되어 즉각 도전과 탐구로 몰입해 들어가지만 일부 유아들은 새로운 환경을 위협적으로 느낄 수도 있다. 한 명의 교사가 각기 다른 요구를 가진 모든 유아를 충족시킬 수 없게 됨에 따라 교사와 유아 모두가 혼란과 불안을 경험한다. 첫 2~3주 동안 학급의 유아들이 일부씩 교대로 등원하여 소집단으로 수업을 한다면 교사는 유아 개개인에게 특별한 관심을 기울일 수 있고, 따라서 유아는 안정감을 갖게 된다. 예를 들어 교사가 학급 인원의 1/2~1/3만을 출석시켜서 한두 집단 또는 세 집단이 교대로 출석을 한다. 즉, 첫째 주 첫날에는 A집단이 수업을 하고, 둘째 날에는 B집단, 셋째 날에는 C집단의 순으로 오고, 둘째 주에는 AB, AC, BC 두 집단씩 번갈아 오게 하고 3주째에 합치는 등 다양한 방법으로 집단을 분산하여 등원시킨다. 그러나 이 방법의 약점은 격일로 등원할 경우 다시 등원할 때 낯설게 느낄 수도 있다.

등원 첫날 유아들은 많이 긴장한다. 따라서 환경을 단순하게 그러나 흥미를 끌만한 교구로 준비하고 유아에게 제재를 많이 가하는 복잡한 환경 구성은 피한다. 첫날부터 지나치게 '하지 말라'는 금지나 명령, 간섭을 하는 것보다는 유치원은 무엇이든 탐구해 볼 수 있는 안전하고 재미있는 환경이라는 생각을 갖도록 배려한다. 하루 일과 구성도 단순하게 꼭 지켜야 할 최소한의 규칙과 함께 교사와 친밀한 관계를 형성하도록 한다.

4) 기록 및 문서 관리

유아교육기관의 규모가 커지고 업무 내용이 복잡해짐에 따라 다양한 기록작업 및문서 관리가 많이 필요하게 되었다. 유아교육기관의 기록작업은 교육적 업무와 일반사무 활동으로 구분하는데, 교육적 기록 업무에는 유아와 직접 관련된 생활기록부, 신체검사표, 유아의 행동관찰기록부, 교육일지, 교육계획안, 출석부 등이 있으며일반적인 기록 업무는 비품대장, 교직원 인사 관련 서류 등이 있다.

유아교육기관의 행정업무 간소화와 수기작업의 전산화로 업무시스템이 개발되어 시행되어오고 있다. 모든 교육청 공문의 수신과 발신을 위한 "교육기관 원격업무지원 시스템"에서의 기존 업무관리는 2019년 12. 31일자로 사용이 종료되고, 2020년 1. 2일부터는「업무포털」사이트를 활용해서 이루어진다. 또한 이전에는 교육행정기관 원격업무 시스템과 재무관리인 에듀파인이 따로 운영되었으나 2020년부터는 (구)원격업무시스템과 에듀파인(Edufine)은 행·재정통합 시스템인「업무포털」 사이트를 통해 통합하여 실시된다. 업무포털 사이트 http://moe.go.kr 안에는 업무관리, k-에듀파인, 자료집계 업무 등이 포함된다. 예를 들면 대전은 http://neis.dje.go.kr 이다. 이 외에도 메신저를 통해 시도교육청에 긴급 또는 간단한 전달사항을 주고받을 수 있다.

5. 유아 영양, 건강 및 안전 관리

1) 영양 관리의 중요성 및 급식

유아기는 성장 발육이 급속히 진행되는 시기이므로 이 시기의 영양 공급은 일생 동안의 성장·발달에 결정적인 영향을 미친다. 유아기의 영양 결핍은 신체적 성장뿐 아니라 정신적 성장·발달에도 영향을 준다. 즉, 유아기의 영양실조는 뇌의 크기나 구성에 있어서 지대한 손실을 가져오며 중심신경체제의 발달을 방해한다(Decker & Decker, 1992). 유아들은 새로운 음식, 새롭게 먹는 방법, 사회적인 식사예절을 배우는 기회를 제공하기 때문에 영양은 물론 식사습관 형성에도 매우 중요하다. 또한 초기의 유아교육자들과 Head Start 프로그램에서 '영양' 부분이 교육과정의 요소로 포함되어 있는 것을 고려할 때 유아, 특히 저소득층의 유아들에게 영양 관리는 매우 중요한 측면이다.

최근 유치원, 어린이집 평가인증 항목 중 급간식의 식단을 홈페이지나 가정통신을 통해 부모나 가정에 공개하도록 요구하고 있다. 급간식에 대한 영양의 균형 등을 점검하고 식재료의 신선도, 위생 등의 문제를 매우 엄격하게 관리하고 있다. 특히 유치원, 어린이집의 종일제 학급에 다니는 유아들은 기관에서 보내는 시간이 대부분을 차지하므로 영양 관리는 매우 중요하게 관리 감독되어져야 한다.

영유아 급식: 유아는 성인에 비해 활동량이 많고 소화기관이 제한적이어서 하루 3회만으로는 일일 영양 필요량을 충족시킬 수 없다. 유아교육기관의 급식은 유아에게 필요한 양과 질의 영양을 제공함으로써 그들의 신체적·정신적·사회적·정신적 발달을 돕는 데 목적이 있다(김주성, 1990). 유아 급식을 위해 적정 시간, 직원의 자격, 구매 및 보관 등 고려해야 할 사항이 많다. 한 예로 '구매'의 경우에 다음과 같은 요소를 고려할 수 있다.

- 적절한 가격에 질 높은 음식, 신용이나 배달 여부의 서비스 부분에 대해 몇몇 음식 회사와 가게를 알아본다.
- 정부에서 검열한 음식을 구입한다.

- 필요한 음식량의 계산에 유의한다.
- 음식의 유형, 창고 공간을 고려한다.
- 구입된 음식의 유형, 질, 가격을 정확히 기록하여 다음번 구매에 참고한다.

식품위생법 제35조에 따르면 "대통령이 정하는 집단 급식소의 운영자는 대통령령이 정하는 바에 따라 영양사를 두어야 한다. 다만 집단 급식소의 운영자 자신이 영양사가 되어 직접 영양 지도에 종사하는 경우에는 그렇지 아니하다"로 되어 있다. 또한 집단 급식소를 설치할 경우 신고서를 제출해야만 한다. 유아들이 먹은 음식은 보존식을 실시하며 학부모가 식재료를 검수하기도 한다.

2) 건강 및 안전 관리

건강과 안전은 모든 유아에게 중요하지만 특히 걸음마기 유아 프로그램에 더욱 중요하다. 건강 관리 측면에서 볼 때 유아교육기관에서는 프로그램 입학 전에 유아에 대한 건강기록을 갖고 있어야 하며(면역성 기록, 건강기록, 음식 알레르기나 신체적 활동의 제한성) 취원 후에도 신체검사를 정기적으로 실시하여 유아들의 심신의 발달 상태를 점검하여 예방과 치료가 이루어지도록 해야 한다. 또한 매일 아침 등원하는 시간에 간단하게 건강진단이 이루어져서 유아의 질병에 따른 조치가 즉각 취해져야 한다.

유아들은 많은 위험에 처할 가능성이 있다. 안전 관리 측면에서 볼 때 교직원들은 유아를 보호, 대피시키는 것에 한정하는 것이 아니라 안전교육계획안을 마련하고 연간 교육계획안과 연계하여 정규적, 체계적으로 지도하고 교육과정 내에서 유아들이 의미 있는 활동으로 체험함으로써 생활 속에서 안전에 대해 인식하게 하는 일이 중요하다. 또한 교사도 응급, 비응급 시에 유아의 건강과 안전을 지킬 수 있는 방법을 알고 있어야 하며 교사를 포함한 모든 교직원들은 구급에 대한 훈련이 되어 있어야 한다.

6. 재정 관리

1) 유아교육기관의 재정 관리 특징 및 문제

유아교육기관의 재정 관리는 유아교육기관의 교육 목적과 목표를 달성하기 위해 재화를 조달하며 지출하고 관리하는 영역으로 크게 예산 편성, 집행, 결산으로 나눌 수 있다. 경제학의 중심 과제가 자원의 효율적인 배분이나 효율적인 사용에 있지만 유치원 재정 관리의 두드러진 특징 중의 하나는 영세한 재원을 가지고 최대한의 목표를 달성하는 데 있다. 유아교육기관의 질적 수준은 유아교육기관의 재정 능력에 의해 결정된다고 볼 수 있다. 유아교육기관에서의 계획이 아무리 좋아도 그것을 뒷받침해 줄 재정이 확보되어 있지 않으면 실효를 거두기 어렵다. 그러나 유아교육기관의 현실은 재정 관리와 교육 목표 달성이나 질적 수준을 고려하지 않은 채 별개의 활동으로 진행되거나 관계 시행령에 따라 형식적으로 맞추는 데만 급급한 경우도 있다. 유아교육기관도 효율적인 재정 관리를 위하여 회계나 경리에 대한 자체의 내부 규정을 가질 필요가 있다.

2) 예산 편성, 집행, 결산

유아교육기관의 효율적인 운영을 위해서는 예산 편성을 할 때 가능한 한 정확히 추정하고 그 예산안에 근거하여 집행하고 한 회계연도 동안 계획대로 운영되었는지 여부를 확인하는 결산이 필요하다.

유아교육기관의 재정 관리는 교육비 책정에 근거하여 유치원의 세입(수입)을 결정하고 이 수입에 따라 세출(지출)이 실행된다. 과거 유아교육기관의 수입 재원은 학부모의 수익자 부담이 주를 이루었으나 점차 최근 유아교육기관 운영에서 수입 재원은 주로 국가가 부담하고 학부모로부터 그 밖의 납부금을 받을 수 있음을 명시했다.

재정관리는 행·재정통합시스템인 「업무포털 」 사이트 내의 에듀파인(Edufine) 학교회계 시스템을 활용하도록 한다. 공립의 경우 2010년부터 이미 시행되어 왔고

2020년부터는 공·사립 모두 학교회계 시스템 사용이 의무화되고 있다. 이 시스템의 장점은 예산편성, 지출에서 결산까지 one stop 처리와 재정의 종합적 관리가 가능하고 재정·회계업무 자료의 정합성, 효율성, 투명성이 높아질 것으로 본다.

7. 운영 관리의 효율적인 요소

1) 의사소통

유치원은 하나의 조직이다. 하나의 조직체로서의 유치원에는 공동의 목표가 있다. 이 목표를 효율적이고 성공적으로 달성하기 위해 모든 교직원의 협력이 필요하다. 다시 말해 이런 공동의 목표를 달성하기 위해서는 교직원 간의 활발한 의사소통이 요구된다. 의사소통이란 말, 동작, 비언어적 의사소통, 기호, 상징에 의해 전달되는 모든 과정으로 듣는 사람과 말하는 사람이 있어야 한다. 그렇다면 유아교육기관의 장과 교직원들 사이의 의사소통은 어떤 식으로 이루어지는 것이 좋은가? 지나치게 냉담하여 접근이 어려운 기관장부터 친구처럼 대하기 편한 기관장에 이르기까지 그 유형은 매우 다양하다. 보편적으로 기관장은 교직원들이 접근하기 쉬워야 하지만, 또한 지도자이어야 하기 때문에 중립적인 입장을 취하는 경우가 많다. 궁극적으로 교직원들 간에 의사소통이 활발히 이루어진다는 것은 곧 인간중심 운영(a person-centered operation)이 이루어짐을 나타낸다. Hilderbrand(1993)는 기관장은 교직원들이 조직 내의 문제는 물론 개인적인 문제에 대해서도 대화할 수 있는 시간을 갖도록 해 주는 것이 좋다고 제안하며 구체적으로 두 가지 방법을 권유한다.

(1) 적극적 경청

Gordon이 그의 저서 『효과적인 부모훈련』(Parent effectiveness training)에서 '적극적 경청'이란 용어를 사용했는데, 이 용어는 상담에서 통상적으로 사용되는 방법으로 일반적으로 조직 속에서의 바람직한 인간관계를 유지하는 데 적용될 수 있다(Bigner, 1979·1985, 재인용). 교직원들이 특별한 문제나 어려움에 대해 기관장에게 불평을 하게 될 때 기관장은 직원의 진술 속에서 은연중에 전달되는 느낌들을 알아

내어 대화를 통해 상대방 직원이 뜻하는 바를 그가 이해한 대로 되받아 주는 것이다. 문제 상황에서 직원의 문제가 무엇인지를 이해하기 위해 상대방의 이야기에 귀를 기울이고 적극적으로 들어주지만 기관장이 문제를 해결해 주려고 해서는 안 된다. 다시 말해 듣는 사람은 상대방의 표현에 대해 자기 자신의 언어로 재진술하면 된다. 적극적인 경청은 상대방이 불평하는 내용보다 표현된 느낌에 초점을 두며 이때 듣는 사람은 비판단적이어야 한다. '당신이 ~하다는 말이지요?'라는 말은 상대방의 이야기에 귀 기울이고 있음을 나타낸다.

(2) 나-메시지(I-Message)

Gordon(1979)이 제시한 '나'라는 말의 사용은 부모들이 그들의 감정을 자녀에게 전달하려고 할 때 사용하는 효과적인 방법으로 조직의 의사소통 시에 활용할 수 있다. 기관장들이 부적절하게 행동하는 교직원에게 그 상황과 정보를 알리는 데 도움이 된다. '나'라는 말이 사용될 때 기관장은 상대방 교사가 자신의 말에 귀를 기울여 주기를 원한다는 것을 나타낸다. 상대방이 비난당한다는 느낌을 받지 않을 때 행동을 수정할 마음이 더 많이 들 것이다. (예 "당신이 계속해서 지각하면 나는 정말 화가 나요." 또는 "당신이 제자리에 두지 않아서 나는 앞치마를 찾느라고 많은 시간을 허비했어요." 이런 형태의 대화는 사실을 전달하고 상대방으로 하여금 허용되지 않은 행동을 수정하도록 도와준다(Bigner, 1979·1985, 재인용).

2) 의사결정

행정과정의 모든 속성은 의사결정에 종속되거나 의사결정을 위해 존재한다고 한다. 유아교육기관도 정규 조직체 중 하나로 기본적인 의사결정의 조직체이다. 의사결정은 모든 조직체를 운영하는 데 필요한 핵심 요소로서 개인이나 조직의 구성원이 어떤 문제 해결을 위해 두 가지 이상의 대안 중에서 하나를 의식적으로 선택하는 것을 말한다. 유아교육기관도 정규 조직체 중 하나로 기본적인 의사결정의 조직체이다. 따라서 유아교육기관에 있는 모든 교직원은 공통의 비전을 가진 유기적인 조직체로서 과학적인 사고과정을 따라 합리적인 의사결정을 내리도록 해야 한다. 건전한 의사결정은 목적 지향적이고 합리적인 행위에 의해 결정된다.

의사결정과정은 연속적이고 순환적인 과정이다. Hoy와 Miskel(1996)은 의사 결정 과정을 다음과 같이 5단계로 나누어 제시하였다.

- 문제의 인지와 정의
- 현존 상황에서의 문제 분석
- 문제 해결을 위한 준거의 설정
- 실행을 위한 계획과 전략의 개발
- 활동계획의 착수

참고문헌

교육과학기술부·경기도교육청(2013). **2013 유치원 교무학사 업무매뉴얼.**

김옥련 (1985). **유치원 경영관리.** 서울: 양서원.

김주성 (1990). **아동의 건강과 영양.** 서울: 학문사.

김종철 (1982). **교육행정의 이론과 실제.** 서울: 교육과학사.

한국유아교육학회 (2003, 2007). **유아교육백서.** 서울: 양서원.

이기숙 (1996). 출발점 평등원칙 구현을 위한 유아교육 체제 개혁. 대통령 자문 교육개혁위원회.

이기숙·장영희·정미라·엄정애(2002). **유아교육개론.** 서울: 양서원

이연섭·방인옥·조희숙·조정숙·이광자·박찬옥·지성애·마송희·유왕효·김정규·정갑순·이윤옥·엄기영·노영희·나정 (2005). **유아교육개론.** 서울: 정민사.

이정환 (1993). **교과교재 연구 및 지도법.** 서울: 교문사.

임재택 (1995). **유아교육기관 운영 관리.** 서울: 양서원.

전라북도 전주교육청 (1996). 사립유치원 운영 실무교재.

전라북도 전주교육청 (2003). 유치원 교구·설비 기준.

Bigner, J. J. (1985). 부모교육 입문-부모-자녀관계 (이은화·이경우 공역). 서울: 창지사. (원본 발행 1979).

Crosser, S. (1992). Managing the Early Childhood Classroom. *Young Children, 47*(2).

Decker, C. A. & Decker J. R. (1992). *Planning and administering early childhood programs* (5th). New York: Macmillan Publishing Company.

Hilderbrand, V. (1993). *Management of child development centers*. Prentice-Hall, Inc.

Hoy, W. K. & Miskel, C. G. (1996). *Educational administration: Theory, research, and practice* (5th). New York: McGraw-Hill Inc.

Spodek, B. & Saracho, O. N. (1997). *Right from the start. Teaching children ages three to eight* (이윤경 외 역). 서울: 창지사. (원본 발행 1997).

교육부 http://neis.moe.go.kr

대전교육청 http://neis.dje.mo.kr

법제처 www.law.or.kr

육아종합지원센터 central.childcare.go.kr

CHAPTER

07

유아교육과정

1. 유아교육과정의 개념
2. 유아교육과정의 이론적 근거 및 접근 유형
3. 유아교육과정의 구성 및 운영

1. 유아교육과정의 개념

1) 교육과정의 개념

유아교육과정의 개념을 이해하기 위해서는 먼저 일반적인 교육과정의 개념에 대해 이해하는 것이 기본적일 것이다. 왜냐하면 유아교육과정은 일반교육과정과 별개의 것으로 간주되어서는 안 되며, 같은 맥락에서 공통된 성격의 이해를 기초로 접근되면서 동시에 유아교육과정만의 독특한 성격이 고려되어야 하기 때문이다.

교육과정(curriculum)이란 용어의 어원은 라틴어인 'currere'에서 찾을 수 있는데, 그 뜻은 '말이 달리는 길' 또는 '경주로(course of race)'와 같은 것으로 목표 지점을 향해 따라가는 코스를 의미하였다(김정규·김영신, 1989). 이에 교육과정은 교육 목적의 달성을 위한 수단 또는 과정의 의미를 갖는다고 볼 수 있다.

교육과정에 대한 개념 정의는 시대와 학자에 따라 매우 다양하게 이루어져 왔으며 아직도 어느 한 가지가 완전한 정답이라기보다는 입장에 따라 다양한 정의가 수용되고 있다. 이는 교육의 활동 자체가 학습자와 학습환경, 더 나아가 전체적인 사회·문화적 맥락 내에서 이루어지는 역동적인 과정이기 때문일 것이다. 즉, 역동적이고 복잡한 교육의 과정에 대해 보는 관점과 초점이 다를 수 있으며, 따라서 교육과정의 개념 정의도 다양할 수밖에 없다.

이에 이은화와 양옥승(1988)에 의하면 관계되는 입장에 따라 다음과 같이 다섯 가지의 교육과정 유형이 존재한다고 보았다

첫째, 교육학자나 교육과정 관련 전문가의 입장에서 정의되는 '이념적 교육과정(ideal curriculum)'이 있다.

둘째, 교육부, 교재편찬위원회 등 행정부처의 입장에서 정의되는 '형식적 교육과정(formal curriculum)'이 있다. 교육부·보건복지부의 누리과정 고시문, 해설서 등이 해당된다.

셋째, 교사 입장에서 정의되는 '교수적 교육과정(instructional curriculum)'이 있다. 현직교사가 계획하는 교육과정으로 연간, 월간, 주간, 일간 교육계획 등이 해당된다.

넷째, 수업과정을 관찰하는 사람의 입장에서 정의되는 '조작적 교육과정(operational curriculum)'이 있다. 실제 교실에서 교사가 무엇을 어떻게 가르치고 있는가와 학습자의 반응 등 교수–학습 활동을 교육과정이라고 보는 것이다.

다섯째, 학습자의 수준에서 정의되는 '경험적 교육과정(experimental curriculum)'이 있다. 학습자가 실제 경험한 모든 것을 교육과정이라고 보는 것으로 이에는 의도적인 '표면적 교육과정(manifest curriculum)'뿐 아니라 비의도적으로 제공되는 '잠재적 교육과정(hidden curriculum)'의 경험까지가 모두 포함된다.

그런데 교육과정에 대한 다양한 개념 정의들은 교육과정을 학생들이 달성해야 할 목적이나 배워야 할 내용 혹은 계획으로 보는 입장과 그 목적을 달성해 가는 과정이나 환경 혹은 경험으로 보는 두 입장으로 크게 구분된다(이기숙, 2013).

또한 일반적으로 교육과정은 다음과 같이 '교과중심', '경험중심', '학문중심', '인간중심' 교육과정 등 네 가지의 큰 흐름을 따라 발달되었으며(김종서, 1983), 교육과정의 유형이 변화됨에 따라 교육과정의 개념 역시 변화, 발전되어 왔다.

(1) 교과중심 교육과정

교과중심 교육과정은 학교교육의 시작부터 1920년대 중반까지 지배적이었던 교육과정의 유형이다. 문화적 유산의 본질적 가치 전달을 교육의 역할로 보는 본질주의(essentialism) 교육사조에 근거하므로 아동의 자유나 흥미보다는 질서·노력·훈련·개념 학습 및 교사의 권위가 강조된다(서울대학교교육연구소, 1994). 초기의 학교는 교과를 가르치는 것에 그 기능이 국한되어 있었기 때문에 교사의 입장에서 가르칠 필요가 있다고 생각되는 교과를 선택하여 조직하는 것이 교육과정에 관련된 핵심 과제였다. 즉, 교과별로 가르칠 내용을 순서대로 작성한 교수 요목이 교과중심 교육과정 유형의 일반적 형태로 교과과정이라고도 칭해졌다. 현재까지도 가장 일반적인 교육과정의 유형이다.

(2) 경험중심 교육과정

경험중심 교육과정은 진보주의 교육사조에 의해 1930년경에 나타나 50년대 말까지 지배적이었던 교육과정의 유형이다. 교과중심 교육과정이 교과 자체의 계열성이나 논리에 의존해서 형식적으로 조직됨으로써 학습자의 흥미나 실생활 경험과의 단절을 가져옴을 비판하면서 제안된 교육과정 유형으로 학습자의 요구와 흥미를 중심으로 실생활에 연관된 교육활동의 계획을 중시한다. 또한 계획적 교육활동 이외에 생활 속의 우발적 경험을 통한 학습활동이 교육과정의 개념에 포함된다. 유아교육과정의 기본적인 유형이다.

(3) 학문중심 교육과정

학문중심 교육과정은 경험주의 교육과정에 대한 반발로 1960년대에 나타난 교육과정의 유형이다. Bruner(1960)에 의해 체계적으로 제안된 것으로 경험주의 교육과정이 지나치게 생활에 관련된 문제 해결만 강조하는 것에 반대하여 학문의 기본 개념학습에 강조를 둔다.

즉, 경험주의 교육과정이 학습자의 흥미나 요구에만 지나치게 의존하고 우발적 학습 경험에 치중함으로써 학습의 결과에 대한 의문이 제기되며 교육과정 구성에 있어 지식의 체계성이 결여되기 쉽다고 지적하였다. 또한 교과중심 교육과정으로는 폭증하는 지식과 기술의 전달이 불가능하므로 효율적 전달을 위해 교육과정이 핵심적 개념을 중심으로 체계적으로 구성되어야 한다는 것이다.

학문중심 교육과정 유형에 따르면 지식의 본질(구조)인 핵심적 개념, 다시 말해 각 교과의 기본적 개념인 '구조적 지식'을 체계적으로 조직해 놓은 것이 교육과정이며 '지식의 구조'를 가르치기 위해 교육과정을 나선형으로 조직(spiral curriculum)하도록 제안한다.

또한 교과중심 교육과정과는 달리 내용에만 중심을 두기보다 학문하는 방법에 대한 이해를 중시하므로 교사가 중심이 되어 핵심개념을 가르치는 것이 아니라 이를 탐구해 나가는 학습자의 경험이 강조된다.

(4) 인간중심 교육과정

인간중심 교육과정은 20세기 후반 과학기술의 급속한 발달과 그에 따른 인재 양성 수단으로서의 교육, 교육의 비인간화에 대한 회의가 대두되면서 나타난 교육과정의 새로운 유형이다. 과학기술의 발달은 인간성의 발달이 그에 미치지 못할 때 인간의 행복에 기여할 수 없다는 점을 지적하면서 자기 충족감이 넘치는 인간의 육성, 즉 자아실현이라는 교육 목적과 인간적 만남으로서의 교수-학습 활동을 주장한다.

인간중심 교육과정은 인본주의 심리학에 영향을 받은 것으로 성장과 건강에의 충동이라는 보편적 인간성의 발달을 강조한다. 이 관점에 의하면 정서(affect)가 강렬한 느낌이나 감정일 뿐 아니라 행동을 지시하고 통제하는 기본적인 힘(force)이기도 하며 정서 영역이 개인의 삶, 궁극적으로는 모든 사람의 삶의 성질(nature)을 결정하는 힘을 포함한다(Weinstein & Fantin, 1975).

긍정적인 자아개념이 중시되며 학생의 태도, 가치관, 신념 등 정서적 측면에 영향을 미친다는 점에서 잠재적 교육과정의 중요성을 강조하므로 학교의 문화풍토나 분위기, 교사와의 인간적 관계를 통한 인격적 감화 등이 중시된다.

따라서 인간중심 교육과정의 유형에 의하면 학생에게 전인격적으로 영향을 미치는 모든 경험, 즉 의도적이거나 비의도적인 경험 모두를 교육과정의 개념에 포함한다.

한편 교육과정의 개념을 학교 밖의 사회 문제와 관련지어 파악하고자 하는 재개념주의자들에 의하면 교육과정은 선택된 사회·문화적 환경으로 정의되기도 한다. 이처럼 교육과정의 개념은 시대와 사람에 따라 다르게 정의될 수 있는 것으로 단순히 학교에서 의도적으로 전달되는 교과 내용이라는 좁은 의미에서 점차 학습자에게 영향을 미치는 모든 경험으로 그 의미가 변화되었다. 「2015 초·중등학교 교육과정」에서도 교육과정을 '학교의 교육목적 달성을 위해 교육내용이나 학습경험을 선정, 조직, 실천, 평가하는 제 행위'로 정의하면서, '학생이 경험하는 총체 또는 학교가 제공하는 경험의 총체'라는 광의의 의미로도 정의한 바 있다.

실제로 교육과정은 구체성이나 강조점의 차이는 있다 하더라도 교육의 실천을 위한 기본적 틀 또는 설계도와 같은 것으로 볼 수 있으며, 점차 교사의 계획에만 의존하기 보다는 교사와 학생이 공동으로 엮어가는 경험과 지식의 재구성으로서 확대되어 이해되고 있다. 따라서 앞서의 다양한 교육과정의 개념에 대한 이해를 기초로 개방적 관점에서 교육과정의 개념을 수용, 논의하는 작업이 필요할 것이다.

2) 유아교육과정의 개념

이기숙(2013)에 의하면 유아교육과정은 유아교육에 대한 학문적 논의의 핵심이며 어떤 내용을 어떻게 가르칠 것인가에 초점을 두어 연구해야 하는 유아교육의 분야이다. 그런데 실제로 유아교육과정의 개념화는 아직 미흡한 단계에 있는 것으로 간주된다.

사실 유아교육과정을 정의하는 일은 단순하거나 쉬운 일이 아니며 명확하게 설명되기가 어렵다. '유아교육과정은 무엇인가?' 또는 '어떤 교육과정을 운영하고 있는가?'라는 질문을 던졌을 때 사람들은 다양한 반응을 보인다. 자기 학급에서 다루어 온 주제와 활동에 대한 책자를 유아교육과정이라고 하는 경우도 있을 것이며 반면에 문서화된 계획은 없다고 하면서 그날그날 융통성 있게 아동이 흥미로워하는 것에 대해 반응하면 된다고 할 수도 있다. 사실, 유아교육과정의 개념은 이러한 양극단적 입장 사이의 어딘가에 속해 있으며 기관 및 교사의 교육적 신념에 따라 다를 수 있으나, 어느 한 쪽에 치우치기 보다는 적절한 균형을 유지할 필요가 있다.

일반적인 교육과정의 개념 정의와 마찬가지로 시대와 관점에 따라 그리고 관계된 입장에 따라 유아교육과정에 대한 다양한 개념 정의가 이루어지고 있다.

Spodek(1991)은 유아교육과정을 '교육 목적에 따라 계획, 조직된 학습 경험의 목록'이라고 보아 내용중심의 개념 정의를 하고 있다. 그러나 유아교육과정과 다른 교육과정과의 차이점으로 교재·교구의 중요성을 들면서 교사-교구-아동 간의 상호작용이 중요한 교육 내용이 될 수 있다고 보았다. 따라서 교과중심 교육과정의 경우처럼 미리 계획되고 조직된 교과 내용으로서의 교육과정개념과는 큰 차이를 보인다.

또한 McCarthy와 Houston(1980)은 유아교육과정이란 '유아에게 가르치는 것' 혹은 '유아가 배우는 것'이라고 좁게 정의하고 있으나, 다른 교육과정과 달리 교과목의 개념은 아님을 명백히 하였다.

이에 비해 NAEYC(1991)는 유아교육과정을 '학습의 내용과 과정, 교사의 역할, 교수-학습 상황에 대해 기술한 조직화된 틀'이라고 넓게 정의하였다. 이와 유사하게 Koralec 등에 의하면 유아교육과정은 "환경을 구성하고 적절한 활동을 계획하며 아동의 성장과 발달을 촉진시키는 데 관계된 지침을 제시하는 체계"이다. 이 체계 내에서 교사진은 아동의 개별적 흥미와 그날그날의 경험에 대해 반응할 수 있다 (Koralek, Colker, & Dodge, 1993·1995).

한편 유아교육과정이 일반교육과정과 구별되는 특징에 관해서 Williams(1987)는 유아교육과정이 교사, 행정가, 부모들에게 여러 가지 이미지를 불러일으키지만 가장 강력한 하나의 연상은 '전인 아동(the whole child)'의 이미지라고 하였다. 이것은 유아교육에 있어 교육과정과 전인 아동은 불가분의 관계에 있음을 의미하는데, 전인 아동은 아동의 지적(인지적), 정서적, 사회적, 신체적 능력의 완전한 통합으로 이해된다. 따라서 유아교육과정의 특성이 전인적 발달을 목표로 한 것임을 시사한다.

이제 다양한 유아교육과정의 개념을 이해하기 위해 Schwartz와 Robison(1982)이 분류한 유아교육과정 정의에 대한 다섯 가지의 입장을 살펴보고자 한다. 그들의 논의에 의하면 교육과정의 개념이 정의되는 입장에 따라 유아교육과정의 형태가 달라진다.

(1) 우연히 일어나는 것으로서의 교육과정

교육과정을 '우연히 일어나는 것(a happening)'으로 정의하는 입장이 있다. 이 관점에 의하면 유아의 선택이 가장 중요하다. 유아가 자신에게 가장 적절한 건설적 활동을 선택할 수 있다고 믿으며 자신의 욕구와 흥미에 따라 선택한 활동에 몰두할 때 가장 효과적인 학습이 가능하다고 본다.

따라서 교사는 사전의 구체적 계획 없이 유아의 선택에 민감하게 반응하면서 유아가 선택한 활동 속에서 그때그때 적절하게 학습을 지원하는 역할을 하면 된다. 단, 활동 시간, 정리, 간식, 대집단 시간 등으로 전반적인 일과 진행에 대한 계획은 기본적으로 수립하며 유아의 다양한 활동 선택을 돕는 환경 구성에 대해서도 계획한다. 또한 유아에게 참여를 자극하기 위한 특별한 활동이나 교재·교구의 사용도 계획될 수 있으나 구체적으로 어떤 활동이 이루어질지는 유아의 선택에 달려 있기 때문에 교육과정은 '우연히 일어나는 것'이 되는 것이다.

이러한 교육과정의 개념하에서는 유아의 흥미, 학습활동이나 경험에 참여하는 방법에 가치를 둔다. 또한 가르치는 일은 아동의 선택과 활동으로부터 파생되므로 미리 계획될 수 없기 때문에 순간순간의 의사결정 능력이 있는 경험이 있고 유능하며 자원이 풍부한 통찰력 있는 교사가 요구된다. '우연히 일어나는 것'으로서의 교육과정은 개념상으로는 매우 이상적일 수 있으나, 한 교사가 다수의 유아를 담당하는 실제 교육현장에서 계획 없이 각 유아마다의 흥미와 관심에 따른 우발적 학습 경험에만 의존하는 교육과정의 실행은 불가능하다. 특히 경력이 낮은 교사의 학급인 경우, 자칫 큰 혼란과 방임을 초래할 가능성이 크다는 점을 단점으로 볼 수 있다.

2019개정 누리과정에 대해 아무런 계획이 필요없다는 식으로 잘못 이해하여 심지어 집단활동은 필요없다고 보는 등 실제 현장에서 이러한 방임의 상황이 발생되는 경우가 있다는 우려가 있다.

(2) 유아가 학교에서 갖게 되는 모든 경험으로서의 교육과정

교육과정을 '유아가 학교에서 경험하는 모든 것(all the children's experiences in school)'으로 정의하는 입장이 있다. 이렇게 학교 경험의 총체를 교육과정으로 보는 것은 잠재적 교육과정과 우발적, 비계획적 사건의 영향을 중시하는 관점으로 교수에 대한 계획을 능가해서 유아에게 개인적으로 더 의미를 주는 학급의 분위기, 집단의 역동성, 상호작용방식, 정서적 의사소통의 영향을 중시한다.

이러한 교육과정의 개념하에서는 학급 내 경험에 영향을 주는 사회적 변화 등에도 민감해야 하므로 교사에게 광범위한 책임이 요구된다. 부모와의 관계 등 유아의 학습 연계를 보장할 전반적인 인간관계 측면에 대한 이해도 요구되며 교사진 간의 협력과 외부 자원 인사 등의 지원이 갖춰져야 하는 어려움이 있다. 또한 학습의 결과에 대한 예측 불가능성과 교사 입장에서 통제를 할 수 없다는 무능감을 갖게 될 수 있다는 것이 단점으로 지적된다.

(3) 교수계획으로서의 교육과정

교육과정을 '교수계획(plans for teaching)', 즉 일간, 주간, 월간, 연간 활동계획으로 정의하는 입장이 있다. 이 관점은 교육과정에 있어 교사가 중심이 되는 것을 인정하는 것으로 유아의 선택보다는 교사의 사려 깊은 결정이 갖는 장점을 중시한다.

이 입장의 예로 Johnson(1968)은 교육과정은 '구조화된 일련의 학습 결과', Zais(1976)는 '학습자를 교육하기 위한 계획'이라고 정의한 바 있다(Schwartz & Robison, 1982).

의도적 교수계획으로서의 교육과정은 세부적인 것일 수도 있고 또는 대략적인 것일 수도 있으며 장기적 또는 단기적인 것일 수도 있다. 또한 문서화된 계획이 일반적이지만 문서화되지 않을 수도 있다. 교수계획으로서의 교육과정은 초보교사에게도 유아의 욕구와 흥미를 예견하고 그에 맞는 교구, 환경을 조직하도록 도움을 주는 장점이 있지만 융통성이 없거나 그때그때 나타나는 유아의 흥미에 민감하지 못하게 될 가능성이 문제점으로 지적된다. 따라서 유아의 발달수준과 사전경험, 흥미와 요구를 고려하여 세심히 계획하되, 실행에 있어 유아의 반응 등 상황에 따른 융통성 있는 운영이 요구된다.

(4) 교수 요목으로서의 교육과정

교육과정을 '교수 요목(a syllabus)'으로 정의하는 입장이 있다. 교수 요목은 대개 문서화된 일련의 포괄적 계획으로 교육과정을 위한 장기적 지침으로 사용되며 일반적으로 교육 목표와 내용, 순서를 명시한 것이다. 따라서 교수 요목으로서 교육과정의 개념에 대해서는 교수계획으로서의 교육과정에 대한 것과 유사한 찬반양론이 있다.

즉, 문서화된 지침이 있다는 안정성이 우선적인 장점이 되는 반면, 사전에 문서화된 계획이 갖는 고정적 측면이 한계로 지적된다. 행정가나 부모에게는 교육과정을 가시적으로 보여준다는 점에서 감독과 의사소통에 유리하다는 이점이 있으나 융통성이 없고 피상적, 권위적, 형식적으로 보인다는 단점이 있다. 또한 통일된 학습 결과를 예측할 수 있는 가능성을 보장하는 반면에 유아 개개인의 욕구와 흥미에 대한 고려가 무시되기 쉽다. 통일된 학습 결과를 명시한 교수 요목이 교육 효과에 대한 평가의 근거가 됨으로써 교사에게 큰 압력이 될 수 있다는 점 역시 단점으로 지적되나 교사가 얼마만큼 교수 요목의 작성에 직접 참여하고 주기적으로 검토, 수정하는가의 정도에 따라 그 유용성이 달라질 수 있다.

(5) 프로그램으로서의 교육과정

교육과정이란 용어가 종종 '몬테소리 프로그램'이나 '개방교육 프로그램' 같은 특정한 교육과정 모형을 뜻하는 것으로 사용된다. 교육과정을 프로그램으로 정의하는 입장은 유아교육 분야에서만 찾아볼 수 있는 독특한 관점으로 이는 Head Start 이후 다양한 교육과정 모형들이 개발되면서 유아교육과정 분야의 많은 저서들이 서로 구별되는 교육과정 패턴을 가진 프로그램들에 관해 기술해 왔기 때문이라고 볼 수 있다. 이 관점은 교육과정의 학습을 위한 하나의 디자인으로서 일련의 독특한 특성의 연합으로서 보는 것이다. 실제로 유아교육 분야에서는 교육과정이란 용어와 프로그램이란 용어가 혼용되어 사용되기도 하였다.

프로그램은 '보상 프로그램', 'Head Start 프로그램', 'Follow Through 프로그램', '발달적 프로그램' 등으로 이름이 붙여져 왔는데, 프로그램의 이름에 따라서 특정한 교육과정 모형을 나타낼 수도 있지만 그렇지 않은 경우도 있다. 예를 들어, 'Montessori 프로그램'이라고 부를 때에는 Montessori의 이론과 교구에 의한 독특한 교육과정을 뜻하는 것이 되지만 'Head Start 프로그램'이나 'Follow Through 프로그램'이라고 할 때는 특정 이론에 근거한 독특한 교육과정을 의미하지 않는다. 프로그램으로서의 교육과정의 개념은 'Montessori 프로그램'이나 'DISTAR 프로그램'처럼 이론적 근거와 프로그램의 목적에 따라 일관성 있게 수립된 계획을 가진 교육과정 모형에서 가장 잘 나타난다.

이상의 논의는 유아교육과정이 사용되고 정의되는 다양한 방법이 있음을 보여주며 하나의 정답이 있다기보다는 각자의 우선적 가치에 따라 선택할 수 있을 것이다. 그러나 유아의 경우 특히 잠재적 교육과정의 중요성이 크다는 점에서 '유아가 학교에서 갖게 되는 모든 경험'으로서의 교육과정의 개념이 가장 타당할 것이며, 전인교육으로서 유아교육의 본질에 비추어 가장 적절한 개념이라고 할 수 있다. 「2019 개정 누리과정」에서도 교육과정이 교육목표 달성을 위한 교육내용의 선정·조직 방식임을 고려하면서 '유아가 경험하는 총체'임에 중점을 둔 바 있다.

2. 유아교육과정의 이론적 근거 및 접근 유형

1) 유아교육과정의 이론적 근거

유아교육 프로그램의 역사적 발달과정을 살펴보면, 초기 Froebel의 '상징주의'로부터 시작해서 Dewey의 '진보주의', Montessori의 '아동중심주의' 등이 그 철학적 기초를 제공함으로써 다양한 아동관과 교육관에 근거한 프로그램들이 발달되어왔음을 알 수 있다(심성경 외, 1995).

또한 1920년경부터 시작된 아동연구운동에 의해 심리학적 연구가 이루어짐으로써 다양한 접근에 따른 발달 이론들이 유아교육과정에 영향을 미치게 되었다. 즉, 성숙주의 이론(maturational theory), 정신분석 이론(psychoanalytic theory), 행동주의 이론(behaviorist theory), 사회학습 이론(social learning theory), 인지 발달 또는 구성주의 이론(cognitive–developmental theory/constructive) 등 다양한 접근에 따른 이론들이 아동의 발달과 학습에 대한 다양한 이해를 제공해 왔다(Wortham, 2002).

Gardener에 의하면 1960년대 중반까지 성숙주의 이론의 대표자인 Gesell의 표준적–기술적(normative–descriptive) 접근과 Freud의 정신분석적 접근이 유아교육과정의 구성에 가장 큰 영향력을 미쳤다(Spodek & Walberg, 1977). 그러나 Watson, Skinner 등의 행동주의도 60년대 이후 대두된 Piaget의 인지주의와 함께 유아교육과정의 심리학적 기초로서, 특히 혜택받지 못한 유아를 위한 보상교육 프로그램의 이론적 근거로서 큰 공헌을 해 오고 있다.

또한 행동주의적 견해에 의혹을 제기하면서 동일 상황에서도 성격특징에 따라 개인의 반응이 다름을 강조하는 Allport, Rogers, Maslow 등의 저술이 1950년대에 와서 관심을 끌게 되면서 심리학에서 인본주의운동이 일어나게 되었는데(Crain, 1980·1983), 이 인본주의적 관점 역시 유아교육과정의 이론적 근거로 작용하게 되었다.

따라서 이러한 철학적·심리학적 이론의 발달에 의해, 현대에 와서 다양한 이론적 근거에 의한 다양한 접근의 유아교육 프로그램들이 개발, 운영되게 되었음을 볼 수 있다. 이는 프로그램 개발자들이 지지하는 서로 다른 이론적 입장을 반영하여 프로그램 모형의 개념이 1960년대 유아교육 분야에 출현(Weber, 1984)한 것을 통해 더욱 확실히 알 수 있다.

사실 60년대 이후 유아교육과정의 이론적 근거로서 지나치게 심리학적 이론, 즉 발달 이론에만 의존해 왔다는 비판적 지적이 많다. 특히 Head Start를 중심으로 개발된 교육과정 모형들이 그러한 경향을 가중시켰다고 볼 수 있으며 NAEYC의 '발달에 적합한 실제' 또한 그러한 점에서 비판받고 있기도 하다.

이은화와 양옥승(1988)도 유아교육과정 연구가 아동 발달의 응용 분야인 듯이 발달 이론들이 유아교육과정에 대한 결정에 지배적으로 적용되어 왔다는 것이 사실이지만 그것은 잘못된 것이라고 지적하였다. 이에 발달 이론은 학교교육의 내용이나 과정이 교사의 일방적 상상에서 일반화되는 것을 막고 교수–학습 과정이나 교육 내용 선정이 유아의 발달수준에 적합한지를 분석하는 도구에 지나지 않는다고 주장하였다.

이에 Kohlberg와 Mayer(1972)가 심리학 이론이 커리큘럼 구성에 이용될 때 그것은 이미 심리학 이론이 아니라 철학적 사고와 함께 교육적 이데올로기가 된다고 본 것처럼 철학과 심리학의 일관성 있고 통합적인 사고를 교육과정의 이론적 근거로 보는 것이 타당한 관점일 것이다.

2) 유아교육 프로그램의 이론적 유형 분류

앞서 기술한 것처럼 철학과 심리학의 이론을 연합한 통합적 이데올로기가 60년대 중반부터 개발된 유아교육 프로그램 모형을 점차 지배하게 되었으며 여러 학자들이 프로그램 개발에 기초가 된 철학적·심리학적 이론을 근거로 프로그램의 유형을 구분하였다. 가장 보편적으로 간주되는 고전적인 분류는 Kohlberg(1968)의 분류이다.

Kohlberg는 세대를 거쳐 오면서 오늘날에도 실제 구별되어 나타나는 세 가지의 광범위한 교육적 사고의 조류를 개념화하였다(Petters, Neisworth, & Yawkey, 1985).

그것은 '성숙주의-사회화 조류(maturationist-socialization stream)', '문화적-훈련 또는 행동주의 조류(cultural-training or behaviorist stream)' 그리고 '인지적-발달적 또는 상호작용주의 조류(cognitive-developmental or interaction stream)'이다. 이 세 가지의 교육적 사고는 〈표 7-1〉과 같이 아동, 발달, 학습에 대한 상이한 가정들을 포함한다(Petters, Neisworth, & Yawkey, 1985).

또한 Kohlberg와 Mayer(1972)는 유아교육의 이데올로기를 낭만주의(romanticism), 문화 전달(cultural transmission), 진보주의(progressivism)의 세 가지로 분류하였다. 각 이데올로기 유형에 따라 인간의 본성, 지식과 가치의 본질에 대한 다른 가정에 기초하며, 특히 교육 목적에 대한 다른 관점을 나타내고 있다. 이를 요약하면 다음과 같다.

첫째, 낭만주의 이데올로기에 의하면, 교육은 아동의 내적 본성이 전개되는 것이므로 내적 지식이 중시됨으로써 개인의 자아실현이 교육의 주요 목적이라고 본다.

둘째, 문화 전달 이데올로기에 의하면, 교육은 다음 세대로 문화를 전달하는 것이므로 외부의 지식이 중시됨으로써 그러한 외적 지식의 전달이 교육의 주요 목적이 된다.

셋째, 진보주의 이데올로기에 의하면, 교육은 개인과 환경의 상호작용과정이므로 내적·외적 지식 모두를 중시한다. 또한 상호작용을 통한 발달을 주요 목적으로 보기 때문에 발달 모형이라고도 한다.

이에 Kohlberg와 Mayer는 Dewey의 진보주의 철학과 Piaget의 인지주의 심리학에 근거한 진보주의 이데올로기가 내적·외적 지식의 어느 한 편만을 강조하는 낭만주의나 문화 전달 이데올로기의 한계점을 해결한다는 점에서 유아교육 프로그램 구성의 이론적 근거로 타당하다고 주장하였다. 90년대 이후 새로운 프로그램 모델의 개발은 거의 이루어지지 않고 있으나 실제 우리나라 국가수준 교육과정을 포함해서 대부분의 유아교육과정들은 이 입장에 근거하고 있다.

〈표 7-1〉 세 가지 이론의 아동 발달, 학습에 대한 가정

구분	인지적 · 발달적이론	문화훈련또는행동주의이론	성숙주의 · 사회화이론
아동	• 능동적 • 사고에 있어서 성인과 질적으로 다름	• 반응적이며 수동적 • 학습에 있어서 성인과 질적으로 같음	• 적응적 • 정서에 있어서 성인과 질적으로 다름
발달	• 파동치듯이 때로는 급격히 때로는 천천히 발달 • 예정된 생물학적 순서에 따르되 경험에 의해 수정됨	• 양적, 단계적으로 행동의 레퍼토리가 확장 • 환경과 아동 상호간의 조작(operation)에의해발달	• 갈등 해소의 결과로서 단계적으로 발달 • 예정된 대로, 지원적인 환경 속에서 유전적으로 결정된 순서에 따라 발달
학습	• 내적으로 동기 유발 • 감각에 기초 • 발달 단계에 의존 • 일반적 형태의 풍부한 경험에 기초 • 과정중심 접근 • 비가역적(일정한 단계에 따름)	• 환경으로 부터 동기 유발 • 언어, 구두언어적 명칭 붙이기에 기초 • 누적적이고 계속적 • 특정한 훈련에 기초 • 결과중심 접근 • 가역적	• 갈등에 기초하여 내적 · 외적으로 동기 유발 • 사회적 경험에 기초 • 진보적 단계에 따라 자연적으로 개방되나 거스르는 환경 속에서는 역행될 수 있음 • 개별적표현/과정중심 • 성숙이 미치지 않는 요구는 발달을 지체 시킬 수 있음

3) 유아교육과정의 접근법

이상에서 살펴본 프로그램의 이론적 유형 분류는 결국 유아교육과정의 접근법에 대한 이해로 연결된다. 왜냐하면 이론적 근거에 따라 프로그램의 계획과 운영에 대

한 전반적 의사결정이 달라지므로 결국 이론적 유형에 따라 독특한 교육과정 접근을 나타내기 때문이다.

프로그램의 이론적 유형 분류와 마찬가지로 유아교육과정 접근법 역시 일반적으로 다음과 같이 성숙주의적, 행동주의적, 상호작용주의적 접근의 세 가지로 구분되어 왔다.

(1) 성숙주의적 유아교육과정 접근법

발달이 성인의 문화적 압력 없이 자연스러운 환경 속에서 전개된다는 성숙주의적 관점에 근거한 접근법이다. Rousseau와 Froebel의 아동중심 철학에 뿌리를 두고 Freud, Erikson의 정신분석 이론, Gesell의 성숙주의 발달 이론, Rogers 등의 인본주의와 같은 심리학적 이론이 바탕이 되었으며 Head Start 이전의 전통적인 유아원 프로그램 등 초기의 아동중심 유아교육과정들이 이에 속한다.

성숙주의적 접근의 유아교육과정은 전인적 아동으로서의 성장을 목적으로 하며 유아의 흥미와 성장 단계에 따른 자연스런 학습 기회의 제공이라는 소극적이고 비형식적인 교수방법을 사용한다. 허용적이고 편안한 환경을 제공함으로써 유아의 유전적인, 내적 시간표에 따른 자연스러운 발달을 돕는 것이다.

유아에게 시간이 충분히 제공되기만 한다면 내적인 시간표에 의해 발달이 전개된다는 낭만적 신념을 근거로 하므로 성숙수준을 넘어선 성취를 강조하는 것, 성숙을 촉진시키기 위한 성인의 지나친 개입은 불필요할 뿐 아니라 발달에 역효과를 초래한다고 본다. 유아는 특히 정서적으로 성인과 다른 연약한 존재라고 보기 때문에 정서적으로 유아를 지원하는 물리적 환경과 교사의 역할이 중시되며 경쟁적 성취보다는 안정감을 주는 분위기 속에서 유아의 흥미와 선택에 의한 놀이중심의 경험을 제공한다. 발달수준이 유사한, 즉 학습 준비도가 유사한 유아들로 집단을 편성하며 흥미 영역 활동과 대·소집단 활동 등이 균형 있게 제공된다.

(2) 행동주의적 유아교육과정 접근법

유아의 발달이 주로 외부적 요인에 의해 결정되며 인지, 윤리 및 문화적 지식을 직접 가르침으로써 가장 잘 발달된다고 보는 행동주의적 관점에 근거한 접근법이다.

Locke의 '환경론(environmentalism)'에 철학적 뿌리를 두고 Thorndike, Watson,

Skinner, Bandura 등의 행동주의 심리학적 이론을 바탕으로 한다.

B−E(Bereiter−Engelmen) 프로그램이 대표적인 것으로 빠른 시간 안에 계획적 강화에 의해 구체적인 학습 목표를 달성하는 상당히 구조화된 소수의 프로그램들이 여기에 속하며 직접적 교수 모형(The Direct Instruction Model)이라고도 칭해진다.

행동주의적 접근의 유아교육과정은 특정한 지식이나 기술의 습득을 목적으로 하며 교수방법에 있어서는 직접적인 교수와 집중적인 훈련을 중심으로 하고 체계적 강화의 사용으로 유아의 행동을 적극적으로 통제한다. 같은 학습수준의 소집단 유아를 대상으로 하는 읽기, 셈하기, 언어의 구조적 교수활동이 중심이 된다.

(3) 상호작용주의적 유아교육과정 접근

아동과 환경의 상호작용을 강조하는 인지주의적 관점에 근거한 접근법이다. Dewey의 진보주의 철학에 뿌리를 두고 Piaget의 인지주의 심리학이 토대를 제공했으며 Kamii−DeVries 프로그램이나 Weikart 프로그램(High/Scope Model) 등이 대표적이다.

상호작용주의 접근의 유아교육과정은 주로 인지적 능력과 태도의 발달을 목적으로 하며 유아의 구체적 경험을 통한 발견학습을 중심으로 한다. 그러나 사물의 속성에 대한 '물리적 지식'이나 순서나 비교 등 사물과 사건간의 관계에 대한 '논리·수학적 지식'과 달리 사물의 명칭 같은 '사회적 지식'의 경우에는 직접적인 설명과 시범 등의 방법을 사용하는 등 지식의 유형에 따라 다양한 교수방법의 사용을 강조한다.

성인과는 질적으로 다른 유아의 인지 구조에 부합되게 물리적·사회적 세계에 대한 적극적 탐색의 기회를 제공한다. 상호작용주의 접근은 성숙주의적 접근의 유아교육과정과 제공되는 활동에 있어서는 유사하게 보이지만 유아의 인지수준에 대한 교사의 정확한 평가와 그에 기초한 목적적 교수활동이 계획, 제공되므로 좀 더 다양하고 적극적인 교사의 역할이 요구된다.

상호작용주의 접근의 유아교육과정은 Piaget 이론의 교육적 적용에 대한 견해 차이로 인해 프로그램마다 구체적인 접근방식에 상당한 차이가 있다. 그러나 인지수준이 다른 아동 간의, 즉 다양한 또래의 상호작용을 통해 인지적 자극을 주고받을 수 있도록 하며 유아의 독자적인 과제 계획과 수행을 위해 충분한 시간을 허용하는 경향이 있다.

그런데 유아교육의 접근법 중 어느 한 가지가, 즉 어떤 한 가지 입장의 이론에 근거한 특정한 프로그램이 하나의 정확한 규범이라고 볼 수는 없다. 즉, 프로그램의 모델 접근을 지지하는 사람들의 대부분은 각각 옹호하는 관점이 있음에도 불구하고 학습과 발달에 대한 하나의 진실된 관점이 있다고는 가정하지 않는다(Petters, Neisworth, & Yawkey, 1985).

심성경 등(1995)의 우리나라 유아교사의 아동 발달관이나 교육 신념, 프로그램 운영관 등에 대한 연구에서도 명백한 한 가지 입장보다는 절충적 관점을 갖는 경향이 밝혀진 바 있다.

이에 유아교육에 있어 최근의 경향은 한 가지의 이론적 관점이 아니라 좀 더 절충적이고 통합적인 이론적 관점에 근거한 유아교육과정 접근을 모색하는 것이다. Elkind에 의하면 역사적으로 유아교육과정의 다양한 접근들이 이루어져 왔으나 그 차이를 무색하게 하는 하나의 공통된 원칙이 있으며 그것은 유아는 발달하는 존재이며 유아를 위한 교육과정과 교육실제는 유아의 발달하는 요구와 능력, 흥미에 맞추어져야 한다는 것이다(Miller & Almon, 2009).

특히 성숙주의 접근의 대표격인 Bank Street 접근이 오랜 전통 속에서 쌓아온 교육적 실제에 대한 지식을 이론화하여 70년대 초에 공식적으로 발달적-상호작용주의(Developmental-Interactionist) 접근으로 그 이름을 바꾸면서(Goffin & Wilson, 2001) 순수한 의미의 성숙주의 접근의 프로그램은 찾아볼 수 없게 되었다. 상대적으로 우세한 위치에 있는 상호작용주의 접근이 절충적 접근으로 더욱 세분화되어 발달되고 있는 경향이 있으며 다음에서 논의되는 Franklin과 Biber(1977)의 분류에서 그러한 현상을 확인할 수 있다.

1 행동주의 학습 이론 접근 (Behavioristic Learning Theory Approach)

이 접근은 행동주의 심리학에 근거한 것으로 다음의 두 가지 기본 신조를 갖는다.

첫째는 학습에 대한 연구와 행동 변화를 위한 접근에 있어 관찰 가능한 행동이나 수행을 주된 자료로 한다는 것이며, 둘째는 학습의 기본 원칙은 고전적(classical), 조작적(operant) 조건화의 법칙으로 일반적으로 행동수정(behavior modification)의 원리라고 지칭된다.

유아가 한 일에 대해 고개를 끄덕여 주거나 승인의 미소를 짓는 등 교사는 의식적이지 않더라도 긍정적인 강화의 원칙을 일반적으로 사용한다.

행동주의 학습 이론 접근에서는 특별히 훈련된 행동이 다른 행동으로 일반화될지, 또한 강화된 행동이 보상이 제거된 후 얼마나 지속될지 그리고 좀 더 비물질적인 보상으로 변화될 수 있을지가 의문점이 된다. 즉, 보상의 체제를 내적 만족에 의존하는 쪽으로 변형시켜서 궁극적으로는 유아 스스로 내적으로 통제되게 하는 것이 해결해야 할 문제이다.

② Piaget의 인지-발달적 접근(Piagetian Cognitive-Developmental Approach)

이 접근은 Piaget의 이론에 근거한 것으로 유아를 활동의 근원으로 보며 외부로부터 조작되기보다 환경과 상호작용하는 존재로 본다. 유아가 자신의 세계에서 의미를 찾고 물리적·사회적 환경과의 상호작용양식을 조정하는 내면의 인지적 구조를 발전시켜 간다고 간주한다. 이 접근에서는 학습은 활동적 과정이고 지식은 습득되기보다 구성되는 것이기 때문에 사물에 대한 직접적인 탐색과 조작이 발달과 학습의 핵심적 요인이다.

③ 발달적-상호작용주의 접근(The Developmental-Interactionist Approach)

이 접근은 Bank Street 접근이라고도 칭해지는데, Piaget의 인지-발달적 접근과 상당히 유사하지만 주요한 차이점은 인지 영역에만 초점을 두지 않는다는 것이다. Piaget의 이론은 지적-인지적 학습에 대한 중요성이 증대되고 있던 시기에 발달된 것으로 인지 발달을 위한 인간적이고 아동중심적인 방법을 제공하였다. 그러나 발달적-상호작용주의 접근은 인지뿐 아니라 사회적, 정서적, 신체적, 창의적인 측면 등 발달하는 아동 자아의 모든 측면의 중요성을 인식한다는 점에서 차이가 있다.

이 접근의 뿌리는 진보주의 교육사조, 특히 Dewey와 Bank Street의 창립자인 Mitchell의 교육 철학에 있으며 다양한 심리학적 개념에 근거를 두고 있다. 즉, 아동이 수많은 예측 가능한 순서에 따라 성장한다는 성숙주의적 개념을 수용하고 있고 정서적 발달에 대해서는 Freud와 Erikson, 인지적 성장에 대해서는 Piaget와 Vygotsky 그리고 신체적 발달의 순서에 대해서는 Gesell 등의 이론을 모두 사용한다. 즉, 절충적인 관점의 접근으로서 유아의 전인적 발달을 강조하는 통합적 프로그램들이 이에 속한다.

이 접근은 또한 때때로 '구성주의(constructivist) 철학'이라고도 칭해진다. 왜냐하면 환경과 상호작용하면서 스스로 지식을 구성해 가는 유아의 가치를 강조하기 때문이다. 구성주의 철학은 유아 스스로를 모든 측면에서 유능하고 자율적인 존재로 인식하도록 촉진할 것을 중시한다. 또한 상호작용을 단지 유아와 환경 사이에서 일어나는 것일 뿐 아니라 유아 내부의 다양한 측면 또는 내적 자아들 간에 일어나는 것이라고 본다.

따라서 발달적-상호작용주의 접근에 의하면 자아의 개별적인 각 영역에 대한 논의도 필요하지만 전반적으로 자아의 모든 측면의 욕구와 교육을 통합적이고 총체적인 교육과정 속으로 혼합시키고 유아를 전인적 존재로 다루는 것이 기본적 의도가 된다. 이러한 철학에 의해 놀이와 활동적 경험을 통한 학습이 교육과정의 핵심적 요소이며, 이와 함께 세심한 계획에 의해 배열된 전반적 구조 내에서 유아에게 많은 선택을 제공하는 계획이 또한 기본적이다.

3. 유아교육과정의 구성 및 운영

일반적으로 사전에 작성된 것으로서의 교육과정은 의도하는 학습자의 변화는 무엇인지, 그 변화를 도울 학습 내용은 무엇이며 어떤 방법으로 가르치고 배울지에 대한 대답들로 구성된다. 그리고 성취의 정도를 어떻게 알아볼지에 대한 대답이 대개 포함된다.

또한 교육과정의 운영은 교육과정이 주는 지침들에 의해 실제로 학습환경을 준비하고 구체적인 학습활동을 계획, 수행해 가는 것을 뜻한다. 여기에는 학습자의 변화와 교육과정 자체에 대한 계속적인 평가, 그에 따른 교육과정의 재구성이라는 순환적 작업이 요구된다. 이에 교육과정의 구성과 운영을 연속적인 과정으로 보아 함께 논의하는 것이 적절하다. 우리나라의 경우, 1969년 문교부령 유치원교육과정을 고시한 이후 국가수준의 교육과정을 구성하여 제시해 왔다. 교과서나 정해진 시간표가 없는 유아교육의 경우, 고시문 형태의 국가수준 교육과정은 일반적인 지침을 제시해 줄 뿐이다. 따라서, 국가수준 교육과정에 제시된 교육목적과 목표, 영역별 내용, 운영지침에 따라 각 기관 및 학급 수준의 교육과정을 자율적으로 구성, 운영하여야 한다. 이에 유아교사는 고시문을 기초로 해설서나 교사용 지도서(「2019 개정 누리과정」의 경우 지도서 대신 놀이운영 사례집을 누리과정 포털에 제공함) 등을 참고하여, 유아와 함께 만들어가는 교육과정을 스스로 구성, 운영할 수 있는 능력을 반드시 갖추어야 한다.

Koralec 등에 의하면 유아교육과정의 구성 요소는 '근거가 되는 철학의 진술', '목적과 목표의 진술', '물리적 환경 구성에 대한 지침', '교육활동계획과 교사 역할 등 교육적 접근방법에 대한 지침', '적절한 교육활동의 예시', '부모교육과 참여에 대한 지침' 등 여섯 가지이다(Koralek, Colker, & Dodge, 1993·1995).

결국 교육과정의 구성 요소는 크게 목적, 내용, 방법으로 구분되며 이론적 근거를 가장 선행되는 요소로 첨가시킬 수 있는데, 이론적 근거에 대한 논의는 앞에서 이미 이루어졌으므로 목표와 내용, 방법으로 나누어 교육과정의 구성 및 운영에 관해 논의하고자 한다.

1) 교육 목표

교육의 의도성이란 하나의 교육과정의 구성에 있어 교육 목표가 우선적으로 설정되며 그 성취를 위한 내용과 방법이 계획되어짐을 나타낸다. 따라서 명확한 교육 목표의 설정은 교육과정 구성에 있어 가장 우선적이고 중요한 과제라고 할 수 있다.

교육 목표는 교육의 수행 결과 얻어지는 학습자의 변화에 대한 언급이다. 즉, 습득이 기대되는 지식의 종류, 태도의 변화 등의 진술을 교육 목표라고 볼 수 있다.

교육의 일반적 목표는 '인간생활의 질을 개선시키는 것'(이영석, 1983)으로 볼 수 있다. 이러한 정의에 의할 때 교육 목표는 우선적으로 생활의 질 향상에 관계된다는 점을 전제로 한 것임을 알 수 있다. 또한 Whitehead(1967)는 교육 목표를 생활의 질 향상을 위한 '지식 활용의 기술습득(the acquisition of the art of the utilization of knowledge)'이라고 정리한 것처럼 교육 목표는 생활의 질 향상에 관련된다는 점 이외에 단순한 지식 습득 이상의 것을 포함해야 한다는 점을 또한 전제하는 것으로 이해되어야 할 것이다.

(1) 교육 목표의 유형: 장기 목표와 단기 목표

유아교육 분야의 저서에서 목표, 목적, 가치 등의 용어가 혼용되어 사용되지만 그러한 용어 사용의 차이점에도 불구하고 모든 유아교육 프로그램은 장기 목표와 단기 목표를 갖는다(Schwartz & Robison, 1982).

따라서 일반적으로 유아교육과정의 목표는 장기 목표(일반 목표)와 단기 목표(특수 목표)로 구분된다. 장기 목표는, 예를 들어 '사회적 능력의 발달'이나 '민주시민의 자질 함양'과 같이 포괄적이고 추상적이며 일반적인 것인데 비해 단기 목표는 구체적이고 특수한 것으로 장기 목표를 교육 목적, 단기 목표를 교육 목표라고 구분지어 부르기도 한다.

장기 목표는 교육과정이 궁극적으로 추구하는 목표로 프로그램의 전반적인 이론적 입장을 나타내는 반면 교수-학습 활동의 계획에 대한 구체적 지침을 제공하지는 못한다. Weisner(1991)도 부모와 교사들 모두 '전인 아동으로서의 성장과 발달'이라는 전반적 목적에 동의하지만 이 목적은 개별 유아를 위한 특정한 경험과 활동을 계획하는 데 대해서 거의 지침을 제공하지 못한다고 지적하였다. 이에 비해 단기 목표는 교수 형태나 실제 교수 상황을 반영해 준다(이기숙, 2013)는 점에서 교수 목표라고도 할 수 있다.

김호권(1982)에 의하면 일반 목표는 수없이 많은 미세하고 구체적인 교수 목표들을 조직하고 조정하는 조직핵(organizing centers)의 역할을 해야 한다. 교수계획을 위해 이 조직핵을 중심으로 하여 결국은 그 조직핵으로 귀착하고야 마는 상세하고도 구체적인 교수 목표들을 번역해 내야 한다는 것이다. 따라서 단기 목표의 단계적 성취가 결국 장기 목표의 달성으로 연결될 수 있도록 양자 간에 연관성을 유지하는 것이 중요하다.

(2) 교육 목표의 진술방법

교육 목표의 진술은 교사나 교육과정 개발자가 그 자신의 의도를 명시하려는 시도로서 매우 근본적인 작업이다(Petters, Neisworth, & Yawkey, 1985).

Bloom(1966)은 교수 목표는 어떤 방식으로 진술되든 간에 교과 내용이나 경험 영역에서 학습자가 무엇을 느끼고 행동하며 생각해야 하는지를 명확하게 알 수 있게 진술되어야 한다는 원칙하에 행동적 목표의 진술을 제안하였다. 예를 들면, "산업화가 한 국가의 문화와 국제 관계에 끼치는 영향에 관한 지식을 갖는다"와 같이 구체적·행동적으로 교육 목표가 진술되어야 한다는 것이다(김호권, 1982).

한편 Mager(1962)는 보다 더 구체적인 행동적 목표의 진술을 제안하였다. 예를 들면, "학생들은 30분 이내에 적어도 7개의 1차 방정식의 정확한 답을 얻을 수 있다."는 목표를 예로 제시하였다. 즉, 교수 목표의 진술에는 도착점 행동 징표 (terminal performance)와 행동 징표가 발생될 중요 조건 또는 장면 그리고 행동 징표의 성공 여부를 판단하기 위한 수용 기준이 명시되어야 한다는 것이다.

유아교육의 경우 행동주의 접근의 프로그램을 제외하고는 이렇게 구체적으로 행동적 목표를 진술하는 경우는 없다. 이는 유아의 발달 특성상 행동적 목표가 진술되었다 하더라도 그에 따른 엄격한 교수-학습 활동의 수행이 어려우며 그 결과에 대한 평가 역시도 어렵기 때문이다. 또한 계획적 교수보다는 유아의 흥미에 따른 선택적 활동과 잠재적 교육과정의 영향에 더 비중을 두는 유아교육의 특성 때문이기도 할 것이다.

이에 학습자의 개인차를 존중한다는 점에서 Eisner(1985)가 제시하는 표현적 목표(expressive objective)의 진술이 유아교육과정에서 일반적이다. 표현적 목표의 진술에는 학습이 이루어지는 상황(situation)과 학습활동 시 의미를 두고 다루는 문제(problem) 그리고 문제에 관한 과제(task)가 포함된다. 예로서 '동물의 사육제'를 듣고(상황), 음악에 대해 어떤 느낌이 들었는지(문제) 이야기한다(과제)와 같은 목표의 진술이 가능하다.

표현적 목표에서는 학습 결과의 성공 여부에 대한 평가는 이루어지지 않으며 학습과정에서 의미를 둔 바에 대해 이야기하기, 그리기, 신체 표현하기 등 다양한 형태로 표현해 보는 것에 가치를 둔다. 방인옥 등(2003)에 의하면 유아교육의 경우, 행동적 목표보다는 표현적 목표가 선호되나 기본생활습관이나 수·과학 활동 등 영역에 따라서는 행동적 목표의 진술이 타당할 수 있다.

(3) 유아교육과정 목표 설정의 다양성

Weisner(1991)는 모든 유아교육 프로그램에 적용할 통일된 목표의 진술은 있을 수 없다고 보았다. 왜냐하면 문화적·종교적 가치, 사회·경제적 조건, 과학적 지식과 정부의 정책 등에 따라 유아에게 기대하는 바가 변화되기 때문인데, 그 변화는 시대와 문화, 가정(family)에 따라 달라진다는 것이다. 그런데 Schwartz와 Robison(1982)에 의하면 유아교육과정의 목표는 대개 빠른 속도로 변화되지는 않는다.

사회적, 정치적 또는 경제적인 대변동의 시기에 사회의 학교에 대한 요구가 극적으로 바뀌더라도 실제로 과거로부터의 전통과 교사의 기술이 그러한 극적 변화에 저항하는 작용을 한다는 것이다.

급진적으로 변화되지는 않는다고 하더라도 실제로 유아교육과정의 목표는 아동의 학습과 발달에 대한 심리학적 이론과 사회의 변화와 요구, 아동과 지식에 대한 철학적 관점 등에 따라 다르게 설정된다.

우선 유아교육과정의 이론적 유형에 따라 다음과 같이 교육 목표를 설정하는 전략부터 차이가 있다(이기숙, 2013).

첫째, 낭만주의 이데올로기에 의하면, 바람직한 인간 특성과 일련의 덕목을 근거로 장기적 목표의 설정을 강조한다.

둘째, 문화전달주의에 의하면, 학교나 사회에서의 성공에 필요한 기능과 태도를 근거로 단기적 목표의 설정을 강조한다.

셋째, 진보주의 이데올로기에 의하면, 교육 목표가 발달과정에서 생겨나는 본질적인 것이라고 보아 상호작용에 의해 이루어지는 발달을 궁극적 목표로 설정한다.

또한 Bloom(1956)의 분류에 의하면 교육 목표는 일반적으로 지적(cognitive), 정의적(affective), 운동기능적(psychomotor) 영역의 세 영역으로 구분되며, 유아교육과정의 경우에도 이와 유사하게 교육 목표가 일반적으로 정서적 발달, 인지적 발달, 기술 발달(신체적·사회적·학과적 기술)의 영역으로 구분된다(Schwartz & Robison,1982). 이에, 실제 교육계획안 작성 시에 지식, 태도, 기술의 세 범주로 목표를 진술하는 것이 일반적이다. 예를 들면 "교통기관의 종류를 안다"(지식), " 교통안전에 유의하는 태도를 갖는다"(태도) " 교통기관을 안전하게 이용한다"(기술) 등이다. 그러나 프로그램마다 모두 같은 발달 영역별로 목표를 구성하지 않으며 주요 목적에 따라 다양한 차원으로 구분된 영역별 목표를 수립하고 있으며, 여러 영역의 목표를 설정하여 전반적인 발달을 목적으로 하는 프로그램이 있는가 하면 한두 가지 영역의 목표만을 집중적으로 강조하는 프로그램도 있다.

또한 여러 영역의 목표를 설정하여 전반적인 발달을 목적으로 하는 프로그램이 있는가 하면 한두 가지 영역의 목표만을 집중적으로 강조하는 프로그램도 있다.

한편 유아교육의 목표는 정보의 습득, 조직, 조작, 합성, 통합, 전달하는 능력인 과정기술(process skill)의 습득을 강조하는 입장과 사실, 정보, 개념 등 내용의 습득을 강조하는 입장으로 구분된다(Parker & Day, 1972). 행동주의 프로그램을 제외하고는 내용보다는 과정을 강조하여 특정 개념과 정보의 습득보다는 기본적인 정보처리 능력과 태도의 발달에 초점을 두며 내용은 과정기술의 발달을 위한 매개체로서 간주되는 것이 일반적인 경향이다.

그러나 내용습득과 과정기술의 습득은 불가분의 관계에 있는 것이므로 어느 한 쪽의 선택이 아니라 어느 것을 얼마만큼 강조하는가 하는 정도의 문제라고 할 수 있으며(심성경, 1983), 내용 목표와 과정 목표 어느 한쪽만이 강조되는 경우 중요한 부분을 놓치게 된다.

또한 교육목표의 설정 시에는 학습자로서의 영유아의 발달과 학습에 대한 이해, 사회적 가치와 요구, 교과 전문가의 견해를 원천으로 하여 잠정적인 목표를 설정한 후 교육철학적 가치 기준에 따라 가장 가치있는 목표를 설정해야 하며, 학습 심리에 의해 실제 가르치고 배울 수 있는 지를 확인하여야 한다(이기숙·김정원·이현숙·전선옥, 2018).

(4) 유아교육과정 목표 설정의 방향 및 진술원리

현대 유아교육과정 분야의 동향에 의하면 진보주의 이데올로기에 의한 본질적 목표, 즉 외적 요구에 의해 미리 설정되거나 아동의 내면적 본성에 따르는 것으로서의 목표가 아니라 교육과정에 내재된 것으로서의 목표가 일반적이다.

따라서 단기 목표보다는 장기 목표를 강조하며 내용보다는 과정중심의 목표를 그리고 전인 아동으로서의 성장을 돕는 폭넓은 교육 목표를 강조하는 것이 유아교육과정 목표 설정의 일반적인 방향이라고 할 수 있다.

그러나 유아교육과정 분야는 서로 다른 이데올로기에 의한 다양한 접근이 나름대로 발전을 계속하고 있기 때문에 대조적인 입장의 교육 목표 설정도 가능하며 실제로 프로그램에 따라 다양한 목표들이 존립하고 있음을 주지해야 한다.

현재 유아교육과정의 목표 수립의 방향은 일반적으로 '전인 아동으로서의 발달'이라는 장기적 목표에 대한 지지를 기본으로 한다. 그러나 장기 목표에 기본을 두되 그를 근거로 연계성을 가진 좀 더 구체적인 단기 목표의 설정작업이 필요한 것으로 간주된다. 또한 보다 명확한 목표의 설정이 중시되며 내용이나 과정 중 한쪽 측면의 목표만을 강조하는 입장보다는 양자 간의 상호 연관성을 인정하고 고려하는 것이 바람직하다고 본다. 즉, 내용 목표 대 과정 목표에 대한 논쟁은 의미가 없다.

요약하면 유아교육과정 목표는 장·단기 목표 간의 연계성과 내용 목표와 과정 목표 둘 다에 대한 강조 그리고 명확성을 기본 원칙으로 하여 설정·진술되어야 한다.

덧붙여 유아교육과정의 목표는 장기적 목표에서부터 이론적 입장에 따라 달라질 수 있음을 전제로 하되, 구체성과 실현 가능성 그리고 전인적 발달을 위한 포괄성과 수정 가능성을 기본적으로 고려하여 설정되고 진술되어야 할 것이다.

특히 장기 목표와의 연관성을 가진 단기 목표들이, 즉 교수-학습 활동에 직접적으로 반영되는 적극적 의미의 세부적 교수 목표들이 계속해서 수정되면서 설정될 필요가 있다.

이러한 구체적인 목표 진술을 위한 노력 외에 목표의 초점에 대한 방향 정립도 매우 중요하다. Katz(1996)가 주장했듯이 유아교육과정은 읽기와 산수의 기초적 조작의 훈련이 중심이 되는 학문적 목표에 치중하기보다는 완전한 의미에서 심미적, 도덕적, 정신적 감수성을 포함하는 지적 목표에 중심을 두어야 할 것이며 이에 그가 제시한 교육 목표로서의 성향(disposition)이 주는 중요한 시사를 기억해야 할 것이다.

Katz(1996)에 의하면 우리가 유아에게 또는 대학생에게도 마찬가지로 필요한 모든 것을 가르칠 수 없는 한, 어느 수준의 교육에서든 학습을 계속해 나가는 기질을 키워주는 것에 초점을 두어야 한다. 그는 성향을 동기 유발적, 정서적 요소를 가진 정신의 습관으로 정의하였는데, 유아의 선천적인 성향으로서 호기심과 탐구심 그리고 협동심과 같은 성향의 발달이 유아교육의 중요한 목표로 강조되어야 할 것이다.

2) 교육 내용

유아교육과정의 내용은 목적과 목표를 위해 교육 현장에서 실제로 아동에게 제시되는 활동과 경험이라고 정의될 수 있다. 이기숙(2013)에 의하면, 유아교육과정에서 학습 내용과 과정은 분리될 수 없는 통합적 관계의 것으로 학습활동 자체가 학습 내용이 된다. 따라서 유아가 유아교육기관에 들어오는 순간부터의 활동과 경험이 학습 내용이 된다고 볼 수 있다.

그러나 유아교육과정의 내용에 대한 관점 역시 통일되어 있지 않아서 활동과 경험이 아니라 교과 지식이나 기술, 핵심적 개념 등을 교육 내용으로 보는 입장도 있다.

교육의 기능을 지식의 전달이라고 할 때 교육의 내용이 되는 것은 지식이다. 그런데 무엇을 지식이라고 보는가에 대한 관점의 차이에 의해 교육과정의 내용은 달라진다.

(1) 유아교육과정의 내용 유형

Schwartz와 Robison(1982)은 현대 유아교육과정의 교육 내용을 다음과 같이 여섯 가지 지식의 유형으로 구분, 정리하였다. 즉, 유아교육 프로그램은 교육 내용으로 이 여섯 가지 유형의 지식 중 하나를 강조하는 경향이 있다는 것이다.

① 사실 축적을 강조하는 유형

사실을 중요한 지식이라고 보아 교육과정의 내용으로 강조하는 유형이 있다. 유아는 주변 세계를 탐구해 가면서 '사실의 수집가(fact collector)'가 되는 경향이 있으므로 이 접근은 유아의 발달양식에 부합되는 것으로 아동이 경험하고 관찰하는 세부적인 사실들을 축적해 가도록 하는 것에 높은 가치를 둔다.

유아교육과정의 내용이 되는 사실들로는 크기, 색깔, 모양, 질감, 농도, 온도, 무게, 그 밖의 물리적 속성에 대한 명칭들로부터 역사적인 그리고 현행의 사건에 대한 것에 이르기까지 다양하다. 이 유형의 프로그램들은 일일 교육활동으로 일련의 사실에 대한 수업을 계획하는데, 그 수업에서 주로 강조되는 내용은 색깔의 이름, 동물의 이름과 동물 소리, 습관, 특성에 대한 명칭, 달력 읽기(요일, 주, 월, 계절의 이름을 포함해서) 등이다.

즉, 이 유형의 교육과정은 유아가 경험하고 관찰한 여러 가지 사실을 중요한 지식으로 보아 교육 내용으로 강조한다. 단점으로 교사중심의 설명적 교수방법에 의존할 가능성이 있다.

② 기술 축적을 강조하는 유형

기술을 중요한 지식이라고 보아 교육과정의 내용으로 강조하는 유형이 있다. 기술의 축적은 전통적으로 초등학교 교육과정에서 강조되어왔으나 유아교육과정에서도 강조되는 경향이 나타난 것이다. 특히 학과기술(academic skills)훈련을 강조하는 유아교육 프로그램들이 개발되면서 단어의 인식과 수 세기, 철자 쓰기 등의 기술이 중요한 교육 내용으로 간주되기도 하였는데, 그러나 기술의 축적은 학과 측면에만 국한된 것이 아니다.

Montessori 프로그램의 경우, 옷 입고 벗기, 신발끈 매기, 단추 끼우기, 겉옷 입기와 같은 '대처(coping)기술'과 테이블 닦기와 식기 닦기, 선반의 물건 제자리에 정리하기와 같은 '치우기 기술' 그리고 쌀 같은 고체로부터 시작해서 액체로 연습하는 '따르기 기술' 등 일상생활 기술도 중요한 내용으로 간주된다.

또한 학과기술과 신체적 기술 외에 차례 기다리기나 다른 사람에 대한 배려를 보여주는 예의 지키기 같은 사회적 기술도 종종 교육 내용으로 강조된다. 기술의 축적을 위해서는 반복적 연습이 필요하다. 따라서 반복적 연습활동에 대해 아동의 흥미가 유지되기 어렵다는 것이 문제이다.

③ 교과를 강조하는 유형

교과를 중요한 지식으로 보아 교육과정의 내용으로 강조하는 유형이 있다. 교과(subjects)는 학교교육과정의 표준적인 내용 영역으로 생각될 수 있는데, 3R's뿐 아니라 사회과(social studies)와 건강과 안전, 문예(language arts) 등도 포함된다. 사회과나 문예 등은 교수의 편의를 위해 혼합시킨 내용 영역으로, 예를 들어 사회과는 역사, 사회학, 인류학, 정치학, 경제학, 지리학 등의 학문으로부터 나온 것이다.

교과는 전통적으로 초등학교의 중심적 교육 내용으로 볼 수 있는데, 점차 유아교육과정의 내용 유형의 하나로 간주되게 되었다. 이러한 경향은 최근 유아교육과정 분야의 많은 저서들이 유아사회교육, 과학교육 등으로 구분지어 집필되고 있는 것을 보면 알 수 있다.

그러나 유아는 좀 더 총체적 존재이며 아직 그 흥미와 기술을 하나의 교과에 좁게 집중시킬 만큼 준비가 되어 있지 않으므로 교과를 분리해서 가르치는 것은 문제가 있다. 즉, 유아의 개인적 흥미나 새로운 사회적 동향에 대한 고려가 무시되기 쉽다.

이기숙(2013)에 의하면 유아교육 프로그램의 내용으로서의 교과는 초·중등 교육과정의 교과목과는 구별되는 특성을 갖는다. 즉, 교과별로 구분되지 않고 몇 개 영역이 부분적·전체적으로 통합 계획되며 제 교과의 내용이 상호 연관성을 가져야 한다.

④ 주제를 강조하는 유형

주제(themes)를 교육과정의 내용으로 강조하는 유형이 있다. 주제, 토픽, 단원 등은 유아교육 프로그램에서 자주 사용되는 특징적 내용 유형이다. 주제의 선정은 유아의 학교 경험에 질서와 통일성을 주기 위해 교과 간의 경계를 파괴하는 것이다.

교육과정의 내용을 주제로 하는 것은 유아교육 프로그램의 오랜 전통인 교육과정의 통합과 흥미 영역활동을 유지하기 위한 노력이라고 볼 수 있다. 중요한 지역사회의 사건, 공휴일 또는 흥미로운 사건 등 광범위한 주제에 관한 활동들에 대한 유아의 흥미가 중시된다.

교육 내용으로 주제를 선정하는 경우, 다양하고 포괄적인 활동들이 계획된다(심성경·김영실, 1997). 예를 들어, '교통기관'이란 주제가 선정되면 교통기관에 관련된 극화놀이, 블록 구성, 모형 만들기, 개인적 경험 이야기하기, 그림으로 표상하기, 책 읽기 등 다양한 활동들이 계획되고 제공될 수 있을 것이다.

우리나라의 경우, 누리과정에서도 주제에 의해 내용을 구성하고 있으며 주제를 내용으로 할 때 풍부한 자료의 제공이 가능하다면 유아의 흥미와 생활에 연관시켜서 통합적이고 융통성 있는 경험을 제공한다는 점에서 유아교육과정의 적절한 내용 유형으로 간주된다.

주제를 중심으로 한 교육내용 구성은 유아교육과정의 통합적 접근을 위한 가장 일반적인 방법으로, 우리나라의 경우도 유치원교육과정과 표준보육과정, 누리과정 등 모든 국가수준 교육과정에서 사용해 왔다. 「2019 개정 누리과정」에서는 기존의 생활주제 외에 유아의 놀이에서 나타나는 주제, 그림책, 사물 등을 활용하는 등 교육내용 통합 방식의 다양화를 제안하고 있다. 이는 자료집에만 의존하여 획일적인 생활주제에 따른 정형화된 활동 만을 강요함으로써 유아의 흥미에 따른 자유로운 놀이를 제한한 일부 교육현장의 문제를 해결하기 위한 의도로, 주제에 따른 교육내용의 통합이란 기조는 달라진 것이 아니다.

⑤ 구조적 학문을 강조하는 유형

구조적 학문(structured disciplines)을 중요한 지식으로 보아 교육과정의 내용으로 강조하는 유형이 있다. 수학, 물리학, 심리학과 같은 학문 분야에서 학자들은 독특한 탐구의 형식 또는 지식 추구의 방법을 사용하여 새로운 지식들을 발견해 나간다.

학자들의 정의에 의하면, 학문은 우리의 축적된 지식의 고도로 구조화된 형태이다. 그러나 학문은 대개 연구와 지식 구성을 위해 구조화된 것이지 교수를 위해 구조화된 것은 아니다. Bruner(1977)에 의하면 50년대와 60년대에 구조적 학문을 교육과정 구성에 사용하는 방법에 대한 제안이 이루어지면서 유아교육 프로그램의 재고안을 위한 근거로 핵심개념(key concept)을 찾아내도록 이끌었다. 핵심개념이란 어떤 학문 분야의 기본적이고 중심적인 큰 아이디어라고 할 수 있다. 예를 들어, Craig(1966)가 제시한 바에 의하면 과학에서의 핵심개념은 일곱 가지이다(우주는 매우 크다/지구는 매우 오래되었다/우주는 계속해서 변화하고 있다/생활은 환경에 적응된다/우주에는 많은 다양성이 있다/생물들은 상호 의존한다/힘은 상호작용한다).

구조적 학문을 교육 내용으로 옹호하는 사람들은 방법론에 대해서도 강조를 두도록 제안하고 있다. 즉, 학자의 학문하는 방법과 마찬가지로 '발견의 기쁨'을 얻을 수 있어야 함을 강조하면서 유아 스스로의 탐구를 통한 학습과정, 사고의 과정을 중시해야 한다고 본다.

이 유형은 지식의 효율적 전달이라는 경제성, 명확한 내용조직의 가능성이 장점이나 새로운 교수방법과 교구 사용과 교사 재교육의 필요성이 문제가 된다.

⑥ 전체론*(Holistic)적 접근 유형

교육과정의 내용을 교과나 학문으로 구분 짓지 않는 것을 강조하는 유형이 있다. 많은 유아 학급이 다양한 종류의 이러한 총체적인(undifferentiated) 교육과정을 추구하고 있다. 예를 들어, 추론 양식과 환경에 대한 활동에 초점을 두는 인지주의 프로그램들과 유아의 능력과 흥미 안에서 활동과 프로젝트를 제공하는 발달적 상호작용주의 접근의 교육과정들 그리고 행동주의 프로그램 중 학과적 지식의 습득이 아니라 학습의 준비를 위한 특정 행동의 훈련을 추구하는 프로그램들이 여기에 속한다.

전체론적 접근의 우선적 특징은 특정 지식을 강조하지 않고 내용보다는 다른 가치를 강조한다는 것이다. 예를 들어, 행동주의자는 과제에 집중하는 행동과 과제의 완수를 위한 인내성을 강조한다면 인지주의자는 인지적 추론을 그리고 발달적 상호

* 전체론(Holistic) : 복잡한 체계의 전체는 단지 각 부분의 기능의 총합이 아니라 각 부분을 결정하는 통일체라는 관점, 그러한 관점에 근거한 연구(방법)의 이론을 뜻한다.

작용주의 접근의 교사는 사회-정서적 발달을 강조한다.

전체론적 교육과정의 인기 있는 형태는 인본주의(humanistic) 교육과정, 성차별 없는(nonsexist) 교육과정으로, 실제적으로 전체론적 교육과정은 '우연한 일'로 나타난다. 유아의 흥미와 문제로부터 파생되는 일련의 우발적인 일이며, 예를 들어 우체부의 방문처럼 우연한 사건으로부터 발생되고 또한 그러한 사건을 이용해서 이루어지는 우발적 경험이라고 볼 수 있다.

이 유형의 교육과정은 유아의 흥미에 반응하는 자유로움과 융통성이 큰 장점이다. 그러나 계획 없이 교사의 기존 지식에 의존한다는 것과 유아의 흥미에 근거한다고는 하나 그에 대한 판단에 있어 교사의 편견이 있을 수 있다는 점이 문제점으로 지적된다. 또한 학습의 결과를 예측하거나 기대하기 어렵다는 점 역시 문제점으로 볼 수 있다.

물론 이상에서 논의된 여섯 가지 지식의 유형들은 서로 배타적인 것이 아니며 어느 한 가지 지식의 유형만으로 교육 내용을 구성하는 프로그램은 없다. 즉, 몇 가지 유형의 지식이 함께 모아져서 교육 내용을 구성하는 것이 일반적임을 전제로 하여야 할 것이다. 실제로 주제를 내용으로 할 때 기본적인 사실과 기술, 교과와 학문의 핵심개념을 다루게 될 뿐 아니라, 전체론적 접근에서 강조하는 우연한 학습 경험까지도 포함시키는 것이 가능하다.

(2) 유아교육과정 내용의 근원

그런데 유아교육 프로그램들은 그 내용인 활동과 경험의 종류뿐 아니라 내용을 산출하는 근원을 어디에 두는가에 있어서도 매우 다양하다. Spodek(1970)에 의하면 유아교육과정의 내용은 학교에서 제공하는 경험이라고 정의되며 유아교육 프로그램들이 다음의 다섯 가지 근원으로부터 교육 내용을 산출해 왔다고 볼 수 있다.

① 유아 자신

유아 자신을 근원으로 유아교육과정의 내용을 산출하는 입장이 있다. 즉, 유아 관찰에 근거해서 유아의 자연스러운 활동을 교육 내용으로 삼는 것으로 유아교육 초기의 접근이다. Froebel이나 Montessori 그리고 전통적 유아원이나 현대 영국의 유아학교의 교육과정들이 이 입장에 속하는 것으로 유아의 자연스러운 흥미와 활동, 아이디어를 근거로 교육 경험을 구성하면 된다고 본다.

낭만주의 이데올로기의 영향을 받은 이 접근은 잘 실행되지 못한다. 왜냐하면 교육과정 자체가 유아를 자연스러운 상태에 두기보다 변화를 요구하는 성격을 갖기 때문이다.

또한 실제 관찰되는 결과는 관찰의 목적에 따라 달라지므로 유아 자신이 교육과정의 근원이 되기보다는 성인의 선택적인 관찰 결과가 근원이 되는 셈이다. 이에 유아를 위한 교육적 경험의 개발에는 단순한 관찰을 넘어서서 의미를 부여하는 개념적 체계, 교육적 가치 판단의 기준을 갖는 것이 필요하다.

② 발달 이론

발달 이론을 근원으로 해서 유아교육과정의 내용을 산출하는 입장이 있다. 발달 이론은 유아교육과정에서 사용해 온 두 번째의 내용을 근원으로 일반적으로 두 가지 이론이 사용되었다.

그 첫째가 Gesell의 이론이다. 이 접근에 의하면, 아동 발달을 성숙에 의존한다고 보므로 연령수준에 적절하다고 간주되는 경험으로 내용을 구성하며 덧붙여 부적절한 경험은 배제하는 것을 중시한다. 유아교육과정 내용의 근원으로 사용된 두 번째의 발달 이론은 Piaget의 이론이다. 지적 발달에 초점을 둔 수많은 프로그램들이 Piaget의 이론에 근거해서 교육 내용을 구성해 왔다.

그런데 아동 발달은 기술적인 과학(descriptive science)으로 상황을 알려줄 뿐 지향하는 바를 알려주지는 못한다. 교육은 목적적 성격의 것으로 교육 내용, 즉 교육적 경험의 구성은 선택과 선호에 의해 이루어지는 것인데, 발달 이론은 이를 뒷받침하는 근거를 제공해 주지 못한다는 점에서 교육 내용의 근원으로서 적합하지 못하다고 할 수 있다.

③ 학습 이론

학습 이론을 근원으로 해서 유아교육과정의 내용을 산출하는 입장이 있다. 학습 이론은 심리학의 또 다른 형태로 발달 이론이 장기간에 걸친 인간의 변화에 관심을 두는 데 비해 단기적 변화를 밝히려고 시도한다. 이 접근의 대표적인 특성은 행동적 목표의 설정과 그에 따른 구조적 교수활동의 구성이다. 따라서 이 접근의 교육과정들은 세분화된 특정 내용의 단기적 학습에만 치중하여 장기적 효과, 궁극적 신념에 대해서는 소홀하게 여기는 경향이 있다.

④ 테스트 항목

테스트 항목을 근원으로 해서 유아교육과정의 내용을 산출하는 입장이 있다.

많은 유아교육과정이 유아의 지능을 높이는 수단으로서 정당화되며 프로그램들은 높은 지능검사 점수의 성취로 효율성을 나타내므로 지능검사의 과제나 관련 과제로 교육 내용을 구성하게 되기 쉽다.

이 접근은 테스트의 항목이 지능 행동의 샘플이기 때문에 아동에게 이 행동을 연습시키는 것이 지능 행동을 연습시키는 것과 같다는 논리에 의한 것이다. 그러나 그러한 논리는 부당하다. 왜냐하면 특정 자극에 대한 반응을 암기하는 것으로 학습하는 것은 지능 행동의 발달로 볼 수는 없기 때문이다. 이는 지능의 영역에만 국한되는 것이 아니라 언어 등 다른 영역에 있어서도 해당된다. 따라서 검사 항목을 교육 내용의 근원으로 하는 것은 잘못된 접근이다.

⑤ 학교교육 내용

후일 학교의 교육 내용을 근원으로 해서 유아교육과정의 내용을 산출하는 입장이 있다. 예를 들어, 1학년이 되어서 읽기 교수에 대해 준비시킨다는 점에서 읽기 준비도(reading readiness)에 관한 활동이 중요한 교육 내용이 된다. 물론 준비도 기술을 그 자체로 중시하는 것은 아니며, 후일의 생활과 학교교육의 압력이 아동에게 산적되는 셈이다. 그러나 장기적 연구 결과 그러한 접근이 실제로 후의 학교생활에 도움을 주는지는 의문시된다. 후일의 엄격한 학교교육을 준비시키기 위해 엄격한 유아교육과정을 제공하는 것에 대해 오히려 실패감이 초래되는 등 역효과에 대한 우려가 제기되고 있다.

결국 후일의 학습은 궁극적 목적이 아니며 목적을 향한 또 다른 수단으로 보아야 하므로 이 접근 역시 타당성을 인정하기가 곤란하다.

이상에서 살펴본 것처럼 Spodek은 위의 다섯 가지가 교육과정 내용의 근원으로서 한계점을 갖는다고 보고 유아교육과정 내용의 적절한 근원은 교육 목적이 되어야 한다고 주장하였다.

즉, 교육을 통해 유아가 어떻게 되어야 하는지에 대한 가치 진술인 목적으로부터 교육적 경험이 파생되어야 한다는 것이다. 이에 논의된 다섯 가지는 교육 내용의 근원(sources)이 아니라 교육과정의 효율성 평가나 교육활동의 순서화, 교육과정의 분석 등을 위한 자원(resources)으로서 사용되어야 한다고 주장하였다.

(3) 유아교육과정 내용의 선정 방향 및 조직원리

이상에서 살펴보았듯이 유아교육과정의 내용 역시 매우 다양하다. 모든 유아에게 적합한 최상의 교육활동과 경험은 존재할 수 없으므로 그러한 다양성을 인정하는 것이 교육 내용의 선정과 조직을 위한 기본적 방향이 되어야 할 것이다.

NAEYC를 포함한 전문단체들의 결론은 유아교육과정의 내용으로서 유아의 활동, 직접적인 경험에 더 강조를 두어야 한다는 것이다. 즉, 기본적인 기술의 습득과 함께 진정한 이해가 가능한 의미심장하고 관련이 있는 학습 경험, 상호작용적 교수와 협력적 학습, 관련된 내용의 폭넓은 학습, 각각 구별된 교과 간의 통합적 학습의 경험이c강조되어야 한다고 주장한다. 동시에 기계적 암기, 훈련, 연관성 없는 기술의 연습, 교사의 주입식 설명, 반복적인 연습지 사용 등에 대해서는 비판하고 있다(이기숙, 2013).

이에 실생활에 연관된 친숙한 경험과 직접적이고 실제적인 활동, 한쪽에 치우치지 않는 다양한 교육과정 영역의 활동, 토론 등 다양한 상호작용의 경험이 바람직한 교육과정의 내용으로 제안될 수 있을 것이며, 유아의 선택을 중시하면서 유아와 교사가 함께 주도해 나가는 활동들이 중심이 되어야 할 것이다. 즉, 교육목표에 따라 교사가 계획하는 목적적 교수–학습 활동과 유아의 자발적인 자유놀이, 그리고 일상생활의 경험을 중심으로 교육내용이 구성되어야 한다. 또한, 유아가 민주사회의 구성원으로 성장하는데 필요한 지식과 기술, 태도 등을 포함하여 전인적 발달을 도울 수 있는, 발달수준에 적절한 놀이 중심의 교육내용 구성을 기본 방향으로 하여야 할 것이다.

한편 교육 내용의 조직방법은 다음의 세 가지로 볼 수 있다(이원영 외, 1991).

① 동심원적 조직

이 접근은 유아를 중심으로 하여 유아의 생활 주변의 가장 직접적이고 구체적이며 가까운 내용으로부터 점차 간접적이고 추상적이며 먼 내용으로 확대해 나가는 것이다. 주제의 선정에 있어서도 이러한 원리에 따르는 경향이 있다. [그림 7-1]과 같이 도식화되는 이 접근은 유아의 자기중심적 경향에서의 점진적 탈피와 경험과 관심의 점진적 확장이라는 발달의 경향을 반영한 것으로서 일반적으로 사용되는 방법이다.

[그림 7-1] 동심원적 접근조직

② 나선형식 조직

이 접근은 교육 내용을 나선형으로 계열화시켜 반복적으로 제시하도록 하는 조직 방법이다. 즉, 동일한 내용을 반복해서 제시하되 어린 연령일수록 직접적이고 구체적인 활동으로 제시하고 그 다음에는 그림에 의한 또는 영상적인 활동으로 제시하며 점차 상징적이고 추상적인 활동으로 수준을 바꾸어 제시하는 것이다. 이 접근은 [그림 7-2]와 같이 연령과 발달수준에 따라 교육 내용의 폭과 깊이가 확대되는 양상을 나타낸다.

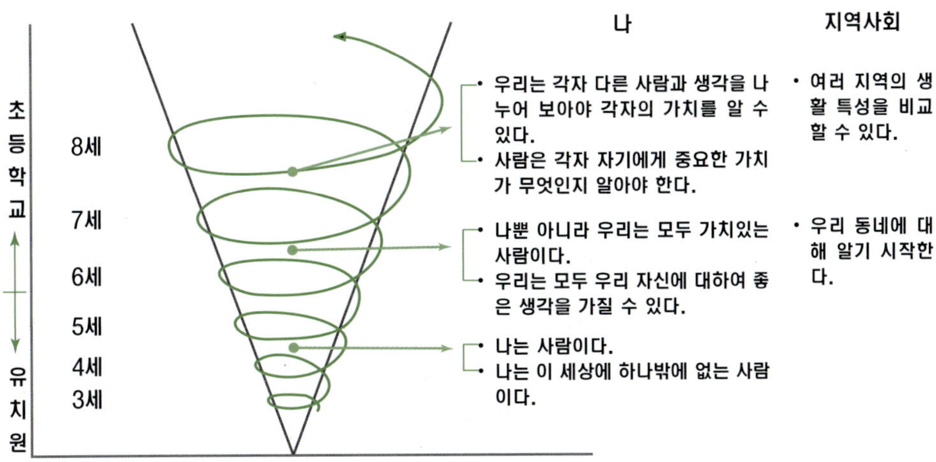

[그림 7-2] 나선형적 접근조직

③ 통합적 조직

이 접근은 교육 내용을 발달 영역에 근거하여 통합적으로 조직하는 방법이다. 교과적 지식을 유아의 흥미에 의한 활동 속에서 통합적으로 학습시키는 주제나 단원, 프로젝트에 의한 활동 구성이 이에 속한다. 이 접근에서는 특정 영역의 활동에 치중하지 않고 포괄적이고 균형있는 활동들로 교육과정을 구성한다. 또한 개개의 교육활동은 그것이 주로 한 발달 영역의 목표에 따라 계획된 것이라 하더라도 다른 영역의 목표와도 관계된다.

이상의 교육 내용의 조직방식에서도 알 수 있듯이 유아교육의 내용을 조직하기 위한 공통적인 원칙으로는 구체적인 것에서 추상적인 것으로, 단순한 것에서 복잡한 것으로, 사실을 다루는 것에서 개념을 다루는 것으로 그리고 아동에게 친숙한 것으로부터 친숙하지 않은 것으로의 네 가지가 있다(Schwartz & Robison, 1982).

또한 교육활동의 순서화에 있어 핵심이 되는 것은 유아에 대한 진단적 정보라고 할 수 있다. 즉, 유아의 현재 흥미와 능력으로부터 모든 교육활동이 시작되어야 한다는 것이다.

3) 교육 방법

교육과정에 있어서 방법에 대한 진술은 크게 교수–학습 과정과 일과 및 물리적 환경 구성에 대한 지침 그리고 교육과정의 효율성에 대한 평가지침으로 구분될 수 있다. 또한 대개의 경우 부모교육과 참여에 대한 지침도 포함되는 것이 일반적이다.

본서에서는 부모 교육 및 참여에 관한 논의를 제9장 '유아교육의 사회적 요구'에서 별도로 다루었으므로 본 단락에서는 (1) 교수–학습의 원리와 방법, (2) 물리적 환경의 구성 및 운영, (3) 일과의 구성, (4) 평가로 구분하여 교육과정의 방법에 대해 살펴보고자 한다.

(1) 교수–학습의 원리와 방법

일반적인 용어로 '교수'는 가르치는 일이고 '학습'은 배우는 일이라고 할 수 있다. 따라서 교수는 교사의 일이고 학습은 학생의 일이라고 할 수 있는데, 의도적인 가르침을 교수로 보고 그 결과로서의 변화를 학습이라고 보아, 수단과 목표의 관계로(김호권, 1982)도 이해된다. 교수와 학습은 교육의 작용을 구성하는 두 측면으로서 서로 불가분의 관계에 있기 때문에 교수–학습 과정 또는 교수–학습 활동 등으로 연결 지어 언급되는 것이 보통이다.

1 일반적인 교수–학습의 원리

유아교육과정의 교수–학습 방법은 접근 유형에 따라 다양하지만 이기숙(2013), 이영자, 이기숙(1990) 등을 기초로 하여 공통적으로 논의·제시되고 있는 원리를 중심으로 요약·정리하면 다음과 같다.

❶ 구체적 활동성의 원리

유아의 학습은 구체적인 것의 학습으로부터 추상적인 것의 학습으로 진전된다. 따라서 학습활동과 자료는 구체적이어야 하고 실제적인 것이어야 한다. 즉, 교사의 설명이나 그림, 글자 등 추상적 경험이 아니라 가능하면 실제 상황에서의 실물을 사용한 구체적 경험을 통해 학습할 수 있도록 해야 한다. 구체적 경험이 선행되지 않는 단순한 상징적 경험의 제공은 효과적 학습을 유도할 수 없다. 따라서 구체적 조작 없이 워크북(work books), 시험지, 색칠공부, 따라서 만들기나 그리기 등은 6세 이하의 유아에게는 적합하지 않다고 지적된다(Bredekamp, 1986).

❷ 다양성 및 융통성의 원리

유아는 과제와 교수방법, 교수 자료가 다양할 때 효과적인 학습을 한다. 특히 연령이 어릴수록 교수 전략은 더 다양화되고 교수 내용도 더 융통성이 있어야 한다. 예를 들어, 모두 다 같이 선생님이 만들어 보여준 대로 '지갑 만들기'를 하는 것처럼 획일적인 교수방법이나 교수 자료, 활동은 유아에게 무능력감을 경험하게 할 수 있다.

유아에게 다양한 경험을 주기 위해서 교사는 흥미 영역(interest center)을 충실히 마련해 주어야 하며 대집단 활동을 중심으로 수동적으로 앉아서 획일적인 교육을 받지 않도록 계획하여야 한다. Moore(1977)의 유아교육 프로그램에 관한 집중적인 연구에서 밝혀진 바에 의하면, 고도로 교사 지시적이며 획일적인 프로그램의 유아는 교사중심의 학습 상황에서는 잘 적응하지만 인지적 유능성과 문제 해결을 위한 순발력은 감소하였다.

③ 능동적 선택성의 원리

이는 다양성 및 융통성의 원리와 직접 연결된 원리로 유아에게 다양한 활동과 자료를 스스로 선택할 기회를 주어야 한다는 것이다.

자신의 흥미와 능력에 따라 선택한 활동 속에서 유아는 스스로 탐구하고 문제 해결력을 키울 수 있으며 이를 위해 개방적 질문과 제안이 필요하다. NAEYC의 준거에 의하면 다양한 활동과 교구, 소집단 활동이나 개별 활동에 선택권, 스스로 쉽게 활동을 선택할 수 없는 유아를 도우며 주도하고 실험해 보는 경험을 제공하여야 한다(Bredekamp, 1986). 즉, 유아의 능동적 선택에 의한 자발적 학습활동을 격려하고 확장시키는 적절한 개입이 가장 효과적인 교수방법이 될 수 있다.

④ 통합성의 원리

교육활동은 유아의 사회적, 정서적, 인지적, 신체적 발달의 통합적 발달이 이루어지도록 계획되어야 한다는 것이다. 유아의 학습은 학과로 협소하게 구분될 수 없다. 발달과 학습 자체가 통합적으로 이루어지므로 다양한 활동 속에서 교과의 통합적 학습과 발달이 이루어질 수 있도록 해야 한다. 예를 들어, 읽기, 쓰기를 정해진 시간에 따로 배우는 것이 아니라 생일축하 카드 만들기나 요리활동, 병원놀이활동 속에서 자연스럽게 배우는 것이 효과적이다. 또한 한 가지 활동 속에서 여러 교과의 학습이 통합적으로 이루어진다. 가령 요리활동이라고 한다면 요리 순서도를 만들고 사용하면서 읽기와 쓰기의 학습이 이루어지고 요리과정에서 수, 측량, 순서, 물질의 변화 등에 대한 수·과학적 학습이 이루어진다. 덧붙여 역할 분담과 협동, 규칙과 예절, 심미감 등 사회·정서적 학습도 이루어질 수 있다.

부모들은 일찍부터 유아에게 읽기, 쓰기, 셈하기를 직접적으로 가르침으로써 그것이 곧 지능 계발과 학업 성취를 이루게 할 수 있다고 믿고 있으며 그러한 믿음이 '천재아 선호증상(Super Baby Syndrome)'으로 유아에게 조기 성취압력으로 작용하게 되었다. 그러나 많은 전문가들이 학과적 기능의 조기성취에 대한 압력은 기대와 실패에 대한 두려움으로서 유아에게 학습된 무기력감을 갖게 함으로써 오히려 이후의 학습이나 생활에 있어서의 성공을 방해하며 유아기의 그러한 압력이 청소년기의 범죄나 자살률의 증가를 가져오는 요인이 된다고 지적한다.

유아의 교수-학습 활동은 어느 한 측면에 편중되지 않는 통합적인 것이어야 한다.

❺ 활동 균형성의 원리

유아에게 제시되는 활동은 편중되지 않고 균형을 이루어 다양하게 전개되어야 한다. 일과 속에서 활동적/조용한 활동, 실내/실외 활동, 개인/대소집단 활동, 교사 선택/아동 선택 활동 등 대조적인 성격의 활동들 간의 균형이 이루어져야 하며 어느 한 편에 편중되지 않아야 한다는 것이다. 통합성의 원리에 따라 다양한 활동을 구성할 경우 그리고 유아에게 능동적 선택을 주고 구체적 경험을 강조할 경우 균형 잡힌 일과의 구성은 자연스럽게 이루어질 수 있다. 균형 잡힌 일과의 운영을 위해서는 적절한 교사 대 유아의 비율이 요구된다. 하이/스코프(High/Scope) 프로그램에 의하면 질적인 유아교육의 교수를 위한 교사 대 유아의 비율은 약 1:10이며, 최대 집단 크기는 한 반에 20명 이하이다(Weikart & Schweinhart, 2000).

종일제의 경우에도 당연히 균형 잡힌 일과의 구성이 요구된다는 점에서 현재 우리나라 유치원에서 일일수업을 정규 과정과 방과후 과정으로 양분하여 오후에는 특성화 교육활동을 중심으로 운영하는 것은 적절치 못한 부분이 있다.

❻ 능동적 상호작용의 원리

유아는 수동적 활동보다는 능동적 활동과 상호작용에 참여함으로써 효율적인 학습을 할 수 있다. 유아는 교사와 다른 유아, 교구와의 다양한 상호작용 속에서 역동적으로 학습해 나간다. 이는 교사나 교재로부터의 일방적 지식 전달이 중심이 되는 전통적인 학교교육의 방법과는 현저히 다른 것이다.

유아교육의 질을 높이기 위해서는 유아에게 목적 없는 놀이로 시간을 보내게 하지 말아야 한다. 또한 단순히 교사가 지시 통제하거나 보호만을 해 주는 것이 아니라 유아와 빈번하게 언어적·교육적으로 상호작용하는 것이 중요하다.

❼ 놀이중심의 원리

유아의 지식습득은 유아의 창의성, 호기심, 내적 동기 유발에 기초한 놀이를 중심으로 할 때 효과적이다. 따라서 유아를 위한 교수방법은 유아의 흥미에 기초한 다양한 놀이활동을 통해 이루어질 수 있도록 풍부한 자료를 제공하여야 하며 놀이활동에 대한 적절한 계획과 개입이 이루어져야 한다. 즉, 유아의 자유로운 놀이에 가치를 두되 자칫 방임이 되지 않도록 해야 하며, 유아의 놀이에 개입하기 위해서는 개입 여부에 대한 신중한 선택과 다양한 개입 전략의 사용이 요구된다(Trawick-Smith, 1994).

교사주도의 단순한 쓰기, 읽기의 반복훈련보다는 놀이중심의 의미 있는 탐구적 교수-학습 활동이 유아의 동기 유발을 촉진할 수 있다. 교사 지시적이며 훈련과 연습(drill)을 통한 수동적 교수방법은 단기적 효과는 가져오지만 장기적인 효과를 가져 오지 못한다. 따라서 교사가 계획하여 제시하는 활동에 있어서도 획일적이고 정형화되지 않으며, 유아의 선택과 자유를 가능한 제한하지 않는 놀이적 성격을 갖도록 하는 것이 적절하다.

⑧ 개별화의 원리

유아의 학습은 성숙과 환경의 영향을 받으므로 모든 유아는 학습의 방식이 다르다. 우선 세상에 대해 지각하는 감각적인 양식에 있어서도 차이가 있다. 예를 들어, 본 것에 대해 가장 잘 반응하는 시각적 학습자, 주로 듣기와 말하기에 의존해서 학습하는 청각적 학습자가 있을 수 있고 또한 사물을 만지고 움직임으로써 잘 학습하는 운동적/촉감적 학습자도 있을 수 있다(Kostelnik, Soderman, & Whiren, 1993). 따라서 소리와 시각적 단서, 촉감과 동작 등 여러 감각적 자극을 제공하는 다양한 활동의 기회를 제공해 주어야 한다.

또한 유아마다 뛰어난 지능의 영역이 있다. 즉, 어떤 유아는 언어적 지능이 우세하며 또 다른 유아는 논리 수학적 지능, 또는 신체운동적 지능, 아니면 대인적(interpersonal) 지능이 우세할 수 있으며(Gardner, 2001·2001), 학습방식에 있어 장 의존적(field-dependent)이거나 또는 장 독립적(field-independent)인 학습자일 수가 있다(Anderson, 1988). 따라서 다양한 영역의 개별적 또는 집단적 활동들을 계획, 제공하는 등 유아의 개인차에 대한 고려와 이에 따른 교수-학습의 개별화가 필요하다.

⑨ 친근성의 원리

유아는 자신에게 친근한 것, 이미 알고 있는 내용에 관련시킬 때 효과적으로 학습한다. 따라서 유아의 일상생활이나 이전 경험에 연관된 활동을 통해서 학습할 수 있도록 해야 한다. 가령 포유류의 특징에 대해 가르친다고 할 때 유아가 일상적으로 접해 온 친숙한 동물(강아지나 고양이)을 예로 들어 주는 것이 주로 그림책 속에서나 볼 수 있는 동물(물개나 펭귄)을 예로 드는 것보다 효과적이다.

⑩ 탐색활동의 원리

유아는 주변 세계에 대한 탐색에 많은 에너지와 시간을 투자한다. 성인의 눈에는 익숙한 모든 것들이 유아에게는 탐색의 대상일 수 있다. 따라서 계획된 과제의 학습에 있어서도 유아 나름대로의 자유로운 탐색활동이 선행될 필요가 있다. 예를 들어, '오목두기'를 할 때 유아는 정해진 규칙에 따라 게임을 하도록 요구되기 전에 흰 돌과 검은 돌을 나란히 늘어놓는다든가 짝짓기를 한다든지 하면서 자신의 방법으로 탐색해 보기를 원할 것이며 그러한 자유로운 탐색의 허용이 선행되는 것이 효과적이라는 것이다.

유아의 학습은 탐색(exploration), 습득(acquisition), 연습(practice), 일반화(generalization) 또는 활용(utilization)의 단계를 따라 이루어지며 새로운 가설 설정에 의해 탐색 단계로 다시 이어지는 순환의 과정으로 보아야 한다(Kostelnik, Soderman, & Whiren, 1993). 따라서 유아의 학습은 자유로운 탐색활동으로부터 점차 목적 지향적인 활동으로 진행될 수 있도록 배려해야 하며 단계를 뛰어 넘어 지식의 습득과 연습을 강요하지 않아야 한다.

② 유아의 교수-학습 방법

Parker와 Day(1972)에 의하면 유아교육의 교수형식은 교사가 유아에게 정보를 제시하고 행동을 지시하는 직접적 교수, 특정 정보와 기술을 가르치도록 고안된 게임 그리고 유아 스스로 학습활동을 선택하고 답을 찾는 탐구학습으로 구분된다. 행동주의 프로그램을 제외하고 대부분의 유아교육과정에서는 탐구학습 형태의 교수형식을 중시하며 고안된 게임을 사용하는 경우에도 과제나 활동을 제시하되 유아의 반응을 통제하거나 직접적으로 정보를 제시하는 것이 아니라 스스로 답을 찾는 과정을 중시한다.

유아교육과정의 일과 운영에 포함되는 이야기 나누기, 동화 듣기, 음률 및 작업활동 등 각 단위활동에 따라 효과적인 교수-학습 방법이 연구되어야 하지만 일반적으로 적용되는 방법으로 '자기 표현하기', '토의하기', '문제 해결', '추론하기', '모델링', '설명'이 있다(이원영 외, 1993). 또한 김정규와 김영신(1989) 역시 유아를 위한 새로운 효과적 교수방법이 연구될 필요가 있음을 주장하고 직접적인 관찰과 실험을 통해 창의적인 문제 해결력을 기르는 탐구방법과 개별 학습 그리고 다양한 교수 매체를 활용하는 다매체 학습(multimedia communication) 등을 제안하였다.

이에 그 이론적 뿌리는 오래되었으나 90년대 이후 활발하게 발전, 논의되어 온 프로젝트 접근의 탐구학습활동이 대안이 될 수 있다. 프로젝트 접근(연구과제 접근,

project approach)은 학습 가치가 있는 특정 주제(topic)를 소그룹이 심층적으로 탐구하는 것으로 교사와 유아가 함께 주도하는 역동적인 탐구가 중심이 된다. 프로젝트의 주제는 우선 유아가 환경 속에서 직접 관찰할 수 있는 현상과 연관되고 유아의 경험 속에 있으며 위험하지 않게 직접 구체적으로 탐구할 수 있는 것이 적절하며 전체 학급이 하나의 프로젝트를 진행하더라도 유아는 큰 주제와 연관된 특정한 하위주제(sub topic)에 대해 소그룹으로 또는 종종 개별적으로 탐구활동을 실행하게 된다(Roopnarine & Johnson, 2009). 가령, 교통기관이란 생활주제를 중심으로 전체 학급의 교육활동이 이루어지되, 몇 명의 유아에 의해 바퀴를 주제로 하는 프로젝트가 병행될 수 있다면 매우 이상적이다. 또는 생활주제와 무관한 어떤 사건이나 사물을 주제로 하는 프로젝트의 진행도 유아의 관심과 흥미를 반영하는 것이라면 가치가 있다. 연구과제는 연구과제 구상, 탐색과 표상 활동, 절정과 발표의 3단계로 실시된다(홍용희, 1997).

한편, 놀이를 통한 학습이 기본이 되어야 한다는 점에서 교사의 놀이 지원 전략은 매우 중요하다. 교육부의 교사를 위한 놀이 지원 워크북(교육부, 2020)에 의하면 유아중심, 관찰우선, 최소개입, 방해하지 않기, 지원적이고 반응적인 방식 등 5개 원칙을 놀이 지원에 있어 기본적으로 고려하여야 한다. 또한 관찰하기, 놀이환경지원, 병행놀이, 시범, 공동놀이 등을 놀이 지원 전략으로 제안하였는데, 교사는 기본 원칙을 고려하며서 상황에 가장 적합한 지원전략을 선택하여 활용할 수 있어야 할 것이다.

덧붙여, 유아교사들이 자신이 지지하는 아동 발달 이론에 따라 별다른 의식 없이 교수전략을 사용하고 있다는 Seefeldt(1987)의 지적을 숙고할 필요가 있을 것이다. 유아교사들이 거의 자동적으로 교수 행동을 수행할 뿐 사전이나 사후에 그에 대해 사고하지 않으며 이론적 근거에 대한 이해 없이 단순히 본 대로 따라하는 경향이 있다는 것이다. 이에 가장 효과적인 하나의 교수방법이 있다는 가정에서 벗어나 잠재적 교수 상황에 대한 대안적 교수 전략들을 습득하고 있음으로써 실제 교수 상황에 융통성 있게 적용해 나갈 수 있어야 할 것이다.

(2) 물리적 환경의 구성 및 운영

유아교육에 있어서 시설과 공간의 구성, 교재·교구의 제공 등 물리적 환경의 질은 매우 중요한 문제이다. 유아의 전 생활 경험을 교육 내용으로 간주할 때 교실과 실외 놀이시설 등 모든 물리적 환경이 그 자체로서 교수 매체의 기능을 하기 때문이다. 특히 교실의 물리적 배치는 유아에게 기대하는 행동이 무엇인지 알려주어 유아의 태도와 행동에 영향을 미친다.

일반적으로 유아교육의 물리적 환경은 건물 내지 운동장, 급수·하수 등의 외곽시설과 내부 시설을 의미한다(이기숙, 2013). 또한 시설 내에 배치되는 교재·교구 등도 중요한 요인이 될 것이다. 일반적으로 교구란 보다 영구적으로 사용되는 물품을 뜻하며 교재는 종이나 풀 등의 소모성 물품을 뜻하는 것으로 구분 지을 수 있다.

본서에서는 제6장 '유아교육기관 운영 관리'에서 기본적인 시설에 관해, 제4장 '유아와 놀이'에서 흥미 영역에 관해 다루고 있으므로 이들에 대한 논의는 제외한다.

⑴ 접근 유형에 따른 환경 구성의 원리

유아교육의 물리적 환경 구성도 이론적 유형에 따라, 특히 목적에 따라 다양한 형태를 나타낼 수 있다. 접근 유형에 따라 시설과 공간, 교재·교구에 대한 결정이 달라지는데, 이를 정리하면 다음과 같다(Dopyera, & Dopyera, 1993).

❶ 교수중심의 환경 구성(행동주의 접근)

형식적이고 집중적인 지시적 교수가 이루어지는 행동주의 프로그램에서는 방해를 최소화하는 물리적 환경의 구성이 중요하다. 따라서 블록이나 점토, 게임용 자료 등 흥미를 끄는 조작적 부류의 교재들은 교수-학습 상황에서 제거시킨다.

예를 들어, Academic Preschool 교실의 경우 아동의 탐색을 유혹하는 자극적 요소를 최소화시키는 것이 기본적 원리가 된다. 별도의 작은 방들에서 이루어지는 소집단 학습을 위해 방음이 중요할 뿐 다른 시설상의 요구사항은 거의 없고 교구도 책이나 퍼즐 등으로 한정된다. 소집단 학습을 위한 작은 방에는 각 유아별 좌석이 정해져 있어서 교수에 집중하도록 유도하며 책, 연습장, 차트, 그 밖의 교수에 필요한 자료만 배치한다. Behavior Analysis 프로그램의 경우 프로그램화된 교수용 책자와 연습장이 학습 교재이고 게임이나 퍼즐 같은 보상용 교재는 특정 영역에 따로 배치하는 등 행동주의 접근의 물리적 환경 구성은 다양성과 풍부함이 중시되는 다른 접근들과는 대조적이다.

❷ 발달적 관심에 근거한 공간 구성(성숙주의 접근)

대부분의 성숙주의 프로그램에서는 유아의 신체 크기에 맞는 책상, 의자, 선반,

사물함이 기본이 되고 일련의 유아용 교재·교구 세트를 배치한다. 활동 영역 또는 흥미 영역으로의 배치가 특징이며 조명, 소음, 물의 사용 여부를 고려하여 영역별 활동 간에 방해를 줄이는 것이 기본이다.

❸ 융통성 있고 다양한 환경 구성(상호작용주의 접근)

상호작용주의 접근의 물리적 환경 구성은 Piaget의 인지 발달 이론에 근거한다. 특히 인지 발달의 '단계'에 대한 개념에 기초하여 보존개념의 학습을 돕는 조작적 교구에 대한 강조를 그 특징으로 한다.

실제로 전통적인 성숙주의 접근에서는 볼 수 없었던 많은 새로운 형태의 교재들이 인지주의 프로그램에 의해 유아의 학급에 배치되게 되었다. 이전에는 교구라고 간주되지 않았던 주변의 모든 물건들, 즉 특별히 고안된 유아용 장난감이나 기구가 아닌 다양한 생활용품, 자연물들을 그때그때의 흥미와 필요에 의해 융통성 있게 사용하는 것이 상호작용주의 접근에서 강조된다.

영국 유아학교의 개방교육 프로그램은 개방적 관점에서의 시설 활용과 풍부한 교재의 사용으로 인해 단절된 교과식 학습을 위한 고정된 환경에 대한 전형적 견해를 변화시켰다. 즉, 복도나 계단 등이 학습의 장소로 사용되고 교실 바닥이나 나무 그루터기가 책상과 의자로 사용되는 등 기본 설비와 교재 모두에 큰 융통성을 갖게 된 것이다.

상호작용주의 접근에서는 프로그램에 따라 다양하지만 대개는 흥미 영역의 구성을 기본으로 하며 계속해서 다양하고 풍부한 교재가 변화 있게 제공된다. 우발적인 학습을 위한 역동성 있는 교재의 활용이 상호작용주의 접근의 물리적 환경 구성을 위한 기본 원리이다. 고정적이고 획일적인 흥미영역의 운영은 자칫 유아의 놀이를 제한할 수 있다는 점에서 상호작용주의 접근에 따른 물리적 환경 구성의 개방성과 융통성이 강조될 필요가 있다.

2 일반적인 환경 구성의 원리

이상에서 살펴본 것처럼 물리적 환경 구성은 접근에 따라 다르나 프로그램의 목표에 따라 결정되어야 하는 것이 기본이다. 따라서 전통이나 경제성을 근거로 시설이나 교재·교구에 대해 결정을 내리는 것은 금물이며 교육 이론적 관점, 프로그램의 목적에 근거해서 논리적인 결정을 내리는 것이 물리적 환경 구성에서 전제되어야 한다.

이러한 전제에 덧붙여서 유아교육의 물리적 환경 구성 시 일반적으로 고려할 원칙이 있을 수 있다. 이기숙(2013)이 제시한 원칙을 기초로 행동주의 프로그램을 제외하고 유아교육에서 일반적으로 적용되는 물리적 환경 구성의 원칙을 정리하면 다음과 같다.

첫째, 다른 기관이나 건물과 독립적으로 모든 설비나 교구를 갖추는 것이 좋다. 건물은 되도록이면 단층이 좋고 활동하기에 충분한 실내·실외 공간이 확보되어야 한다. 또한 활동실의 문은 2개 이상이 좋고 실내외로의 출입이 쉽도록 배려해야 한다.

둘째, 유아의 성장·발달의 원리에 입각하여 환경을 구성해야 한다. 즉, 일반적인 발달적 특징, 성숙도, 욕구, 흥미, 개인차 등을 고려해야 하며 특히 유아의 신체 크기에 적합한 환경을 구성하여 교사의 도움 없이도 쉽게 사용, 정리할 수 있어야 한다.

셋째, 적절히 자극적인 풍부한 환경을 구성해야 한다. 너무 복잡하거나 단순하지 않아서 유아에게 도전적인 자극을 주되 압박감이 없고 싫증이 나지 않도록 해야 한다. 다양한 흥미 영역에 교구와 자료를 충분히 제공하되 너무 인위적인 장식 등으로 복잡하게 꾸미지 않는다.

넷째, 건강과 안전을 최대한 보장하며 창의적이고 융통성 있는 환경을 구성한다. 특히 흥미 영역의 가변성 있는 구성이 효과적이다. 이를 위해 바퀴 달린 교구장과 칸막이 등을 이용하며 필요에 따라 수시로 변화를 주는 개방성을 갖는다.

최근에는 실외 환경의 구성에 있어 보다 계획적이고 적극적인 노력이 제안되고 있다. 즉, 이전에는 에너지 발산을 위한 자유놀이의 장소로 소홀히 취급되었던 실외 환경에 대해 실내 흥미 영역과 마찬가지로 다양한 활동 영역을 계획하려는 시도가 확대되고 있다.

또한 벽면의 장식에 있어 보다 교육적인 접근, 즉 주제와 관련된 매체의 전시와 유아의 작품을 중심으로 하는 다양하고 창의적인 방법들이 논의되고 있다. 학습에 대한 동기 유발뿐 아니라 유아의 성취감과 자아존중감, 심미감을 발달시키는 측면에서 가치가 있다.

한편 Weisner(1991)에 의하면 유아교육의 물리적 환경 구성에 있어 부엌, 화장실, 낮잠 자기 영역 등 일과(routines)를 위한 기본적인 영역에 대한 세부적인 계획과 교사와 부모 등 성인을 위한 기본적인 영역에 대한 배려가 중시되어야 한다. 또한 실내 환경의 양육적(nurturing)이고 부드러운(soft) 성격과 많은 감각적 경험을 제공하는 자연물에 의한 실외 환경의 구성도 중요한 요인으로 간주된다.

그밖에 온라인 학습매체의 제공에 대해서는 유아의 연령에 따른 발달적 특성에 대한 신중한 고려가 필요할 것이다. 즉, 직접적이고 구체적인 경험을 중시하는 유아교육의 기본적인 교수-학습 원리에 기초하여 반드시 제한적 사용에 국한하여야 할 것이며, 편의성이나 흥미성에 따른 무분별한 사용은 지양되어야 한다.

(3) 일과의 구성

1 접근 유형에 따른 일과 구성의 다양성

유아교육과정에서 제안되는 일과 구성의 형태 역시 이론적 유형에 따라, 특히 목적에 따라 다양하다. 접근 유형에 따라 다음과 같이 세 가지 유형의 일과 구성 형태와 운영원리가 있다(Dopyera, & Dopyera, 1993).

❶ 교수중심의 일과 구성(행동주의 접근)

행동주의의 전통적 접근에서는 교과 명칭을 부가한 시간표를 구성한다. 또한 유아의 주의 집중력이 허용하는 한, 이 교과중심의 시간을 연장한다. 특히 읽기, 셈하기 등 학과학습 시간을 우선적으로 강조하며 이때 유아의 집중을 위해 강화 체계의 사용이 불가피하다.

예를 들어, 대표적인 행동주의 접근의 프로그램인 Academic Preschool의 일과계획에 의하면 전통적인 1학년 학급의 시간표와 유사하다. 비슷한 능력의 유아들끼리 소집단으로 교사 지시적인 구조적 교수-학습 활동에 참여한다.

물론 모든 행동주의 프로그램이 교과별 시간표를 조직하는 것은 아니다. 다만, 어떤 식으로든 행동주의 접근의 초점은 집중적 교수를 위한 시간표를 구성하는 것이다.

❷ 다양하고 균형 잡힌 활동에 의한 일과 구성(성숙주의 접근)

성숙주의 접근의 프로그램에서는 다양한 단위 활동들로 균형 있는 시간표를 구성하는 것이 일반적이다. 이 접근의 일과는 발달수준에 맞는 활동들로 구성되며 특정한 활동이 과도하게 강조되지 않도록 하는 것이 초점이 된다. 또한 개별적인 자유활동이 많고 짧은 시간의 집단활동이 삽입된다.

❸ 개방적 일과 구성(상호작용주의 접근)

상호작용주의 접근의 일과 구성은 개방적인 형태를 특성으로 한다. 예를 들어, 영국 유아학교의 '통합된 하루'(integrated day)와 '개방 교육 프로그램'이란 명칭은 개방적인 시간표의 구성과 학과를 자유선택활동으로 통합한 것으로부터 파생된 것이다.

이러한 개방적인 시간계획의 경우, 부분적인 대집단 모임 이외에는 자유선택활동으로 일과가 운영된다. 즉, 그날의 활동에 대한 계획과 평가 시간을 제외하고는 일과가 각 아동의 선택에 의해 자유롭게 진행되며 종일제의 경우 점심과 휴식만이 의무적일 수 있다.

상호작용주의 프로그램으로 간주되는 Montessori 프로그램의 경우도 개방적인 시간 구성을 특징으로 하여 불필요한 방해 없이 일과의 주된 시간을 Montessori 교구를 중심으로 자유롭게 작업하도록 시간표를 구성하도록 되어있다. 상호작용주의 접근의 영향으로 일반적으로 자유선택활동 시간을 좀 더 길게 갖는 경향이 있다.

2 일반적인 일과 구성 및 운영의 원리

이상에서 살펴본 것처럼 접근 유형에 따라 일과의 계획 및 운영은 매우 달라진다. 그러나 한 가지 일반적인 원칙은 일과 운영의 규칙성이라고 할 수 있다.

즉, 유아는 예측이 가능한 일과 진행 속에서 효과적으로 기능할 수 있기 때문에 융통성이 있게 운영된다고 하더라도 일관성 있는 일일계획이 반드시 필요하다는 것이다. 특히 연령이 어린 유아를 대상으로 할 경우 규칙적인 일과의 운영이 더 필수적이다.

일과를 계획할 때는 운영 시간의 길이와 교사진의 수를 기본적으로 고려해야 하며 시설의 유형(독립건물인지, 부설건물인지 등)이나 사용 가능한 교실의 수, 고정 환경(화장실 시설, 식당, 운동장, 휴식 시설 등)도 고려해야 한다. 또한 시기(학기초와 학기말인지 등)에 따라서도 계획이 달라질 필요가 있다.

3 일반적인 일과의 계획 및 운영방법

유아교육과정에서의 일반적인 일과계획의 방법은 다양한 유형의 단위 활동으로 융통성 있게 시간표를 구성하는 것이다. 이는 앞서 살펴본 성숙주의 접근에서 강조되는 방법이나 극단적인 행동주의 접근을 제외하고는 공통적으로 사용되고 있다.

따라서 이러한 일과계획의 예를 살펴보고 주로 사용되는 단위 활동의 유형별로 계획 및 운영의 방법을 살펴보고자 한다.

우리나라의 경우 2015년 이후 4~5 시간의 교육 과정과 이후의 방과후 과정으로 구분하여 일과를 운영하고 있다. 방과후 과정은 외부 강사에 의한 특성화 교육활동(1일 1개 활동, 40분 이내)을 중심으로 이루어지며, 교육 과정을 중심으로 한 일과계획표의 예를 제시하면 〈표 7-2〉와 같다.

〈표 7-2〉 일과계획표*

08:30~09:00	도착및활동준비
09:00~10:20	자유선택활동*
10:20~10:40	정리정돈
10:40~11:10	간식
11:10~11:30	집단활동(이야기 나누기)*
11:30~12:30	실외놀이
12:30~13:30	점심
13:30~13:50	대 · 소집단활동(게임,음률,동화,동극등)*
13:50~14:00	평가및귀가지도

❶ 도착 및 활동 준비

유아가 등원하여 하루 일과를 준비하는 시간이다. 교사는 개별적으로 유아를 맞이해야 하며 그날의 건강 상태나 심리적 상태를 파악해서 즐겁게 일과를 시작하도록 돕는다.

❷ 자유선택활동

실내 자유선택활동과 실외 자유선택활동으로 구분된다. 초기 우리나라 국가수준 유치원교육과정에서는 자유놀이로 되어 있었으나 생활주제에 따라 흥미영역에 변화를 주고 주제 관련 활동을 계획, 제공해 줌으로써 보다 교육적인 놀이경험의 기회를 제공하고자 하는 의도로 자유선택활동으로 용어가 변경되었던 바 있다. 즉, 교사가 철저한 계획에 의해 다양한 흥미 영역의 자료와 활동을 준비해 놓아야 한다는 점에서 그 이전의 '자유놀이'와는 커다란 개념의 차이를 갖는 것이었다. 그러나 「2019 개정

* 2019 개정 누리과정에 의하면 자유선택활동은 자유놀이, 대 · 소집단 활동은 활동으로 용어가 변경됨.

누리과정」에서는 다시 자유놀이로 용어가 바뀌었다. 이는 일부 현장에서 지도서에 제시된 활동을 그대로 기계적, 획일적으로 적용하여 강조함으로써 유아의 흥미에 따른 자유로운 놀이를 제한했던 사례나, 심지어 학습지 형태의 정형화된 과제를 흥미영역에 제시하고 자유선택활동으로 강요하는 등의 잘못된 적용의 사례를 방지하기 위한 의도로 볼 수 있다. 따라서 자유놀이로의 용어 변경이 유아중심, 놀이중심이라는 누리과정의 본질적 성격을 강조하는 것임을 명확히 하여야 하며, 자칫 이전의 무계획한, 방임에 흐르는 무의미한 시간으로의 회귀를 가져오지 않도록 주의하여야 한다.

자유선택 활동 시간은 교사의 세심한 계획과 준비를 바탕으로 유아가 자신의 흥미와 능력에 따라 자유롭게 선택한 활동 속에서 교사, 다른 유아, 교구와의 다양한 상호작용에 참여한다. 따라서 개별적인 활동과 소집단 활동이 역동적으로 이루어지는데, 서로에게 방해를 주지 않고 건설적인 활동을 하기 위해서는 사전에 흥미 영역에서의 활동 규칙이 교사와 유아 간에 확실히 이해되어야 한다. 자유선택활동 시 교사는 전체 유아의 활동 상황을 관찰하면서 다양한 방법으로 유아와 상호작용해야 한다.

자유선택활동은 개별화된 교수-학습과 통합적 교수-학습이 이루어지는 중요한 시간으로 하루 일과의 가장 많은 부분을 차지하는 유아교육의 특수성이 가장 잘 나타나는 단위 활동의 유형이다. 각 흥미 영역별 활동판에 이름표를 건다든지, 활동 후 그림으로 된 평가표에 표시를 하는 등 활동에 대한 계획과 평가까지도 포함시킬 수 있으나 유아에게 부담을 주거나 자유로운 놀이에 방해가 되지 않도록 유의하여야 한다. 한편, 실외 자유선택활동 시간에 대해서도 단순히 뛰어노는 것에 그치지 않도록 보다 체계적인 계획이 모색되고 있다.

③ 집단활동

대집단 활동과 소집단 활동으로 구분된다. 주로 단원이나 주제에 따라 교사가 계획하고 제시하는 활동들이 이루어진다. 이때 중요한 것은 유아의 주의집중 시간을 고려해 긴 시간을 배정하지 않고 유아의 흥미를 유도하여 능동적으로 활동에 참여하도록 하며 융통성을 가져야 하는 것이다. 집단활동은 자유놀이에서는 배우기 힘든 집단에서의 사회적인 배려나 자기통제, 질서 지키기와 규칙 학습의 기회가 된다는 점에서 매우 중요하다.

한 반의 유아가 모두 함께 모여서 하는 대집단 활동으로는 출결 상황, 날씨, 하루의 계획 등에 대해 이야기를 나누는 것과 주제에 관련된 이야기 나누기, 동시나 동화 듣기, 동극, 새 노래 지도, 게임, 평가 등이 있으며 생일축하와 그 밖의 특별 행사 등이 포함된다.

두세 개의 집단으로 나뉘어 하는 소집단 활동으로는 각 집단마다 다른 교사가 참여하여 동시에 같은 활동을 하는 경우와 한 교사가 시간을 달리해서 활동을 지도하는 경우로 구분된다. 이야기 나누기도 소집단 활동으로 하는 경우가 효과적이며, 일반적으로 실험 및 관찰, 음률 활동이나 동시 짓기, 요리 등이 소집단 활동으로 이루어지는 것이 적절하다.

④ 정리정돈

간식이나 대집단 활동 시간 후에도 정리와 정돈의 시간이 필요할 수 있으나 시간표에 명시하는 정리정돈 시간은 대개 자유선택활동 시간 후에 사용한 교구와 자료를 제자리에 정리하는 것을 뜻한다.

흥미 영역의 교구나 자료를 제자리에 정리하는 것은 단순한 의미의 정리하기에 그치는 것이 아니라 사물의 크기나 모양, 용도, 연관성 등에 대한 이해를 도우며 분류나 서열, 공간 개념의 발달을 돕는 교육적 활동이다. 또한 스스로 물건을 정리하는 습관을 키워주고 책임감과 협동심 등을 길러줄 수 있기 때문에 교사는 모든 유아가 함께 참여하도록 지도하여야 한다.

⑤ 간식과 식사

간식 시간과 식사 시간은 유아기 영양의 중요성을 고려할 때 그리고 기본생활 지도의 차원에서 볼 때 매우 중요한 시간이다. 미리 계획된 식단에 의해 영양이 풍부한 음식이 제공되어야 하며 음식을 준비하고 정리하는 과정에 유아를 능력에 맞게 참여시키는 것이 교육적이다.

대집단으로 동시에 먹는 것이 일반적이나, 특히 간식의 경우에는 원하는 시간에 개별적으로 자유롭게 먹는 자율간식의 방법도 권장하고 있다. 또한 주제에 관련된 요리활동과 연결해서 간식이나 식사 시간을 운영하는 것도 흥미롭고 교육적인 방법이 될 수 있다. 오전에 한 번의 간식과 점심을 제공하는 것이 일반적이나 종일제의 경우 오후에 한번 더 간식을 제공하는 것이 보통이다.

⑥ 휴식 및 낮잠

유아가 피로와 긴장을 풀고 다음 행동을 위한 에너지를 보충하도록 편히 쉬거나 짧은 시간 동안 잠을 자도록 하는 시간이다. 평상시에는 동적인 활동과 정적인 활동의 적절한 안배로 휴식 시간을 대신하지만 피로하기 쉬운 더운 여름에는 간식이나 동적인 활동 후에 15~20분 정도 휴식 시간을 갖는다. 종일제의 경우는 유아의 연령에 따라 다르며 어릴수록 개별적 요구에 따라야 하지만 2~3세 학급의 경우 점심 식사 후 1시간 정도 낮잠 시간을 제공하는 것이 적절하다. 별도의 방이 없다면 책상이나 교구장을 옮겨 장소를 마련하며 간이침구를 이용한다. 활동보다 휴식 시간이 길면 그 자체에 싫증을 느끼므로 주의하여야 하고 강제적으로 요구해서는 안 된다.

❼ 평가 및 귀가 지도

하루 일과를 마치는 시간이다. 다 함께 모여서 하루 동안의 활동에 대해 간단히 평가하고 다음날의 특별한 계획에 대해 알려주며 겉옷을 입고 가방 등 소지품을 챙겨서 귀가를 준비한다. 유아들이 교사와 다른 유아와 인사를 나누며 대개의 경우 차례차례 귀가 준비를 하도록 지도한다.

이때 교사는 재미있게 다양한 방법으로 차례를 정해 주며 때로는 한 유아가 교사의 역할을 대신할 수도 있다. 종일제의 경우, 유아의 개별적 요구에 따라 자유롭게 귀가할 수 있도록 귀가 시간을 융통성 있게 길게 설정할 필요가 있다.

(4) 평가

교육 평가라고 하면 흔히 시험과 성적표 등을 떠올리기 쉽다. 따라서 시험이나 성적표가 없는 유아교육의 경우, 개념이 모호해지기 쉽다. 하지만 교육 평가의 개념은 훨씬 광범위한 것으로 이해되어야 한다.

Glook 등(1981)에 의하면 교육 평가는 '교육활동이나 교육적 시도의 효과를 증거를 통해 알아보려는 체계적 시도'로 정의된다. 따라서 교육 평가는 다시 말해 교육과정의 평가라고 할 수 있다(이기숙, 2013). 그런데 유아교육과정의 적절한 평가는 다음의 두 가지 질문에 대한 답을 찾는 것이라고 간주된다(Petters, et al., 1985).

첫째, 프로그램이 잘 조직되고 수행되었는가?

둘째, 프로그램이 유아의 발달에 효과를 주었는가?

따라서 교육과정의 평가는 유아에 대한 평가와 교육과정에 대한 평가의 두 가지 유형으로 크게 구분될 수 있다. 즉, 교육과정의 구성 요소인 교육 목표, 내용, 과정,

평가에 대한 평가와 교육과정에 따라 나타나는 유아의 성취, 다시 말해 발달상의 변화에 대한 평가로 나누어진다.

1 유아에 대한 평가

❶ 유아에 대한 평가의 단계와 방법

유아에 대한 평가는 전 발달 영역의 변화에 대한 것으로 다음의 3단계로 이루어진다.

첫째, 교육과정 제공에 앞서 유아의 수준을 파악하는 진단 평가(diagnostic evaluation)이다.

둘째, 교수–학습 과정에서의 변화를 파악하는 형성 평가(formative evaluation)이다.

셋째, 교육과정의 종료 후 최종적 변화를 파악하는 총괄 평가(summative evaluation)이다.

또한 유아에 대한 평가의 일반적 방법으로는 유아의 행동에 대한 관찰과 유아의 작품 수집 및 분석, 교사 제작 검사와 표준화 검사, 유아의 자기 평가 등이 있다.

가. 유아의 행동 관찰

유아의 행동 관찰방법은 결과에 대한 기록양식에 따라 구분될 수 있다. 교사에 의해 일반적으로 사용되는 것은 일화기록법, 행동목록법(체크리스트), 평정척도법의 세 가지로 각각의 절차와 특성은 다음과 같다.

① 일화기록

사진을 찍는 것처럼 상세하게 객관적으로 기술하는 것으로 유아의 행동뿐 아니라 장소와 시간, 주변 인물의 행동 등 상황에 대해 정확히 묘사하는 방법이다(표 7–3).

〈표 7–3〉 의사소통 영역의 일화기록의 예

관찰아동	김○○(만5세)
관찰영역	언어생활영역
관찰일	20○○년○○월○○일
장면	소그룹 활동—만약 이 세상에서 물이 없어진다면 어떻게 될까?

기록	물에 대한 생각 모으기를 하고 있다. 교사가 ○○에게 "○○야, 만약에 물이 없어지면 어떻게 될 것 같아?"라고 묻자 ○○는 잠시 생각을 하더니 큰소리로 대답한다. "음...물이 없어서 물고기가 죽어요. 그리고 목(이) 마를 때 물이 없어서 물을 못 마셔요" 교사가 고개를 끄덕이며 ○○에게 "또 어떤 일이 일어날까?"라고 묻자 2초간 고개를 갸우뚱하며 생각한다. "응. 그리고 물이 없어서 풀이 못 자라서 토끼가 먹을 풀이 없어서 죽어요"
해석	○○는 자신의 생각을 원인과 결과의 한 문장으로 구성할 수 있다. 물이 없어지면 어떻게 되는지 주제에 대해 깊이 이해하고 본인의 생각을 말할 수 있다.

출처: 심성경 외(2012: 10).

일화기록은 사례 연구에 많이 사용된다. 즉, 특정 유아에 대한 누적된 일화기록의 자료는 유아 관련 서류나 부모 면담 등 그 밖의 방법으로 수집된 정보와 함께 개별 유아의 문제와 그 원인을 파악하여 해결해 가는 사례 연구에 주로 사용된다.

② 체크리스트

체크리스트는 성취 평가의 대상이 되는, 즉 관찰할 유아의 행동 혹은 발달 특성이 나타나는지의 여부를 알아보기 위한 관찰방법이다. 즉, 유아가 해당되는 행동을 성취했을 때 그 항목에 표시(○나 ∨)를 하는 방식이다(예문 1).

또한 어떤 행동의 성취 시기를 기록하는 체크리스트의 형식도 있다. 즉, 행동의 항목별로 그 행동이 관찰된 날짜를 기록하게 되어 있다.

〈예문 1〉 체크리스트의 예(이정환 · 박은혜, 1995)

유아의 쓰기 준비도

이　름 : ________　　　생년월일 :　　　　(남 · 여)
관찰자 : ________

지시 : 다음의 행동이 관찰되면 '예'에, 관찰되지 않으면 '아니오'에 표시하시오.

	예	아니오
1. 손목과 손가락을 자기가 원하는 대로 움직일 수 있다.	________	________
2. 눈과 손의 협응이 가능하다.	________	________
3. 필기 도구를 바로 잡고 쓸 수 있다.	________	________
4. 글자의 기본적인 획(직선, 곡선, 사선)을 그을 수 있다.	________	________
5. 각 철자의 모양을 구별할 수 있다(글자 지각 능력).	________	________
6. 글씨를 왜 써야 하는지 그 이유를 이해한다.	________	________

③ 평정 척도

어떤 행동의 성취수준 또는 특성의 정도를 미리 정해진 범주에 따라 평정해서 기록하는 방법이다. 평정 척도는 항목별로, 예를 들어 '규칙을 전혀 지키지 않는다', '규칙을 가끔 지킨다', '늘 스스로 규칙을 지킨다' 같이 문장으로 진술된 것, 숫자 또는 도식, 숫자와 도식이 종합된 형태() 등으로 표현형식이 다양하다.

〈표 7-4〉 평정척도(기술 평정척도)의 예

유아의 놀이관찰 평정척도					
관찰 영유아	김ㅇㅇ		연령	만 5세 (여)	
관찰일	2023년 6월 1일		관찰자	이ㅇㅇ	
내용	척도				
친구와 어울려 놀이하기	1	혼자서 놀이한다.			
	2	친구들 옆에서 놀이하지만 대화나 상호작용은 없다.			
	3	친구들과 함께 놀이한다.			
	4	목표를 가지고 각자 역할을 맡아 협동해 놀이한다.			V
새로운 놀이에 참여하기	1	새로운 놀이에 관심을 보이지 않는다.			
	2	친구들이 놀이하는 모습을 관찰한 후 놀이에 참여한다.			
	3	교사에게 놀이방법을 늘 물어본 후 놀이한다.			
	4	스스로 주도적으로 놀이한다.			V
놀이 규칙 지키기	1	놀이 규칙을 거의 지키지 않는다.			
	2	놀이 규칙을 가끔 지키지 않는다.			
	3	대체로 놀이 규칙을 지킨다.			
	4	항상 놀이 규칙을 잘 지킨다.			V

출처 : 심성경과 함은숙(2023 : 41)

이처럼 일화기록과 체크리스트는 관찰 내용 자체를 기록하는 것인데 비해 평정척도는 관찰 내용에 기초한 교사의 판단을 기록하는 것으로 객관성의 유지가 문제가 된다. 일화기록은 체크리스트에 비해 시간과 노력이 많이 들지만 예상치 않은 정보를 포함해 많은 정보를 제공하는 이점이 있다. 기존의 체크리스트를 사용하는 것이 간편하지만 교사가 목표에 따라 작성하여 사용할 수도 있다.

나. 포트폴리오(portfolio)

유아의 그림이나 만들기, 쓰기 등 작업활동의 결과로서 나타난 작품과 블록이나 모래 놀이에서 구성한 작품, 음률 활동에서 표현되는 양상 등의 샘플을 일정 기간 계속 수집해서 그 발달 상황을 분석하는 것이다.

유아의 개별적 작품뿐 아니라 공동작품도 수집의 대상이 되며, 보존이 어려운 구성작품이나 순간적인 표현은 사진을 찍어 놓거나 간단히 스케치해 놓음으로써 보완한다. 이러한 작품 수집의 결과는 후에 아동에게 작품집의 형태로 돌려줄 수도 있다. 자료에는 날짜와 활동 배경, 특별한 유아의 행동과 당시의 상황 등을 기록해 놓는 것이 좋다.

다. 교사 제작 검사

교사가 일상적 학습활동 속에서 목표로 하는 특정 행동에 대해 유아에게 그 수행을 요구하거나 질문함으로써 평가하는 것으로 비형식적인 성격의 검사이다.

미리 준비한 교구를 조작해 보는 과제를 주는 경우가 많고 과제를 수행하는 과정에서 질문을 통해 유아가 사용하는 논리의 수준을 평가한다. 이러한 검사는 평가를 위한 것이기보다 그 자체로 교수-학습 활동이 될 수도 있으며, 이후 교수-학습 활동계획을 위한 근거가 된다.

라. 표준화 검사

표준화 검사는 신뢰도와 타당도가 검증된 객관적이고 형식적인 검사이다. 지능검사가 가장 일반적이나 학습 준비도 검사, 언어 발달 검사, 인성 검사 등 유아를 대상으로 한 다양한 영역의 표준화된 검사가 나와 있다.

유아에 대한 평가에서 표준화된 검사의 사용은 신중해야 할 필요가 있다. 왜냐하면 '평균 이상' 또는 '평균 이하'라는 식으로 다른 유아와의 비교를 시사하기 때문이다. 검사의 실시와 결과의 분석에 있어서도 전문가가 필요한 경우가 많으며 검사 전에 친밀한 분위기(rapport)를 형성해야 하는 등 주의가 필요하다.

마. 유아의 자기 평가

유아가 자신의 행동에 대해 스스로 평가하는 방법이다. 이러한 자기 평가는 대개 어떤 학습활동이나 하루 일과를 마친 후에 '가장 재미있던 것은 무엇이니? 잘못된 점은 무엇일까?'와 같은 교사의 질문에 의해 비형식적으로 이루어지는 것이 보통이지만 흥미 영역의 평가와 같이 정해진 서식에 따라 이루어질 수도 있다.

이러한 흥미 영역의 자기 평가는 유아의 활동 내용과 흥미 변화에 대한 누적된 자료를 제공한다는 점에서 유용한 방법으로 간주된다. 단, 유아의 수준에 따라 손쉽게 사용할 수 있는 기록양식을 만들고 기록의 절차에 대해 충분히 익숙해져야 한다는 점이 중요하다.

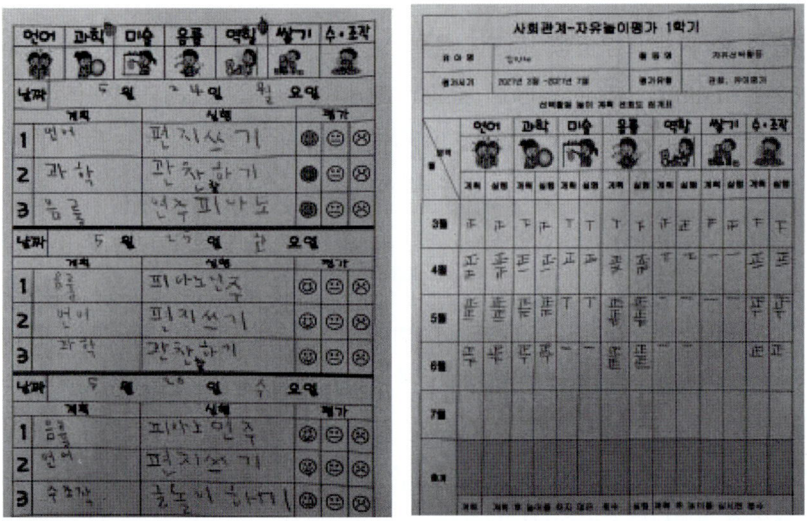

[그림 7-3] 유아가 기록한 자유놀이 계획 및 평가지/유아의 기록을 보고 교사가 작성한 누계기록
출처: 심성경과 함은숙 (2023 : 78)

그 밖에 유아를 대상으로 한 평가의 방법으로 유아, 학부모와의 면담, 흥미 영역에 있어서의 유아의 영역 선택, 지속 시간, 선호하는 활동 등을 교사가 조사, 기록, 관찰하는 방법도 있을 수 있다.

❷ 유아에 대한 평가의 기본 원칙

유아 평가에 있어서도 중요한 것은 객관성과 타당도, 신뢰도를 유지해야 하며 다음과 같은 원칙에 의해 실시되어야 한다(심성경 외, 2012: 9).

- **유아중심의 평가:** 유아 간 차이의 비교가 아니라 개별 유아의 영역별 차이와 변화를 중심으로 평가한다. 다른 유아와 비교해 우열을 판정하는 것이 아니며 개인적 특성에 대한 이해에 중심을 둔다. 평가가 유아에게 부담이 아니라 유능감을 키워주는 의미 있는 교육적 경험이 되도록 한다.
- **과정중심의 수행 평가:** 결과보다 과정 자체가 의미 있는 방법으로 교수-학습 상황 속에서 지속적으로 평가한다. 교육 목표와 연관된 유아의 노력, 진보, 성취를 나타내는 수행을 중심으로 평가한다.
- **발달적, 경험적으로 적절한 평가:** 유아의 발달 및 학습 수준, 경험에 맞는 내용과 방법으로 평가한다. 평가의 내용과 방법이 유아에게 발달적으로 적절하고 가치 있으며 경험과 연관되도록 한다. 특히 연령의 차이를 고려한 타당한 평가 도구 및 방법을 사용하며 개인차를 존중한다.
- **다면적이고 종합적인 평가:** 관찰, 면접, 검사, 그림이나 글 또는 말 등 작업의 표본 분석 등 다양한 방법을 통해 제 영역에 걸쳐 다면적이고 종합적인 평가를 실시한다. 따라서 일회성이 아니라 구체적이고 체계적으로 수립된 평가계획에 의해 지속적·누적적으로 평가한다.

결국 유아에 대한 평가는 결과에 대한 보고라기보다는 후속적인 교육적 시도의 계획을 위한 근거로 활용해야 하며 지필 검사의 사용은 지양하고 관찰과 면담, 작품 분석 등의 비형식적인 평가방법에 주로 의존하는 것이 바람직하다고 할 수 있다.

2 교육과정에 대한 평가

교육과정에 대한 평가는 목표, 내용, 교수-학습 과정, 평가 등 교육과정의 구성 요소들에 대해 포괄적으로 이루어지는 것으로 그에 따라 각 구성 요소의 수정이 이루어짐으로써 결국 구성 요소 간에 긴밀한 연관을 유지시킨다.

또한 교육과정 평가 중 교수-학습 활동에 대한 평가는 계속적으로 이루어져야 하는데, 예를 들면 계획된 활동의 수행 후 다음과 같은 질문에 답해 보는 것을 의미한다.

① 활동이 유아의 발달 정도에 적절했나? 어떻게 변형시킬 수 있는가?
② 활동이 잘 진행되었는가 아닌가? 그 이유는? 어떻게 수정할 수 있는가?
③ 활동이 유아의 사전 발달이나 활동과 어떻게 연결되는가?

④ 다음의 활동으로 어떤 활동이 적합할 것인가?

그 밖에 유아교육과정의 전체적인 질에 대한 평가 도구로서 일정수준 이상의 프로그램에 대해 양질의 프로그램임을 인증해 주는 NAEYC의 평가인증제(Accredita−tion Criteria and Procedures, 1984)가 있다. 1985년 시작된 NAEYC의 평가인증제의 기준은 10개 요소에 대한 84개의 문항으로 구성되었으며, '연령적 적절성'과 '개별적 적절성' 등 발달적 적절성에 근거한 것 이었다. 즉, 프로그램이 유아의 연령에 따른 전형적인 발달 특성뿐 아니라 개인차를 고려해서 구성되어야 함을 전제로 평가 기준이 작성된 것이다. NAEYC 평가인증 기준은 유아교육기관에 대한 법적 인가기준이 최소한의 수준을 요구하는 것이기 때문에 양질의 프로그램 운영을 유인하고 지원하려는 의도로 설정되었다. 따라서 NAEYC의 평가인증제는 법적인 힘을 갖고 있지는 않으나 질적 수준을 향상, 유지시키려는 각 프로그램의 자발적 참여로 이루어진다. 평가인증의 기본 절차는 첫째, 기관에서의 자기 평가, 둘째, 전문가의 현장 관찰에 의한 타당성 검사, 셋째, 3인의 위원회의 인증 여부에 대한 결정으로 크게 3단계로 구성된다.

NAEYC 평가인증제의 체계와 기준은 2019년 최종 개정되기까지 몇 차례 개정되었다(NAEYC, 2019). 1999년에 유아교육전문가들로 위원회를 구성하였고 그 권고를 반영해 개정 작업을 지속해 오고 있다. 1999년의 개선 프로젝트를 통해 2005년부터 새롭게 개정된 인증기준이 적용되었는데, 초기 인증기준과 달라진 가장 큰 변화는 Piaget의 인지이론에 따른 발달적 적절성에만 의존했다는 비판을 수용한 것으로, 유아 개개인의 사회문화적 배경 차이를 고려해 다양성과 융통성을 중시하도록 한 것이었다. 그 외에 영국, 호주, 일본에서도 유아교육기관 평가인증제가 실시되고 있다.

우리나라에서도 유치원과 어린이집의 질적 수준을 관리하기 위해 국가 수준에서의 평가가 이루어지고 있다. 보건복지부는 NAEYC 평가인증제에 기초해 2005년도 시범운영을 시작으로 2006년도부터 '보육시설 평가인증제'를 본격적으로 확대, 실시해 왔으며 교육과학기술부에서는 2007년 시범평가를 거쳐 2008년부터 전 유치원을 대상으로 3년 주기로 '유치원 평가'를 실시해 왔다. 2013년 3~5세 연령별 누리과정의 도입으로 공통 교육과정이 적용되면서 동일한 지표에 의한 평가의 필요성이 제기되면서 정부는 2016년부터 유치원과 어린이집에 대한 평가체제의 통합을 시도하였다. 이에 2017년 11월 교육과정, 교육환경 및 운영관리, 건강·안전, 교직원 등 4개 영역의 20개 지표

(77항목)로 구성된 통합 평가지표를 발표하였다. 단, 유치원과 어린이집의 기존 평가체계와 기관의 운영특성 등 여건의 차이를 반영하여 시행방식을 조정하도록 하였다.

유치원의 경우, 교육부의 4주기(2017–19) '유치원 평가'에서부터 이 통합지표를 공통지표로 적용하고 시도교육청이 자율적으로 선정하는 자체지표를 함께 사용하고 있다. 절차는 기관의 자체평가 → 평가위원회의 현장평가 → 평가위원회의 종합평가 → 평가결과서 통보 및 이의제기인정 시 심의→ 결과 공개 및 처리의 순서에 따른다. 즉, 자체평가 – 현장평가 – 종합평가의 3단계 평가절차를 원칙으로 하나 '현장·종합평가'를 통합하여 추진할 수 있다. 자체평가에서 각 유치원이 매년 자체평가보고서를 작성, 제출하고 미흡한 부분에 대한 개선 계획을 수립하여 이행토록 함으로써 지 향상을 유도한다. 각 항목에 대해 충족(Y)/미충족(N)으로, 지표별, 영역별로는 우수/보통/개선필요로 평가하는 정량평가의 방식을 사용하며 A,B,C,D 4 등급으로 절대평가 하도록 되어있다(교육부, 2017).

어린이집의 경우 3차 평가인증제에서는 평가인증지표와 통합지표를 병행 사용하였다. 그러나 2019년 6월 12일부터는 평가인증제를 '어린이집 평가제'로 바꾸어 모든 어린이집에 의무화하였다. 즉, 평가인증제와 달리 신청제가 아니라 한국보육진흥원이 평가대상을 통보하면 지자체와 어린이집의 기본사항 확인 및 자체점검 → 현장관찰자의 현장평가 → 종합평가위원회의 종합평가(3개월) 및 결과통보의 순서로 절차가 진행된다. 평가제의 지표는 2017년의 통합지표를 기반으로 하되 어린이집의 특성을 반영하고 2020 시행되는 개정 누리과정과 표준보육과정의 맥락을 같이 하도록 세부 내용을 반영해 구성하였다. 보육과정 및 상호작용, 보육환경 및 운영관리, 건강·안전, 교직원 등 4개 영역은 동일하나 총 18개 지표(59항목)로 지표 및 항목의 수가 축소되었다. 평가방식 및 결과는 유치원 평가와 동일한 정량 평가의 방식을 사용하며, 기관의 질적 수준 관리를 위해 A–B 등급은 3년 C–D 등급은 2년으로 평가주기에 차등을 둔다(보건복지부·한국보육진흥원, 2019).

정부의 노력에도 불구하고 담당부처가 이원화된 상태에서 유치원과 어린이집 평가의 실질적인 통합 가능성은 크다고 볼 수 없다. 또한 현장관찰자의 방문에 의한 현장평가가 필수가 아니라는 점에서 유치원의 경우, 어린이집에 비해 상대적으로 간소하고 형식적인 평가가 이루어지기 쉽다. 또한 시,도 교육청이 주관하여 평가를 시행하므로 별도의 전담 기관(평가인증사무국)이 총괄하여 진행하는 어린이집 평가제에 비해 엄격한 평가의 실시가 어려운 것이 현실이다. 단, 2024년부터 실제 교육부로 부처통합이 이루어질 경우, 기관 평가에 있어 실질적인 통합이 이루어질 가능성이 예상된다.

그 외에 Harms와 Clifford(1980)의 유아교육 환경 평정 척도(Early childhood en-vironment rating scales) 등 유아교육 프로그램의 환경에 대한 평가 도구들도 다수개발되어 사용된 바 있는데, 이때 중요한 것은 유아의 관점에서 관찰하고 평가해야한다는 것이다.

「2019 개정 누리과정」에서도 유아의 특성 및 변화 정도와 누리과정의 운영에 대한 평가를 요구하고 있는데, 유아의 놀이를 중심으로 배움이 나타나는 놀이, 일상생활, 친구관계, 놀이를 이어가기 위한 자료 활용 등에 중점을 두어 유아를 관찰, 평가할 것을 강조한다. 또한 누리과정의 59개 내용을 성취 기준으로 오인해 각 내용이 나타나는 지의 여부만을 평가하지 않도록 유의할 것을 제안하고 있다.

참고문헌

교육부 (1995). **유치원 교육활동 지도자료**. 서울: 국정교과서주식회사.

교육부(2016). **2015 개정 교육과정 총론 해설 – 초등학교**.

______(2017). 제4주기 유치원 평가 중앙연수 자료.

교육부(2020). **교사를 위한 놀이 지원 워크북**. 세종: 교육부.

교육부·보건복지부(2019). **2019 개정 누리과정 해설서**.

김정규·김영신 (1989). **유아교육과정**. 서울: 동문사.

김종서 (1983). **교육과정과 수업**. 교육신서 76. 서울: 배영사.

김호권 (1982). **현대교수이론**. 서울: 교육출판사.

방인옥·박찬옥·이기현·김은희 (2003). **유아교육과정**. 서울: 정민사.

서울대학교교육연구소 (편저). (1994). **교육학용어사전(전정판)**. 서울: 삼성출판사.

심성경 (1983). 유아교육 프로그램의 비교, 분석. 이화여자대학교 석사학위논문.

심성경 (1989). NAEYC 기준에 의한 한국 유아교육의 질에 관한 분석. 이화여자대학교 박사학위논문.

심성경·김영실 (1995). 유치원 교사의 아동 발달관 및 프로그램 운영관 분석. 논문집(원광대학교 인문사회과학 편), 29, 407–431.

심성경·김영실 (1997). **주제접근에 의한 통합적 유아교육과정**. 서울: 다음세대.

심성경·함은숙 (2023). **영유아교육기관 현장관찰 및 평가**. 서울: 공동체

심성경·함은숙·변길희·박수경(2012). **유아평가 바로 알기**. 서울: 창지사

이기숙 (2013). **개정판 유아교육과정**. 서울: 교문사.

이기숙·김정원·이현숙·전선옥 (2018). **영유아교육과정–제4판**. 서울: 공동체.

이연섭·방인옥·조희숙·조정숙·이광자·박찬옥·지성애·마송희·유왕효·김정규·정갑순·이윤옥·엄기영·노영희·나정 (2005). **유아교육개론**. 서울: 정민사.

이영석 (1983). **신간 현대유아교육개론**. 서울: 교육출판사.

이영자·이기숙 (1986). **유아를 위한 교수–학습 방법**. 서울: 창지사.

이영자·이기숙 (1990). **유아교육 프로그램: 이론과 적용 실제**. 서울: 교문사.

이원영·이영자·주영희 (1991). **유아교육원리**. 서울: 교육부.

이원영·박찬옥·노영희 (1993). 유아의 사회성 발달 프로그램 개발연구, 유아교육연구, 14집. 서울: 한국유아교육학회.

이은화·양옥승(1988). **유아교육론**. 서울: 교문사.

이정환 ·박은혜(1995). 교사들을 위한 유아관찰 워크북. 서울: 사단법인 어린이육영회.

이화여자대학교 유아교육과 BK21 핵심사업팀 (2002). 영유아교육기관의 인정제: 한국·일본·미국·영국·호주. 2002년 제10회 국제학술대회 자료. 서울: 삼성복지재단.

보건복지부·한국보육진흥원(2019). 2019 어린이집 평가 매뉴얼.

홍용희 (1997). 프로젝트 접근의 이론과 실제. 원광대학교 유아교육과 학술 발표회 자료.

Anderson, J. A. (1988). Cognitive stylesand multicultural populations. *Journal of Teacher Education, 29*, 2–9.

Bloom, B. S. (Ed.). (1956). *Taxonomy of educational objectives, Handbook I: Cognitive domain*. New York: David McKay.

Bloom, B. S. (1966). The role of the educational sciences in curriculum development. *International Journal of Educational Science, I*, 5–16.

Bredekamp, S. (Ed.). (1986). *Developmentally appropriate practice in early childhood programs: Servicing children from birth through age 8*. Washington, DC: NAEYC.

Bruner, J. (1960). *The process of education*. Cambridge, MA: Harvard University press.

Bruner, J. (1977). Process of education. (revisited.). In G. Hess (Ed.), *Curriculum Planning: A new approach*. Boston: Allyn & Bacon.

Craig, G. (1966). *Science for the elementary school teacher* (5th ed.). Waltham, Mass: Blaisedell Publishing.

Crain, W. C. (1983). 발달의 이론. (서봉연 역). 서울: 중앙적성출판부. (원본 발행 1980)

Dopyera, M. L. & Dopyera, J. (1982). *Becoming a teacher of young children* (2nd Ed.). Lexington, MA: Health.

Dopyera, M. L. & Dopyera, J. (1993). *Becoming a teacher of young children* (5th Ed.). Lexington, MA: Health.

Eisner, E. W. (1985). Instructional and expressive objectives, In M. Golby, J. Greenwald & R. West (eds), *Curriculum Design*. Croom Helm.

Franklin, M. B. & Biber, B. (1977). Psychological perspectives and early childhood education: Some relations between theory and practice. In L. G. Katz (Ed.), *Current topics in early childhood education* (Vol. 1). Norwood, NJ: Ablex.

Gardner, H. (2001). 다중 지능: 인간 지능의 새로운 이해. 서울 김영사. (원본 발행 2001).

Glook, M. D. & Ahmann, J. S. (1981). *Evaluating student progress* (6th Ed.). Boston: Allyn & Bacon, Inc.

Goffin, S. G. & Wilson, C. (2001). Curriculum Models and Early Childhood Education (2nd ed.). Columbus, Ohio: Upper Saddle River, New Jersey.

Harms, T. & Clifford, R. (1980). *Early childhood environment rating scales*. New York: Teacher's College Press.

Johnson, M. N. (1968). Definition and models in curriculum theory. In E. C. Short & G. D. Marconnit (Ed.), *Contemporary thought on public school curriculum*. Dubuuque, IA: Wm. C. Brown.

Katz, L. (1996). Multiple perspectives on the quality of early childhood programs. 교육개혁과 유아교육의 질적 향상. 한국유아교육학회 연차학술대회 자료집, 9–30.

Kohlberg, L. (1968). Early education: A cognitive developmental view. *Child Development, 24*, 1013–1062.

Kohlberg, L. & Mayer, R. (1972). Development as the aim of education. *Harvard Educational Review, 42*, 449–496.

Koralek, D. G., Colker, L. J., & Dodge, D. T. (1995). 효과적인 영유아교육 어떻게 할 것인가?. (이기숙·심성경 공역). 서울: 이화여자대학교출판부. (원본 발행 1993).

Kostelnik, M., Soderman, A. K., & Whiren, A. P. (1993). *Developmentally appropriate programs in early childhood education*. New York: Merrill/Macmillan.

Mager, R. F. (1962). *Preparing instructional objectives*. Palo Alto, CA: Fearon Publishers.

McCarthy, M. A. & Houston, J. P. (1980). *Fundamentals of young children*. Winthrop.

Miller, E. & Almon, J.(2009). *Crisis in Kindergarten: Why Children Need to Play in School*. College Park, MD: Alliance for Childhood.

Moore, S. G. (1977). The Effects of head start programs with different curricular and teaching strategies. *Young Children, 32*(6), 54–61.

NAEYC (1984). *Accreditation criteria and procedures of the National Academy of early childhood programs*. Washington, DC: NAEYC.

NAEYC (1991). Guidelines for appropriate curriculum content and assessment in programs serving children ages 3 through 8. *Young Children, 30*, 21–38.

______(2019). *NAEYC Early Learning Program Accreditation Standards and Assessment Items*.

Parker, R. K. & Day, M. C. (1972). Comparisons of preschool curricula. In R. K. Parker (Ed.), *The preschool in action* (pp. 465–508). Boston: Allyn & Bacon, Inc.

Petters, D. L., Neisworth, J. T., & Yawkey, T. D. (1985). *Early Childhood Education: from Theory to Practice*. Monterey, CA: Books/Cole Publishing Company.

Phillips, D. A. (Ed.). (1987). Quality in child care: What does research tell us? *Research Monographs of the National Association for the Education of Young Children* (Vol. 1). Washington, DC: NAEYC.

Roopnarine, J. & Johnson, J. E. (2009). *Approaches to Early Childhood Education*(5th Ed.). Upper Saddle River, New Jersey : Pearson Education, Inc.

Seefeldt, C. (Eds.). (1987). *The early childhood curriculum*. New York: Columbia University, Teacher's College Press.

Schwartz, S. L. & Robison, N. F. (1982). *Designing curriculum for early childhood*. Boston: Allyn & Bacon.

Spodek, B. (1970). What are the sources of early childhood curriculum? In B. Spodek(Ed.), *Early childhood education* (1973, pp.81–91). Englwood Cliffs, NJ: Prentice–Hall, Inc.

Spodek, B. (1982). *Handbook of research in early childhood education*. New York: The Free Press.

Spodek, B. (1991). Early childhood curriculum and cultural definitions of knowledge. In B. Spodek & O. Saracho (Eds.), *Issues in early childhood curriculum: Year book in early childhood education* (Vols. 2). New York: Teacher's College Press.

Spodek, B. & Walberg, H. J. (Ed.). (1977). *Early childhood education: Issues & insights*. California: McCutchan Publishing Corporation.

Trawick–Smith, J. (1994). *Interactions in the classroom: Facilitating play in the early years*. New York: Merrill.

Weber, E. (1984). *Ideas influencing early childhood education*. New York: Teacher's College, CA University.

Weikart, D. P., & Schweinhart, L. J. (2000). The High/Scope curriculum for early childhood care and education. In J. L. Roopnarine, & J. E. Johnson(Eds.), *Approaches to early childhood education*(pp. 277–292). NJ: Merrill/Prentice Hall.

Weisner, M. G. (1991). *Infant/toddler care and education* (2nd Ed.). New York: Merrill.

Weinstein, G. & Fantin, M. D. (1975). *Toward humanistic education: A curriculum of affect*. New York: Preager Publishers.

Whitehead, A. N. (1967). *The aims of education and other essays*. NY: Free Press.

Williams, L. R. (1987). Determining the curriculum. In C. Seefeldt (Eds.), *The early childhood curriculum* (pp.1–12). New York: Columbia University, Teacher's College Press.

Wortham, S. C. (2002). *Early Childhood Curriculum: Developmental bases for learning and teaching* (3rd ed). New Jersey : Merill Prentice Hall.

Zais, R. S. (1976). *Curriculum principles and foundations*. New York: Thomas Y. Crowell.

CHAPTER 08

우리나라 유아교육의 역사

1. 우리나라 유아교육체제의 변천
2. 우리나라 유치원 교육과정 변천
3. 우리나라 보육과정의 변천

1. 우리나라 유아교육체제의 변천

우리나라 전통사회의 유아교육은 대부분 가정에서 이루어졌으며, 일부 서당에서 부분적으로 이루어지던 것이 1897년 유치원이 처음 소개되면서 형식적인 기관에서의 유아교육이 시작되었다.

우리나라 유아교육기관은 교육부 관할의 유치원과 보건복지부 관할의 어린이집으로 체제가 이원화되어 있다. 그래서 본 장에서는 우리나라 유아교육체제의 변천 과정을 교육부 관할의 유치원과 보건복지부 관할의 어린이집으로나누어서 살펴보고, 더불어 2025년부터 시행 예정으로 논의 중인 유보통합체제의 현재 진행 상황도 살펴본다.

1) 유치원

유아교육법(법률 제11769호, 시행 2013. 11. 23) 제2조에 의하면 현행 우리나라 유치원은 만 3세부터 초등하교 취학 전 시기까지 유아의 교육을 위하여 유아교육법에 따라 설립·운영하는 학교이다.

(1) 유치원의 유형

우리나라 유치원의 유형을 설립·운영 주체에 따라 분류하면 다음과 같다. 국가가 설립·운영하는 국립유치원, 지방자치단체가 설립·운영하는 공립유치원(예 단설유치원, 병설유치원), 법인 또는 사인(私人)이 설립·운영하는 사립유치원(학교법인, 재단법인, 사단법인, 사회복지법인, 종교단체, 사업장, 군부대, 개인 등)으로 구분된다.

유치원은 교육과정만 운영하는 유치원과 교육과정 운영 이후에 방과후 과정(유아교육법 제13조제1항에 따른 교육과정 이후에 이루어지는 그 밖의 교육활동과 돌봄활동을 말한다)을 운영하는 유치원으로 구분된다. 교육과정 및 방과 후 과정의 기준과 내용에 관한 기본적인 사항은 교육부 장관이 정하며, 교육감은 교육부 장관이 정한 교육과정 및 방과 후 과정의 범위 내에서 지역 실정에 적합한 기준과 내용을 정한다.

(2) 유치원 관계법규에 따른 유치원의 변천

우리나라 유치원의 변천과정을 유치원과 관계된 법령을 공포한 시기에 준하여 법 제정 이전의 초창기 유치원, 조선교육령과 유치원, 교육법과 유치원, 유치원 설치 기본령과 유치원, 유아교육진흥법과 유치원, 유아교육법과 유치원, 유아교육법 제정 이후 유치원 등으로 구분하여 살펴본다.

① 법 제정 이전 초창기 유치원(1897~1921)

최초의 유치원이 세워진 1897년부터 유치원에 대한 법적인 규제가 생기기 전까지를 한국 유치원 교육의 초창기로 본다.

1897년 3월 '부산유치원'이 일본인 자녀들을 위하여 우리나라에 최초로 세워졌다. 이 유치원은 일본인 자녀만 입학할 수 있었고 교사도 모두 일본인으로 해방 전까지 계속되었으며, 그 후 1900년에도 일본인 자녀를 위한 '인천유치원'이 세워졌다.

1909년에 함경북도 정토종 포교위원에 의해서 사립 '나남유치원'이 세워졌으며 원아는 약 60명으로 이는 한국 어린이를 위한 최초의 유치원이었다.

1913년에 친일파 인사들의 자녀를 일본인화하려는 목적으로 경성부 인사정(현재 서울 인사동)에 한국 어린이만을 위한 '경성유치원'이 세워졌다. 당시 교사는 한국인 3명과 일본인 1명이었으며 만 3세부터 학령전까지 원아가 3학급으로 총 120명이었다. 수업은 일주일에 24시간 하루 평균 4시간이었으며 보육료는 월 1명당 2원 50전으로 무척 비싸 부유층 어린이만 다닐 수 있었다(김제한·곽노의, 1995; 한임순, 1997).

1914년에는 미국인 기독교 선교사 Brownlee(한국명:부래운)가 한국 어린이를 위해 16명의 원아와 조수 1명으로 이화학당(현 이화여자대학교) '부설 이화유치원'을 설립하였다. Brownlee는 1914년 내한 이래 1940년 미국인 선교사 철수 시까지 27년간 오직 유치원 사업에 전력하였다. 그녀가 한국 유아교육계에 남긴 공헌을 세 가지 점에서 높이 평가할 수 있다. 첫째, 전문가에 의한 본격적인 유치원 교육을 도입한 점이다. 둘째, 유치원 교사교육의 틀을 잡아준 점이다. 셋째, 유아교육 관련의 교재 소개 및 개발에 공헌한 점 등이다(이상금, 1987).

1915년에 우리나라 최초의 유치원 교사양성기관인 이화유치원 사범과가 개설되었으며 1916년에 현 중앙대학 모체인 '중앙교회 부설 중앙유치원'이 설립되었다.

1919년에 개성 호수돈에 동, 남, 북 세 개 유치원을 설립하여 선교사 Clara Howard가 운영했다. 점차 한국 어린이들을 위한 유치원이 전국에 보급되면서 해마다 한두 개씩 증가되어 1914년에 11개, 1921년까지는 전국에 47개의 유치원이 설립되었다(이상금, 1987).

② 조선교육령과 유치원(1922~1945 해방 전)

1922년 '조선교육령'에 유치원 규정이 제정되었을 때부터 해방 전까지를 조선교육령과 유치원의 시기로 본다.

1920년대는 교육구국주의 정신을 계승하여 많은 유치원이 설립된 시기였다. 그러나 열의만 앞서고 유치원 교육의 참뜻을 인식하지 못한 채 유치원에 대하여 회의와 자성의 움직임이 나타났으며 1930년대에 들어서서 유치원 무용론이 제기되기에 이르렀다. 이에 유아교육계에서는 유치원 교육의 의의를 규명하고자 하는 움직임과 내적 충실을 기하고자 하는 새로운 자각 시대를 맞이하게 되었다(김영옥, 1995).

1922년 제정된 '조선교육령'은 일본인이 제정한 법이지만 한국 유치원에 관한 규정이기 때문에 매우 중요한 의미가 있으며, 1945년 해방되기까지 남한에 39개 유치원이 설립되었다. 우리나라 교육법이 제정되기 전까지 유치원의 유일한 법적 근거가 되었다.

③ 교육법과 유치원(1945년 해방 후~1962)

1945년 대한민국 수립 후부터 '유치원 설치 기본령'이 공포되기 전까지를 교육법과 유치원의 시기로 본다.

대한민국 수립 후 1949년에 민주국가로서의 교육 발전을 위해 '교육법(법률 제86호)'을 공포하고 유치원에 관한 내용을 규정하였으나 구체적인 법이나 시행규칙이 없었던 시기이다.

1950년 5월 국가가 '국립유치원설치계획'을 발표하여 유치원 발전의 발돋움을 시작하려 하였으나 한국전쟁이 일어나 모든 계획이 수포로 돌아갔다. 1952년부터는 '교육법 시행령'이 공포되어 유치원에 관한 설립인가와 원아 수, 보육 과목, 보육 일수 등이 정해졌다(한임순, 1997). 1962년에는 전쟁이 끝나고 사회가 안정되면서 교회를 중심으로 그리고 개인이나 단체가 많은 유치원을 설립·운영(336개)하였으나 정부수준의 행정적 지도 및 감독은 없었던 시기이다(문교부, 1955).

④ 유치원 설치 기본령과 유치원(1963~1980)

1963년 '유치원 설치 기본령' 공포 후부터 '유아교육진흥법'이 제정되기 전까지의 시기이다.

1963년 '유치원 설치 기본령'을 공포하여 그동안 무질서하게 설치·운영되었던 유아교육에 시설 기준을 정함으로써 유치원의 교육환경이 개선되었다. 1969년에 최초로 우리나라 '유치원 교육과정'이 교육부령(제207호)으로 정해지면서 한국의 유치원 교육이 활기를 띠기 시작했다. 교육부에서는 1969년 유아교육에 대한 장기계획을 세워 취학전 교육의 교육적 의의를 중요시하고 지금까지 전적으로 가정에 의존해 왔던 취학전 교육을 좀 더 의도적이고 조직적으로 전환한다는 내용을 설정하였다. 1970년대에 유아교육은 민간주도형의 유치원 교육이 정부 주도형으로 전환되었다.

1979년에는 유치원 교육과정 제정 후 10년 만에 제1차 유치원 교육과정이 개정되어 '제2차 유치원 교육과정'이 공포되었다. 문교통계연보에 의하면 1963년에 363개의 유치원이 1980년에는 901개로 증가되었다.

⑤ 유아교육진흥법과 유치원(1981~1996)

1981년 '유아교육진흥법'이 제정·공포되면서부터 독자적인 '유아교육법' 제정 논의가 본격화되기 이전인 1996년까지를 이 시기로 본다.

유아교육에 대한 국가적 관심이 고조되고 1982년 유아교육진흥정책에 힘입어 새마을유아원이 신설되면서 유아교육기관이 급증하게 되었다. 1981년 12월 31일 교육부령(제442호)으로 '제3차 유치원 교육과정'이 개정·공포되어 1982년 3월 1일부터 시행되었다. 이때부터 새마을유아원이 신설되어 1989년까지 증가되었으나 1991년부터 '영유아보육법'이 공포되어 새마을유아원을 어린이집이나 유치원으로 전환하도록 한 정부시책에 따라 1994년부터는 새마을유아원이 존재하지 않게 되었다.

1996년의 경우를 살펴보면 국공립기관에서 운영하는 국공립유치원이 4,393개와 법인, 개인, 종교단체 등에서 주로 운영하는 4,546개의 사립유치원이 있었다. 국·공립유치원과 사립유치원 수의 비율은 거의 50:50이지만 사립유치원 원아 수와 재직 교원 수는 각각 약 3.8배에 달하고 있어 이 시기의 우리나라 유치원 교육은 사립유치원 의존 비율이 높았다. 대도시 지역일수록 사립유치원 의존 비율이 높고 농·어촌 지역일수록 공립유치원 의존 비율이 높다(임재택, 1992). 교육부 통계연보(1981

~1996)에 의한 이 시기의 유치원 현황은 〈표 8-1〉과 같다.

〈표 8-1〉 1981~1996년 유치원 현황

연도	유치원수	원아수	교원수
1981	2,958	153,823	3,961
1983	4,276	206,404	6,421
1985	6,242	314,692	9,281
1987	7,792	390,020	11,920
1989	8,246	410,824	14,886
1991	8,421	425,535	19,706
1993	8,515	469,380	22,207
1995	8,960	529,265	25,576
1996	8,939	551,770	26,621

출처: www.moe.go.kr

1970년도부터 1996년도까지 유치원 현황을 원아 수, 교원 수, 유치원 수를 중심으로 제시하면 [그림 8-1]과 같다.

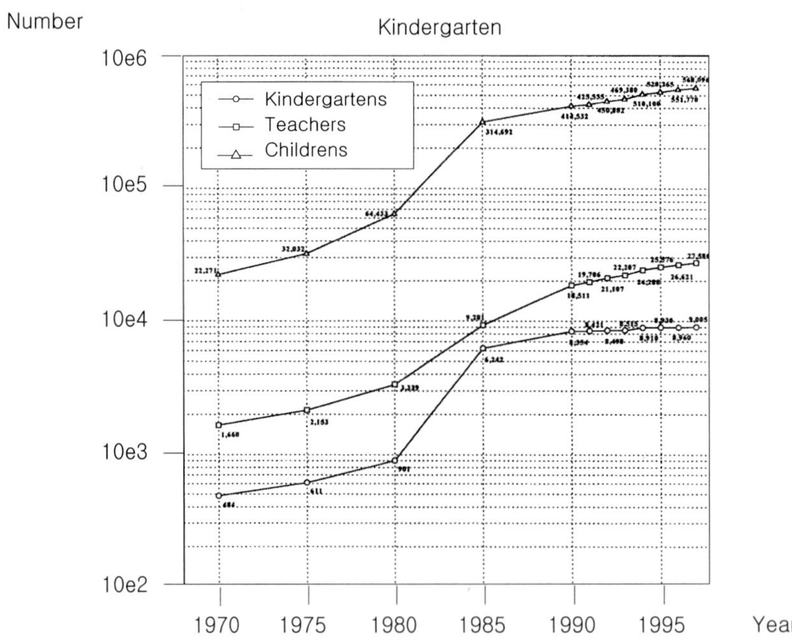

출처: www.moe.go.kr

[그림 8-1] 1970~1996년 유치원 현황

⑥ 유아교육법과 유치원 (1997~2003)

'유아교육법' 제정 논의가 공론화된 1997년부터 2004년 1월 유아교육법이 제정·공포되기 전까지를 이 시기로 본다.

이 시기에 우리나라 유치원은 국·공립유치원에만 행·재정적 지원이 이루어지고 있었고 사립유치원은 수요자들이 높은 교육비를 부담하고 있어서 진정한 의미로서의 공교육이 국가적인 차원에서 이루어지기를 강력하게 희망하게 되었다. 특히 수요자가 부담해야 하는 높은 유치원 교육비는 국가가 IMF 상황에 놓이게 되자 유아교육에 대한 열의가 높음에도 불구하고 유치원 수와 원아 수가 증가를 멈추고 줄어드는 상황이었다. 이 시기 유치원의 발전과정을 살펴보면 다음과 같다.

1997년 3월 교육개혁위원회는 '공교육체제 확립을 위한 유아교육 개혁방안'으로 공청회를 개최하여 세 가지 방안을 제시하였다. 1안은 현행 유치원에 대한 행·재정 지원을 확대하여 공교육체제를 확립, 2안은 유치원과 어린이집을 새로운 유아교육체제로 일원화하여 공교육체제를 확립, 3안은 유치원을 새로운 유아학교체제로 전환하고 문호를 개방하자는 것이었다. 6월에 교육개혁위원회는 제4차 개혁안을 제시하여 유아학교체제의 단계적 구축과 초등학교 취학전 유아에 대한 1년의 유아교육 권리보장, 유아교육 개혁추진체제 확립을 구현하기 위해 '유아교육법' 등 관련법을 재정비하려고 했다. 그러나 유치원과 보육시설 종사자들 간의 입장 차이와 정부부처 간의 입장 차이로 결실을 맺지 못하였다. 1997년 12월 유아교육 개혁방안을 확정했다. 주요 내용은 유치원을 유아학교로 전환하되, 수요자의 선택에 의해 중·장기적으로 보육시설과 통합하며 유치원 관련 및 만 5세아 유치원 무상교육 등을 초·중등교육법 제정에 포함했다.

1998년 9월 유아교육진흥법 개정 법률을 공포하여 초등학교 취학 직전 1년의 유아교육 무상교육과 사립유치원에 대한 소요 경비의 보조 내용이 포함되었다.

1999년 9월 제2차 유아교육법이 국회 교육위원회에 상정되었으나 제15대 국회 폐회로 자동 폐기되었다.

2000년 5월에 교육부에서는 '유아교육 발전추진위원회'를 구성하여 유아학교체제를 정비하고 '유아학교법'을 추진하기에 이르렀다(이기숙 외, 2002).

2001년 12월과 2003년 4월에 '초·중등교육법' 및 '유아교육진흥법'의 유아교육 관련 조항을 정비하여 유아교육에 적합한 독립된 근거법 마련과 맞벌이부부의 증가 등 사회·경제적 변화에 맞추어 종일반 지원 등을 통한 유치원의 보호기능을 강화하기 위해 '유아교육법안'이 발의되어 국회교육위원회에서 교육위 대안으로 의결(2003. 12. 11)되었고 국회 법제사법위원회를 통과(2003. 12. 26)하였다.

이 과정에서 교육인적자원부 관할의 유치원과 보건복지부 관할의 보육시설과의 갈등이 심각하게 드러났다. 국회 법제사법위원회를 동시 통과한 '유아교육법'과 '영유아보육법'에 대해 보건복지부 및 소관 보육시설에서 모두 폐기를 강력하게 추진하였다.

1997년부터 2003년까지의 유치원 현황을 교육부 통계연보에 의하여 유치원 수, 원아 수, 교원 수를 중심으로 살펴보면 〈표 8-2〉와 같다.

〈표 8-2〉 1997~2003년 유치원 현황

연도	유치원 수	원아 수	교원 수
1997	9,005	568,096	27,586
1998	8,987	533,912	26,721
1999	8,790	534,166	26,164
2000	8,494	545,263	28,012
2001	8,407	545,142	28,975
2002	8,343	550,256	29,673
2003	8,292	546,531	30,290

출처: https://kess.kedi.re.kr

7 유아교육법 제정 이후~현재 (2004 ~2023. 12)

2004년 1월 「유아교육법」이 제정된 이후부터 현재(2023. 12)까지의 기간이다.

2004년 1월 8일 유아교육기관으로서 유치원과 보육시설은 현실적으로 유사한 역할을 수행하고 있으므로 양 기관의 경쟁적 발전 관계 정립을 위해 국무조정실 조정결과 및 국회 법사위 의결대로 본회를 통과하였고 1월 29일에 법률 제7120호로 '유아교육법'이 공포되었다.

보육시설과의 조정과정을 거치면서 유아교육법안이 수정되어 통과되었지만 '유아교육법' 제정 그 자체만으로도 유아교육이 초·중등교육과 동등하게 공교육으로서의 기본 틀을 갖추게 되었다는 데에 큰 의미를 부여할 수 있다. 그러나 이원화체제로 인해 생기는 문제점은 계속 남아 있었다.

2004년 1월 '유아교육법'이 제정된 후 유아교육법 시행령 제정(2005. 1. 29), 유아교육법 시행규칙(2005. 2. 24)이 제정되었다. 그 이후 '유아교육법'(시행 2023. 9. 27)과 '유아교육법 시행령'(시행 2022. 11. 22), '유아교육법 시행규칙'(시행 2023. 1. 1)은 각각 수차례 내용 일부가 개정되어 시행되고 있다.

이 기간 동안 유치원 교육의 질적 향상을 위한 노력이 지속적으로 이루어지고 있다. 그 일환으로 교육인적자원부 유아교육특별연구단(2007. 10. 30)에서 '삶과 학습의 조화와 국가 경쟁력 강화를 위한 유아교육 발전 5개년 계획(안)'에 대한 유아교육 전문가와 학부모, 지역 인사의 의견을 수렴하는 공청회를 가졌다. 3차례의 지역 토론회에서는 각 주제별 방안들에 대해 세부적인 검토가 이루어졌다. 1차 토론회의 주제는 '유아에게 질 높은 서비스 제공'이고 주요 이슈는 교원능력개발 평가와 종일반 오후 프로그램 내실화였다. 2차 토론회의 주제는 '가정의 자녀양육 부담 경감'이고 주요 이슈는 유치원 취원대상 연령 확대와 유치원의 초등 저학년 방과후 보육 프로그램 운영 허용방안이었다. 3차 토론회의 주제는 '유치원의 공공성 제고'와 단설유치원장 임기제 및 공모제 도입과 1학급 병설유치원 교사 배치 기준이었다. 3차례의 토론회를 거치는 동안 모든 토론자들의 적극적인 찬성을 받은 방안은 무상교육비 지원 확대와 사립유치원 교사 복지 및 처우 개선방안이며 유치원 설립기준 완화는 전체 토론자가 반대하였다. 한편 교원능력개발평가제(가칭) 도입에 대하여 교원단체가, 유치원 취원대상 연령 확대 등의 방안에 대하여는 경쟁관계인 보육계 등과 입장이 달라 논란이 예상되었다.

2007년 교육인적자원부는 유치원의 체계적 관리와 학부모에게 객관적인 유치원 정보를 제공하기 위해 전국 유치원을 대상으로 평가 실시를 계획했다. 유치원 평가는 유아교육법 제19조에 근거하고 교육부 장관은 유아교육법에 의한 권한의 일부를 교육감에게 위임할 수 있어서(유아교육법 제29조), 각 지방교육청이 평가계획을 수립하고 실시했다. 유치원 평가는 정규교육기관으로서 유치원의 운영 실태를 점검하고 유치원의 강약점을 파악함으로써 국가 수준에서 유아교육의 질적 수준 및 교육정책의 효율성을 진단하고 평가 결과를 통해 국가유아교육정책 및 유치원 운영 개선을 위한 기초 자료를 얻을 수 있는 것에 목적을 두었다. 2007년에 공립유치원

(16개 기관), 사립유치원(13개 기관)을 대상으로 시범 평가가 이루어졌고 2008년부터 2010년까지 제1주기 유치원 평가, 2011년부터 2013년까지 제2주기, 2014년부터 2016년까지 제3주기, 2017년부터 2019년까지 제4주기, 2020년부터 2022년까지 제5주기 평가가 모든 공사립 유치원을 대상으로 이루어졌다. 2023년에는 제6주기(2023년~2025년) 1년차 평가가 이루어졌다.

정부는 2011년 9월에 유치원과 어린이집의 체제를 유지하면서 만 5세 유아를 대상으로 교육과 보육 내용을 통합하여 유치원과 어린이집에 공통으로 적용되는 누리과정을 도입하였다. 누리과정의 도입을 통해서 유아의 학비와 보육료 지원을 전 계층으로 확대하고 지원 단가도 현실화하여 학부모의 경제적 부담을 줄이고 이것이 출산율 제고에 기여할 수 있을 것으로 기대하였다(교육과학기술부·보건복지부, 2013). 이어서 2012년 제3차 위기관리대책회의(2012. 1. 18)에서 유아 교육·보육에 대한 국가의 책임을 강화하기로 결정하고 2012년 3월에 도입한 '5세 누리과정'에 이어 2013년에는 만 3~4세까지 누리과정을 확대한다는 「3, 4세 누리과정 도입계획」을 발표하였다. '누리과정(제도)'을 통해서 현재 유치원과 어린이집으로 이원화되어 있는 교육·보육과정을 통합하여 유아기 단계에서 교육의 질을 제고하고 생애초기 출발점 평등을 보장하는 데 그 의의가 있으며, 특히 유아기부터 타인을 배려하고 존중하며 공감하는 역량을 기르기 위한 인성교육을 대폭 강화하고자 하였다(교육과학기술부·보건복지부, 2013).

2015년에는 유아교육법 제13조 2항에 의거하여 유치원 교육과정(3~5세 연령별 누리과정)을 고시(교육부 고시 2015-6호, 2015년 3월 1일부터 시행)했다.

1980년 이후 유아교육의 공교육화가 꾸준히 논의되어 왔고, 학부모들의 경제적 부담을 줄이기 위한 노력도 지속되어 사립유치원 학부모들에게도 유아 학비 지원, 사립유치원 교사들의 처우 개선을 위해 교사 인건비 지원도 꾸준히 증액해 나가고 있다.

2018년에는 국회 국정감사에서 일부 사립유치원 비리 실태를 공개한 한 후 2018년 10월 23에 발의된 '사립유치원 비리 근절 3법'을 2018년 12월 27일 국회 교육위원회에서 개정안을 토대로 만들어서 패스트트랙(Fast Track) 안건으로 지정하여 신속히 처리하기로 했지만 사립유치원과의 입장 차이와 정당 간의 대립이 이어지면서 법안이 통과되지 못하고 있었다.

발의된 유치원 3법의 내용은 다음과 같다.

첫째, 유아교육법 일부 개정안(핵심: 사립유치원에서 사용하고 있는 민간회계시스템을 현행 국공립 유치원이 사용하고 있는 회계프로그램인 에듀파인으로 전환)

둘째, 사립학교법 일부개정안(핵심: 현행 사립학교법에는 '유치원만을 설치·경영하는 학교법인 이사장은 당해 유치원장을 겸할 수 있다'(23조)고 되어 있는데, 이를 삭제).

셋째, 학교급식법 일부개정안(핵심: 현재 '학교급식 대상'에 유치원을 포함시켜, 관련법의 통제를 받도록 하는 것)이다.

법제소식(2019)에 의하면 유아교육이라는 공익과 유치원을 운영하는 사립유치원 설립자의 사익을 어떻게 조화롭게 조정할 것인가가 쟁점인 것 같다. 중재안을 내어 12월 임시국회를 통해 연내에 처리할 것을 촉구했다.

그러다가 약 15개월(2020년 1월 13일)만에 극적으로 유치원 3법(유아교육법, 사립학교법, 학교급식법 개정안)이 국회의결을 통과했다.

1980년대에 유치원의 부족으로 국가는 유치원 시설규정과 원장, 교사의 자격기준 완화로 사립유치원이 급증하였으며, 사립유치원이 우리나라 유치원 교육의 많은 부분을 담당해왔다.

대부분의 사립유치원은 사유재산으로 땅과 건물을 매입해서 운영하고 있다. 2012년 누리과정이 도입되면서 학부모에게 지원하는 국가 예산을 유치원에 투입하면서 유치원의 공공성이 강조되었다. 2020년 1월 13일에 유치원 3법이 통과되면서 유치원의 공공성과 투명성은 강조되었으나, 사유재산의 공적 성격의 규정 범위를 정하는 데 합의가 이루어져야 하는 문제가 남아 있다. 합의점을 찾지 못하고, 출생율 감소까지 겹쳐져서 원아수 확충에 어려움을 겪고 있는 많은 사립유치원들이 운영상의 애로사항을 안고 있다. 그리하여 폐원하는 유치원 수가 증가하고, 원아수 감소와 교원수가 감소하고 있음을 〈표 8-3〉을 통해서 알 수 있다.

2004년부터 2023년까지의 유치원 현황을 유치원 수, 원아 수, 교원 수를 중심으로 살펴보면 〈표 8-3〉과 같다.

〈표 8-3〉 2004년~2023년 유치원 현황

연도	유치원수	원아수	교원수
2004	8,246	541,713	30,206
2006	8,290	545,812	32,095
2008	8,344	537,822	34,601
2010	8,388	538,587	36,461
2012	8,538	613,749	42,235
2014	8,826	652,546	48,530
2015	8,930	682,553	50,998
2016	8,987	704,138	52,923
2017	9.029	694,631	53,808
2018	9,021	675,998	54,892
2019	8,837	633,913	53,362
2020	8,705	612,538	53,651
2021	8,660	582,572	53,457
2022	8,562	552,812	53,696
2023	8.441	521.794	55.637

출처: http://cesi.kedi.re.kr

2) 어린이집

영유아보육법(법률 제11858호, 시행 2013. 12. 5) 제2조에 의하면 어린이집은 6세 미만의 취학전 아동을 보호자의 위탁을 받아 보육하는 기관이며 제27조에 의하면 필요한 경우 만 12세까지 연장보육을 할 수 있다고 명시하고 있다. 어린이집의 유형을 설립주체와 운영 시간에 따라 분류해 보면 다음과 같다.

(1) 어린이집의 유형

① 설립주체에 따른 분류

영유아보육 제10조(법률 제11858호)에 의하면 설립주체에 따른 어린이집의 유형은 다음과 같이 분류된다.

- 국공립어린이집: 국가 또는 지방자체단체가 설치·운영(위탁운영 포함)하는 어린이집으로 규모는 11인 이상이다.
- 사회복지법인어린이집: 사회복지법에 의한 사회복지법인이 설치·운영하는 어

린이집으로 규모는 21인 이상이다.

- 법인·단체등어린이집: 사회복지법인을 제외한 비영리법인이나 단체 등이 설치·운영하는 어린이집으로 규모는 21인 이상이다.
- 민간어린이집: 국·공립, 사회복지법인, 법인, 단체, 직장, 가정, 부모협동이 아닌 어린이집으로 규모는 21인 이상이다.
- 직장어린이집: 사업주가 사업장의 근로자를 위해 또는 국가나 지방자치단체장이 소속 공무원을 위해 설치·운영하는 어린이집으로 규모는 5인 이상이다.
- 가정어린이집: 개인이 가정 또는 그에 준하는 곳에 설치·운영하는 어린이집으로 규모는 5인 이상 20인 이하이다.
- 부모협동어린이집: 보호자 15인 이상이 조합을 결성하여 설치·운영하는 어린이집으로 규모는 11인 이상이다.

② 운영 시간에 따른 분류

영유아보육법(법률 제1858)에 의하면 어린이집은 공휴일을 제외하고 연중 계속 운영하는 것을 원칙으로 하나, 다만 보호자의 근로 시간 등을 고려하여 미리 보호자의 동의를 받은 경우에는 영유아 및 그 보호자에게 불편을 주지 않는 범위에서 어린이집 운영일 및 운영 시간을 조정하여 운영하는 것이 가능하다. 지역 및 시설 여건에 따라 보호자와 어린이집 원장의 협의에 의하여 기준 시간 초과보육 및 휴일보육을 운영할 수 있다. 이에 준하여 어린이집은 기준 보육(월~금요일 7:30~19:30, 토요일 15:30)을 하는 어린이집 외에도 다음과 같은 종류가 있다.

- 24시간 어린이집: 24시간동안 보육서비스를 제공하는 어린이집
- 시간연장 어린이집: 기준보육시간(07:30~19:30)을 경과하여 최대 24:00까지 시간을 연장하여 보육하는 어린이집
- 휴일 어린이집: 일요일 및 공휴일에 보육하는 어린이집
- 방과후 어린이집: 초등학생을 대상으로 방과후 보육서비스를 제공하는 어린이집

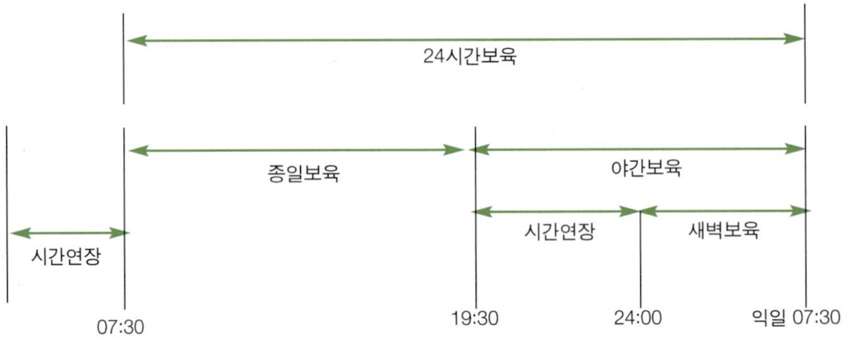

※ 시간연장형 보육: 24시간보육(종일보육+시간연장보육+새벽보육), 시간연장보육, 야간보육(시간연장+새벽보육), 휴일보육.

출처: https://kess.kedi.re.kr

[그림 8-2] 운영시간에 따른 시간연장형 보육개념

② 특수 유형 어린이집

- 영아전담 어린이집 : 2004년 이전 영아전담어린이집으로 지정받았거나 국고보조금으로 영아전담 신축비를 지원받은 어린이집, 만3세 미만의 영아만을 20인 이상 운영하는 어린이집장애아전문 어린이집 : 「장애아동복지지원법」 제32조에 따라 요건을 갖추고, 상시 12명 이상의 장애아(단, 미취학장애아 9명 이상 포함)를 보육하는 어린이집
- 장애아통합 어린이집 : 정원의 20% 내에서 장애아종일반을 편성·운영하거나 장애아종일반을 별도로 편성하지 않은 채 미취학장애아를 3명이상 통합 보육하고 있는 어린이집
- 장애아전담 어린이집: 「장애아동복지지원법」 제32조에 따라 요건을 갖추고 상시12명 이상이 장애아(단, 미취학 장애아 9명 이상 포함)를 보육하는 어린이집

(2) 관계법규에 따른 보육제도의 변천

우리나라 보육제도의 변천과정을 관련법 및 기관의 명칭 변화에 의해 '아동복리법 제정 이전' 시기의 탁아소, '아동복리법'과 어린이집, '유아교육진흥법'과 새마을유아원, '영유아보육법'과 어린이집·놀이방, '영유아보육법 전면 개정'과 어린이집·놀이방, '영유아보육법 전면 개정'과 어린이집 등으로 구분하여 변천과정을 살펴본다.

① 아동복리법 제정 이전: 탁아소(1921~1960)

1921년 서울에 있는 태화기독교사회관에서 빈민아동을 위한 구제사업 프로그램

을 개설함으로써 우리나라 보육사업이 시작되었다. 1926년 빈곤가정의 보호·양육하는 것을 목적으로 '부산공생탁아소'와 '대구탁아소' 가 우리나라에 처음으로 소개되었다. 1939년에는 전국에 11개소의 공·사립탁아시설에서 435명의 어린이가 보육을 받았다. 1952년 10월 '후생시설 운영 요령'에 의하여 탁아시설의 기능을 '직장을 가진 부모의 자녀를 일시 또는 일정 기간 동안 위탁·보호할 수 있는 시설'로 규정하게 되었다. 그러나 한국전쟁 전후 시기에는 주로 전시·전후의 위급한 상황에서 임시 구호적인 복지정책에서 벗어나지 못했다.

② 아동복리법 : 어린이집(1961~1981)

1961년 '아동복리법'이 제정·공포되어 어린이집이 설립·운영되면서부터 본격적으로 탁아사업이 시작되었다. 1961년 제정된 아동복리법 시행령 제2조에 의하면 '보호자가 근로 또는 질병 등으로 인하여 양육하여야 할 아동을 보호할 능력이 없는 경우에 보호자의 수탁을 받아 그 아동을 입소시켜 그 아동을 보호함을 그 목적으로 하는 시설'로 탁아소를 규정하였다. 이에 법정시설로 정부의 지도·감독을 받게 되며 아동복지의 차원에서 탁아시설의 설치 기준, 직원 배치 기준, 보육 기간, 보육 내용 등을 규정하고 보건사회부가 관장하여 왔다.

1968년 3월 14일 '아동복리법 시행령'에 근거하여 '미인가 탁아시설 임시조치 요령'을 공포하여 민간설립의 탁아사업을 적극 권장하고 질적 수준도 향상시켜야 할 필요성도 느꼈다. 그래서 모든 탁아시설을 인가·갱신시켰으며 탁아소의 명칭을 '어린이집'으로 고쳐 부르도록 권장하고 시설 설치비, 인건비, 운영비 등을 지원하였다.

이 시기에 어린이집이 600개가 넘었으나 어린이집의 질적 수준이 미흡하고 영세층 자녀보다는 중산층 자녀를 대상으로 보육보다는 교육에 치중하는 등의 문제점이 제기되어 1977년 2월 보육시설의 질적 향상을 위하여 '사회복지사회법 시행규칙' 제6조 제2항을 개정하여 탁아시설의 복지법인화를 시도하였다. 법인화 조치 이후 정부의 재정 지원 미흡, 시설운영자의 운영기피현상으로 어린이집의 양적 성장은 둔화되기 시작했다.

취업모의 증가에 따른 탁아 수요의 급증으로 보사부는1978년 4월 '탁아시설 운영 개선방안'을 발표하고 어린이집 입소대상의 1순위는 생활보호 대상자 및 영세민의 자녀, 2순위는 맞벌이가정의 자녀 및 가정교육에 어려움이 있는 자녀, 3순위는 일반 시민의 자녀로 확대시켰다. 그리고 수익자 부담의 원칙을 제시하고 탁아대상 아동의 20%는 무료로 혜택을 받을 수 있도록 배려하였지만 이는 당시 전체 영세아동의 17%밖에 안 되는 수치로 늘어나는 탁아 수요를 충족시키지 못하는 결과를 낳았다(주정일, 1990).

1980년 제5공화국에서는 유아교육을 개혁의 주요 시책으로 삼고 유치원과 어린이집 대신 새로운 유아교육기관을 모색하게 되었고(강윤구, 1992), 내무부가 주무부서가 되어 1981년 3월 218개소의 '새마을협동유아원'을 설립하였다.

1981년 4월 교육부에서는 '초등학교 병설 유아교실' 실시지침을 마련하였고 보사부는 '아동복리법'을 '아동복지법'으로 개정하여 새로운 아동복지 이념의 확립과 실시를 규정하는 법을 마련하였다.

1981년 5월에는 유아교육의 종합적이고 체계적인 추진과 발전을 목적으로 민간단체인 새세대육영회가 설립되어 시설 개량, 보수비 지원, 교재·교구 개발 및 보급, 유아교육자 재교육, 부모교육, 학술 지원 등 지속적인 사업을 실시하게 되었다(사단법인 한국어린이육영회, 1991).

③ 유아교육진흥법: 새마을 유아원(1982~1990)

1982년 3월 26일에 '유아교육진흥종합계획'을 수립하고, 12월 30일에 '유아교육진흥법'을 제정·공포하여 보사부가 관할하는 탁아시설과 농촌진흥청이 관할하던 농번기탁아소를 '새마을유아원'으로 통합하고 어린이집을 '새마을유아원'으로 개칭하면서 그 성격도 유치원화되어 실질적 의미의 탁아시설은 존재가 거의 사라졌다.

1987년 12월 4일 노동부에서 '남녀고용평등법'을 제정·공포하면서 1989년까지 3개의 시범탁아소와 12개의 직장탁아소를 설치·운영하게 되었다.

1988년 서울시에서는 영세민의 생활 안정을 돕는다는 목적하에 저소득층 밀집지역 중에서 33곳을 선정하여 '88시립탁아원'을 개설하였으나 지역조사의 미비, 입소대상 어린이의 연령 제한, 운영 시간 단축 등의 이유로 본래 목적을 이루지 못하였다.

새마을유아원의 양적 증대에도 불구하고 궁극적으로 취업모와 저소득층 자녀의 유아교육과 보육의 문제를 해결해 주지 못했는데, 그 이유는 두 가지로 요약될 수 있다. 첫째는 저소득층의 복합적인 사회적, 경제적, 가정적 문제를 교육이라는 한 차원에서만 해결하려 했고, 둘째는 탁아의 다양한 욕구를 새마을유아원이 모두 감당하기에 힘들었기 때문이었다(이기숙, 1983).

1989년 9월 19일에 보건사회부는 저소득층 맞벌이가정의 자립 지원과 가정복지 증진을 위한 목적으로 '아동복지법 시행령'을 개정하여 1982년에 삭제된 탁아시설의 설치·운영 근거를 부활하였다.

1990년 1월에는 '아동복지법 시행규칙'을 개정하여 탁아시설의 설치 기준과 운영 방법 등을 규정하였다.

④ 영유아보육법: 어린이집, 놀이방(1991~1996)

탁아정책은 교육부의 '유아교육진흥법', 노동부의 '남녀고용평등법', 보사부의 '아동복지법' 등에 의해 추진되기에 이르렀으나 보다 효율적이고 체계적인 보육사업을 추진하기 위해 1991년 1월 14일 독립법의 체제로 영유아의 보육문제를 해결하고 가정의 복지증진을 한다는 취지로 '영유아보육법'을 제정·공포하였다.

1990년 11월 내무부, 교육부, 보건사회부의 합의하에 새마을유아원은 1993년까지 '교육법'에 의한 유치원이나 '영유아보육법'에 의한 보육시설로 전환함으로써 보육사업의 체계를 확립하였다. 국공립보육시설, 직장보육시설, 민간보육시설은 '어린이집'으로 가정보육시설은 '놀이방'으로 명칭을 변경하였다(보건사회부, 1994).

1991년 8월 1일 '영유아보육법 시행령', 1991년 8월 8일 '영유아보육법 시행규칙'을 공포함으로써 영유아 보육사업을 위한 법령을 체계화하였다. 보육사업 주관부처를 보건복지부로 일원화하고 종전의 단순 '탁아'사업에서 보호와 교육을 통합한 '보육사업'으로 확대 발전시켰다.

1992년부터 1996년까지의 설립 유형별 보육기관 현황은 〈표 8-4〉와 같다.

〈표 8-4〉 1992년~1996년 보육시설 현황

연도	합계		국·공립		민간(법인, 법인외,개인)		직장		가정(놀이방)	
	시설 수	아동 수	시설 수	아동 수	시설 수	아동 수	시설 수	아동 수	시설 수	아동 수
1992	4,513	123,297	720	123,297	1,808	57,797	28	768	1,957	15,203
1993	5,490	153,270	837	153,270	2,419	80,400	29	725	2,205	17,012
1994	6,975	219,308	983	219,308	3,091	119,968	37	976	2,864	27,427
1995	9,085	293,747	1,029	293,747	4,125	170,412	87	2,388	3,844	42,116
1996	12,098	403,001	1,079	403,001	6,037	255,844	117	3,596	4,865	58,440

출처: http://www.educare.or.kr

⑤ 영유아보육법 개정: 어린이집, 놀이방(1997~2003)

1997년 8월에 사회복지사업을 활성화하기 위해 직장보육시설 및 민간보육시설 설치를 인가제에서 신고제로 완화시켰고, 12월에 초등학교 취학전 1년 유아의 무상 보육 실시 근거를 마련하였다.

1999년 2월 민간보육시설 또는 직장보육시설의 폐지 또는 휴지에 관한 승인제를 신고제로 완화하고 보육 비용의 승인제를 폐지하여 시·도지사가 정하는 범위 안에서 보육 비용을 받을 수 있도록 하는 등 일부 규제를 완화하였다(한국유아교육학회, 2003).

이 기간 동안 설립된 유형별 보육시설의 수와 보육아동 수의 현황은 〈표 8-5〉와 같다.

〈표 8-5〉 1997년~2003년 보육시설 현황

연도	합계		국공립		민간(법인, 법인외,개인)		직장		가정(놀이방)	
	시설 수	아동 수	시설 수	아동 수	시설 수	아동 수	시설 수	아동 수	시설 수	아동 수
1997	15,375	520,959	1,158	89,002	8,172	358,245	158	5,245	5,887	68,467
1998	17,605	556,957	1,258	91,260	9,622	400,906	184	5,823	6,541	58,968
1999	18,768	640,915	1,300	99,866	10,558	466,477	207	7,278	6,703	67,294
2000	19,276	686,000	1,295	99,666	11,304	510,567	204	7,807	6,473	67,960
2001	20,097	734,192	1,306	102,118	11,794	546,946	196	7,881	6,801	77,247
2002	22,147	800,991	1,330	109,056	12,679	597,971	199	8,703	7,939	90,939
2003	24.142	853,345	1,329	103,474	13,644	640,545	214	10,391	8,933	103,935

출처: http://www.educare.or.kr

⑥ 영유아보육법 전면 개정: 어린이집(2004. 1 이후~)

'영유아보육법이 전면 개정'(2004.1)된 이후부터 현재에 이르기까지의 기간이다.

1991년 제정된 '영유아보육법'을 '여성의 사회 참여 확대, 가족 구조의 변화 등으로 인해 영유아 보육의 수요가 증가함에 따라 영유아 보육에 대한 공공성을 강화하도록 하는 한편, 영유아보육제도의 운영상 나타난 일부 미비점을 개선·보완하려고 2004년 1월 영유아보육법을 전면 개정하고 평가인증제도 도입 근거를 마련하였다(영유아보육법 제 30조). 6월에는 영유아 보육사무가 보건복지부에서 여성부로 이관되었다. 12월에는 농어촌지역의 경우, 아동인구 감소 등으로 보육시설의 설치 기준 및 보육시설종사자의 배치 기준에 있어 도시지역보다 완화된 기준을 적용받을 수 있는 지역에 도서·벽지 이외에 농어촌지역을 포함시켜 농어촌지역의 실정에 맞는 보육시설을 설치할 수 있도록 했다.

2005년 1월에 보육시설 설치 신고제를 인가제로 환원하였다. 12월에는 보육시설의 장은 보육시설운영위원회를 설치·운영할 수 있되, 취약보육을 우선적으로 실시하여야 하는 보육시설과 대통령령이 정하는 보육시설은 보육시설운영위원회를 의무적으로 설치하도록 하여 보육시설의 자율성과 투명성을 높이도록 했다. 그리고 이동권이 제한되는 장애인 부모의 자녀에 대하여는 소득수준과 관계없이 장애의 정도에 따라 보육시설의 우선 이용권을 부여하며 보육시설의 장은 대통령령이 정하는 자격을 가진 자로서 여성가족부 장관이 검정·수여하는 자격증을 받은 자로 규정하고 보육시설의 장 또는 보육교사의 명의 대여 또는 자격증 대여를 금지하기 위해 일부 내용을 개정했다. 전문적인 보호와 수준 높은 보육서비스를 제공하기 위해 2005년에는 보육시설 평가인증 시범운영을 실시했다.

2006년 1월부터는 여성가족부의 '보육시설 평가인증사무국'을 '육아정책개발센터'로 위탁 이관해서 보육시설 평가인증을 확대 실시하였다(제1차 어린이집 평가인증). 11월에는 '영유아보육법 시행규칙' 개정에 의거하여 표준보육과정을 마련하였다.

2007년 7월에는 대체교사의 인건비에 대한 국가 또는 지방자치단체의 비용보조의 근거를 마련했다. 그리고 영아 또는 장애아가 주로 이용하는 보육시설에 대하여 운영정지를 명하여야 하는 경우에 영아 또는 장애아에게 심한 불편을 줄 우려가 있는 때에는 운영정지처분에 갈음하여 보육시설 정원의 감축 또는 아동모집의 정지 조치를 취할 수 있도록 하여 영아 또는 장애아의 피해를 최소화하는 등 제도의 운영상 나타난 일부 미비점을 개선·보완하기 위해 일부 내용을 개정했다.

2008년 3월 3부터 영유아 보육 사무가 여성가족부에서 보건복지가족부로 이관되었다(보건복지부, 2013; http://klaw.go.kr).

2011년 6월에 영유아보육법 개정으로 '보육시설', '보육시설종사자', '시설장' 등의 명칭을 각각 '어린이집', '보육교직원', '원장' 등으로 변경하고 보육실태조사 주기를 5년에서 3년으로 단축하고 놀이터 설치와 관련해서 2005. 1. 29. 이전 인가 어린이집 기준 적용 완화, 운영정지처분에 갈음하는 과징금제도 등 규정 마련했다. 12월에는 '영유아보육법 시행규칙'을 개정하여 보육교사 자격 취득을 위한 보육 관련 교과목 및 학점 기준을 강화했다.

2010년 2월에 제2차 어린이집 평가인증을 실행하였다.

2011년 7월부터 부모들이 믿고 맡길 수 있는 높은 수준의 보육서비스를 제공하는 보육 인프라 구축을 위해 '공공형어린이집' 사업을 추진하였다. '공공형어린이집'이란 우수한 어린이집을 선정하여, 운영비를 지원하고 양질의 보육을 영유아에게 제공하는 등 우수 보육인프라로서 기능할 수 있도록 하는 제도입니다.

공공형어린이집 선정 절차는 [그림 8-3]과 같다.

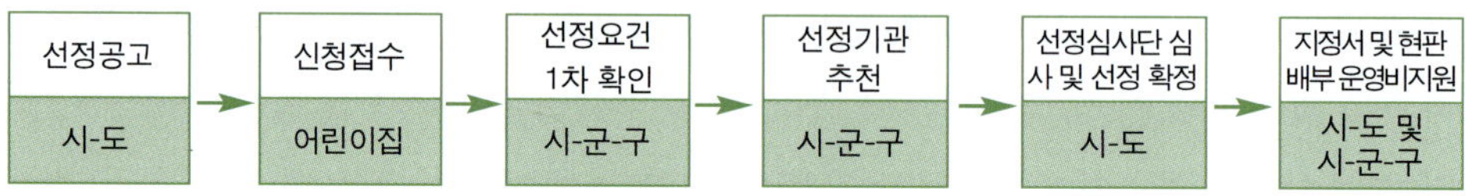

[그림 8-3] 공공형 어린이집 선정절차

출처:https://www.kcpi.or.kr

2013년 1월에 '영유아보육법'을 개정하여 0~5세 영유아 전 계층을 경제적으로 지원하는 법적 근거를 마련하였다(보건복지부, 2013). 3~4세 누리과정 확대 실시, 어린이집과 유치원 미이용 영유아에 대한 양육수당을 지급하게 되었다(www.central.childcare.go.kr).

어린이집은 영유아보육법 2014. 8. 13(법률 제12068호. 시행 2014. 2. 14) 일부개정 등을 거쳐서 영유아보육법(시행 2019. 7.1), 영유아보육법 시행령(시행 2019. 6. 25), 영유아 보육법 시행규칙(시행, 2019. 6. 12)에 의해 운영되고 있다.

2014년 11월 어린이집 평가인증 3차 시범지표를 적용하고, 2017년 11월 제3차 어린이집 평가인증 시행(통합지표 적용), 2019. 6월부터 어린이집 평가제를 시행하고 있다. 어린이집 평가제도는 보육·양육에 대한 사회적 책임 강화 실현 및 안심 보육 환경 조성을 위해 국가 차원에서 모든 어린이집을 주기적으로 평가하여 상시적인 보육서비스 질을 확보하고자 하는 제도이다(https://www.kcpi.or.kr)

2004년부터 2022년 12월 31까지 어린이집 설치 현황은 〈표 8-6〉과 같다.

〈표 8-6〉 2004년~2022년 보육시설 현황

구분	계	국공립 어린이집	사회복지법인 어린이집	법인 단체 등 어린이집	민간 어린이집	가정 어린이집	부모협동 어린이집	직장 어린이집
2022	30,923	5,801	1,254	610	9,726	12,109	132	1,291
2021	33,246	5,437	1,285	640	10,603	13,891	142	1,248
2020	35,352	4,958	1,316	671	11,510	15,529	152	1,216
2019	37,371	4,324	1,343	707	12,568	17,117	159	1,153
2018	38,171	3,602	1,377	748	13,518	18,651	164	1,111
2017	40,238	3,157	1,392	771	14,045	19,656	164	1,053
2016	41,084	2,859	1,402	804	14,316	20,598	157	948
2015	42,517	2,629	1,414	834	14,626	22,074	155	785
2014	43,742	2,489	1,420	852	14,822	23,318	149	692
2012	42,527	2,203	1,444	869	14,440	22,935	113	523
2010	38,021	2,034	1,468	888	13,789	19,367	74	401
2008	33,499	1,826	1,458	969	13,306	15,525	65	350
2006	29,233	1,643	1,475	1,066	12,864	11,828	59	298
2004	26,903	1,349	1,537	966	12,225	10,583	미분류	243

출처: www.mw.go.kr

3) 유보통합 정책 추진

0~5세 모든 영유아가 이용 기관에 관계없이 양질의 교육 · 돌봄 서비스를 차별 없이 받을 수 있도록 뒷받침해 나가는 유보통합 정책을 추진하고 있다.

우리나라 만 3~만 5세 유아는 공통 교육·보육과정(누리과정) 운영에도 불구하고 교육부와 보건복지부의 이원화된 관리체계로 지원 수준이 달라서 체감하는 교육·돌봄 여건이 다르다는 지적이 다수 있고, 교사 자격과 처우, 시설 기준 차이에 따른 교육·돌봄 환경 차이가 영유아 간 발달 격차로 연결될 것에 대한 우려가 지속되었다(www.moe.go.kr). 이에 교육부·보건복지부(2023)는 학계, 학부모, 교사, 기관단체 대표 등을 통해서 전문가 자문회의, 간담회, 토론회 등을 거쳐서 정책 추진 방향을 모색하면서 유보통합 추진 방안을 제시했다.

교육부 영유아교육·보육 통합추진단(23.9)에서 유보통합을 위한 '정부조직법' 개정 목적은 유보통합 관련 중앙정부 차원의 관리체계 일원화를 위해 복지부 영유아 보육 업무를 교육부로 통합 이관한다고 했다.

유보통합은 0~5세 대상으로 국가의 교육과 돌봄 책임을 강화하여, 영유아 중심의 질 높은 교육·돌봄 체계 마련을 목적으로 하고, 교육 중심의 관리체계 통합으로 영유아 발달의 연속성을 고려한 안정적 정책 추진 기반을 마련한다고 한다.

유보통합 정책에 대한 학부모, 교사, 기관 운영자들의 기대와 우려가 공존하고 있는 현실이다.

그래서 교육부(www.moe.go.kr, 2023.11)는 우선적으로 유보통합에 대한 여러 궁금하고 염려되는 점을 중심으로 17개의 질문과 답변 형식의 '유보통합, 사실은 이렇습니다'라는 이해자료를 만들어서 제시했다.

영유아들에게 질 높은 교육과 보육을 제공한다는 취지의 유보통합의 필요성에 대한 공감대는 형성되어 가고 있고, 과거에도 유보통합에 대한 논의가 많이 되어 왔지만 유아학비, 보육료 결제카드 통합 등 극히 일부에 그쳤고, 2023년에 관리체계 일원화가 이루어져서 보다 빠른 추진이 될 것으로 보인다.

모든 정책을 수립하고 진행하는 과정에서 간과하지 말고 가장 중시할 점은 교육과 돌봄을 통한 0~5세 영유아의 행복에 초점을 맞추고 나가야 한다는 것이다.

2. 우리나라 유치원 교육과정 변천

1) 유치원 교육과정 개발·운영 체제

교육과정의 개발·운영 체제는 교육과정의 결정 권한이 중앙에 몰려 있거나 일부 소수 인사에게 집중된 중앙집중적 접근과 결정 권한이 폭넓게 분산되어 있는 분산적 접근방법이 있다. 중앙집중적 접근은 교육과정이 획일적인 성격을 가지며 표준화된 인간상을 길러낼 소지가 많으며 분산적 접근은 학생들의 필요와 지역적 특성을 다양하게 수렴 반영하고 있으므로 탄력적이며 자율적인 인간상을 기르는 데 기여한다(임재택, 1992).

우리나라 유치원 교육과정 개발·운영 체제는 중앙집중체제를 택하고 있어 교육부가 교육과정 결정권을 가지고 유치원 교육과정을 제정·공포하고 교사용 지도 자료집과 기타 교재·교구를 제작하여 보급하고 있다. 그러나 유아교육 현장에서는 교육부가 제시한 유치원 교육과정과 교사용 지도 자료집 및 교재·교구를 기초 자료로 삼아 지역사회와 각 유아교육기관의 특성에 따라 융통성 있게 교육과정을 구성·운영하고 있다. 교육부에서도 각 유치원은 교육부가 고시한 교육과정과 시·도 교육청이 제시한 지침에 의거하여 각 유치원의 실정에 알맞은 교육과정을 편성·운영해야 한다고 고시하고 있다. 이것은 초·중등학교 교육과정은 제도적·법적 규정에 따라 교육과정 개발·운영이 획일적인 것과는 크게 비교되는 것으로 중앙집권체제의 단점을 크게 보완할 수 있는 자율성의 부여로 유아교육의 질을 한 차원 높일 수 있는데 크게 기여하고 있다.

2) 유치원 교육과정의 변천

우리나라 유치원 교육과정을 국가 수준에서 법적으로 제정되기 이전, 유치원 교육과정 제정 이후(1969년 제1차, 1979년 2차, 1981년 3차, 1987년 4차, 1992년 5차, 1998년 6차, 2007년 개정), 3~5세 누리과정으로 나누어서 살펴본다.

(1) 국가 수준 유치원 교육과정 제정 이전(1897~1968)

우리나라에 최초로 유치원이 소개된 1897년부터 1969년 제1차 유치원 교육과정 제정 이전까지의 시기로 크게 초창기(1897~1945년 해방 전)와 대한민국 수립 후(1945 해방 후~1968년) 단계로 나누어 볼 수 있다.

① 초창기(1897~1945년 해방 전)

우리나라에서 최초로 유치원에 관한 규정을 법령으로 만든 것은 1922년 2월 4일 공포된 '조선교육령'이며 일본인이 제정한 법이지만 한국 유치원에 관한 규정이기 때문에 한국 유치원 발달에 중요한 사실이다. 이 법령은 해방 후 우리나라 교육법이 제정되기 전까지 유치원의 유일한 법적 근거가 되어 왔다(이기숙, 1983).

1922년 2월 총독부령 제11호로 공포된 유치원 규정의 주요 내용은 다음과 같다.

유치원은 연령 3세부터 7세까지의 유아의 보육을 목적으로 심신을 건전하게 발달시켜 선량한 습관을 얻게 하고 가정교육을 보충할 것을 요하며 심신 발달의 정도에 맞게 하고 어렵고 과도한 사항을 가르치는 것을 삼가야 하며 항상 유아의 심정 및 행위에 주의를 기울여서 선량한 사례를 제시하여 모방할 수 있도록 힘써야 한다. 보육의 항목은 유희, 창가, 담화 및 수기이고 보모 1인이 보육하는 유아 수는 약 40인 이하로 하고 유치원 표준설비 기준도 제시하고 있다.

교육과정의 특징

이 시기의 교육 원리나 방법은 25년간 일본의 사회적·문화적 영향을 받은 일본식 Froebel 교육과 기독교사상이라고 할 수 있다(이기숙, 1983). 1914년 미국인 선교사 Charlotte Brownlee가 미국의 기독교정신에 입각한 유아교육을 도입하여 이화유치원을 설립하고 기독교 이념에 근거를 둔 Froebel 교육 원리 및 방법을 전파하였다. Brownlee는 1932년 Patty Smith Hill의 『활동에 기초한 아동교육법』을 번역하여 보급함으로써 한국 유치원 교육과정에 아동중심, 생활중심이라는 용어를 처음 도입하였다.

1920년부터 미국 유치원 교육은 John Dewey 교육 철학의 영향을 받아 Froebel의 상징주의와 은물의 기계적 교수에서 탈피하여 아동의 경험을 중시하고 흥미를 존중하며 생활을 중시하는 교육운동으로 전환하였고 한국에서 실천된 활동중심의 유치원 교육은 미국에서 진행된 유아교육 개혁에 영향을 받은 바가 크다. 당시 컬럼비아 사범대학에서 진행된 행위(conduct) 변화를 위한 프로그램은 선교사 Brownlee나 Edna Vanfleet Hobbs(이화유치원 사범과의 초대과장직 맡음)에 의해서 지지되고 한국에 보급되었다. 또 Hill은 유치원 활동들을 융통성 있게 운영할 것을 강조하고 이 Hill의 교육 이념은 Brownlee와 유치원 교사로서 훈련을 받고 한국에서 일했던 미국인 선교사 Clara Howard와 Vanfleet를 통해 우리나라 초기 유치원 교육과정에 영향을 주었다.

이화유치원뿐만 아니라 이화보육학교 졸업생이 부임한 유치원에서는 활동중심 교육이 이루어졌으며 이 프로그램의 활동 제목과 일과는 오늘날 우리나라 유아교육과정에서도 쉽게 찾아볼 수 있다(이기숙, 2013).

유치원 교육과정 제정 이전에 우리나라 유아교육에 크게 영향을 미친 『활동에 기초한 아동교육법』의 활동 제목은 〈표 8-7〉과 같고 일과는 〈표 8-8〉과 같다(이상금, 1987).

〈표 8-7〉 '활동에 기초한 아동교육법'의 활동 제목

작업시간	공예와 미술	기타 오전에 하는 활동
• 일반적활동의 행위 • 특수한활동과 행위 • 블록건축 • 조작적완구 • 모래놀이	• 점토 • 목공 • 그림그리기 • 칠하기 • 목판인쇄 • 바느질 • 짜기 • 종이작업 • 인형놀이 • 가사	점심 ┌ 점심 └ 위생과 안전 음악 ┌ 음악에 대한 율동적 반응 몸을 운동함으로써 악기를 사용함으로써 ├ 노래 └ 음악감상 놀이와게임 ┌ 활동적 놀이 자발적 활동 비공식으로 조직된 활동적 놀이 공식으로 조직된 활동적 놀이 ├ 극놀이 자발적인 활동적 놀이 비공식으로 조직된 극 놀이 공식으로 조직된 극 놀이 └ 숨바꼭질 자발적으로 추측하는 놀이 비공식으로 조직된 숨바꼭질 놀이 공식으로 조직된 숨바꼭질 놀이 그림 언어 서적 읽기 쓰기 수 사회적훈련 ┌ 특별한 날, 생일, 감사일 └ 크리스마스 등 1년 동안의 사회적 행사 자연 : 동 · 식물생활, 광물, 자연력, 소풍 견학

〈표 8-8〉 '활동에 기초한 아동교육법'의 일과

반(나이)	시간	주요활동
유치원 I반 (21/2~4세)	08:45~09:45 09:45~10:00 10:00~10:30 10:30~10:50 10:50~11:20 11:20~12:00	도착,실내화로 바꾸어 신음, 작업시간 화장실 가기, 간식 준비 간식 휴식 음악 이야기,신발을바꾸어신음,놀이 (날씨가좋으면바깥놀이)
유치원II,III반 (4~5세, 5~6세)	08:45~10:00 10:00~10:30 10:30~11:00 11:00~11:10 11:10~11:30 11:30~12:00 12:00	도착, 실내화로 바꾸어 신음, 작업 시간 대화, 노래, 리듬을 위한 단체 모임 간식 준비 및 간식 휴식 신발을 바꾸어 신음, 접시씻음, 이야기 다양한 활동-게임, 바깥놀이, 악기놀이, 소풍 등 끝
초등학교1학년 (51/2~ 61/2세)	08:45~09:45 09:45~10:15 10:15~10:30 10:30~11:00 11:00~11:30 11:30~11:50 11:50~12:30 12:30	작업시간 음악 휴식 간식과 휴식 수업 김나지움 작업, 읽기, 이야기 시간, 연극이나 소풍 끝

② 대한민국 정부 수립 후(1945년 해방 후~1968)

1945년 대한민국 정부 수립 후 교육 발전을 위해 1949년 법률 제86호로 '교육법'이 공포되었으나 한국전쟁으로 제대로 구실을 할 수 없어서 교육과정의 발전이 없었던 공백기라 할 수 있다. 1945년 이후 유치원 교육과정은 미국에서 발달된 유치원 교육 내용을 그대로 답습해 왔고 유치원 교육과정이 제정되기 전까지는 설립인가 당시에 결정한 내용이 교육과정으로 통용되어왔다(중앙교육연구원 조사연구부, 1976).

교육과정 특성

1920년대와 1930년대에 일본에서 유학했던 유치원 전문가는 주로 율동과 유희를 학습하고 귀국 후 보육학교 등에서 그 방면의 담당 교수로 활약하거나 유치원 교사로 부임해도 역시 율동과 유희를 중시하는 교육을 실시하였다. 일본 유아교육계의 이론도 미국과 마찬가지로 아동중심과 놀이중심이어야 한다는 데는 미국과 일치했으나 미국의 교사양성과정이 이론과 실제를 겸한 것인데 반해 일본의 교사양성과정은 이론이 약하고 당장 활용할 수 있는 실기과목에 치중된 것이었다(이상금, 1987).

일본 유아교육계에서는 유아 본위의 자연스러운 율동과 유희는 유치원 교육의 중심이 되어야 하지만 결코 남에게 보이기 위한 것이어서는 안 된다고 하였다. 그러나 이 시기에 한국에 도입·보급된 율동과 유희는 남에게 보이기 위한 부분이 많았고 유아들이 갖가지 발표회 준비를 위해 많은 시간을 창가와 유희 연습으로 보냈다. 더구나 국가적 차원에서는 유치원에 대한 관심을 갖지 못했고 교육과정도 없이 운영되었다. 그래서 1949년에 제정된 교육법에 의거한 유치원 교육 목표와는 무관하게 춤추고 노래하고 그림 그리기나 하는 곳이 유치원이라는 생각이 사회 전반에 자리 잡았으며 총독부의 탄압으로 유치원 교육과정은 거의 발전을 이루지 못했다(이기숙, 2013).

(2) 국가 수준 유치원 교육과정 제정 이후

① 제1차 유치원 교육과정

1969년 2월 19일 문교부령(제207호)으로 최초의 '유치원 교육과정령'이 공포되었다. 여기에 교육의 목적, 목표, 교육대상, 영역, 수업 일수, 운영방법 등을 제시하였다. 유치원 교육의 목적은 건강한 신체와 건전한 정신으로 행복하게 생활할 수 있는 유능한 한국 국민이 될 기초를 닦는 것에 두었다(영남유아교육연구회, 1988).

학습 내용은 건강 및 안전 교육, 기초생활습관 및 바른 사회적 태도와 도덕성 함양, 과학적이고 민주적인 사고력, 바르게 듣기와 말하기, 심미적인 태도를 발전, 창조적인 표현 능력을 기르는 것이었다.

교육과정 구성은 건강, 사회, 자연, 언어, 예능의 다섯 가지 생활 영역으로 나누고 5개 영역의 목표 모두가 습관과 태도를 기르는 것을 중요시한 것으로 볼 때, 1920년 이후 미국의 아동연구운동과 Dewey의 진보주의 개념에 바탕을 둔 생활중심 교육과정이라고 볼 수 있다.

교육 일수는 연간 200일 이상, 하루 교육 시간은 3시간(180분)을 기준으로 운영하되, 각 유치원에서는 실정에 맞도록 시간 단위를 조절할 수 있게 교육과정 제정 시 일반적인 기준만을 제시하고 구체적 적용은 각 유치원에서 창의적으로 재구성할 수 있도록 충분한 융통성과 신축성을 부여하였다.

② 제2차 유치원 교육과정

제2차 유치원 교육과정(1979. 3. 1. 문교부 고시 제424호) 최초의 유치원 교육과정이 제정된 후 10년이 지나서 1차 개정이 이루어졌다. 시대, 사회적 변화에 대응하고 유아교육의 새로운 이론적 체계를 반영하며 유치원 교육의 공교육화에 대비한다는 측면에서 초·중등학교 교육과정의 개정작업과는 별도로 이루어졌다(임재택, 1992). 이때부터 교육과정령의 내용에 맞춰 교사용 지도서를 개발하여 보급하였다.

교육 목표는 남과 잘 사귀고 더불어 생활하는 것을 즐기는 태도, 사회와 자연 현상을 다양하게 표현하는 능력과 습관 및 태도, 새로운 현상과 사태에 스스로의 힘으로 탐구하고 적응할 수 있는 능력과 태도, 다른 사람의 말을 듣고 이해하며 적절한 구사력과 고운 말을 하는 습관과 태도, 기초적인 운동 능력을 기르며 건강생활에 필요한 이해와 습관 및 태도를 기르는 데 두었다.

교육과정은 전인 발달을 강조하는 사회·정서 발달, 인지 발달, 언어 발달, 신체 발달 및 건강 발달 등의 4개 발달 영역으로 편성되어 있다.

유치원 연간 교육 일수는 200일이고 주당 교육 시간은 18~24 시간, 하루 수업 시간은 3~4시간으로 규정하고 실정에 맞게 조절하도록 하였다.

논리·수학적 개념 형성, 표상 능력이 2차 유아교육과정 인지 발달 영역에 첨가된 것으로 세계적인 추세가 인지 발달을 강조하게 된 것에 기인한다. 그러나 인지 발달 내용으로 소개된 교육 내용(예 논리·수학적 사고, 표상) 중 일부는 교사에게 새로운 용어로 너무 추상적이고 난해하여 교육 현장에서의 적용은 인지적 실험들을 하는 것으로 끝나거나 아예 적용되지 않는 경우가 많았다(이기숙, 1992).

③ 제3차 유치원 교육과정

제3차 유치원 교육과정은 교육부 고시(제442호)로 1981년 12월 31일 개정·공포되어 1982년 3월 1일부터 시행되었다. 유치원, 초등학교, 중학교, 고등학교의 교육과정을 전반적으로 개정하는 작업의 일환으로 이루어졌다. 교육개발원이 주축이 되어 유아교육 전문가, 심리학자, 교육부 관계 담당관, 현장교사 등이 한 팀이 되어 상당한 심의를 거쳐 수정·보완되었다. 유아교육 역사상 교육과정이 집중적으로 연구된 것은 처음 있는 일이라 할 수 있다(이기숙, 1992).

교육과정 구성 방향은 자주적이고 창의적인 국민을 길러내는 것을 목적으로 건전한 심신의 육성, 지력과 기술 배양, 도덕적인 인격 형성, 민족공동체의식 고양에 두었다.

교육 목표는 알맞은 환경에서 즐겁고 다양한 활동을 통해 전인적으로 성장할 수 있도록 하는 데 있다. 교육과정 편제는 제2차 교육과정 영역을 세분하여 신체 발달, 정서 발달, 인지 발달, 언어 발달, 사회성 발달의 5개 발달 영역별로 편성했다.

연간 수업 일수가 연간 200일에서 180일 이상으로 하향조정되었고 하루 교육 시간은 3~4시간으로 하되, 실정에 맞도록 조정할 수 있도록 규정하고 있다. 2차 유치원 교육과정에서 '구성방침', '운영지침', '지도상의 유의점' 등으로 제시했던 내용은 '운영지침'(계획, 지도, 평가)으로 재구성하여 현장에 도움이 되게 하였다. 국가관에 관한 인식을 뚜렷하게 나타내고 국민정신교육 내용을 아동의 발달수준에 맞게 체계화하여 반영시키려 하였다. 초등학교와의 연계성을 고려하여 초등학교 초기 학술기능의 바탕을 준비하도록 하였다.

평가는 아동의 발달 상황을 이해하고 도와주는 긍정적 측면에서 하되 목표 지향적 평가가 이루어지도록 하라고 처음으로 평가에 대한 지침이 제시되었다.

④ 제4차 유치원 교육과정

제4차 유치원 교육과정이 교육부 고시 제87-9호로 1987년 6월 30일에 고시되어 이 교육과정은 1989년 3월 1일부터 시행하고 주요 내용은 다음과 같다.

교육과정의 구성 방향은 몸과 마음이 건강한 사람, 자신과 공동체의 일을 스스로 결정하여 실천하는 자주적인 사람, 지식과 기술을 익혀 문제를 슬기롭고 합리적으로 해결하는 창조적인 사람, 인간을 존중하고 자연을 아끼며 올바르게 판단하고 행동하는 도덕적인 사람을 기르는 데 역점을 두어 구성하였다.

교육 목표는 건강과 안전생활에 대한 올바른 습관과 신체의 조화로운 발달, 다른 사람의 말을 이해하고 자기의 생각은 말로 표현할 수 있는 기초 기능학습, 주변의 여러 가지 현상에 대해 관심을 갖고 알아보려는 태도, 자신의 일에 자부심을 갖고 기본적인 생활습관 양성, 가족과 이웃을 사랑하는 마음씨를 지니게 하는 데 있다.

교육과정 편제는 제3차 교육과정과 차이가 없고 각 영역별 목표에 하위 목표를 두고 각 발달 영역이 교과로 잘못 인식될 가능성이 있어 각 발달 영역별 목표와 내용을 제시하지 않았다. 하루 교육 시간은 유아의 발달수준, 지역사회의 실정, 유치원의 특성, 활동 내용 및 계절 등을 고려하여 3시간 기준으로 조정, 운영할 수 있게 하였다. 지도상의 유의점으로 5개 발달 영역은 독립 교과가 아닌 목표 구성 영역이고 각 영역 목표가 균형 있게 이루어지도록 통합 구성해야 하며 유아가 스스로 선택할 수 있는 기회를 많이 제공하고 학습은 직접적인 경험과 놀이를 통하여 이루어져야 하며 기능중심의 문자 쓰기 지도를 지양하라고 제시하였다. 제4차 유치원 교육과정은 교사들이 교육 내용을 자율적으로 설정할 수 있게 함으로써 다양성을 가질 수 있었으나 교육의 기회균등 보장이 어려웠고 일정수준의 질적 수준을 유지하기 힘든 단점을 드러냈었다. 유치원 교사들의 학력이나 경험, 자질에 차이가 심하여 교육 내용이나 활동 선정 시 큰 폭의 차이를 보인 것은 목표중심의 교육과정에 의한 문제점이었다(교육부, 1994).

5 제5차 유치원 교육과정

제5차 유치원 교육과정이 1992년 9월 30일 고시되고 1995년 3월 1일부터 시행되었다. 구체적인 편성·운영 지침은 지방교육자치에 관한 법률 제27조 제6호에 의거, 각 시·도 교육감이 지역의 특수성과 유치원의 실정에 알맞게 정하여 실시한다고 융통성을 부여했다.

교육과정의 구성방침은 도덕성과 공동체의식이 투철한 민주시민을 육성, 사회의 변화에 대응할 수 있는 창의적인 능력 계발, 유아의 발달 특성을 고려하여 교육 내용과 방법을 다양화, 교육과정 편성 운영·체제를 개선하여 교육의 질 관리를 강화하는 것이다. 교육과정 구성 중점은 기본생활교육 강조, 유아의 요구와 흥미, 개별성을 존중 ,놀이중심 교육, 유아의 전인적 성장 발달을 돕는 것이다. 교육과정은 건강생활, 사회생활, 표현생활, 언어생활, 탐구생활의 5개 영역으로 편성되었다.

각 영역의 교육 내용 요소는 유아들의 생활 경험에서 추출하고 교육 내용을 공통 Ⅰ, Ⅱ 수준으로 나누고 3세에서 5세에 이르는 유아의 발달 정도에 알맞게 적용될 수 있도록 편성했다. 시·도 교육청은 지역의 특수성을 고려하여 교육 일수와 교육

시간, 3세아 교육 및 종일제 운영, 교육활동 계획 및 지도, 환경 구성, 교육 평가에 관한 사항 등 교육과정 편성·운영 지침을 작성하여 제시했다. 국가 수준의 교육과정과 시·도 교육청의 교육과정 편성·운영 지침을 근거로 유아의 흥미, 발달 특징을 고려하여 별도로 교육과정을 편성, 운영하도록 함으로써 유치원의 자율성을 최대한 보장하고 있다.

⑥ 제6차 유치원 교육과정 개정

1998년 6월 30일 교육부는 제6차 유치원 교육과정을 고시, 2000년 3월 1일부터 시행되었다. 그 주요 내용은 다음과 같다. 추구하는 인간상은 전인적 성장의 기반 위에 개성을 추구하는 사람, 기초 능력을 토대로 창의적인 능력을 발휘하는 사람, 우리문화에 대한 이해의 토대 위에 새로운 가치를 창조하는 사람, 민주시민의식을 기초로 공동체의 발전에 공헌하는 사람이다.

교육과정의 구성방침은 사회적 변화의 흐름을 주도할 수 있는 기본 능력을 길러줄 수 있도록 구성하는 것이다. 교육 내용의 양과 수준을 적정화하고 유아 발달에 적합한 수준별 교육과정을 구성한다. 유아의 발달 특성을 고려하여 교육 내용과 방법을 다양화한다. 교육과정 편성과 운영에 있어서 현장의 자율성을 확대한다. 교육과정 평가체제를 확립하여 교육에 대한 질 관리를 강화하는 것이다.

교육 목표는 몸과 마음이 건강하게 자랄 수 있는 경험, 기본생활습관 기르기, 다른 사람과 더불어 생활하는 태도를 갖기, 생각과 느낌을 창의적으로 표현하는 경험을 갖기, 바르게 언어를 사용하는 경험을 갖기, 일상생활의 문제에 대하여 스스로 궁리하는 태도를 가지는 것이다.

⑦ 2007년 개정 유치원 교육과정

유아교육법 제13조 제2항에 의거하여 유치원 교육과정을 개정하고 2007년 12월 19일에 고시(교육인적자원부 고시 제2007-153호)했다. 그 주요 내용은 다음과 같다.

추구하는 인간상은 전인적 성장의 기반 위에 개성을 추구하는 사람, 기초 능력을 토대로 창의적인 능력을 발휘하는 사람, 폭넓은 교양을 바탕으로 진로를 개척하는 사람, 우리 문화에 대한 이해의 토대 위에 새로운 가치를 창조하는 사람, 민주시민의식을 기초로 공동체의 발전에 공헌하는 사람이다. 구성방침은 사람과 자연을 존중하고 사랑하는 세계관을 바탕으로 유아의 기본생활습관과 전통문화, 창의성을 강조, 지역과 유치원의 자율성을 확대, 유치원 교육의 정체성을 살리며 초·중등학교와 연계, 유아의 발달 특성을 고려하여 수준별 교육과정, 교육과정 평가체제를 통하여 교육에 대한 질 관리를 강화하도록 구성한다.

교육 목표는 몸과 마음을 건강하게 하며 기본생활습관 기르기, 더불어 사는 태도와 우리 전통문화를 사랑하는 마음 갖기, 자신의 생각과 느낌을 자유롭고 창의적으로 표현하는 경험을 갖기, 의사소통을 위한 언어 능력을 기르며 바른 언어 사용습관을 기르기, 호기심을 가지고 주변 세계를 탐구하며 자연을 존중하는 태도 기르기이다. 교육과정은 건강생활, 사회생활, 표현생활, 언어생활, 탐구생활의 5개 영역으로 구성했다.

(3) 3~5세 누리과정

① 5세 누리과정

우리나라의 기관에서 이루어지는 유아교육은 동일 연령 유아를 대상으로 교육부가 관장하는 유치원, 보건복지부가 관장하는 어린이집으로 이원화되어 운영됨에 따라서 유치원에서는 유치원 교육과정, 어린이집에서는 표준보육과정을 사용해 왔다.

이에 3세~5세 유아를 대상으로 이중으로 교육과정 및 지도 자료 개발이 이루어져 예산 사용의 비효율성과 부모들에게 혼돈 불러일으킴, 양 기관의 종사자와 학계 전문가 및 양 부문의 관련 단체 간에 통합에 저해 요소로 작용되고 있다. 또 3~5세 모든 유아들에게 동등한 질적 수준의 교육과 보육서비스가 이루어지기 위해서 유치원에서 사용하는 유치원 교육과정과 어린이집에서 사용하는 표준보육과정의 통합이 필수적이라는 주장이 제기되어 왔다(이기숙, 2013; 교육과학기술부·보건복지부, 2013).

더불어 최근 우리나라는 지속되는 출산율 저하로 인구 수 감소와 고령화 사회로 인구 구조가 변화되어 심각한 사회문제가 예측되고 있다. 이에 출산율 저하를 막기 위해 교육·보육비 부담의 완화가 하나의 대안으로 떠오르게 되었다. 또 만 5세아의 국가 지원을 확대하여 출발 선상에서 평등권을 보장받아야 한다는 사회적 공감대가 형성되었다(이기숙, 2013) 이에 우선적으로 5세 공통과정 도입계획을 발표(2011. 5. 2)한 후 5세 유아의 교육과 보육을 통합하여 하나의 교육과정을 만들어서 유치원에 다니든 어린이집에 다니든 국가 수준의 공통 프로그램으로 교육·보육을 받고 소득에 상관없이 경제적 지원을 받으며 지원 단가를 현실화하는 방안을 골자로 유아교육법(제13조 제2항), 영유아보육법(제29조 제2항 및 제4항)에 의거하여 교육과학기술부와 보건복지부는 '5세 누리과정'을 고시하여 2012년부터 적용 실시하였다. '5세 누리과정'은 2007년 유치원 교육과정과 제2차 어린이집 표준보육과정 중에서 만 5세 유아에게 필요한 기본 능력을 선별하여 수정·보완하였다. 이를 위해 명칭공모를 실시하여 '5세 누리과정'으로 선정했는데, '누리'는 '세상'을 뜻하는 순 우리말로 국가가 책임지는 교육·보육의 의미를 담았다.

② 3~5세 누리과정

'5세 누리과정'과 연계한 '3~4세 누리과정' 개발이 필요하게 되어 정부는 2013년에 3~4세까지 누리과정을 확대 실시한다는 '3~4세 누리과정 도입계획'을 발표하였다(2012. 1. 18). 이에 교육과학기술부와 보건복지부의 위탁으로 육아정책연구소가 주축이 되어 3~4세 누리과정과 5세 누리과정 일부 개정을 포함해서 '3~5세 연령별 누리과정'을 고시하였다(2012. 7. 10).

3~5세를 위한 유치원 교육과정과 어린이집 표준보육과정의 수준별 내용을 전체적으로 검토한 후, 유치원 교육과정의 Ⅱ수준과 공통수준, 어린이집 표준보육과정의 Ⅲ수준과 일부 Ⅱ수준~Ⅲ수준의 공통 내용을 중심으로 5세 유아에게 필요한 기본 능력과 소양을 선별하여 선정하였다. 이 과정에서 3, 4, 5세의 발달수준과 학습특성을 고려하여 3~4세와 구분은 하되, 세부 내용 수준은 연계되도록 하였다(교육과학기술부·보건복지부, 2013).

(4) 2015년 개정 유치원 교육과정(http//www.moe.go.kr)

유아교육법 제13조 제2항에 의거하여 유치원 교육과정(3~5세 연령별 누리과정)을 개정하여 고시(2015.2.24./교육부 고시 제2015-61호)하였다. 교육과학기술부 고시 제 2012-16호 유치원 교육과정(2012.7.10.)은 2015년 2월 28일로 폐지하고 이 교육과정은 2015년 3월 1일부터 시행하였다.

① 누리과정 구성 방향

가. 질서, 배려, 협력 등 기본생활습관과 바른 인성을 기르는 데 중점을 두어 구성한다.

나. 자율성과 창의성을 기르는 데 중점을 두고, 전인발달을 이루도록 구성한다.

다. 사람과 자연을 존중하고, 우리 문화를 이해하는 데 중점을 두어 구성한다.

라. 만 3~5세아의 발달 특성을 고려하여 연령별로 구성한다.

마. 신체운동·건강, 의사소통, 사회관계, 예술경험, 자연탐구의 5개 영역을 중심으로 구성한다.

바. 초등학교 교육과정과 0~2세 표준보육과정과의 연계성을 고려하여 구성한다.

② 누리과정의 목적

누리과정은 만 3~5세 유아의 심신의 건강과 조화로운 발달을 도와 민주시민의 기초를 형성하는 것을 목적으로 한다.

③ 누리과정 편성

가. 교육과정 시간을 1일 3~5시간에서 개정하여 4~5시간 기준으로 편성한다.

나. 5개 영역의 내용을 균형 있게 통합적으로 편성한다.

다. 유아의 발달 특성 및 경험을 고려하여 놀이를 중심으로 편성한다.

라. 반(학급) 특성에 따라 융통성 있게 편성한다.

마. 성별, 종교, 신체적 특성, 가족 및 민족 배경 등으로 인한 편견이 없도록 편성한다.

바. 일과 운영 시간에 따라 심화 확장할 수 있도록 편성한다.

④ 운영

가. 연간, 월간, 주간, 일일 계획에 의거하여 운영한다.

나. 실내·외 환경을 다양한 흥미 영역으로 구성하여 운영한다.

다. 유아의 능력과 장애정도에 따라 조정하여 운영한다.

라. 부모와 각 기관의 실정에 따라 부모교육을 실시한다.

마. 가정과 지역사회와의 협력과 참여에 기반하여 운영한다.

바. 교사 재교육을 통해서 누리과정 활동이 개선되도록 운영한다.

⑤ 교수·학습 방법

가. 놀이를 중심으로 교수·학습활동이 이루어지도록 한다.

나. 유아의 흥미를 중심으로 활동을 선택하고 지속할 수 있도록 한다.

다. 유아의 생활 속 경험을 소재로 하여 지식, 기능, 태도 및 가치를 습득하도록 한다.

라. 유아와 교사, 유아와 유아, 유아와 환경 간에 능동적인 상호작용이 이루어지도록 한다.

마. 주제를 중심으로 여러 활동이 통합적으로 이루어지도록 한다.

바. 실내·실외활동, 정적·동적활동, 대·소집단활동 및 개별 활동, 휴식 등이 균형 있게 이루어지도록 한다.

사. 유아의 관심과 흥미, 발달이나 환경 특성 등을 고려하여 개별 유아에게 적합한 방식으로 학습하도록 한다.

⑥ 누리과정 운영

가. 운영 내용이 누리과정의 목표와 내용에 근거하여 편성·운영되었는지 평가한다.

나. 운영 내용 및 활동이 유아의 발달수준과 흥미·요구에 적합한지를 평가한다.

다. 교수·학습 방법이 유아의 흥미와 활동의 특성에 적합한지를 평가한다.

라. 운영 환경이 유아의 발달특성과 활동의 주제, 내용 및 효율성 등을 고려하여 구성되었는지를 평가한다.

마. 계획안 분석, 수업 참관 및 모니터링, 평가척도 등 다양한 방법을 활용하여 평가한다.

바. 운영 평가의 결과를 반영하여 운영계획을 수정·보완하거나 이후 누리과정 편성·운영에 활용한다.

⑦ 유아 평가

가. 누리과정 목표와 내용에 근거하여 유아의 특성과 변화 정도를 평가한다.

나. 유아의 지식, 기능, 태도를 포함하여 평가한다.

다. 유아의 일상생활과 누리과정 활동 전반에 걸쳐 평가한다.

라. 관찰, 활동 결과물 분석, 부모면담 등 다양한 방법을 사용하여 종합적으로 평

가하고, 그 결과를 기록한다.

마. 유아평가 결과는 유아에 대한 이해와 누리과정 운영 개선 및 부모 면담 자료로 활용할 수 있다.

(5) 2019년 개정 누리과정(http//www.moe.go.kr)

교육부 고시 제2015-61호 유치원 교육과정(2015.2.24.)은 2020년 2월 29일로 폐지하고, 2019 개정 누리과정을 확정 발표[교육부,보건복지부, 2019.7.19.]했다. 유치원 교육과정 고시문(교육부고시 제2019-189호, 2019.7.24.) 즉 개정된 누리과정은 2020년 3월 1일부터 시행한다고 고시했다. 고시명 "3~5세 연령별 누리과정 고시"를 "3~5세 누리과정 고시"로 한다.

① 제·개정 이유

국가수준 교육과정 체계 확립과 유아의 자율성과 창의성 신장, 전인적 발달과 행복을 추구하는 유아·놀이중심 교육과정으로 개정 추진하여 현장의 자율성 확대 및 교사의 교육과정 실행력을 지원하며, 현장의 자율성 확대 및 교사의 교육과정 실행력 지원, 학생중심의 교육과정 개편의 의의를 둔다.

② 주요내용

가. (국가수준 교육과정으로서 구성 체계 확립) 교육과정의 성격을 국가수준 공통 교육과정으로 명시하고, 미래사회 핵심 역량을 반영한 인간상과 목표를 밝혀 교육과정으로서 구성 체계 확립

나. (유아중심·놀이중심 교육과정) 유아가 충분한 놀이 경험을 통해 몰입과 즐거움 속에서 자율·창의성을 신장하고, 전인적 발달과 행복 추구

다. (내용구성의 간략화를 통한 현장 자율성 확대) 교육과정의 5개영역은 유지하되, 연령별 세부내용(369개)을 연령 통합(59개)으로 간략화하고 다양한 교육방식이 발현될 수 있도록 현장 자율성 확대

라. (교사의 교육과정 실행력 지원) 교사의 과다한 교육계획 작성을 경감하고, 주제와 유아놀이를 일치시켜야 하는 부담감 등을 완화해 교사의 자신감 회복을 도우며 자율성과 책무성을 강조하여 교육과정 실행력 지원

③ 누리과정의 성격

누리과정은 3~5세 유아를 위한 국가 수준의 공통 교육과정이다.

가. 국가 수준의 공통성과 지역, 기관 및 개인 수준의 다양성을 동시에 추구한다.

나. 유아의 전인적 발달과 행복을 추구한다.

다. 유아 중심과 놀이 중심을 추구한다.

라. 유아의 자율성과 창의성 신장을 추구한다.

마. 유아, 교사, 원장(감), 학부모 및 지역사회가 함께 실현해가는 것을 추구한다.

④ 누리과정 목적

누리과정의 목적은 유아가 놀이를 통해 심신의 건강과 조화로운 발달을 이루고 바른 인성과 민주 시민의 기초를 형성하는 데에 있다.

⑤ 편성·운영

가. 1일 4~5시간을 기준으로 편성한다.

나. 일과 운영에 따라 확장하여 편성할 수 있다.

다. 누리과정을 바탕으로 각 기관의 실정에 적합한 계획을 수립하여 운영한다.

라. 하루 일과에서 바깥놀이를 포함하여 유아의 놀이가 충분히 이루어지도록 편성하여 운영한다.

마. 성, 신체적 특성, 장애, 종교, 가족 및 문화적 배경 등으로 인한 차별이 없도록 편성하여 운영한다.

바. 유아의 발달과 장애 정도에 따라 조정하여 운영한다.

사. 가정과 지역사회와의 협력과 참여에 기반하여 운영한다.

아. 교사 연수를 통해 누리과정의 운영이 개선되도록 한다.

⑥ 교수·학습

교사는 다음 사항에 따라 유아를 지원한다.

가. 유아가 흥미와 관심에 따라 놀이에 자유롭게 참여하고 즐기도록 한다.

나. 유아가 놀이를 통해 배우도록 한다.

다. 유아가 다양한 놀이와 활동을 경험할 수 있도록 실내외 환경을 구성한다.

라. 유아와 유아, 유아와 교사, 유아와 환경 간에 능동적인 상호작용이 이루어지도록 한다.

마. 5개 영역의 내용이 통합적으로 유아의 경험과 연계되도록 한다.
바. 개별 유아의 요구에 따라 휴식과 일상생활이 원활히 이루어지도록 한다.
사. 유아의 연령, 발달, 장애, 배경 등을 고려하여 개별 특성에 적합한 방식으로 배우도록 한다.

7 평가

평가는 다음 사항에 중점을 두고 실시한다.
가. 누리과정 운영의 질을 진단하고 개선하기 위해 평가를 계획하고 실시한다.
나. 유아의 특성 및 변화 정도와 누리과정의 운영을 평가한다.
다. 평가의 목적에 따라 적합한 방법을 사용하여 평가한다.
라. 평가의 결과는 유아에 대한 이해와 누리과정 운영 개선을 위한 자료로 활용할 수 있다.

2019 개정 유치원 교육과정은 지금까지 유치원교육과정에서 강조했던 흥미중심, 경험중심, 놀이중심 교육이 유아를 중심으로 현장에서 보다 더 잘 적용될 수 있도록 강조하고 있다고 본다.

2020년 3월부터 유치원, 어린이집에 공통으로 적용되며 현장 안착을 위해 교육과정 해설서(http://www.moe.go.kr), 원장과 교사를 위해 원격연수(15시간)와 참여중심 (8시간) 연수 등 교사의 전문성 강화를 위한 지원이 이루어지고 있다(육아 정책연구소, 2019; 교육부·육아정책연구소·전라북도교육청, 2019).

이어서 2019 개정 누리과정 현장지원자료(놀이이해, 놀이이해 실행자료)와 2019 개정누리과정 후속조치사업으로 개발한 현장지원자료(학부모 교육과정 이해 및 놀이 연계자료, 유아관찰 안내서 학습공동체를 통한 유아놀이중심 교육지원자료) 자료를 개발 지원하고 있다.

교육부(2023.4)의 제3차(2023년~2027년)유아교육발전기본계획에 의하면 유아교육 운영모델을 다양화 하기 위해서 (현행: 교육과정 1일 4~5시간, 방과후과정 1일 8시간 이상을 자율성을 부여하여 지역여건, 부모수요에 따라서 교육내용과 시간을 유연하게 운영하는 방안 제시 등)자율성을 보여하고자 한다. 또 유-보-초 연계 교육내용 구성과 운영 그리고 방과후 과정 확대 운영 계획을 가지고 진행하고 있다.

3. 우리나라 보육과정의 변천

우리나라 보육과정의 변천을 표준보육과정 제정 이전, 표준보육과정 제정, 유치원 교육과정과 보육과정의 통합(3~5세 누리과정)으로 나누어 살펴보면 다음과 같다.

1) 표준보육과정 제정 이전

(1) 관련 법규

우리나라 보육사업은 1921년 태화기독교사회관에서 빈민아동 구제사업으로 탁아 프로그램을 개발하여 시작하였다. 그 후 전쟁고아나 요보호아동 보육 수요의 증가로 보육시설이 확대 설치되어 정부가 보육체제의 틀을 갖출 필요성을 느껴서 1952년 '후생시설 운영 요령'을 시달하게 되었다. 이 시기의 보육체제는 임시 구호적 기능에서 벗어나지 못하였다(강영욱, 2002; 이기숙, 2013).

1961년 '아동복리법'이 제정되어 탁아소를 법정 아동복지시설인 어린이집으로 명칭을 변경하고 설치 기준, 종사자 배치, 보육 시간, 보호 내용 등을 구체적으로 규정하였다.

1982년 '유아교육진흥종합계획', 1989년 '아동복지법 시행령', 1987년 '남여고용평등법'을 제정·공포하면서 이에 근거하여 보육사업을 추진하였다.

1991년 1월에 '영유아보육법'이 제정된 이후부터 현재까지 보육실제에 적용하기 위한 우수 프로그램 개발에 주력하여 다양한 보육 프로그램이 보급되어 왔다. 그러나 보육 관련법에서 정하고 있는 보육 내용을 총망라하는 국가 수준의 보육과정은 제시되지 않았으므로 법 규정에 근거한 보육과정은 법 규정 자체에 기술된 내용뿐이다(한국유아교육학회, 2003).

(2) 보육과정

이 시기에 보육기관에서의 보육 내용은 영유아보육법 시행규칙(1996. 1. 6 개정) 제23조(보육 내용)에 의거한 별표 9에 근거한다. 자세한 내용은 다음과 같다.

교육, 영양, 건강, 안전, 부모에 대한 서비스, 지역사회와 교류에 대한 기본 원칙을 제시하였다. 교육은 영유아의 신체적·사회적·정서적·지적 및 언어적 발달에 기여할 수 있는 경험을 제공하고 유능하고 존중받는 사람으로서의 자기 존중감을 발달시킬 수 있도록 도와주어야 한다. 영양은 규칙적인 식사와 간식을 제공하여 충분하고 균형 있는 영양을 공급해 주며 바른 식습관을 가질 수 있도록 도와주어야 한다. 건강은 영유아의 신체적·정서적 건강을 위해 예방적 서비스, 현재의 건강문제를 발견하여 치료하게 해줌으로써 영유아와 그 가족 및 지역사회의 건강을 증진시키도록 하여야 한다. 안전은 보육시설의 종사자는 안전 관리의 중요성을 인식하고 실천하기 위해 노력하며 영유아 스스로가 자신의 안전을 보호할 수 있는 능력과 기술을 가지도록 도와주어야 한다. 부모에 대한 서비스는 보조자 혹은 의사결정자로서의 부모 참여, 부모교육, 보육과정의 관찰 등을 통하여 부모에게 보육시설의 조직과 목표, 철학 등을 이해시켜 보육의 효과를 높인다. 지역사회와의 교류는 지역사회 인사의 보육활동 참여, 지역사회 보육시설 활용, 보육시설의 지역사회시설 활용, 대중 매체를 통한 지역사회와의 의사소통 등을 통하여 효율적인 보육 프로그램의 운영과 보육시설·가정·지역사회와의 공조체제와 책임 분담을 도모해서 영유아·가정·지역사회 모두의 복지에 공헌하도록 하여야 한다고 제시했다.

보육계획을 수립할 때 보육시설의 장은 영유아의 연령에 따른 일간, 주간 및 월간 보육계획을 수립하고 이에 따라 영유아를 보육하여야 하며 인지적·정서적·사회적·신체적·언어적 발달을 위한 활동, 개인·단체 활동, 동적·정적 놀이, 수유·배변 등의 생리적 욕구에 대한 배려와 휴식 시간 등이 들어가야 한다. 보육시설의 장은 별지 제22호 서식의 생활기록부 및 별지 제23호 서식의 영유아보육일지를 비치하고 영유아의 가정 상황과 입소 중에 행한 경과 등을 기록하여야 한다고 제시했다.

2) 표준보육과정 제정

(1) 관계법규

2004년 1월 전면 개정된 '영유아보육법' 제2조 2항에서 '보육이라 함은 영유아를 건강하고 안전하게 보호·양육하고 영유아의 발달 특성에 적합한 교육을 제공하는 사회복지서비스를 말한다'라고 규정하고 있다. 이는 보육을 영유아를 보호하는 내용에 한정하지 않고 보육서비스의 보편성을 강조하는 의미가 내포되었다고 볼 수 있다. 전면 개정된 영유아보육법 제29조 2항 '보건복지부 장관은 표준보육과정을 개발·보급하여야 하며 필요 시 그 내용을 검토하여 수정·보완하여야 한다', 제29조 3항 에 의하면 '보육시설의 장은 제2항의 규정에 의한 표준보육과정에 따라 영유아를 보육하도록 노력하여야 한다'고 규정하고 있다. 이 규정을 토대로 국가 수준의 보육과정이 개발되었다.

정부가 유보통합을 2025년부터 실시할 예정으로 정책이 추진되면서 영유아보육법(2024)이 일부개정 되고, 제6조의 보육정책 위원회에 관한 항목에 교육부장관은 중앙보육정책위원회의 업무를 효율적으로 수행하기 위하여 분야별전문 위원회를 둘수 있다는 내용을 신설하고, 보육정책 위원회의 구성·기능 및 운영 등에 필요한 사항은 대통령령으로 정한다고 개정했다.

(2) 표준보육과정

① 제1차 어린이집 표준보육과정(2007. 1. 3 여성가족부 고시)

2004년 1월 '영유아보육법 시행령'에 의해 표준보육과정 개발과 보급이 의무화되었고, 2007년 1월 '영유아보육법 시행규칙' 제30조에 의거하여 '표준보육과정'을 최종 고시하였다.

제1차 '표준보육과정'은 영유아의 전인적인 성장과 발달을 돕고 민주시민의 자질을 길러서 심신이 건강한 조화로운 사회 구성원으로 성장하도록 하는 데 그 목적이 있다. 제1차 '표준보육과정'은 기본생활, 신체운동, 사회관계, 의사소통, 자연탐구, 예술경험 등 여섯 가지 영역으로 구성되었다. 보육 내용은 2세 미만, 2세, 3~5세의 연령집단에 따라 구체적으로 제시되었다. 각각의 수준을 고려하여 2세 미만은 1, 2, 3수준, 2세는 1 , 2수준, 3~5세는 1, 2, 3수준으로 내용을 구성하였다.

② 제2차 표준보육과정(2012. 2. 29. 보건복지부 고시)

5세는 2012년 발표된 누리과정의 적용을 받게 되어 제2차 표준보육과정에서는 0~4세 대상으로 개정되었다. 연령집단을 2세 미만, 2세, 3~4세로 구분하고, 2세 미만은 1, 2, 3, 4수준으로, 2세는 1, 2수준으로, 3, 4세는 1, 2수준으로 수준별 내용을 변경하였다. 보육과정 용어를 법률적으로는 명확성을 기하고 초등교육과정과 통일하여 연계성을 강조했다. 보육과정 전반에 자율성과 창의성을 강조하였고 추구하는 인간상에 '자신과 다른 사람을 존중하며 배려하는 인성'을 추가하고 영유아에 대한 평가항목도 추가하였다.

③ 제3차 어린이집 표준보육과정(2013. 1. 2. 보건복지부 고시 제2013-8호)

영유아보육법 시행규칙 제30조에 의거하여 만 0~5세 보육과정의 영역 및 구체적내용 등 필요한 사항을 고시했다.

제3차 표준보육과정은 2013년부터 적용되는 3~5세 누리과정 도입에 따라 고시 명칭을 '제2차 표준보육과정'에서 '제3차 어린이집 표준보육과정'으로 변경하였다. 어린이집 표준보육과정은 0~1세 보육과정, 2세 보육과정, 3~5세 보육과정(누리과정 포함)으로 구성한다. 국가 수준의 어린이집 표준보육과정을 시행함으로써 영유아의 전인적 발달과 우리 문화에 적합한 내용을 일관성 있고 연계적으로 실천하며 궁극적으로 사회에서 추구하는 인간상을 구현하고 전국 어린이집의 질적 수준을 높이는 데 기여하고자 했다.

2013년 1월 2일 고시한 '영유아보육법 시행규칙' 제30조에 의하면 제3차 어린이집 표준보육과정에서 추구하는 인간상, 기본 전제, 구성 방향, 구성 체계, 편성 기준, 운영 기준, 교수-학습 방법, 평가(운영 평가와 영유아 평가) 등에 대한 내용은 다음과 같다.

❶ 추구하는 인간상

가. 심신이 건강하고 행복한 사람
나. 자율적이고 창의적인 사람
다. 자신과 타인을 존중하고 배려하는 사람
라. 자연과 우리 문화를 사랑하는 사람
마. 다양성을 인정하는 민주적인 사람

❷ 기본 전제

가. 영유아는 개별적인 특성을 지닌 고유한 존재이다.
나. 영유아는 연령에 따라 발달적 특성이 질적으로 다르다.
다. 영유아는 그 자체로서 존중 받아야 하는 존재이다.
라. 영유아는 직접적으로 경험할 때 의미 있는 지식, 기술 및 바람직한 태도를 형성해 간다.

마. 영유아는 일상생활이 편안하고 학습과 경험이 놀이중심으로 이루어질 때, 최대의 능력이 발휘된다.

바. 영유아는 민감하고 반응적인 성인과의 신뢰로운 관계 속에서 최적의 발달을 이룬다.

사. 영유아가 속한 가정, 지역사회가 함께 협력할 때 영유아에게 가장 긍정적인 영향을 미친다.

③ 구성방향

가. 영유아의 발달 특성과 개인차를 고려하여 연령 및 수준별로 구성한다.

나. 어린이집에서 편안하고 행복한 일상생활이 되도록 중점을 두어 구성한다.

다. 질서, 배려, 협력 등 기본생활습관과 바른 인성을 기르는 데 중점을 두어 구성한다.

라. 자율성과 창의성을 기르는 데 중점을 두고 전인 발달을 이루도록 구성한다.

마. 사람과 자연을 존중하고 우리 문화를 이해하는 데 중점을 두어 구성한다.

④ 구성 체계

가. 0~1세 보육과정, 2세 보육과정, 3~5세 보육과정으로 구성한다.

나. 영역, 내용 범주, 내용, 세부 내용으로 구분하고 내용 간에 연계가 이루어지도록 구성한다.

다. 세부 내용이라 함은 0~1세 보육과정, 2세 보육과정에서는 수준별 세부 내용을 의미하고 3~5세 보육과정에서는 연령별 세부 내용을 의미한다.

라. 0~1세 보육과정은 기본생활, 신체운동, 의사소통, 사회관계, 예술경험, 자연탐구의 6개 영역을 중심으로 구성한다.

마. 2세 보육과정은 기본생활, 신체운동, 의사소통, 사회관계, 예술경험, 자연탐구의 6개 영역을 중심으로 구성한다.

바. 3~5세 보육과정은 신체운동·건강, 의사소통, 사회관계, 예술경험, 자연탐구의 5개 영역을 중심으로 구성한다.

사. 3~5세 보육과정은 초등학교 교육과정과의 연계성을 고려하여 구성한다.

⑤ 편성 기준

가. 어린이집의 운영 시간에 맞추어 편성한다.

나. 표준보육과정에 제시된 각 영역의 내용을 균형 있게 통합적으로 편성한다.
다. 영유아의 발달 특성 및 개인차, 경험을 고려하여 놀이를 중심으로 편성한다.
라. 영유아의 일과 중 일상생활을 포함하여 편성한다.
마. 어린이집과 보육실의 특성에 따라 융통성 있게 편성한다.
바. 성별, 종교, 신체적 특성, 가족 및 민족 배경 등으로 인한 편견이 없도록 편성한다.

❻ 운영 기준

가. 보육계획(연간, 월간, 주간, 일일 계획 등)에 의거하여 운영한다.
나. 실내·외 환경을 다양한 흥미 영역으로 구성하여 운영한다.
다. 영유아의 능력과 장애 정도에 따라 조정하여 운영한다.
라. 부모와 각 기관의 실정에 따라 부모교육을 실시한다.
마. 가정과 지역사회와의 협력과 참여에 기반하여 운영한다.
바. 교사 재교육을 통해 어린이집 표준보육과정 운영을 개선해 나간다

❼ 학습방법

가. 주도적인 놀이를 중심으로 교수–학습 활동이 이루어지도록 한다.
나. 흥미를 중심으로 활동을 선택하고 지속할 수 있도록 한다.
다. 생활 속 경험을 소재로 하여 지식, 기술, 바람직한 태도를 기르도록 한다.
라. 교사와 신뢰감을 형성하고 개별적인 활동이 이루어지도록 한다.
마. 교사, 환경, 또래와 능동적인 상호작용이 이루어지도록 한다.
바. 주제를 중심으로 여러 활동이 통합적으로 이루어지도록 한다.
사. 0~1세아, 2세아는 일상생활 및 개별 활동, 휴식 등이 균형 있게 이루어지도록 한다.
아. 3~5세아는 실내외 활동, 정적·동적 활동, 대·소집단 활동 및 개별 활동, 일상생활 및 휴식 등이 균형 있게 이루어지도록 한다.

❽ 운영 평가와 영유아 평가

〈운영 평가〉

가. 어린이집 표준보육과정의 목표와 내용에 근거하여 보육 내용이 적절히 편성·운영되는지 평가한다.

나. 어린이집 표준보육과정의 운영 내용 및 활동이 영유아의 발달수준과 흥미, 요구에 적합한지 평가한다.

다. 영유아의 발달수준, 흥미, 요구에 적합한 경험 및 학습을 촉진할 수 있는 다양한 활동과 교수–학습 방법이 계획되고 통합적으로 운영되는지 평가한다.

라. 일과 운영 및 보육활동 구성 시 놀이활동과 일상생활 활동의 양과 내용이 영아 및 유아 각 연령의 발달에 적합하게 계획되고 운영되는지 평가한다.

마. 0~1세아, 2세아는 집단활동보다 개별적인 상호작용과 교수법을 중심으로 상호작용이 진행되는지를 평가한다.

바. 어린이집 표준보육과정 운영 평가 결과를 수시로 반영하여 보육과정 운영 계획을 수정·보완하거나 다음 연도의 계획 수립 및 운영에 반영하는지 평가한다.

〈영유아 평가〉

가. 어린이집 표준보육과정의 목표와 내용에 근거하여 영유아의 특성과 변화 정도를 평가한다.

나. 지식, 기술, 태도 등을 평가한다.

다. 일상생활과 보육과정 활동 전반에 걸쳐 평가한다.

라. 관찰, 활동 결과물 분석, 부모 면담 등 다양한 방법을 사용하여 종합적으로 평가하고 그 결과를 기록한다.

마. 평가 결과는 영유아에 대한 이해와 어린이집 표준보육과정 운영 개선 및 부모 면담 자료로 활용한다.

보건복지부 고시 제2013 – 8호 영유아보육법 시행규칙 제30조에 의거하여 만 0~5세 보육과정의 영역 및 구체적 내용 등 필요한 사항을 다음과 같이 고시한다.

- 2013년 1월 21일, 보건복지부장관, 제2차 표준보육과정 고시 개정

「제2차 표준보육과정 고시」를 다음과 같이 개정한다.

고시명 "제2차 표준보육과정 고시"를 "제3차 어린이집 표준보육과정 고시"로 한다.

제3차 어린이집 표준보육과정을 다음과 같이 한다.

④ 3~5세 2015년 개정 누리과정

「영유아보육법」 제29조와 같은 법 시행규칙 제30조 규정에 의한 「3~5세 연령

별 누리과정 고시」(보건복지부 고시 제2015-45호, 2015.3.12.)를 했다. 유치원 교육과정(누리과정)과 동일하다.

5 3~5세 2019년 개정 누리과정

보건복지부 고시 제2019-152호 영유아보육법 제29조와 같은 법 시행규칙 제30조 규정에 의한 「3~5세 연령별 누리과정 고시」(보건복지부 고시 제2015-45호, 2015. 3. 12.)를 개정하여, 2019년 7월 24일 보건복지부장관 명으로 유치원교육과정과 동일한 내용으로 3~5세 연령별 누리과정을 고시(보건복지부고시 제2019-152호, 2019.7.24.)했다.

6 제4차 어린이집 표준보육과정(보건복지부 고시 제2020 - 75호)

「영유아보육법」 제29조제2항, 「영유아보육법시행규칙」 제30조 및 별표8의4에 의거하여 고시명 "제3차 어린이집 표준보육과정 고시"를 "제4차 어린이집 표준보육과정 고시"로 제4차 어린이집 표준보육과정을 고시하고, 이 고시는 2020년 9월 1일부터 시행한다.

제4차 어린이집 표준보육과정에서 추구하는 인간상, 목적과 목표, 구성 중점, 편성과 운영, 교수·학습, 평가 등에 대한 내용은 다음과 같다.

① 추구하는 인간상

가. 건강한 사람

나. 자주적인 사람

다. 창의적인 사람

라. 감성이 풍부한 사람

마. 더불어 사는 사람

② 목적과 목표

영유아가 놀이를 통해 심신의 건강과 조화로운 발달을 이루고, 바른 인성과 민주시민의 기초를 형성하는 데에 있다.이를 실현하기 위한 목표는 다음과 같다.

가. 0~2세 보육과정 목표

- 자신의 소중함을 알고, 건강하고 안전한 환경에서 즐겁게 생활한다.
- 자신의 일을 스스로 하고자 한다.

- 호기심을 가지고 탐색하며 상상력을 기른다.
- 일상에서 아름다움에 관심을 가지고 감성을 기른다.
- 사람과 자연을 존중하고 소통하는 데 관심을 가진다.

나. 3~5세 보육과정 목표

- 자신의 소중함을 알고, 건강하고 안전한 생활 습관을 기른다.
- 자신의 일을 스스로 해결하는 기초능력을 기른다.
- 호기심과 탐구심을 가지고 상상력과 창의력을 기른다.
- 일상에서 아름다움을 느끼고 문화적 감수성을 기른다.
- 사람과 자연을 존중하고 배려하며 소통하는 태도를 기른다.

③ 구성의 중점

가. 영유아는 개별적인 특성을 지닌 고유한 존재임을 전제로 구성한다.

나. 0~5세 모든 영유아에게 적용할 수 있도록 구성한다.

다. 추구하는 인간상 구현을 위한 지식, 기능, 태도 및 가치를 반영하여 구성한다.

라. 표준보육과정은 다음의 영역을 중심으로 구성한다.

마. 0~1세 보육과정과 2세 보육과정은 기본생활, 신체운동, 의사소통, 사회관계, 예술경험, 자연탐구의 6개 영역을 중심으로 구성한다.

바. 3~5세 누리과정은 신체운동·건강, 의사소통, 사회관계, 예술경험, 자연탐구의 5개 영역을 중심으로 구성한다.

사. 0~5세 영유아가 경험해야 할 내용으로 구성한다.

아. 초등학교 교육과정과의 연계성을 고려하여 구성한다.

④ 편성 · 운영

다음의 사항에 따라 표준보육과정을 편성·운영한다.

가. 어린이집의 운영 시간에 맞추어 편성한다.

나. 표준보육과정을 바탕으로 각 기관의 실정에 적합한 계획을 수립하여 운영한다.

다. 하루 일과에서 바깥 놀이를 포함하여 영유아의 놀이가 충분히 이루어지도록 편성하여 운영한다.

라. 성, 신체적 특성, 장애, 종교, 가족 및 문화적 배경 등에 따른 차별이 없도록 편성하여 운영한다.

마. 영유아의 발달과 장애 정도에 따라 조정하여 운영한다.

바. 가정과 지역사회와의 협력과 참여에 기반하여 운영한다.

사. 교사 연수를 통해 표준보육과정의 운영을 개선할 수 있도록 한다.

⑤ 교수·학습

교사는 다음 사항에 따라 영유아를 지원한다.

가. 영유아의 의사 표현을 존중하고 민감하게 반응한다.

나. 영유아가 흥미와 관심에 따라, 놀이에 자유롭게 참여하고 즐기도록 한다.

다. 영유아가 놀이를 통해 배우도록 한다.

라. 영유아가 다양한 놀이와 활동을 경험할 수 있도록 실내외 환경을 구성한다.

마. 영유아와 영유아, 영유아와 교사, 영유아와 환경 사이에 능동적인 상호작용이 이루어지도록 한다.

바. 각 영역의 내용이 통합적으로 영유아의 경험과 연계되도록 한다.

사. 개별 영유아의 요구에 따라, 휴식과 일상생활이 원활히 이루어지도록 한다.

아. 영유아의 연령, 발달, 장애, 배경 등을 고려하여 개별 특성에 적합한 방식으로 배우도록 한다.

⑥ 평가

평가는 다음 사항에 중점을 두고 실시한다.

가. 표준보육과정 운영의 질을 진단하고 개선하기 위해, 평가를 계획하고 실시한다.

나. 영유아의 특성 및 변화 정도와 표준보육과정의 운영을 평가한다.

다. 평가의 목적에 따라 적합한 방법을 사용하여 평가한다.

라. 평가의 결과는 영유아에 대한 이해와 표준보육과정 운영 개선을 위한 자료로 활용할 수 있다.

영역별 목표 및 내용은 제4차 어린이집 표준보육과정 고시 내용에서 0~1세, 2세, 3~5세로 나눠서 제시하고 있다.

참고문헌

강영욱 (2002). 영유아보육정책의 변천에 관한 사적 고찰. **한국행정사학지**, 11.

강윤구 (1992). **영유아보육사업론**. 서울: 혜화당.

교육과학기술부 (2008). **유치원 교육과정 해설/총론**.

교육법전편찬위원회 (1995). **교육법전**. 서울: 교육주보사.

교육과학기술부·보건복지부 (2013). **3세~5세 누리과정 해설서**.

교육부 (1994). **유치원 교육과정 해설**. 서울: 대한교과서주식회사.

교육부 (1998). **제6차 유치원 교육과정 해설**. 서울: 대한교과서주식회사.

교육부·육아정책연구소·전라북도교육청(2019). **2019 개정 누리과정 교사연수자료**.

교육인적자원부 (2007). 2007 유치원 교육과정. 교육인적자원부 고시 제2007-153호.

김정원·심은희·이경화·이연규·장은주·전선옥·조순옥·조화연·최일선 (2011). **보육학개론**. 서울:양서원.

김영옥 (1995). **한국 현대 유아교육사**. 서울: 양서원.

김제한·곽노의 (1995). **유아교육학 개론**. 서울: 학문사.

문교부 (1955). **문교통계요람**.

법제처 법제조정법(2019). 법제소식 1월호. 유치원 3법 관련 의원 발의 법안.

보건복지부 (2013). 제3차 어린이집 표준보육과정(보건복지부 고시 제2013-8호).

보건복지부 (2013). **보육사업안내**.

보건복지부 (2012). 제2차 표준보육과정(보건복지부 고시 제2012-8호).

보건복지부 (2012). **보육프로그램 총론**.

보건사회부 (1994). **보육사업지침**.

사단법인 한국어린이육영회 (1991). **한국어린이육영회 10년**. 서울: 주식회사 동아출판사.

여성가족부(2007). **표준보육과정**.

영남유아교육연구회 (1988). **유치원 교육과정**. 서울: 창지사.

육아정책연구소(2019). 2019 개정 누리과정 유치원 관리자 연수.

이기숙 (2013). **제5판 유아교육과정**. 서울: 교문사

이기숙 (1983). **유아교육과정**. 서울: 교문사.

이기숙 (1992). **유아교육과정**(개정판). 서울: 교문사.

이기숙·장영희·정미라·엄정애 (2002). **유아교육개론**. 서울: 양서원.

이기숙·김정원·이현숙·전선옥 (2008). **영유아교육과정**. 서울: 공동체.

이상금 (1987). **한국 근대 유치원 교육사**. 서울: 이화여대 출판부.

이연섭·강문희 (1997). **유아교육개론**. 서울: 정민사.

이영자 (1993). **유아교육체제의 실상과 과제**. 한국유아교육학회.

이화80년사편찬위원회(1967). **이화 80년사**. 서울: 이화여대 출판부.

임재택 (1992). **현대 유아교육과정**. 서울: 양서원.

중앙교육연구원 조사연구부 (1976). **유아교육의 현황과 추세**. 중앙교육연구원.

주정일(1990). 우리나라 어린이집 운영 실제와 문제점. 어린이집 운영 모델 개발을 위한 한·독 세미나. 인간발달연구소.

한국유아교육학회 (1995). **유아교육백서**. 서울: 도서출판 하우.

한국유아교육학회 (2003). **유아교육백서 1995년~2000년**. 서울: 양서원.

한국유아교육학회 (2007). **유아교육백서 2001년~2005년**. 서울: 양서원.

한임순 (1994, 1997). **새유아교육개론**. 서울: 동문사.

http://central.childcare.go.kr

http://www.educare.or.kr

http://www.kcac21.or.kr/

http://www.kcac21.or.kr/

http://www.mest.go.kr/

http://www.moleg.go.kr/

http://www.moe.go.kr

http://www.mw.go.kr/

http://cesi.kedi.re.kr/

http://klaw.go.kr/

http://klaw.go.kr/

https://kess.kedi.re.kr/

CHAPTER 09

유아교육의 사회적 요구

1. 복지사회 건설
2. 사회의 변화
3. 보상교육과 Head Start
4. 부모 역할 인식 변화와 부모교육
5. 다문화교육

어떤 형태의 인간 삶도 그 시대의 사회적 분위기와 무관할 수 없다. 특히 유아교육에 대한 현대의 세계적인 관심은 조기교육의 중요성에 대한 연구 결과에 의한 것도 있겠으나 Lazerson(1972)이 지적한 바와 같이 역사적으로 사회적 개혁과 변화를 위한 시도와 불가분의 관계를 가지고 발달하였다. 미래사회의 구성원인 유아를 대상으로 하는 유아교육은 현재사회의 모습에 대한 통찰과 다가올 미래사회의 변화에 대한 예견이 동시에 이루어져 현재사회에 잘 적응하고 미래사회에 적절히 대처할 수 있는 능력을 길러주는 것이어야 한다(이기숙, 2013)

유아교육에 영향을 미친 사회적 요인은 복지사회 건설, 사회의 여러 가지 변화, 보상교육과 Head Start, 부모 역할 인식 변화와 부모교육, 다문화교육 등으로 정리해 볼 수 있다.

1. 복지사회 건설

유아교육은 개인의 능력을 극대화하여 사회를 향상시키기 위한 토대로서 깊은 관심의 대상이 되어왔다. 고대 그리스 Platon은 정의가 실현되는 이상적인 국가 건설을 위해 좋은 인재를 양성하는 데 교육의 목적을 두었으며 유아기는 아동의 신체·건강·습관의 발달뿐만 아니라 스포츠·게임·놀이·노래를 통해 좋은 교육을 할 수 있는 가장 중요한 시기이며 이러한 활동을 통해 국가의 완전한 시민으로서의 자질－지혜·용기·절제·정의－을 기를 수 있다고 주장하였다(이기숙, 2013). 18세기 대표적인 계몽주의 사상가인 Rousseau의 교육 목적은 참다운 시민을 키우자는 데 있었다. 그것은 단지 자유로운 개인도 아니고 전제국가의 백성처럼 예속적인 국민도 아니고 어디까지나 자주적이며 또한 사회의 정의에 충실하며 공동의 복지를 위하여 자기를 억제하는 사람, 자연적인 자유가 아니라 사회적 자유를 나아가서 도덕적 자유를 체득한 인간을 만드는 것이다(김옥연, 2000) 프랑스의 Obelin이 세운 편물학교(Knitting School, 1767) 또한 부모가 일터에 있는 동안 유아들을 보호하고 교육하는 적극적인 의미의 경제적, 사회적, 교육적 개혁을 추진한 교육기관이었다.

Pestalozzi는 교육실천가로서 교육은 사회 개혁을 통한 복지사회 건설의 수단으로 생각하였다. 1774년 자신의 집에 빈민학교를 설립하여 버림받은 어린이들을 모아

옷과 음식을 제공하고 가사, 농장일, 사회·도덕, 언어, 산수, 음악 그리고 오락 등 통합적인 교육을 실시하였다. Froebel의 초기 유치원 교육의 주된 목적은 유아의 삶을 향한 올바른 시각을 통해서 사회를 향상시키는 것이었고 유아의 도덕적이고 정신적인 성장을 육성하는 데 큰 가치를 두었다(이기숙, 1992). 영국 산업혁명기의 유토피아적 사회주의자, 박애주의자인 Owen은 1816년 자기가 경영하는 방직공장 내에 2~6세 유아를 대상으로 하는 '성격형성학원'을 창설하여 유아교육을 통한 사회개조를 시도하였다. 인간의 성격 형성은 환경의 소산이며 교육을 포함한 후천적인 사회환경을 긍정적으로 조성함으로써 미래의 인간과 사회를 밝게 전망할 수 있다고 설명하였다.

McMillan자매의 유아학교도 산업화로 인해 도시로 흘러들어온 빈민의 유아를 대상으로 양질의 교육을 실시하여 그들 앞에 놓인 문화 실조의 상태를 극복할 수 있도록 하였다. 이는 오늘날 영국의 유아학교의 전신이 되었다(김옥연, 2000). 즉, 영국의 유아교육은 빈민가의 부랑아를 대상으로 하는 복지사회운동으로 시작되었다. 1871년에 이미 초등교육법에 의해 5세 아동에게 의무교육이 제도적으로 보장되었으며 1918년 Fisher 교육법에서 유아원이 공인되었고 1948년의 아동복지법에서는 학교에서 아동의 급식과 보건, 의료와 의복 및 교통비까지 지급하도록 명시하였다. 영국의 유아교육이 이처럼 괄목할 만한 성장을 하게 된 것은 1967년 Plowden 보고서에 의한 것이라고 한다.

1930년대 미국은 경제 공황으로 인해 국가의 경제 사정이 어려워 많은 공립학교가 기금 부족으로 교사들을 해직시켰다. 해직된 교사들에게 일자리를 제공하기 위해 유아원이 설립되었는데, 이때의 유아원은 아동에 대한 교육적 서비스 차원이기보다는 일자리를 잃은 성인에 대한 서비스 차원이었다. 경제 공황이 끝나고 2차 세계대전이 시작되어 여성도 노동력을 제공해 전쟁을 도와야 했기 때문에 24시간 운영되는 탁아소를 설치·운영하였고 종전 후 유아교육에 대한 연방정부의 개입도 철회되었다. 1960년대 중반에 이르러 정부는 다시 유아교육에 관심을 갖게 되었는데, 당시는 빈곤층에 대한 관심이 증가되는 시기였다. 취학전 교육에 대한 많은 실험 프로그램이 확립되었고 이러한 노력의 일환으로 Head Start 프로그램이 만들어졌는데, 이 프로그램은 유아교육에 많은 시사점을 주었다. 비록 대상 아동 중 20%만이 Head Start에서 제공하는 서비스를 받았지만, 이 프로그램은 이제까지 있었던 유아교육 프로그램 중 가장 규모가 크고 대중적인 프로그램의 하나로 평가받고 있다(Morrison, 1980).

우리나라는 1980년 제5공화국이 출범하면서 복지사회 건설을 위한 일환으로 저소득 밀집지역에 새마을협동유아원을 우선적으로 설치하였고 국가가 재정 지원을 하였다. 새마을유아원의 설립은 사회정책적으로 유아교육의 위치를 부각시키는 데 큰 역할을 하였다고 볼 수 있다(이연섭 외, 2005). 새마을유아원은 1991년 영유아보육법이 제정되면서 유치원과 어린이집으로 전환되어 현재는 존재하지 않는다. 최근에는 정부가 2013년부터 만 0~5세 전 계층에 무상보육을 실시하고 유치원과 어린이집에 연령별로 보육료와 양육수당을 지급함으로써 보편적 복지정책을 시도하고 있다. 또한 보건복지부는 2007년부터 한국형 포괄적 빈곤아동 조기지원서비스를 제공하며 빈곤의 대물림을 차단하고 아동의 전인적인 발달을 도모하여 건강한 사회 구성원으로 성장할 수 있도록 지원하는 것을 목적으로 하는 드림스타트사업을 추진하고 있다(www.dreamstart.go.kr). 대부분 자유민주주의 국가는 유아의 전인적 발달에 목적을 두고 복지사회를 구현하는 이념 위에서 다양한 성격을 띤 유아교육이 국가와 지역사회 및 가정의 요구와 필요를 충족시키고 있다.

2. 사회의 변화

20세기 후반 농경중심의 전통사회에서 산업사회로의 변화와 21세기로 접어들면서 정보화 사회로의 변화는 여성의 사회 진출 일반화, 가족의 구조 및 기능의 변화를 가져왔고 이는 여러 가지 면에서 새로운 형태의 유아교육을 요구하게 되었다. 교육은 사회가 추구하는 인간상을 목표로 하여 그 사회의 이상이나 요구, 변화를 교육의 실제에 반영할 수밖에 없다(윤기영, 1998)

미국의 경우 1960년대 급속한 유아교육의 변화를 가져온 발단은 1950년대 발생한 세 가지 사건에서부터 시작되었다. 첫째는 공립학교의 실패였고, 둘째는 몽고메리 지역 흑인들의 시내버스 보이콧 사건(1955. 12. 1)에서 시작된 소비자 운동이고 세 번째는 소련에서 쏘아올린 인공위성 Sputnik호 사건(1957. 10. 4)이다(Morrison, 1980). 그 무렵 미국 공립학교의 학부모들은 전통적으로 놀이중심의 유아교육기관과 사회화를 강조하는 공립학교들이 미래의 성공을 준비하지 못한다고 느꼈으며 학교에서 기초적 학습기술을 가르치도록 요구하였다. 흑인들의 시내버스 보이콧 사건에서 시작된 1960년대의 소비자 운동은 시민권리운동을 더욱 발전시켰으며 대부분의 경우에 유아와 직접 관련이 있었다. 예를 들어, TV에서 방영되는 폭력 프로그램이 유아에게 미치는 영향이라든가, 설탕이 유아 비만에 미치는 영향, 암을 발생시키는 소재가 들어 있는 유아 의류 제조 반대 등의 유아와 관련된 일에 관심을 보였고 이 사건을 계기로 부모를 포함하는 많은 교육단체들은 유아의 권리를 보호하는 일에 앞장서기 시작했다. 소련의 인공위성 발사 사건은 미국을 심각한 위기감과 패배감에 휩싸이게 하였다. 이 Sputnik 쇼크를 계기로 미국의 생활 적응 능력 중심의 교육에 교육 공학·교수조직·창의성 계발 등의 새 교수법이 도입되었다. 미국의 예에서 알 수 있듯이 인간의 삶은 그가 속해 있는 사회적 분위기와 깊은 관련이 있으며 유아교육도 사회적 개혁과 변화를 위한 시도와 깊은 관련이 있음을 알 수 있다.

1) 여성의 사회 진출

1960년대 이후에 대부분 국가의 여성들이 사회적 진출 증가를 보이고 있다. 우리나라도 여성의 경제활동 참가율이 1970년에는 38.5%였다가 2000년에는 48.4%, 2013년에는 49.7%로 증가하였다(통계청, 2013). 산업화에 따른 일의 분화와 직업의 전문화는 노동력의 수요를 증대시키면서 여성 인력을 필요로 하는 직업이 다양하게 개발되었고 남녀 간에 교육의 기회가 증대되어 여성들이 경제활동에 필요한 지식과 기술을 습득하기가 용이해졌으며, 자아실현과 경제적 자립의 욕구가 강해졌다. 이러한 여성의 사회 참여로 인해 전통적으로 여성의 업무였던 가사와 육아의 형태가 변화되었다. 다양한 가전제품의 발달로 인해 가사 시간은 많이 줄어들었으나 육아 부분은 사회적으로 많은 고민과 부담을 불러오게 되었다.

이와 같은 여성의 사회 진출과 함께 맞벌이부부의 문제는 자녀교육이 더 이상 개인의 책임이 아니라 공동의 책임임을 인식하게 한다. 즉, 가정과 부모가 가지고 있던 종래의 교육적 기능이 점차 유아교육기관으로 옮겨지고 있으며 양질의 탁아는 여성이 가정 밖에서 직업 목표를 성취 가능하게 하는 데 필수적인 요소가 되었다(Spodek, et al., 1987). 따라서 유아들이 유아교육기관에서 좀 더 오랜 시간 동안 교육받을 수 있는 프로그램이 늘고 있으며 보육에 대한 절대적인 수요가 급증하여 자녀양육의 책임을 사회와 국가가 함께 나누어야 한다.

2) 가족의 변화

가족은 사회체제 구성의 한 조직으로서 전통적으로는 성적 욕구 충족, 자녀 출산, 교육에 따른 사회화, 성차에 기초한 경제기능을 수행하고 있으나(Murdock & Peter, 1945), 현대 가족에서는 그 기능에 변화가 일어났다. 근대화 이전의 가족은 경제·지위 부여·교육·보호·종교·오락·애정의 일곱 가지 기능을 수행하여 왔으나 근대화 이후의 가족은 애정의 기능만을 수행하고 나머지 여섯 가지 제도적 기능은 기업·학교·국가로 흡수되었다. 즉, 산업화와 도시화로 인하여 가족의 전통적인 기능은 사회의 전문 기관으로 이양되었으며, 따라서 전통적인 가족의 기능은 가족 단위로서가 아니라 개인으로서의 기능으로 대체되어 가족은 더 이상 이전의 기능을 수행하는 집단이 아니라는 것이다(이연섭·강문희, 2010).

가족기능의 변화뿐 아니라 가족 구조 또한 대가족제도에서 부부중심의 핵가족제도로 변형되고 있다. 참고로 우리나라 핵가족화 추세를 보면 1975년에 약 21.1%였던 확대가족(3세대 이상 가족)이 2020년에는 약 3.3%로 감소한 반면, 핵가족(2세대 이하 가족)은 78.9%에서 96.4%로 증가하였다〈표 9-1〉.

〈표 9-1〉 우리나라 가구의 세대수별 분포

구분 / 연도	세대별 가구 분포(%)			
	1세대	2세대	3세대	4세대
1975	7.0	71.9	20.1	1.0
1980	8.8	73.1	17.6	0.6
1985	10.5	73.3	15.8	0.5
1990	12.0	74.1	13.6	0.3
1995	14.7	73.7	11.4	0.2
2000	17.1	72.9	9.9	0.2
2005	20.6	70.5	8.8	0.1
2010	24.3	67.5	8.1	0.1
2020	53.2	43.2	3.2	0.1

출처: 통계청(각년도). 인구 주택 총 조사보고서.

〈표 9-1〉에서 2020년 1세대 가구분포 53.2%에는 1인 가구가 30.4% 포함되어 있어(통계청, 2023) 핵가족 세대 뿐 아니라 1인 가구가 급격하게 늘고 있음을 알 수 있다. 이처럼 현대사회는 가족 구조의 커다란 변화를 보여주고 있다. 또한 1961년에 6.0명이던 우리나라 출산율이 2005년에는 1.08명으로 떨어져 세계에서 가장 낮은 출산율을 기록하였고(박정한, 2007). 2012년에는 1.297명(통계청, 2013), 2018년에는 0.98명(통계청, 2019) 급기야 2022년에는 0.78명으로 떨어졌다(통계청, 2023). 이 같은 가족형태와 크기의 변화는 가정의 교육적 기능을 약화시키고 있다.

전통적인 대가족제도에서는 조부모, 부모, 삼촌, 고모 등의 가족들이 함께 살았기 때문에 매우 다양하고 복합적인 인간관계를 경험하면서 자연스럽게 일상적인 언어와 바른 생활습관 그리고 도덕적 윤리의식을 배울 수 있었다. 그러나 오늘날의 핵가족 속에서는 이러한 생활교육이 제대로 이루어질 수 없게 됨에 따라 커다란 교육적결손이 야기되고 있다. 또한 대인관계 기회의 감소현상을 초래하여 소수의 특수한 인간관계밖에 체험하지 못하고 결국 인간 상호작용의 결핍을 가져올 수도 있으며 유아의 사회화 과정의기능 약화를 초래하기도 한다(이기숙, 2013).

이러한 핵가족화 외에도 현대사회는 잦은 이혼으로 인한 한부모가족의 증가, 재혼이나 입양으로 맺어진 새로운 가족의 출현, 가족처럼 살고 있는 동성애부부로 이루어진 가족 등 가족 구조가 매우 다양화되고 있다. 따라서 우리 사회의 다양한 가족 구조의 변화를 반영하여 유아에게 가족의 소중함을 알게 하고 가족과 화목하게 지내는 방법과 그 가치를 강조해야 할 것이다.

3) 산업화·도시화·정보화·세계화

20C 후반 전 세계는 농경사회에서 산업사회로의 빠른 변화를 이루었고 산업화는 필연적으로 도시화를 촉진시켰으며 21C에 접어들어서는 정보화 사회로 진보하였다. 도시화는 새로운 주거 형태, 생활 형태를 탄생시켰다. 고층 아파트와 인구 밀도가 높은 도시 주택에서의 생활은 이웃과의 단절된 생활로 유아들이 경험하는 사회적 경험의 폭을 좁아지게 하였다. 또한 아파트 주차장에서 곡예하듯이 위험하게 놀고 있는 유아들의 모습이 익숙해진 지 오래다. 그만큼 유아가 뛰어놀 공간이 줄어든 것이다. 따라서 여러 사람과의 사회적 상호작용을 경험하고 안전하고 안락한 공

간에서 지낼 수 있는 유아교육기관이 필요하게 되었다.

현대사회는 인터넷을 포함한 정보통신 매체와 교통의 발달로 인하여 세계가 하나의 생활권으로 묶이게 되면서 세기적 변혁의 시대를 맞고 있다. TV와 인터넷을 통해 세계 곳곳에서 일어나는 일들을 실시간으로 시청할 수 있게 되었고 과학의 발달로 인해 인류 역사상 유례없이 지식이 폭증하는 사회가 되었다. 날로 새로워지는 사회는 기존의 생활양식을 바꾸고 새로운 사고방식으로 변화에 적응하도록 요구한다. 현재 우리 사회는 정보통신의 발달로 인해 개인이 접근할 수 있는 정보의 양이 무한대가 되었으며 세계화의 영향으로 다양한 문화와 가치를 경험하게 되었다(교육과학기술부, 2008). 이러한 혼돈의 상황에서는 새로운 관점에서 현상을 관찰하고 분석하여 발전적인 해석이나 방안을 모색할 수 있고 자신에게 필요하고 유용한 정보나 가치를 선별할 수 있는 창의적·비판적 사고 능력이 요구된다. 21C 지식 정보화 시대에 자신의 정체성을 지키면서 능동적으로 변화에 적응해 나가는 것은 매우 중요하다. 정보화 사회와 함께 도래한 세계화로의 변화는 단일민족국가를 자랑으로 삼던 우리에게 하나의 도전이 되고 있다. 이를 위해 우리의 문화를 올바르게 이해하고 계승하여 인류의 보편적인 가치로 발전시키는 것은 새로운 가치 창조의 출발이며 진정한 세계화의 기반이자 경쟁력이 될 수 있다(교육과학기술부, 2013). 지역과 지역 간, 문화와 문화 간의 교류가 빈번해지고 세계가 시·공간적으로 가까워짐에 따라 세계 여러 나라와 함께 공존하는 법을 배우는 것이 중요한 과제가 되었다. 다양한 문화가 공존하는 세계시민으로 살아가기 위해서는 유아기 때부터 우리와 다른 것에 대한 편견 없는 수용과 다른 문화에 대한 긍정적 태도와 이해가 요구되며 각국 고유의 문화를 계승하려는 전통문화교육이 더욱 필요하게 되었다.

3. 보상교육과 Head Start

1960년을 전후하여 인간 발달에 있어 조기 경험의 중요성을 인식하고 유아교육에 대한 관심이 높아지면서 '불리한 환경의 유아들(disadvantages children)'을 위한 보상교육차원의 프로그램들이 개발되었다. 1964년 미국 연방정부는 빈곤의 부정적 영향을 극복하기 위해서 경제기회법(Economic Opportunity Act)을 통과시켰다. 이

법의 주 목적은 저소득층 유아에게 경제적·사회적 기회를 제공하여 빈곤의 악순환을 깨는 데 있다. 이 경제기회법은 경제기획국을 탄생시켰고 이 기구 안에서 Head Start 프로젝트(Head Start Project)가 개발되었다. Head Start 프로그램은 정부가 사회복지정책의 일환으로 저소득층을 위해 개입한 집중적이고 포괄적인 서비스를 제공한 프로그램이었다. 1965년 여름 8주 동안 대략 550,000명의 어린이가 2,500여 개 Head Start 센터에서 프로그램에 참여한 것이 그 시작이다

1) Head Start 프로그램의 기본 취지 및 목적

Head Start 프로그램은 빈곤한 가정의 유아가 처음으로 해야 할 여러 경험에서 혜택받지 못할 수 있다는 문화 실조 개념과 가난으로 야기되는 문제들을 학교 입학 전에 가지는 교육의 기회를 통해 해결하려고 시도한 보상교육의 가능성, 가난한 가정에서 태어난 유아가 다시 가난하게 사는 세대 간 빈곤세습의 타파를 위해서 교육적·사회적 경험의 기회를 초기에 제공하자는 취지에서 시작되었다(이미자, 2013). 또한 1960년대 Almy, Freud, Bloom 등의 연구 결과에 의해 유아교육에 대한 중요성을 새로이 인식하게 된 것도 주요 시작 동기가 되었다.

그러나 최근 문화 실조라는 개념은 중류 계층의 문화가 성공의 척도가 됨으로써 생기는 개념의 차이이므로 '문화 실조'(cultural deprivation)보다는 '문화 차이'(cultural difference)의 개념으로 이해해야 한다는 주장이 일반화되고 있다. 이러한 경향은 불우 아동을 중심으로 하여 교과의 세부적인 내용을 집중적으로 훈련시켰던 보상교육에 대한 반성을 가져오게 되었다(이기숙, 1992).

Head Start 프로그램은 모든 유아들, 특히 저소득층의 유아들이 그들의 요구를 반영한 종합적인 발달 프로그램의 혜택을 받을 수 있도록 배려한 포괄적인 발달 프로그램(comprehensive development program)이다. Head Start 프로그램의 전반적인 목적은 저소득층의 유아에게 보다 강한 사회적인 능력을 가져다주는 데 있다. 사회적 능력이란 유아가 학교생활이나 인생을 영위하는 데 있어서 현재의 환경과 차후에 직면하게 될 문제 해결에 대한 효율성을 갖는 것을 의미한다.

2) Head Start 프로그램의 구성 요소

(1) 교육(Education)

단계에 맞는 방법으로 바람직한 학습환경과 다양한 경험을 제공하여 매일의 교육 일과 속에서 교육 목표를 추구하였다. 한 학급의 인원은 15~20명이며, 성인:유아의 비율은 1:5로서 교사 한 명, 보조교사 한 명, 자원부모 한 명 등 3명이 한 학급을 담당하였다(Evans, 1980).

〈표 9-2〉 Head Start 프로그램의 대표적 일과

오전	08 : 00~08 : 45	도착및개별활동
	08 : 45~10 : 00	작업-놀이활동, 자유선택놀이, 극화 놀이, 블록 놀이, 창작적 경험, 조작 놀이, 언어, 동화 듣기, 음률 활동
	10 : 00~10 : 15	간식과 치우기
	10 : 15~11 : 15	옥외 자유놀이
	11 : 15~11 : 30	치우기
	11 : 30~12 : 30	점심 및 귀가
오후	12 : 30~17 : 00	(종일제 프로그램의 경우) 낮잠, 옥외놀이, 요리하기, 책보기, 음악감상, 게임등

(2) 부모 참여(Parent involvement)

보호자, 교사, 봉사자로서의 부모 역할을 증진시키기 위한 프로그램을 제공하여 실제로 부모 참여활동을 전개하였다. 유아교육의 1차적 책임자로서 부모의 위치를 확고히 할 수 있도록 이에 맞는 부모교육 프로그램을 실천하였다.

(3) 건강 봉사(Health service)

유아에게 의료서비스, 건강 진단 등의 프로그램을 적용시켜 질병의 예방 및 조기 진단에 힘썼을 뿐 아니라 가족의 건강에 필요한 기술과 방법을 교육하였다.

(4) 사회적 봉사(Social service)

인종, 성별, 피부색, 국가, 장애 유무에 관계없이 모든 유아를 대상으로 교육의 기회를 주었으며 부모들이 지역사회의 실태 및 설비를 잘 알고 활용하도록 도와주는 등의 질 높은 가정생활을 위한 서비스를 의미한다. 유아 학대 및 배우자 학대 현상을 줄이기 위한 부모교육 프로그램도 실천하였다.

(5) 영양서비스(Nutrition service)

식생활습관 지도를 포함한 양질의 음식 제공서비스를 의미한다. 유아교육기관의 교직원 모두가 유아의 영양 증진에 관한 적절한 지식을 가지도록 교육해 준다.

(6) 진로교육(Career development)

CDA(Child Development Association) 시스템을 만들어 유아교육 현장에 있는 많은 무자격 교사들을 훈련시켜 자격을 부여하였다.

Head Start는 곧 연중 프로그램이 되었으며 많은 교육적 혁신을 불러 일으켰다. Head Start 프로그램의 여파로 개발된 Home Start는 일차적으로 빈곤층 유아와 그 가족을 대상으로 유아 발달을 촉진시키기 위한 부모의 능력을 강화시키는 프로그램이다(Spodek, et al., 1987). 초등학교 저학년과의 연계성을 고려한 Head Start 개혁 프로그램으로는 Follow Through가 있다.

3) Head Start 평가

Head Start의 효과에 대한 연구들이 실시되었는데, 이 중 대표적인 것이 웨스팅하우스 연구이다. 이 연구는 Head Start를 거쳐서 초등학교 1, 2, 3학년에 재학중인 아동을 대상으로 언어 발달, 읽기 준비, 학업 능력에 관한 것을 평가하였는데, 여름의 단기 프로그램은 초등학교 저학년에까지 지속되는 지적·정서적 발달에 효과가 없는 것으로 나타났다. 1년 프로그램은 정서 발달에는 별 효과가 없으나 1·2·3학년에서 나타날 수 있는 지적 발달에 어느 정도 효과가 있는 것으로 나타났다. 즉, Head Start의 효과는 즉각적이고 단기적인 효과는 있으나 아동의 지적·정적 발달을 위한 지속적인 효과는 보이지 않은 것으로 나타났다.

Head Start의 이러한 노력은 유아교육의 중요성에 대한 국가적 관심과 인식, 다양한 유아교육 프로그램의 개발과 기관의 설립, 더 나아가 Head Start의 효과를 검증하는 장·단기 연구들로까지 이어져 유아교육의 발전에 기여하였다(이기숙, 2013). 그러나 저소득층의 복합적인 사회적, 경제적, 가정적인 문제는 하루 몇 시간의 교육적 프로그램만 가지고서는 해결될 수 없으며 이 점은 앞으로 우리나라 저소득층 유아들을 대상으로 하는 프로그램 운영 시 고려되어야 할 점이다.

4. 부모 역할 인식 변화와 부모교육

현대산업사회의 발달에 따른 사회 경제적 구조의 변화, 특히 기혼여성의 취업 증대는 가정생활에 많은 변화를 초래하였으며 생활 구조와 가족 구조의 변화는 부모 역할의 변화를 요구하고 있다. 이러한 급변하는 사회 속에서 요구되는 새로운 가치 체계들은 부모 역할의 혼란을 가중시키고 있어 바람직한 부모의 가치관, 태도 및 행동 그리고 자녀양육에 관한 철학과 지식을 제공해 줄 수 있는 부모교육의 필요성을 더욱 절실히 요청하고 있다(문혁준, 2000).

1) 부모 역할 변화

유아가 사회에 태어나서 최초로 접하는 사회화기관은 가정과 가족이다. 특히 부모는 가족 구성원의 핵심을 이루며 유아와 가장 많은 상호작용을 하는 대상이라고 할 수 있다. 현대의 가족은 과거처럼 서로에게 구속력이나 영향력을 미치지는 못하나 그럼에도 불구하고 유아의 사회화나 정서 발달 등의 모든 발달에 중요한 역할을 한다.

과거의 아버지는 도구적·수단적 역할을 담당하고 가정의 경제적 담당자로서 생활비를 조달하였다. 따라서 수입을 획득하기 위하여 항상 집 밖에서 생활하게 되므로 가정에 대해서는 간접성, 소극성의 성격을 띠었다. 그러나 가족 구조가 핵가족화 되어감에 따라 현대의 아버지는 도구적·수단적 역할 이외에도 자녀와의 애착 관계

형성, 사회성 발달, 인지 발달, 성취 동기, 성 역할학습에 결정적인 표현적 역할(expressive role)을 한다는 것이 밝혀졌다. 따라서 아버지교육에 대한 사회적 관심이 요구되며, 특히 늘어나고 있는 이혼가정 편부의 경우 더욱 많은 사회적 관심이 요구된다. 많은 선진국들은 아버지에게도 부모의 역할을 원활히 수행하도록 돕는 육아휴직제, 유연한 근무 시간, 가족이 아플 때 병가 등 많은 사회적 지원을 하고 있다(이기숙, 2013).

전통적인 개념의 어머니 역할은 요리, 청소, 빨래 등의 가사를 전담하고 자녀의 신체적 욕구 및 습관 형성, 도덕교육 등을 행하는 것으로 보았으나 현대의 어머니 역할은 그 이외에도 가정관리자로서, 지역사회나 친척과의 일에 대한 관리자로서, 경제적 독립에 의한 의사 결정권의 확대 등을 행하고 있다. 이처럼 현대사회는 부모의 역할에 있어서도 변화를 가져왔고, 따라서 그에 적절한 부모교육의 요구가 증대되고 있다. 이기숙(2013)은 현대사회의 급속한 산업·경제 성장과 과학 시대로서 지식과 정보의 급증 등 일련의 변화는 가족 구조 및 사회 구조에 변화를 초래했고 이로 인한 가정-부모의 교육적 역할기능의 약화, 가치문화 전달자로서의 부모의 가치 체계 혼란과 같은 복잡한 문제들은 부모교육의 필요성을 더욱 절실히 요청하고 있다고 주장하였다.

따라서 유아교육기관 중심의 부모교육은 부모의 교육기능을 활성화하여 그들 자녀를 바람직하게 양육하도록 돕는 것은 물론 부모 자신들의 긍정적 자아개념을 고취시켜 그 효과가 가정에서 시작하여 학교나 기관으로 확장되어지도록 노력해야 한다. 현대사회의 부모들은 구태의연한 방식의 부모교육에는 참여할 시간도 없으며 참여하려는 의지도 없으나(Workman & Gage,1997) 그럼에도 불구하고 유아교육기관과 부모가 협력해야 교육 효과를 극대화시킬 수 있기 때문에 동반자적 관계에서 부모교육을 수행해야 한다(Coleman,1997). 즉, 학급수업에의 참여, 예산 책정 및 심의, 의사결정과정의 참여 등 다양한 부모교육 및 참여가 이루어져야 한다.

2) 부모교육의 개념

부모교육(parent education)은 부모가 부모 역할을 보다 효과적으로 하도록 교육이나 훈련을 통해 도와주는 것으로서 부모 훈련(parent training), 부모 개입(parent involvement), 부모 참여(parent participation) 등의 용어와 혼용해 쓰기도 한다.

부모교육이란 체계적으로 조직화된 프로그램으로서 참여하는 부모에게 적절한 지식, 정보, 기술 등을 알려주기 위한 것이며(Fine, 1980) 부모의 자녀에 대한 이해와 지식을 증진시켜서 사고와 감정 그리고 행동에 있어서 습관적인 방법을 돌이켜 검토해 보도록 함과 동시에 자녀를 양육하는 새로운 방법을 습득하도록 도와주는 다양한 교육적 경험을 의미한다(이재연, 2003).

1960년대 이전의 부모교육에서는 부모를 피교육자로 보는 견해가 지배적이었으나 Head Start 이후 유아교육기관의 교사와 가정의 부모가 동등한 입장에서 경험을 주고받는 상호작용을 할 때 더 바람직한 부모교육이 이루어진다고 보게 되었다. 따라서 부모교육의 개념이 부모 참여나 개입의 성격을 강하게 띠게 되었다. 유아의 연령이 어릴수록 발달의 성형력(plasticity)이 크기 때문에 유아교육의 경제적 효과는 이후의 어느 시기보다 더 크다. 부모는 유아의 교육을 담당하는 일차적인 책임을 지닌 사람이므로 교육의 경제성 측면에서도 부모교육은 필수적이다.

3) 부모교육 이론

부모들에게 효과적인 자녀양육과 부모의 기법을 제시해 줄 수 있는 다양한 이론들이 개발되어 왔다. 대표적인 부모교육 이론으로는 Dreikurs의 민주적 부모교육 이론, Ginott의 인본주의 부모교육 이론, Gordon의 효율성 훈련 이론, Eric Berne의 상호 교류 분석 이론을 들 수 있다(이원영 외, 2008; 유안진·김연진, 2003; 이연섭·강문희, 2010).

(1) Dreikurs의 민주적 부모교육 이론

민주적 부모교육 이론은 Adler의 심리학 이론에 기초하여 Dreikurs가 발전시켰으며 부모 자녀 관계를 평등한 관계라고 전제하였다. Dreikurs는 자녀들이 어떤 기대나 목표를 달성하기 위해 행동하는 유형을 ① 관심 끌기, ② 힘 행사하기, ③ 보복하기, ④ 무능하게 보이기 등의 4가지로 나누고 있다.

관심 끌기는 주로 어린 아동에게 생기는 관심을 추구하는 방법인데, 이러한 행동은 건설적인 방법으로 나타나기도 하지만 때로는 파괴적이고 공격적인 방법을 사용하기도 한다. 이때 부모는 건설적인 방법으로 자기의사표현을 할 때에만 관심을 나타내 주고 바람직하지 못한 방법으로 관심을 끌려 할 때에는 무관심한 태도를 보이는 것이 좋다. 힘 행사하기는 관심 끌기에 실패했을 때 자기가 하고 싶은 대로 해버리거나 자기의 힘을 최대한 활용하여 반항하는 방법이다. 유아가 관심 끌기, 힘 행사하기를 통해서도 자신의 목표를 달성할 수 없을 때 보복하기 전략을 세우게 된다. 이는 4가지 행동 유형 중 제일 심술궂은 형태이며 일부러 도둑질, 폭력 사용, 잔인한 행동하기, 욕설하기 등을 통해 부모에게 앙갚음하려는 행동이다. 이상의 3가지 방법이 모두 성공하지 못했을 때 유아는 실망하고 포기하며 책임 회피를 하여 무능하게 보이고자 한다.

유아들이 위와 같은 그릇된 행동 목표를 보이게 되면, 우선 유아가 한 행동의 '논리적 귀결'을 경험하게 해야 한다. 논리적 귀결이란 상황에 따르는 결과를 선택할 기회를 미리 주고 유아가 결정한 것에 대해서는 스스로 수용하고 받아들이도록 한다. 예를 들어, 반찬 투정을 하며 식사 때마다 고집을 피우고 여러 번 식탁을 차리게 하는 유아에게 가족들이 식사할 때 함께 하지 않으면 식사를 할 수 없다는 자연스러운 귀결을 경험하게 하는 것이다. 그 다음으로 할 수 있는 방법은 유아가 인식반응(recognition reflex)을 보이도록 이야기하는 것이다. 인식 반응이란, 예를 들면 아빠와 외출해야 하는 유아가 옷을 입지 않고 잠옷 바람으로 계속 거실을 뛰어다닌다면 이때 아빠는 "잠옷 바람으로 아빠와 외출하려는 건 아니겠지?", "계속 거실을 뛰어다니면서 아빠를 바쁘게 하려는 건 아니겠지?"라고 말하여 유아가 자신이 택한 목표를 갑자기 깨달았다는 의미의 미소 또는 눈빛을 보이는 것을 의미한다.

(2) Ginott의 인본주의 부모교육 이론

인본주의 부모교육 이론은 Maslow, Rogers, Axline으로 이어지는 인본주의 심리학자에 근거하여 Ginott가 발전시킨 부모교육 이론이다. 부모는 자녀를 있는 그대로 인정하고 수용해 주어야 한다는 것이 Ginott 이론의 전제가 되는데, 이는 자녀가 생각하는 것, 지능 지수, 체력의 장·단점, 성격의 특성 등을 그대로 인정해줌을 의미한다.

Ginott의 부모 자녀 관계에 대한 철학은 부모가 어떻게 자녀의 이야기를 잘 경청할 수 있는지 또한 어떻게 자녀들의 관심을 부모에게 집중시킬 수 있는지에 대해 알려줌으로써 부모 자녀 관계에서 일어나는 갈등을 피하도록 하며 자녀들의 대화

속에 감추어진 뜻을 찾도록 하여 부모로 하여금 자녀들의 치료적인 상담자 역할을 하도록 하는 데 초점을 맞추고 있다.

Ginott의 부모교육 프로그램은 떠들기 단계(부모들끼리 자녀들과의 생활에서 생긴 여러 가지 문제와 고민을 털어놓는 단계), 감수성 향상 단계(문제 행동을 보인 자녀는 느낌이 어떠했을지 생각하여 자녀를 이해하기 위한 노력을 하는 단계), 개념 형성 단계(자녀의 문제 행동에 대한 원인을 찾기 위해 여러 이론을 탐색하여 실제와 연관시켜 보는 단계), 기술 배우기 단계(세 단계에서 익힌 기술을 직접 자녀에게 사용해 보는 단계)로 구성된다.

(3) Gordon의 부모 효율성 훈련 이론

Gordon이 개발한 부모 효율성 훈련 이론(Parent Effective Training)은 우리나라에서도 체계적인 훈련이 실시되고 있는 대중적인 부모교육방법이다. 부모 효율성 훈련 프로그램은 Rogers, Axline, Ginott, Dreikurs 등 여러 교육학자의 이론을 토대로 한 것이며 부모-자녀 간의 원만한 의사소통이 매우 중요하다고 하였다.

부모들의 수용수준은 언제나 일관적이기 어려우며 상황에 따라 다르게 나타나므로 융통성 있게 대처해야 한다. 그리고 부모 자녀 관계에서 누가 문제를 소유하고 있는지 파악해야 한다. 부모가 문제를 소유한 경우에는 아동이 부모의 기대나 욕구에 만족스럽게 행동하고 있는데도 계속 불평, 비판을 하는 것이다. 좌절, 실망을 자주하는 유아가 친구에게서 따돌림을 받거나 화를 내는 것, 자신이 못생겼다고 생각하는 것 등은 아동이 문제를 소유한 경우이다. 문제의 소유자를 파악한 후 적절한 기술을 적용해야 한다.

부모 효율성 훈련에서는 부모-자녀 사이의 구체적인 의사소통방법으로 적극적 경청과 I-Message라는 두 가지 방법을 제시하고 있다. 적극적 경청(active listening)은 자녀가 문제를 소유했을 경우 활용하면 효과적이며 ① 조용히 들어주기, ② 인식 반응 보이기, ③ 계속 말하도록 격려하기, ④ 적극적으로 들어주기의 기본적인 경청 기술로 설명된다.

I-Message방법은 부모들이 문제를 소유한 경우 활용하게 되는데, 부모의 느낌을 객관적으로 전달하는 의사소통방법이다. 부모가 자녀의 행동이나 요구를 수용할 수 없을 때 You-Message방법으로 이야기하게 되면 관계가 더욱 악화된다. 예를 들어,

"너 때문에 식탁에 음식이 다 엎질러졌구나, 저리 가지 못하겠니?"라는 You-Message 보다는 "식탁이 지저분해져서 엄마는 속상해"라는 I-Message를 전달하는 편이 훨씬 바람직하다.

적극적인 경청이나 I-Message 방법으로도 갈등 해결이 안 되었을 경우 무승부법(no-lose method)으로 접근할 수 있다. Hamner와 Turner(1985)에 의하면 무승부법은 [그림 9-1]처럼 6단계로 구분된다.

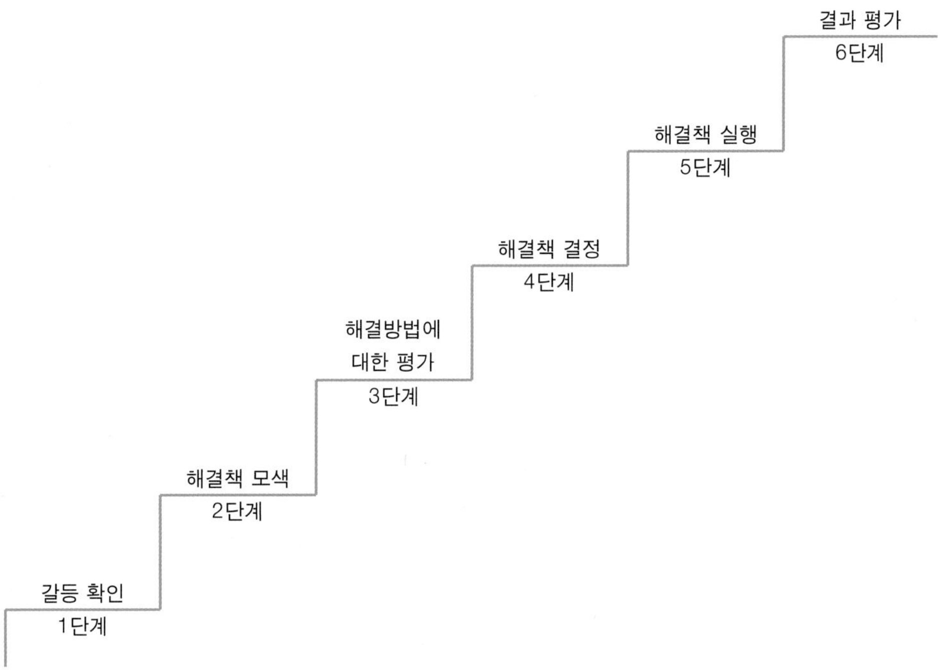

[그림 9-1] 무승부법의 6단계

(4) Eric Berne의 상호 교류 분석 이론

인간관계에 있어서 상호 교류 원리에 관심을 둔 Berne은 심리 분석에 관한 이론을 부모교육에 적용하여 부모 자녀 관계를 향상시키고자 하는 교류 분석(Transactional Analysis:TA) 이론을 정립하였다.

각 개인의 인성은 부모 자아 상태(parent ego-state), 성인 자아 상태(adult ego-state), 어린이 자아 상태(child ego-state)로 구성되어 있다. 상호 교류 분석 이론에서 뜻하는 어린이·성인·부모의 개념은 발달 심리에서 말하는 개념과는 다르며 자아 상태란 정상적·생리학적 현상을 뜻한다. 부모 자아 상태에 의거하여 해야 할 일, 하지 말아야 할 일, 예의, 전통, 가치, 중요한 것이 무엇인지를 배우게 되며 성인 자아 상태는 환경에서 발생하는 사건들을 객관적으로 파악하여 효과적으로 다루는 기제로서 사용된다. 어린이 자아 상태는 인생을 매력적이고 유쾌한 것이 되게 돕는 기제이다.

Berne에 의하면 상호 교류는 한 사람이 주는 자극과 그 자극에 의해 오는 다른 사람의 반응을 함께 하는 것이다. 사람들 간의 상호 교류에는 3가지 기본 유형이 있다.

① 보완적 상호 교류(Complementary Transaction)

어머니가 자녀에게 '너희 학교는 몇 시에 시작하니?'(자극)라고 물으면 자녀는 '8시 30분이에요.'(반응)라고 대답한다. 이와 같이 부모, 성인, 어린이 자아 상태에서 자극과 반응이 평행하거나 상호 보완적이어서 의사소통이 부드럽게 진행되는 유형의 상호 교류를 보완적 또는 상보적 상호 교류라고 한다.

② 교차적 상호 교류(Crossed Transaction)

만약 한 사람이 다른 한 사람에게 어떤 신호를 보내 메시지를 전달하려고 하는데, 그 사람은 거기에 대하여 상호 보완적으로 반응을 해 오지 않으면 대화는 끊어져버려 교류는 이루어질 수 없게 된다. 이런 의사 전달법은 대화가 계속 진행되는 것을 잘라버리기 때문에 교차적 상호 교류라고 한다.

③ 잠재적 상호 교류(Ulterior Transaction)

잠재적 상호 교류는 협의 사항 및 주제, 전달하고자 하는 메시지가 심리적으로 숨겨져 있는 것이다. 보완적 상호 교류와 교차적 상호 교류는 그 자아 상태가 외적으로 나타나고 있으나 잠재적 상호 교류는 명백한 메시지는 있으나 그 메시지가 심리적으로 숨겨져서 겉으로 드러나고 있는 사회적 수준과 숨겨져 있는 심리적 수준이 다르게 일어나는 것을 말한다.

5. 다문화교육

지역과 지역 간, 문화와 문화 간의 교류가 빈번해지고 세계가 시·공간적으로 가까워짐에 따라 세계 여러 나라와 함께 공존하는 법을 배워가는 것은 중요한 과제가 되었다. 오늘날 한국사회는 다문화가정의 증가로 이미 다문화사회에 진입하였고 교육 현장 역시 이미 다문화교육의 실천이 익숙해졌다.

다문화가정의 자녀 수는 2011년 151,000명에서 2018년 264,000명, 2021년에는 291,000여 명으로 급격하게 증가하였다. 2021년 다문화가정 자녀 중 6세 미만 유아는 90,000여 명으로 전체 대비 31%에 이른다(여성가족부, 2019, 2022). 이는 유아교사가 유아교육 현장에서 다문화가정의 자녀를 만나게 되는 경우가 점점 더 많아짐을 의미한다. 그러나 대부분의 교사들은 다문화가정 유아와의 상호작용, 부모와의 관계, 다문화에 대한 이론적 지식 면에서 어려움을 호소하고 있다(심성경 외, 2008; 정은정, 2019).

이를 극복하기 위해서 다문화가정 유아를 담당하는 교사들에게 다양한 문화를 수용하고 존중하며 이를 교실 상황에 표현할 수 있다는 자신감과 능력이 필요하다(Norberg, 2000). 또한 다양한 문화가 공존하는 세계시민으로 살아가기 위해서는 우리와 다른 것에 대한 편견 없는 수용과 다른 문화에 대한 긍정적인 태도와 이해가 필요하다.

다문화교육이란 각기 다른 인종과 성, 언어, 계층 등을 이해하고 존중하도록 유도하여 삶을 긍정적으로 변화시킴으로써 다양한 문화의 세계에서 공동의 목표를 지향하며 다른 문화를 가진 사람들끼리 의사소통할 수 있는 지식, 태도, 기술을 준비하는 교육이다(김영옥, 2011). 즉, 다문화교육은 나와 다른 사람이 '차별'되는 것이 아니라 '차이'가 있음을 수용하는 사색의 과정이며 이와 같은 맥락에서 유아기부터 성, 인종, 장애, 민족, 문화 등의 차이점을 인정하고 존중하며 인간의 다양성을 수용하고 편견에 적극적으로 대처해 나가도록 교육하는 반편견교육과정과 연결될 수 있다(이기숙, 2013).

한편 Roopnarine & Johnson(2009)에 의하면, 이중 언어/이중 문화와 반편견, 다문화교육이란 용어를 더 이상 명시적으로 사용할 필요가 없다. 아마도 21세기에 유아교육(care & education)이란 자동적으로 언어적, 문화적으로 민감한 방식으로 유아의 발달을 촉진하고 다양성과 편견에 대면, 도전하는 법을 가르치는 것으로 이해하게 될 것이다. 즉, 모든 유아에게 다문화교육, 반편견교육, 장애아통합교육 등 다원화된 관점을 교육하는 것이 기본이 될 것이다.

이를 위해 먼저 교사가 전반적인 사회과학과 교육원리에 대한 지식을 토대로 유아가 속한 사회의 다양한 문화적 신념과 실제를 이해하고 이러한 가치를 효과적으로 현장에 적용할 수 있도록 이론과 실제를 연계한 교사교육과정을 마련해야 한다. 또한 교사가 다양성에 효과적으로 대처하고 좀 더 전문적인 혜안과 교수학습기술을 가지고 교육적 접근을 시도할 수 있도록 체계적인 지원을 보장해야 할 것이다(이규림·김영옥, 2012) .

참고문헌

교육과학기술부 (2008). 유치원 교육과정 해설Ⅰ. 총론.

교육과학기술부·보건복지부 (2013). 3~5세 연령별 누리과정 해설서.

금지윤 (2008). 유아교육기관의 다문화가정 유아지도 현황 및 교사의 요구에 관한 연구. 중앙대학교 대학원 석사학위논문.

김영옥 (2011). 다문화시대의 유아교육과정. 2010학년도 유아다문화교원 직무연수 자료집. 서울교육대학교.

김옥연 (2000). **유아교육사**. 서울: 정민사.

문혁준 (2000). 가톨릭대학교생활과학연구소 생활과학연구논집 제20권, 제1호.

박미경·이승연 (2008). 유아교사가 인식한 다문화교육의 개념, 실천 형태 및 어려움. **유아교육연구**, 28(2), 5-27.

박정한 (2007). 임산부와 신생아의 건강을 위한 적령기 출산. 부모기 탐색; 건강한 육아를 위한 예비부모 지원. 한국 육아지원학회 춘계학술대회 발표자료집 2007.

심성경, 변길희, 박주희 (2008). 다문화 가정 유아교육에서 직면하는 어려움에 대한 유아 교사의 인식. **한국교원교육연구**, 25(2), 183-200.

여성가족부(2019). 2018 전국다문화가족실태조사 연구.

여성가족부(2022). 2021 전국다문화가족실태조사 연구.

유안진·김연진 (2003). **부모교육이론과 실제**. 서울: 동문사.

윤기영 (1998). **유아교육의 사회적 기초**. (이영석·이항재 편). 최신 유아교육학개론. 경기도: 교육과학사.

이규림·김영옥 (2012). 다문화교육 개념 및 현장적용에 대한 유아교사의 인식탐색. **유아교육연구**, 32(4), 55-71.

이기숙 (1992). **개정판 유아교육과정**. 서울: 교문사.

이기숙 (2013). **제5판 유아교육과정**. 서울: 교문사.

이미자 (2013). 아동복지 정책에 관한 연구-드림스타트 사업을 중심으로-. 전남대학교 행정대학원 석사학위논문.

이연섭·방인옥·조희숙·조정숙·이광자·박찬옥·지성애·마송희·유왕효·김정규·정갑순·이윤옥·엄기영·노영희·나정 (2005). **유아교육개론**. 서울: 정민사.

이연섭·강문희 (2010). **개정판 부모교육**. 서울: 정민사.

이원영·이태영·강정원 (2008). **영유아를 위한 부모교육**. 서울: 학지사.

이재연 (2003). **부모교육**. 경기도: 양서원.

이현섭·황선희·박충일·손은경 (1997). **유아교육개론**. 서울: 학지사.

정은정 (2019). 유아교육기관에서 다문화 가정 유아를 교육하는 교사의 어려움 및 요구. 중앙대학교 교육대학원 석사학위논문.

통계청 (2013, 2019, 2023). 통계연보.

행정안전부 (2011). 2011년 지방자치단체 외국인 주민실태조사.

Coleman, M. (1997). Families and schools: In search of common ground. *Young Children. 52*(4), 14–21.

Evans, E. D. (1980). *Contemporary influences in early childhood education*. Holt. Rainhart and Winston, Inc.

Fine, M. J. (1980). The parent education movement: An introduction. In M. J. Fine (Ed), *Handbook on parent education*. New York: Academic Press.

Hammer, T. J. & Turner, P. H. (1985). *Pareting in contemporary society*. New York: Prentice–Hall.

Lazerson, M. (1972). The historical antecedents of early childhood education. In I. J. Gorden(Ed.), Early childhood education: The seventy–first yearbook of National society for the study of education, part Ⅱ(pp.33–35). Chicago: University of Chicago Press.

Morrison, G. S. (1980). *Early childhood education today*. Columbus, Ohio: Bell & Howell Company.

Murdock, G. P. & Peter, G. (1945). The common denomination of cultures. In R. Linton (Ed.), *The science of man in a world of crisis*. New York: Columbia University Press.

Norberg, K.(2000). Intercultural education and teacher education in Sweden. *Teaching and teacher Education. 16*, 511–519.

Roopnarine, J. & Johnson, E. (2009) Approaches to Early childhood(5th Ed.). Upper Saddle River, New Jersey: Pearson Education, Inc.

Spodek, B., Saracho, O. N., & Davis, M. D. (1987). *Foundation of early childhood education*. Englewood Cliffs, NJ: Prentice–Hall, Inc.

Workman, S. H. & Gage, J. A. (1997). Family–school Partnerships: A family strengths approach. *Young children. 52*(3). 10–14.

www.dreamstart.go.kr

CHAPTER 10

미래 유아교육의 발전 영향

1. 미래사회 교육의 비전

미래교육은 개방성, 다양성, 다원화, 다양화의 패러다임 하에 개인의 독창성이 인정되어야 하며 양질의 교육환경과 핵심역량 내용을 제공하여 좀 더 우수한 글로벌한 창의 인재 육성을 해야 한다. 더불어 세계민주시민의 기초역량과 공동체 의식을 기르고 다른 사람을 배려하고 존중하는 기본 인성교육을 강조하게 될 것이다(장명림, 2013).

근간 미래사회교육의 비전으로 지속 가능한 발전교육에 대한 관심이 높아지고 있다. 지속 가능한 발전교육이란 모든 사람들이 질 높은 교육의 혜택을 받을 수 있으며 이를 통해 지속 가능한 미래와 사회 변혁을 위한 필요한 가치, 행동, 삶의 방식을 배울 수 있는 사회를 지향하는 교육이다(UNESCO, 2004).

1) 지속 가능한 발전의 개념

지속 가능한 발전이라는 용어는 미래세대의 필요를 충족시킬 수 있는 능력을 저해하지 않으면서도 현 세대의 교육을 충족시키는 발전으로 정의된다. 최근 지속 가능한 발전은 환경 보호, 경제 발전, 사회 발전이라는 상호 의존적인 제 측면을 종합적으로 고려하는 21세기 인류의 보편적인 발전 전략을 함축하는 핵심개념으로 받아들여지고 있다(모경환, 2011).

지속 가능성 개념의 구성 요소는 사회 정의, 경제 발전, 환경 보존으로 구성되어 있다. 세 가지 요소는 자연자원의 보호뿐만 아니라 기후 변화, 생물 다양성 상실 등 중요 환경문제를 포함하여 빈곤 감소, 소비패턴의 변화, 세계인구의 증가, 인류 건강의 보호 등 현재 우리의 사회·경제적 시스템이 당면하고 있는 문제들을 의미한다(유영의 외, 2013).

따라서 지속 가능한 발전은 환경뿐만 아니라 사회 전체의 지속 가능성 유지와 관련된 폭넓은 가치로 해석되며 자유, 정의, 민주주의와 같은 인류의 궁극적인 이념으로 받아들여진다.

2) 지속 가능한 발전교육과 유아교육

지속 가능한 발전교육은 환경교육에 근거하여 전개되었지만 환경교육만을 의미하지 않는다. 환경문제 해결 및 예방에 필요한 인식, 지식, 태도, 기능을 갖춘 시민교육에서 출발하여 평화, 인권, 평등, 복지 등과 같은 폭넓은 교육으로 확대되어 왔다. 즉, 지속 가능한 발전교육이란 환경교육, 인권교육, 평화교육, 다문화교육 등을 총망라하는 포괄적인 개념이며 특정 영역을 가리키는 개념이 아니라 교육의 목표 및 이념을 재정의하기 위한 패러다임으로 볼 수 있다(모경환, 2010).

지속 가능한 발전교육의 가치는 인권 존중, 미래세대 존중, 생태적 다양성 존중, 문화적 다양성 존중이다. 지속 가능한 발전교육의 가치에 대한 세부 내용과 구성요소는 〈표 10-1〉, [그림 10-1]과 같다.

〈표 10-1〉 지속 가능한 발전교육의 가치에 대한 세부 내용

인권존중	전 세계 모든 사람들의 존엄성과 인권 존중 사회적, 경제적 정의를 위한 헌신
미래세대존중	미래 세대들의 인권존중 세대간 책임강조
생태적 다양성존중	지구 생태계의 보호와 복원 다양한 생명 공동체의 존중과 배려
문화적 다양성존중	문화 다양성의 존중 관용, 비폭력, 평화의 문화 구축

지속 가능한 발전교육

사회 정의	환경 보존	경제 발전
인권, 평화와 안전, 통일, 문화의 다양성, 사회 정의, 건강과 식품, 시민 참여, 양성 평등, 다매체 소양, 세계, 국제적 책임	자연자원, 에너지, 기후 변화, 생물종 다양성, 환경문제, 지속 가능한 식량 생산, 지속 가능한 마을, 재해 예방 및 감소, 교통	지속 가능한 생산과 소비, 기업의 지속 가능성, 시장 경제, 빈부격차 완화

[그림 10-1] 지속 가능한 발전교육의 구성 요소

유아기는 생애교육의 초기 삶에 대한 이해, 가치, 실행의 기반을 형성하는 시기로서 지속 가능한 발전교육을 실시할 수 있는 결정적 시기이다(신은수·박은혜,

2012). 지속 가능한 발전교육은 가치 및 태도, 사고, 행동의 변화를 요구하는 실천적 측면이 강조된다. 유아를 위한 지속 가능한 발전교육은 실제 생활에 연관될 수 있는 실천적 활동 및 경험의 제공을 통해 개념과 가치를 내면화할 필요가 있다. 따라서 유아교육의 지속 가능한 발전교육은 유아가 환경, 소비자 보호, 사회적 관계, 참여, 민주주의 등에 관심을 가짐으로써 환경과 사회에 능동적인 참여자, 문제 인식 및 해결자, 행동의 실천자로서 성장할 수 있도록 해야 할 것이다.

2. 유아교육의 발전 방향

1) 유아 교육과 보육의 통합

교육과 보육의 담당 부처와 관리의 이원화 현상은 유아교육에서 해결되어야 할 중요한 쟁점이다. 이원화 현상은 동일한 지역 내 유치원과 어린이집의 불필요한 경쟁을 유발하고 교육과정의 비효율적인 운영을 야기함으로써 학부모의 혼란과 불만을 초래하고 기관은 운영상의 어려움을 토로하고 있는 실정이다. 또한 두 부처 간 업무의 경쟁적 추진과 유사사업 시행으로 인한 비효율적인 예산 시행을 야기하고 있다. 비록 3~5세 누리과정의 시행으로 교육과정과 학비 지원은 통합되었으나 여전히 잔존하고 있는 문제로 남아 있다.

UNESCO는 2011년에 발표한 한국의 유아 교육·보육의 통합을 위한 권고문에서 내용과 개념이 우선 통합되고 구조적 통합이 이루어져야 함을 제안하고 있다. 통합의 이원적 논의보다는 통합의 정도의 문제로 보고 취학전 교육·보육의 연령 단계별 체계화와 유아 교육과 보육의 재 개념화 및 구조화를 권고하고 있다. 이로써 유아교육의 통합은 질의 향상을 우선시하고 상호 교류와 이동 통로가 개방되어야 하며 지자체 수준의 서비스 간의 협력 및 다양한 혜택과 교육을 통한 부모·가족 지원과 공평한 출발을 위한 취약 계층을 위한 배려정책을 제안하고 있다(장명림, 2013).

2023년 12월 8일 [정부조직법] 개정안 국회 본회의가 통과되면서 교육부는 영유아 보육·교육 사무의 교육부 일원화로 유보통합추진의 안정적 기반 마련된 첫걸음이 시작되었다. 이는 현행 보건복지부의 영유아 보육 사무를 교육부로 이관하여 영

유아 보육·교육 사무를 교육부로 일원화하게 된 것이다(교육부, 2023)

교육부의 유보통합을 위한 첫걸음으로(2023) 책임 있게 유보통합을 추진할 것이며, 기존 복지부, 지자체의 보육예산 이관을 전제로 하며 지방 교육재정 여건 등을 고려하여 별도의 특별회계를 신설하는 등 국가책임을 강화할 수 있는 방안을 검토한다고 밝히고 있다, 또한 통합자격을 취득하지 않더라도 현재 재직 중인 교원은 '유치원교사 자격'이나 '보육교사 자격'을 근무할 수 있으며, 통합교사 자격증을 취득하지 않더라도 대학과 대학원 신·편입학 과정과 교직을 포함해 필요전공학점을 취득하는 과정 등 전문성을 높일 다양한 방법을 검토하고, 학부모 수요와 기관 특성을 반영하면서도 기관별장점을 살리는 운영이 가능하도록 하는 다양한 대안을 마련하겠다고 제시하였다.

2) 2019 개정 누리과정의 시행

누리과정은 유치원의 유치원 교육과정과 어린이집의 표준교육과정을 통합시하고자 하는 방안으로 2011년 '5세 누리과정'을 고시하여 2012년 3월부터 모든 유아교육기관에서 시행되었다. 누리과정의 의미는 이원화된 교육·보육 체제를 일원화된 공통교육과정으로 시행하고자 하는 것이며 교육과 보육비 지원 내용도 확대 시행하고자 하는 것이다. 5세 누리과정 도입으로 달라지는 내용은 〈표 10-2〉와 같다.

〈표 10-2〉 5세 누리과정 도입 시행 전과 후

구 분	시행 전	시행 후
지원 대상	소득하위 70% 이하	전 계층으로 확대
교육 · 보육과정	유치원 교육과정, 어린이집 표준 교육과정의 이원화	표준화된 유아공통과정으로 일원화
지원 단가	공립 유치원 : 월 5.9만 원 유아교육기관 : 월 17.7만 원	공립유치원 : 현행유지 유아교육기관 : 연차적 16년까지 월 30만 원
재원 부담	유아학비 및 보육료 이원화	지방교육재정교부금으로 유아학비 및 보육료 부담
관리 체계	유치원 교과부 어린이집 여성부	현행 유지

이후 누리과정은 2013년 3월부터 '3, 4세 누리과정'을 도입하여 모든 유아교육기관에서 전면 시행되었다. 특히 3세 누리과정은 표준교육과정과의 연계성을 고려하여 구성하였다.

<table>
<tr><th>구 분</th><th>연 령</th><th>5세</th><th>4세</th><th>3세</th><th>만 0~2세</th></tr>
<tr><td rowspan="2">5세
누리과정 실시</td><td>유치원</td><td>5세 누리과정</td><td colspan="2">유치원 교육과정</td><td></td></tr>
<tr><td>어린이집</td><td>5세 누리과정</td><td colspan="3">표준교육과정</td></tr>
<tr><td rowspan="2">3~4세
누리과정 실시</td><td>유치원</td><td rowspan="2" colspan="3">5세 누리과정 3~4세 누리과정</td><td></td></tr>
<tr><td>어린이집</td><td>만 2세 미만 및
2세 표준교육과정</td></tr>
</table>

2019년 7월 '2019 개정 누리과정'이 고시되었고 2020년 3월부터 유치원과 어린이집의 3~5세 유아에게 적용된다. '2019 개정 누리과정'은 국가수준의 공통교육과정임을 명시하고 유아놀이중심교육과정을 재정립하고자 하였다(2019, 교육부·보건복지부). '2019 개정 누리과정'에서도 '3~5세 누리과정'의 신체운동·건강, 의사소통, 사회관계, 예술경험, 자연탐구의 5개 영역의 명칭을 그대로 유지하여 내용을 구성하였고 유아가 주도하는 놀이를 강조하였으며 교사의 자율성과 다양성을 존중하도록 하였다. 이는 [그림 10-2]와 같다.

기존 누리과정	2019 개정 누리과정
–현장의 자율적 구성 제한	–교육과정의 자율성 최대화
–연간, 월간, 주간, 일일 계획	– 자발성 자율성 존중할 수 있는 탄력적 운영

[그림 10-2] 기존 누리과정과 2019년 개정 누리과정

3) 유아 교육·보육비 지원

OECD(2011)는 취학전 연령을 5세에서 3세, 2세까지 낮추고 취학전 교육에 대한 국가적 책임을 강화하고 있다. OECD 회원국의 경우, 2017년 유아 취원율이 2005년과 비교해 11% 증가한 97%이며, 우리나라는 2010년보다 10% 상승한 95%로 유아교육의 대부분이 유아교육기관(시설)에 취원하고 있는 것으로 나왔다. 특히 우리나라는 OECD 평균(34%)과 비교해서 사립교육기관(시설)에 취원한 유아의 비율(78%)이 높은 것으로 나타났다. 우리나라는 유아 1인당 공교육비 지출액이 $7,359이며, GDP 대비 공교육비는 0.5%로 OECD 평균($8,349, 0.6%)보다 모두 낮은 수준이다(나원희, 2020).

우리나라는 1997년 시행된 5세 유아의 무상 교육·보육 시행령이 '유아교육법'에 명시·도입되어 2004년 실시된 무상교육 지원 확대로 유아교육의 교육 기회 확대 및 재정 지원은 지속적으로 늘려가고 있는 추세이다. 유아 학비 지원을 확대하여 생애 초기 출발선에서의 평등한 교육 기회를 보장함으로써 공정한 사회의 초석을 다지고자 한다.

2011년부터 소득수준에 따라 차등적으로 지원받던 3, 4세 유아도 가구 소득 70% 이하인 경우 5세와 동일한 기준으로 월 19.7만 원을 지원받는다. 또한 가구 소득 70% 이하에 해당하면 종일반도 지원받을 수 있다. 맞벌이 경우에도 소득이 낮은 자의 25%를 차감하여 산정하는 것에서 부부 합산 소득의 25%를 차감하여 산정하는 것으로 지원대상 범위를 확대 실시하고 있다. 2012년에는 소득 기준 70% 이하 3세는 월 19.7만 원을, 4세는 월 17.7만 원을 지원하고, 5세의 경우 전 계층 월 20만 원을 지원하고 있다. 2013년에는 누리과정이 실시됨에 따라 3, 4, 5세 모두 전 계층 월 22만 원을 지원하고 있다(정병익, 2012; 한형주, 2011). 이는 〈표 10-3〉와 같다.

2020년에는 유아교육에 대한 국가 책임을 확대하기 위해 2013년 이후 동결되었던 누리과정 지원을 22만 원에서 24만 원으로 2만 원 인상하여 지원할 예정이다(한겨레신문, 2019, 12, 11, 이유진 기자).

〈표 10-3〉 누리과정 연도별 지원대상 및 재원 분담

년 도		2012	2013	2014	2015
지원대상		5세 100%	5세 100%	5세 100%	5세 100%
		3~4세 70%	3~4세 100%	3~4세 100%	3~4세 100%
재원	국고 지방비	어린이집	어린이집	어린이집	어린이집
		3~4세 70%	3~4세 70%	3~4세 70%	3~4세 70%
	교부금	나머지 전체	나머지 전체	나머지 전체	나머지 전체

2016년 12월에 누리과정 재원조달문제를 해결하기 위해 「유아교육지원 특별회계법」이 제정되었다. 유아교육지원특별회계는 당초 2017~2019년까지 3년간 한시적으로 운영할 계획이었으나, 국회는 2019년 12월로 종료되는 유아교육지원특별회계 시한을 2022년 12월 31일까지 3년간 연장하는 내용의 「유아교육지원특별회계법(이하 유아교육 회계법)」 개정안을 의결되었고, 2023년에 2025년 12월 31일까지 연장되었다(교육부, 2022).

교육부(2023)는 이번 개정을 통해 국정과제인 '유보통합(유아교육·보육 통합)'을 추진하는 과정에서 유치원과 어린이집에 대한 누리과정 지원 및 관리 주체 결정, 관계 법령 개정 등에 필요한 기간 동안 누리과정이 안정적으로 운영될 수 있을 것으로 기대된다고 하였다.

유아교육 재정 지원은 유아교육지원특별회계를 통해 이루어지는데, 세입은 교육세와 일반회계 전입금(국고 지원분)으로 구성된다. 2015~2020년 유아교육비보육료 지원 규모를 살펴보면, 누리과정의 경우 2년간(2015~2016년) 전액 지방교육 재정교부금으로 지원하였으며, 「유아교육회계법」 제정 이후인 2017~2019년, 3년 동안은 교육세 일부와 국고를 재원으로 지원하였다(나원희, 2020).

누리과정 연도별 지원대상 및 재원 분담 현황과 유아교육지원 특별 회계 예산 현황 〈표 10-4〉, 〈표 10-5〉와 같다.

〈표 10-4〉 누리과정 연도별 지원대상 및 재원 분담 현황 (단위 : 억 원)

년 도	2012	2013	2014	2015	2016
국 고	3,962	3,827	2,948		
지 방 비	4,059	3,920	1,526		
교 부 금	16,041	24,492	34,155	39,407	40,382
합 계	24,062	34,239	38,629	39,407	40,382

출처: 이정미(2019). 교육부 자료 재구성

〈표 10-5〉 유아교육지원 특별 회계 예산 현황 (단위 : 억 원)

년 도		2017	2018	2019
세 입	교육제 전출분	30,809	18,341	18,341
	국고 지원분	8,600	20,586	9,812
세 출	유치원	18,533	18,341	17,628
	어린이집	20,876	20,586	20,525
합 계		39,409	38,927	38,153

출처: 이정미(2019). 교육부 자료 재구성

4) 유아교육정책 방향

2009년 유아교육 선진화 계획이 발표된 이후로 현재 유아교육은 유아무상교육 단계적 확대, 기업체 부설유치원 설립 및 운영 활성화, 유치원 재무계획 도입, 유치원 교원양성 및 임용제도 개선, 교원능력개발 평가의 단계적 도입, 공립 원장 평가·공모제 도입, 유아교육종합정보시스템 구축 등을 시행하고 실시하고자 한다. 2012년 4월 시행된 「유아교육법」에서는 교과부 장관이 5년마다 유아교육발전 기본 계획을 수립하고 추진하도록 되어 있다. 이로써 2009년도부터 실시되어 오던 유아교육선진화 계획은 정책사업 평가를 거쳐 유아교육발전 5개년 계획으로 흡수·통합될 예정이다. 유아교육의 정책방향을 알아보면 다음과 같다(장명림, 2013; 정병익, 2012).

첫째, 유치원 정보 공시제 도입이다.

유치원 정보 공시제는 학부모들에게 유용하고 객관적인 정보를 제공하기 위해 정보공개대상 교육기관에 유치원을 추가하고 유치원의 장은 그 기관이 보유·관리하고 있는 교육 관련 정보를 매년 1회 이상 공시하도록 하는 것이다. 유치원 정보 공시의 항목은 유치원 규칙 및 시설 등과 같은 기본 현황, 유아 및 유치원 교원에 관한 사항, 유치원 교육과정 및 방과후 과정 편성·운영에 관한 사항, 유치원 원비 및 예·결산 등 회계에 관한 사항, 유치원 급식, 보건 관리, 환경위생 및 안전 관리에 관한 사항 그리고 교육여건 및 유치원 운영 상태 등에 관한 것이다. 이러한 내용은 '유치원 알리미'(e-childschoolinfo.mest.go.kr)를 통해서 일반국민이 검색할 수 있다.

둘째, 유아교육 발전계획 수립이다.

2012년 유아교육법이 개정·공포됨에 따라 교육과학기술부 장관은 5개년 계획으로 유아교육의 중·장기적 목표와 비전을 제시하고 추진해야 한다. 이를 통해 유아교육기관에 관한 전반적인 실태를 조사할 수 있고 기본 계획의 전년도 실적을 심의받아야 한다. 유아교육 발전계획 수립에 의해 교과부 장관이 실시하던 유치원 평가를 각 시·도 교육감에게 위임하여 지역 실정에 맞는 평가를 할 수 있도록 하였다.

셋째, 무상교육 확대와 운영위원회 도입이다.

유아무상교육의 확대가 취학전 1년에서 3년으로 확대되었고 무상을 위해 지원하는 교육비는 표준교육비를 기준으로 교과부 장관이 행정기관의 장과 협의하여 고시하도록 하였다. 유아교육에서도 초·중·고등학교와 같이 유치원의 자율성을 높이고 지역 실정에 맞는 다양한 교육을 실시하기 위해 유치원 운영위원회를 설치하도록 하였다.

넷째, 유치원 수석교사제 도입이다.

유치원에도 수석교사를 도입함으로써 새로운 교수방법을 개발·보급하고 교사의 교수-연구 활동을 지원하도록 하였다. 수석교사제의 도입으로 현장교사의 질과 수업의 질이 향상될 것이며 우수한 교사의 전문성을 길러줄 수 있을 것이다.

다섯째, 국공립 유치원장 임기·공모 제도입니다.

2013년 3월부터 국공립 유치원장에 대한 임기제와 공모제가 도입되었다. 지금까지 국공립 원장은 정년직이었으나 앞으로는 4년 임기로 1회에 중임하여 재직할 수 있다. 이로써 역량과 추진력을 갖춘 우수한 현장 인력이 유치원장으로 재직하게 되고 우수한 교원의 전문성을 활성화할 수 있으며 유연하고 역동적인 국·공립유치원 교원 인사 체계를 수립할 수 있을 것이다.

참고문헌

교육부, 보건복지부 (2019). 개정누리과정 해설서.

교육부 (2019). 2019년 개정 누리과정 확정 발표 보도자료. 유아가 중심이 되고 놀이가 살아나는 3-5세 공통 교육과정. 교육부.

교육부 (2022). 교육부 2023년 예산 및 기금. 교육부 보도자료.

교육부 (2023). 유보통합 이렇게 달라집니다. 영유아교육 보육통합추진단.

교육부 (2023). 유보통합을 향한 첫걸음, [정부조직법] 개정안 국회 본회 통과. 교육부(2023).

나원희 (2020). 유아교육 재정 현황과 국제비교. 월간 나라 재정 2월호. 38권. 한국 재정 정보원.

모경환 (2010). 지속가능 발전교육 역량개발 프로젝트-초등학교 ESD 수업모듈. 서울: 유네스코 한국위원회. 서울: 서울특별시 교육청.

신은수·박은혜 (2012). 지속가능 발전교육을 위한 유아교육과정의 재방향 설정. 육아지원연구. 7권, 1호.

유네스코 한국위원회·유엔지속가능 발전교육통영센터 (2007). 지속가능 발전교육을 위한 교사 지침서.

유영의·김은정·신은수·박은혜 (2013). 지속가능 발전교육으로 살펴본 0-2세 보육과정, 3-4세 누리과정의 내용분석. 유아교육학논집 17권, 2호.

육아정책연구소(2019). 누리과정 신구대조표.

이정미 (2019). 이슈와 논점. 국회입법조사처

장명림 (2012). 만 5세 유아 교육·보육, 국가가 책임진다. 육아정책포럼 제28호. 서울: 육아정책연구소.

장명림 (2013). 유아교육 발전 방향 및 차기 정부의 정책과제. 서울: 육아정책연구소.

정병익 (2012). 2012년도 유아교육 정책방향. 서울: 육아정책연구소.

한형주 (2011). 2011년도 유아교육 정책방향. 수원: 경기도 가족 여성 연구원.

한겨레신문 (2019.12.11.) 이유진기자. 누리과정 지원금 7년만에 2만 원 인상.

http://www.blog.naver.com/chhiooo

OECD (2011). 한국 성장과 사회 통합을 위한 틀. 한국개발연구원.

UNESCO (2004). United Nations Decade of Education for Sustainable Development.

저자소개

심성경

이화여자대학교 사범대학 유아교육학과 졸업
이화여자대학교 대학원 유아교육학과 졸업(석·박사)
한국 유아교육학회 전북지회 초대회장 역임
현 원광대학교 사범대학 유아교육학과 교수
논 문: '유아교육 프로그램의 비교, 분석'
'NAEYC 기준에 의한 한국 유아교육 프로그램의 질에 관한 분석' 외 다수
역 서: 『스트레스 받는 우리 아이들』
『효과적인 영유아 교육, 어떻게 할 것인가?』
공 저: 『주제 접근에 의한 통합적 유아교육과정』(다음세대, 1997)
『유아문학의 이론과 실제』(학지사, 2003)
『유아음악교육: 이론과 실제』(양서원, 2003)

이정숙

이화여자대학교 사범대학 유아교육학과 졸업
이화여자대학교 교육대학원 교육학과 유아교육전공 졸업(석사)
이화여자대학교 대학원 유아교육학과 졸업(박사)
전 전주기전대학 유아교육과 교수

이춘자

이화여자대학교 사범대학 유아교육학과 졸업
이화여자대학교 대학원 유아교육학과 졸업(석·박사)
전 공주영상정보대학 유아교육과 교수
현 한국침례신학대학교 유아교육학과 교수

이선경

원광대학교 사범대학 유아교육학과 졸업
이화여자대학교 대학원 유아교육학과 졸업(석사)
원광대학교 대학원 유아교육학과(박사)
전 송원대학교 유아교육과 교수
현 원광대학교 유아교육과 강사

이효숙

원광대학교 사범대학 유아교육학과 졸업
중앙대학교 대학원 유아교육학과 졸업(석·박사)
전 광주보건대학교 유아교육과 교수
현 원광대학교 유아교육과 강사

제6판

유아교육개론

초　판 1쇄 발행 1998년 2월 27일
초　판 6쇄 발행 2003년 3월 3일
개정판 6쇄 발행 2008년 2월 28일
제3판 3쇄 발행 2012년 2월 20일
제4판 3쇄 발행 2017년 1월 6일
제5판 1쇄 발행 2020년 2월 18일
제6판 1쇄 발행 2024년 1월 31일

지 은 이 | 심성경 · 이정숙 · 이춘자 · 이선경 · 이효숙
펴 낸 이 | 김기섭
편 집 인 | 이윤미 · 이현남
펴 낸 곳 | 창지사 www.changJisa.com
08589 서울시 금천구 가산디지털 1로 83 파트너스타워 1차 9층
전화 (02)719-2211~3
팩스 (02)701-9386
등　록 | 1977년 4월 28일 · 제1-421호

ISBN 978-89-426-1866-8 (93370)

값 23,000원